《管锥编·老子王弼注》涉典考释与评注

何山石——著

人民出版社

前　言

《〈管锥编·老子王弼注〉涉典考释与评注》一书，系本人为钱锺书先生学术巨作《管锥编》所作系列评注之第二种。

在《管锥编》系列评注的第一种《〈管锥编·周易正义〉涉典考释与评注》一书的"前言"中，本人曾论及：

《管锥编》之所以目为难读之书，主要有如下两方面的原因：

其一，《管锥编》引证繁复，这是《管锥编》最为人熟知的特征。阅读《管锥编》，若非有极为深厚的学养，若非对钱锺书的阅读世界有充分的了解，只需读其书一段、两段，便会在钱锺书的引文丛林中目眩头晕而迷失方向。

其二，《管锥编》引证典籍文献时的"短"、"碎"之特征，即钱先生引用的典籍文献，有完整段落的引用并不多见。这种"短"、"碎"的特征，一方面能使有限的篇幅容纳更多的信息，另一方面，这种过于精短的引用，也可能使有助于文句理解所必需的语境被硬生生地切除了，因而造成理解的困难。钱锺书的很多作品，都带有这种"短"、"碎"特征，因为钱锺书总是时不时将他的读书记忆，带入他的学术致思与文学创作中。

所以，对《管锥编》的评注，都是为了一个共同的目的，就是让读者更容易读懂"短"、"碎"的《管锥编》，更接近钱锺书的文献世界与致思空间。在《〈管锥编·周易正义〉涉典考释与评注》一书的"前言"中，本人亦论及：

比如《管锥编》的第一个部分"周易正义"的第一句话"论易之三名"，钱锺书只用引了不到150字，而作为孔颖达《周易正义·序》的第一部分的"论易之三名"，一共有近1500字。钱锺书所引之文与孔颖达整个"论易之三名"之间信息差异的对比，在本书的第一节的开篇便进行了呈现，有心的读者读完之后,应能心会。钱锺书这种一鳞半爪式的文献引用,给读者其实留下了诸多陷阱,这可以称之为"文本陷阱"。这种文本陷阱,对理解钱锺书的学术思想、真正读懂《管锥编》这样的著作都是障碍。所以,适当放大钱锺书引用的文句的有效"长度"、"宽度",尽可能还原这种一鳞半爪式的文献存活的具体语境,对理解《管锥编》是极有帮助的,甚至可以说是必不可少的。

《〈管锥编·老子王弼注〉涉典考释与评注》一书的评注方式,与《〈管锥编·周易正义〉涉典考释与评注》完全一样,对《管锥编·老子王弼注》所涉典籍进行考释,并且对《管锥编·老子王弼注》进行力所能及的注释。"当然,在技术处理上,钱锺书引用的部分,本书尽可能以下划线标出,使之与原语段的对比更加明显,也便于读者查索与阅读。在这部分内容的处理上,有时为了使读者更清晰明白地理解较长段的还原语段,本人甚至对某些语段又进行了具体的分析……"同时,由于本人知识的缺陷,对《管锥编·老子王弼注》中所涉及的外文文献,无力涉及,只能留待有深厚外文功底的专家与学者继续来完善了。还需说明的是,钱锺书在《管锥编·老子王弼注》中,有少量外文文献是以脚注形式出现的,为了行文方便,本书将其对应移置于正文之中。

再套用一下《〈管锥编·周易正义〉涉典考释与评注》一书"前言"的交代:

钱锺书的《管锥编》等著作,均用繁体字印行。为了更便于当下读者的阅读,本书无论是原文部分,还是考释与评注部分,都使用简化字。这可能有悖钱锺书先生的意愿,但这一做法,可能是使本书能被更多人接受、避免多数学术著作蒙尘命运的最佳选择。本书考释与评据依据的版本,是生活·读书·新知三联书店2007年新印行的版本,此处一并交代,书中不再作说明。

最后,特别需要说明的是,本书能付梓刊行,全得挚友唐雄华先生、危庆忠先生诸人之真诚襄助,此处志明,聊表谢忱!

由于本人学识浅陋,视野局限,书中错讹难免,恳请对钱锺书著作有精深研读的同路中人批评指正。

目　　录

前　言…………………………………………………… 1

一　老子王弼本……………………………………… 1
　　龙兴观碑本

二　一章 ……………………………………………… 17
　　"道"与"名"

三　二章 ……………………………………………… 55
　　神秘宗之见与蔽——正反依待

四　五章………………………………………………… 101
　　"目的论"——"天地不仁"与"圣人不仁"

五　七章………………………………………………… 124
　　"后其身"、"外其身"

六　一一章…………………………………………… 134
　　"无之以为用"

七　一三章…………………………………………… 153
　　有身为患

八　一四章…………………………………………… 188
　　"惚恍"

九　一七章…………………………………………… 195
　　"法自然"

一〇　二六章 ……………………………………………… 219
　　　"重为轻根"

一一　二八章 ……………………………………………… 223
　　　契合与授受

一二　三九章 ……………………………………………… 232
　　　分散智论

一三　四〇章 ……………………………………………… 255
　　　反者道之动

一四　四一章 ……………………………………………… 285
　　　"大音希声"

一五　四七章 ……………………………………………… 292
　　　在迩求远

一六　五六章 ……………………………………………… 304
　　　"知者不言"

一七　五八章 ……………………………………………… 364
　　　祸福倚伏

一八　七二章 ……………………………………………… 375
　　　"不厌"

一九　七八章 ……………………………………………… 405
　　　"正言若反"

一 老子王弼本

龙兴观碑本

[原文]

王弼注本《老子》词气闿舒，文理最胜，行世亦最广。[1]晋、唐注家于马迁所谓"言道德之意五千余言"者，各逞私意，阴为笔削。[2]欲洗铅华而对真质，浣脂粉以出素面，吾病未能。原文本相，其失也均，宁取王本而已矣。[3]清中叶钱大昕、严可均辈始盛推唐中宗景龙二年易州龙兴观碑本。[4]倡新特而矜创获，厌刍豢而思螺蛤，情侈意奢，奖誉溢量，无足怪而亦不必非者。逮今时移事往，言迹俱陈，善善从长，当戒偏颇。[5]柳宗元《陆文通墓表》尝讥专已訾异者曰："党枯竹，护朽骨"；龙兴顽石之不必党护，犹枯竹与朽骨耳。[6]钱氏《潜研堂金石文跋尾续》卷二称龙兴观碑本多"从古字"，如"無"作"无"之类，又称第一五章之"能弊复成"为"远胜他本"之"故能蔽不新成"。[7]夫"無"作"无"，正如"氣"作"炁"、"夢"作"𡨋"，自是《参同契》、《真诰》以还，道流相沿结体，亦犹僧侣书"归"作"皈"、"静虑"作"青心"，皆所以立异示别于俗人书字者。余少时见斋醮青词黄榜犹然，不得概目为"古字"；道俗之别，非古今之分也。[8]以字之"从古"定本之近古，亦不尽愜。匹似有清乾嘉以还，学人作字，好准《说文》，犹徐铉之以小篆体为楷书、魏了翁之以小篆体为行书(《徐公文集》附李昉《徐公墓志铭》、刘辰翁《须溪集》卷七《答刘英伯书》)，[9]施之于录写四六文、五七言律绝诗、长短句，聊示抗志希古(参观李慈铭《越缦堂日记》同治九年二月三十日)。[10]

1

[涉典考释与评注]

[1]畅:音 chàng,通"畅"。此处,钱锺书对王弼所注老子,极尽褒赞。"毫无疑问的,王弼的注是古注中第一流的作品。"①但王弼注也同样有不尽人意处,如论者例举王弼注"廉而不刿"为"'廉',清廉也。'刿',伤也。以清廉清民,令去其邪,令去其污,不以清廉伤于物也"之误时即说:"'廉'借假为'稜利',在古书上常见;《庄子·山木篇》'廉则挫',即是说稜利则挫。《荀子·不苟篇》杨倞注'廉而不刿'说:'廉,稜也。……但有廉隅而不至于刃伤也。''廉而不刿'为古时一句成语,意指稜利而不伤人。王弼注'廉'当作'清廉'讲是错误的。"②所以,对王弼注的阅读,也需谨慎。

[2]"言道德之意五千余言"之语出《史记·老子韩非列传》:

老子修道德,其学以自隐无名为务。居周久之,见周之衰,乃遂去。至关,关令尹喜曰:"子将隐矣,强为我著书。"于是老子乃著书上下篇,言道德之意五千余言而去,莫知其所终。③

晋、唐之注家,亦可参阅陈鼓应《老子注译及评介》"历代老子注书评介"及附录四"参考书目"的内容,特别是"历代老子注书评介"一节的内容,对《韩非子·解老》,严遵《道德指归论》《老子注》,葛玄《老子节解》,王弼《道德真经注》,以及唐代陆德明《老子音义》、魏徵《老子治要》、成玄英《道德经开题序诀义疏》等,都有评说,如对成玄英解释老子的特点归结为两点:"引《庄子》证说老子"、"用佛教、道教观点解老"。按图索骥,对历代注释、研究《老子》的重要典籍,可有整体的了解。

钱锺书此处明确地表明了自己的观点,晋、唐注家,阐释《老子》时过于主观随意,甚至大大悖离《老子》本意,远逊王弼所注。

[3]浣:音 wǎn,指水流动的样子,可引申为洗涤之意。钱锺书此处表达

---

① 陈鼓应:《老子注译及评介》,中华书局 1984 年版,第 356 页。
② 陈鼓应:《老子注译及评介》,中华书局 1984 年版,第 361 页。
③ [汉]司马迁撰,[宋]裴骃集解,[唐]司马贞索隐,[唐]张守节正义:《史记》,中华书局 2000 年版,第 1702 页。

的主要意思,还是指出王注以外的其他注本,虽然欲穷尽《老子》真意,但均远离了《老子》本义,相较而言,还是王弼注本更接近《老子》本相。

[4]钱大昕、严可均辈盛推唐中宗景龙二年易州龙兴观碑本事可参阅朱谦之撰《老子校释》一书,其"唐景龙二年易州龙兴观道德经碑题跋"言及之:

钱大昕《潜研堂金石文跋尾续》:右老子《道德经》两卷:上卷曰道经,下卷曰德经,分两面刻之。其额曰:"大唐景龙二年正月易州龙兴观,为国敬造《道德经》五千文。"碑末,题观主张頵行名。

严可均《铁桥金石跋》:右《道德经碑》,在易州。景龙二年正月立,前代金石家未著于录。欧、赵所收皆明皇御注怀州本,今不传。邢州龙兴观石台本,《归震川集》有跋,今亦不见。所传拓惟易州八面石柱,为苏灵芝书之御注本,刻于开元二十六年;而景龙旧碑同在易州,世人贵耳贱目,无过问者。盖《道德经》自御注后,颁列学宫,久相传习,故余所见道藏七十余本略同,虽以河上、王弼二家,校者亦颇改就御注。而傅奕古本,字句较繁,亦难尽从;则世间真旧本必以景龙碑为最。其异同数百事,文谊简古,远胜今本者甚多。今合苏灵芝书御注本,及河上、王弼与《释文》所载,参互校勘,条举得失,足证此刻之善。①

严可钧对唐中宗景龙二年易州龙兴观碑本的推许,完全可从上述引文中体会得到。下文对钱大昕《潜研堂金石文跋尾续》"老子道德经"一文有完整引述,可一并参阅。

[5]"刍豢"借指精美的食品,而螺、蛤指田螺、蛤蜊之类的所谓河味、海味。钱锺此处文字之大意,是指出钱大昕、严可均等人持论新锐,有极强的创新意识,对这种新锐之论不必指责,但这些论述能否经受得住时间的磨洗与考验,则当别论,后之学人,亦当择善而取,力戒偏颇。

[6]柳宗元《唐故给事中皇太子侍读陆文通先生墓表》曰:

孔子作《春秋》千五百年,以名为传者五家,今用其三焉。秉觚牍,焦思虑,以为论注疏说者百千人矣。攻讦狠怒,以词气相击排冒没者,其为书,处则

---

①　朱谦之撰:《老子校释》,中华书局2000年版,第1页。

充栋宇，出则汗牛马，或合而隐，或乖而显。后之学者，穷老尽气，左视右顾，莫得而本。则专其所学，以訾其所异，党枯竹，护朽骨，以至于父子伤夷，君臣诋悖者，前世多有之。甚矣，圣人之难知也！有吴郡人陆先生质，与其师友天水啖助洎赵匡，能知圣人之旨。故《春秋》之言，及是而光明。使庸人小童，皆可积学以入圣人之道，传圣人之教，是其德岂不侈大矣哉！

先生字某，既读书，得制作之本，而获其师友。于是合古今，散同异，联之以言，累之以文。盖讲道者二十年，书而志之者又十余年，其事大备，为《春秋集注》十篇，《辩疑》七篇，《微指》二篇。明章大中，发露公器。其道以圣人为主，以尧舜为的，包罗旁魄，胶轕下上，而不出于正。其法以文武为首，以周公为翼，揖让升降，好恶喜怒，而不过乎物。既成，以授世之聪明之士，使陈而明之，故其书出焉，而先生为巨儒，用是为天子诤臣、尚书郎国子博士给事中皇太子侍读，皆得其道。刺二州，守人知仁。永贞年，侍东宫，言其所学，为《古君臣图》以献，而道达乎上。是岁，嗣天子践阼而理，尊优师儒，先生以疾闻，临问加礼。某月日，终于京师，某月日，葬于某郡某里。

呜呼！先生道之存也以书，不及施于政；道之行也以言，不及睹其理。门人世儒，是以增恸。将葬，以先生为能文圣人之书通于后世，遂相与谥曰文通先生。后若干祀，有学其者过其墓，哀其道之所由，乃作石以表碣。①

在此文中，柳宗元对陆文通之《春秋》学等学术成就，极为推许。而"党枯竹，护朽骨"正说明陆文通治学，不墨守陈见，能拓新求变。然对陆氏之言仅存于书，不施于政，即对现实的社会治理没有实质性影响，也深表惋惜。

[7]钱大昕《潜研堂金石文跋尾续》卷二有《老子道德经》（景龙二年正月）一文，其文曰：

右老子《道德经》两卷：上卷曰道经，下卷曰德经，分两面刻之。其额云："大唐景龙二年正月易州龙兴观，为国敬造《道德经》五千文。"碑末，题观主张睿行名。案河上公注本"道可道"以下为道经，卷上"上德不德"以下为德经。

———————

① ［唐］柳宗元：《柳河东集》，上海人民出版社 1974 年版，第 132—133 页。原文标点不完整，本引文标点为作者所加。

卷下晁说之跋王弼注本谓其不析道德而上下之，犹近于古，不知陆德明所撰《释文》正用辅嗣本，题云"道经卷上""德经卷下"，与河上本不异。晁氏所见者，特宋时转写之本，而翻以为近古，亦未之考矣。予家藏石刻《道德经》凡五本，惟明皇御注本及此本，皆分道经、德经为二，盖汉、魏以来篇目如此。而此本为初唐所刻，字句与他本多异。如"無"作"无"，"愈"作"俞"，"芸"作"云"，"誉"作"豫"，"荒"作"忙"，"佐"作"作"，"嗌"作"翁"之类，皆从古字。又如"故能蔽不新成"，石本作"能蔽复成"。"师之所处，荆棘生"下，石本无"大军之后，必有凶年"二句。"上将军居右"下，石本无"言以丧礼处之"句。"夫唯病病，是以不病；圣人不病，以其病病，是以不病"，石本但云："是以圣人不病，以其病病，是以不病。"此类皆远胜他本，聊举一二，以见古石刻之可贵也。①

钱大昕批驳晁说之论王弼注本因不分上、下而"近于古"之说，失之未考，殊不知，其推许龙兴观碑本为古，在钱锺书看来，与晁说之的"近于古"之论又为同调。

[8]魏伯阳《周易参同契》，在拙著《〈管锥编·周易正义〉涉典与评注》中多有涉及，此处不再赘述。

陶弘景所撰《真诰》，共二十卷，道教重要典籍。陶弘景《真诰叙录》曰："真诰者，真人口授之诰也。犹如佛经皆言佛说。"②《真诰》卷十九"翼真检第一"描述《真诰》的结构为七个部分，即七篇：《运题象》第一，此卷并立辞表意，发咏畅旨，论冥数感对，自相傅会；《甄命授》第二，此卷并诠导行学，诚厉怨怠，兼晓谕分挺，炳发祸福，分为四卷；《协昌期》第三，此卷并修行条领，服御节度，以会用为宜，随事显法；《稽神枢》第四，此卷并区贯山水，宣叙洞宅，测真仙位业，领理所阙；《阐幽微》第五，此卷并鬼神宫府，官司氏族，明形识不

---

① ［清］钱大昕撰，《续修四库全书》编纂委员会编：《续修四库全书·史部·金石类·潜研堂金石文跋尾六卷续七卷又续六卷三续六卷》（第891册），上海古籍出版社2002年版，第468—469页。

② （日）吉川忠夫、麦谷邦夫编：《真诰校注》"译者序言"，朱越利译，中国社会科学出版社2006年版。

灭,善恶无遗;《握真辅》第六,此卷是三君在世自所记录,及书疏往来,非真诰之例;《翼真检》第七,此卷是标明真绪,证质玄原,悉隐居所述,非真诰之例。

钱锺书此处指出,龙兴观碑本,非为"古字",这与《参同契》、《真诰》等道家典籍另标新说,以与世俗用字相别之原理一样,无关乎古与今。

钱锺书以"少时见斋醮青词黄榜犹然"为例来说明字非"古字",这是钱锺书论学的特色处。钱锺书论学,并非只向故纸索取,举凡风俗土宜、亲历之事等,皆自然贴切融入论题之中,极有说服力,拙著《钱锺书〈管锥编〉民俗视野考论》中于钱氏的这种治学特征多有说明,可参阅。

[9]"以字之'从古'定本之近古,亦不尽惬",为确论,版本考索,往往拘泥于"古字"定版本,孰不知,所谓"古字",若不能真正明确其来历,便会陷入古字适为新字的滑稽之中,遑论定版本为古?

《徐公文集》今收入四川大学古籍所编纂之《宋集珍本丛刊》第一册,后附李昉《徐公墓志铭》,之中有言:

公文学之外,长于篆、隶,其书札之妙,自成一家。当世士大夫有得其书者,无不宝之,以为楷法。①

此处所谓"以为楷法",据文意,似不可理解为以之为楷书,而是以之为习字之楷范、标准。

李昉《徐公墓志铭》对徐铉清廉,有精彩描述,如下述:

公仕朝廷将二十年,前后锡赐,所得俸禄,所入备伏腊外,未尝蓄聚一金。所居之地,仅庇风雨,惟古木数株。每夏秋之际,霖潦为患,颓垣坏宇,人不堪其忧,而公处之晏如也。②

"魏了翁之以小篆体为行书"出刘辰翁《须溪集》卷七《答刘英伯书》,其文曰:

尚有一恨,恨英伯好奇字。六经自刘歆传写外,无一难字,岂可谓无奇哉!旧见魏鹤山取篆字施之行书,常笑其自苦无益。近年如杨慈湖画心字,文本心

① [五代]徐铉:《宋集珍本丛刊·徐公文集》,线装书局 2004 年版,第 222 页。
② [五代]徐铉:《宋集珍本丛刊·徐公文集》,线装书局 2004 年版,第 221 页。

画云字,在邯郸菊蜀中,曲折愈不相似。自书学以来,锺、王眉目可喜,何尝颠倒横竖?自不可及!若如彼所自为,于字体则谬,于经传则乖,不知何所取也。三十前见文宋瑞取古文集墓志行状,当时虽不能读,心甚异之。后见石经本,方悟何物。杜撰而晁公武辈不知也,必欲字字为异亦难,必欲字字篆就亦难,仿篆文作今体,为古书易,不易于竹简乎?科斗乎?秦隶人无识,不至此也。①

此处可以看出,魏了翁确实作篆体行书,其书写过程之苦,已难想见。

[10]徐铉、魏了翁之书法,只能说明这是从古行为,而非真能产生"古本"。所以,后文钱锺书指出:"有所为之矫揉,此则刻意'复古',事已断弦,心图续尾,未渠可从而推见其所径接亲承者也。"正此之谓。

李慈铭《越缦堂日记》同治九年二月三十日之日记,是作诗之后的感言,记曰:"凡写诗词不宜用说文体,做文大须择而用之,骈文则隶害。"②李慈铭此言,正述此意。

[原文]

【增订四】潘耒《遂初堂文集》卷六《晓庵遗书序》记王锡阐寅旭"著古衣冠,独来独往,用篆体作楷书,人多不识。"[1]按顾炎武《太原寄王高士锡阐》:"忽睹子纲书,欣然一称善。"自注:"王君尺牍多作篆书";[2]虽用孔融报张纮书语,实指"篆体楷书"耳。[3]

[涉典考释与评注]

[1]潘耒《遂初堂文集》卷六《晓庵遗书序》曰:

吾邑有耿介特立之士曰王寅旭,生而颖敏绝伦,不屑为干禄之学,枕经藉

---

① [宋]刘辰翁:《影印文渊阁四库全书·集部·别集类·须溪集》(第1186册),台湾商务印书馆1983年版,第562页。

② [清]李慈铭撰:《越缦堂日记·桃花圣解盦日记(甲集)》(第7分册),广陵书社2004年版,第4635页。

史，综贯百家，心思锐入，凡象数声律之学，他人苦其艰深纷赜，望崖而返者，君独殚精研究，必得其肯綮而后已。尤邃于历学，兼通中西之术，非徒习其法而心知其意，非徒知其长而能抉摘其短，自立新法，用以测日、月食，不爽钞（应为秒）忽，神解默悟，不由师传，盖古洛下闳张平子、僧一行之俦也。性狷介，不与俗谐，著古衣冠，独来独往，用篆体作楷书，人多不能识。有讥其诡僻者，然实坦夷粹白，内行洁修，砥节固穷，有古人之操。①

潘耒对王寅旭的特立独行，有入木的刻画，并对其内行洁修的人格极推许。

[2]顾炎武《太原寄王高士锡阐》诗曰：

游子一去家，十年愁不见。愁如汾水东，不到吴江岸。异地各荣衰，何由共言晏。忽睹子纲书，欣然一称善。知交尽四海，岂必无英彦。贵此金石情，出处同一贯。太行冰雪积，沙塞飞蓬转。何能久不老，坐看人间换。惟有方寸心，不与元冀变。②

王冀民撰《顾亭林诗笺释》释"忽睹子纲书，欣然一称善"时指出：

"忽睹子纲书二句"自注："王君尺牍多作篆书。"原注：《三国志》注：张纮字子纲，好文学，又善楷篆。与孔融书皆自书，融报纮曰：前劳手笔，多篆书。每举篇见字，欣然独笑，复如睹其人也。"③

[3]今中华书局"中国古典文学基本丛书"中的《建安七子集》，有孔融"遗张纮书"与"又遗张纮书"两文，而非"报张绒书"，但同为中华书局"中国古典文学基本丛书"之一的《顾亭林诗笺释》，"纮"又作"绒"。"纮"音hóng，指"带子"，"绒"同"弦"，二字应为不同字。"遗张纮书"文曰：

闻大军西征，足下留镇。不有居者，谁守社稷？深固折冲，亦大勋也。无乃李广之气，仓发益怒，乐一当单于，以尽余愤乎？南北并定，世将无事，叔孙投戈，绛灌俎豆，亦在今日。但用离析，无缘会面，为愁叹耳。道直途清，相见

---

① ［清］潘耒：《续修四库全书·集部·别集类·遂初堂文集》（第1417—1418册），上海古籍出版社2002年版，第466页。

② 王冀民撰：《顾亭林诗笺释》，中华书局1998年版，第786页。

③ 王冀民撰：《顾亭林诗笺释》，中华书局1998年版，第787页。

岂复难哉！①

"又遗张纮书"：

前劳手笔，多篆书。每举篇见字，欣然独笑，复如睹其人也。②

潘末"忽睹子纲书，欣然一称善"之句意，与"又遗张纮书"之文意确有相同处。

［原文］

倘有人书杜牧《张好好诗》、苏轼《赤壁赋》，持较见存二篇真迹，亦必多"从古字"，然而其字太古适征其本之非真古耳。[1] 盖"从古"有二，勿容淆而一之。不自知之因袭，此可以沿流溯源者也；有所为之矫揉，此则刻意"复古"，事已断弦，心图续尾，未渠可从而推见其所径接亲承者也。[2] 且本之"胜"否，依文义而不依字体。"能弊复成"之义固"远胜他本"。[3] 顾碑本二六章之"轻则失臣"、四三章之"无有入于无闻"、四五章之"躁胜塞"、五〇章之"揣其爪"、六一章之"牝常以静胜牡"、七七章之"斯不见贤"，诸若此类，或义不可通，或义可通而理大谬，得不谓为远输他本哉？亦岂可拈一脔以概全鼎、得笋而并煮丛竹哉？寸长尺短，固宜处以公心耳。[4] 龙兴碑本之尤可笑者，在其节省助词，句法每似无名之指屈而不伸。当缘道士陋妄，书字既"从古"，文词亦以削去虚字为古。[5] 谭献《复堂类集·日记》卷五云："易州石刻语助最少，论者以为近古"；同卷又云："阅《史记》，知后世之节字省句以为古者，皆可笑也！"后节移并前节，便道出吾意中语。[6] 助词虽号"外字"，非同外附。《文心雕龙·章句》谓："'夫'、'惟'、'盖'、'故'者，发端之首唱；'之'、'而'、'于'、'以'者，乃札句之旧体；'乎'、'哉'、'矣'、'也'者，亦送末之常科。据事似闲，在用实切。"[7]《史通·浮词》亦谓："是以'伊'、'惟'、'夫'、'盖'，发语之端也；'焉'、'哉'、'矣'、'兮'，断句之助也。去之则言语不足，加之则章

---

① 俞绍初辑校：《建安七子集》，中华书局 1989 年版，第 17 页。
② 俞绍初辑校：《建安七子集》，中华书局 1989 年版，第 17 页。

句获全。"[8]"闲"而切"用","浮"而难"去",正《老子》第一一章"当其无有以为用"之理。[9]彼黄冠之徒以语助为无助于事,以虚字为闲字、浮词,殆未能触类傍通软?然则于五千言,虽口沫手胝,勒石寿珉,总如说食不饱耳。[10]冯景《解春集文钞·补遗》卷二《与高云客论魏序书》云:"《论语》首章凡三十字。曩估客言,曾见海外盲儒发狂疾,删去虚字十六,训其徒曰:'学时习,说。朋远来,乐。不知,不愠,君子。'简则简矣,是尚为通文义者乎?"[11]余读易州碑本《道德经》,时有海外盲儒为《论语》削繁或吝惜小费人拍发电报之感。时贤承钱、严之绪言,奉碑本为不刊,以河上公本亚之,而处王弼本于下驷。尊闻行知,亦无间然。[12]偶睹其撰著,如第一〇章作:"载营魄抱一,能无离?专气致柔,能婴儿?涤除玄览,能无疵?爱人治国,能无为?天门开阖,能为雌?明白四达,能无知?"吾之惑滋甚。[13]六句依文求义,皆属陈叙口吻,乃标点作诘问语气,中逗之而末加"?"号焉。何缘得意忘言如此?岂别有枕膝独传、夜半密授乎?既而恍悟:河上公本与碑本无异,唯王弼本六句末皆著"乎"字为诘质语,问号之加,职是之由。是貌从碑本而实据王本,潜取王本之文以成碑本之义。范氏掩耳椎钟,李逵背地吃肉,轩渠之资,取则不远。[14]余初读《老子》即受王弼注本;龚自珍有《三别好》诗,其意则窃取之矣,亦曰从吾所好尔。[15]

[涉典考释与评注]

[1]苏轼《赤壁赋》书迹,为人熟知,但杜牧《张好好诗》墨迹,不如苏书流传广远。杜牧所书,以行书为主,草书辅之,用笔变化多端,字体劲媚,气完神足,是行草书中的精品。钱锺书此处实以杜牧、苏轼之书法为例,若今人临杜、苏二书,必然跟随二人笔趣,依样临写,之中自然有"古字",但有"古字"不影响为今人所书之版本,正所谓"其字太古适征其本之非真古耳"。

[2]钱锺书此处指出,所谓"从古",有有意为之,有无意为之。无意为之者,还可以通过追根溯源的方式,去弄清楚其是否为"古",若有意为之,捏造

证据，以证明其为"古"，则更易淆人视听，不能轻易识破此为造作之"古"。

[3]钱锺书的观点极为明确，以文义定"本"之优劣，而非字体。

[4]据朱谦之《老子校释》，龙兴观碑本二六章为：

重为轻根，静为躁君。是以君子终日行，不离辎重，虽有荣观，燕处超然。如何万乘之主，而以身轻天下？轻则失臣，躁则失君。①

龙兴观碑本四三章为：

天下之至柔，驰骋天下之至坚。无有入无闻，是以知无为有益。不言之教，无为之益，天下希及之。②

龙兴观碑本四五章为：

大成若缺，其用不弊。大盈若冲，其用不穷。大直若屈，大巧若拙，大辩若讷。躁胜塞，静胜热。清静以为天下正。③

龙兴观碑本五〇章为：

出生入死。生之徒十有三，死之徒十有三；人之生，动之死地，十有三。夫何故？以其生生之厚。盖闻善摄生者，陆行不遇兕虎，入军不被甲兵。兕无所投其角，虎无所揩其爪，兵无所容其刃。夫何故？以其无死地。④

龙兴观碑本六一章为：

大邦者下流，天下之交，天下之牝。牝常以静胜牡，以静为下。故大国以下小国，则取小国；小国以下大国，则取大国。故或下以取，或下如取。大国不过欲兼畜人，小国不过欲入事人。此两者各得其所欲，大者宜为下。⑤

龙兴观碑本七七章为：

天之道，其犹张弓与！高者抑之，下者举之，有余者损之，不足者与之。天之道，损有余而补不足。人道则不然，损不足，奉有余。孰能有余以奉天下？唯有道者。是以圣人为而不恃，功成而不处，斯不见贤。⑥

---

① 朱谦之撰：《老子校释》，中华书局2000年版，第104—106页。
② 朱谦之撰：《老子校释》，中华书局2000年版，第177—179页。
③ 朱谦之撰：《老子校释》，中华书局2000年版，第181—184页。
④ 朱谦之撰：《老子校释》，中华书局2000年版，第198—202页。
⑤ 朱谦之撰：《老子校释》，中华书局2000年版，第248—251页。
⑥ 朱谦之撰：《老子校释》，中华书局2000年版，第298—300页。

上引原文,与王弼注本确实有较多出入,而且,钱锺书所举龙兴观碑本中的例子,如四三章之"无有入于无闻"、四五章之"躁胜塞"等,今本通行为"无有入于无间"、四五章之"躁胜寒",于义理全然不通。所以,对钱大昕、严可均盛赞龙兴观碑本之举,实为"拈一脔以概全鼎、得笋而并煮丛竹",全失公正之学术眼光。

[5]钱锺书以龙兴观碑本省略虚字为例,更陈其不足。而且,钱氏更进一步指出,道士识见浅陋,以为文词去掉虚词,更有"古"味,因而肆意削去,这与书字"从古",同样可笑。

[6]谭献(1832—1901年),近代词人、学者,初名廷献,字仲修,号复堂,浙江仁和(今杭州)人。《清史稿》列传二百七十三"文苑三"有传:"谭廷献,字仲修,仁和人。同治六年举人。少负志节,通知时事。国家政制典礼,能讲求其义。治经必求西汉诸儒微言大义,不屑屑章句。读书日有程课,凡所论箸,隐栝于所为日记。文导源汉、魏,诗优柔善入,恻然动人。又工词,与慈铭友善,相唱和。官安徽,知歙、全椒、合肥、宿松诸县。晚告归,贫甚。张之洞延主经心书院,年余谢归,卒于家。"著有《复堂类集》,包括文、诗、词、日记等,另有《复堂诗续》、《复堂文续》、《复堂日记补录》、《复堂词》,以及门人所辑《复堂词话》。

钱锺书对谭献关注较多,在二十巨册《钱锺书手稿集·中文笔记》之第二册摘录《复堂日记》,第五册又摘录《复堂类集》、《复堂诗续》、《复堂日记补录》、《复堂日记续录》中的相关内容。国家清史编纂委员会所辑《清代诗文集汇编》第721种收《复堂类集》,其中集四为"日记六卷",然可惜的是,《清代诗文集汇编》所刊录之《复堂类集》,只辑录至集三,并未收录集四"日记"这一部分,故此处文献检索暂缺。

[7]《文心雕龙》"章句篇"第三十四,既讲篇章,又讲句法,钱锺书所言及者,是论句法之文:

又诗人以"兮"字入于句限,《楚辞》用之,字出句外。寻"兮"字成句,乃语助馀声。舜咏"南风",用之久矣,而魏武弗好,岂不以无益文义耶!至于"夫"、"惟"、"盖"、"故"者,发端之首唱;"之"、"而"、"于"、"以"者,乃扎句之旧体;"乎"、"哉"、"矣"、"也"者,亦送末之常科。据事似闲,在用实切。巧者回运,弥缝文体,将令数句之外,得一字之助矣。外字难谬,况章句欤?①

《文心雕龙》"章句篇"论及为文之篇、句、字,是为文之基本功。其篇首即言:"夫设情有宅,置言有位;宅情曰章,位言曰句。故章者,明也;句者,局也。局言者,联字以分疆;明情者,总义以包体,区畛相异,而衢路交通矣。夫人之立言,因字而生句,积句而成章,积章而成篇。篇之彪炳,章无疵也;章之明靡,句无玷也;句之清英,字不妄也;振本而末从,知一而万毕矣。"②章者,明也;句者,局也,等等,于章、句本义之阐发,于今之为文,均有启发。

[8]《史通》"浮词第二十一"首段即指出:

夫人枢机之发,宣宣不穷,必有余音足句,为其始末。是以伊、惟、夫、盖,发语之端也;焉、哉、矣、兮,断司之助也。去之则言语不足,加之则章句获全。而史之叙事,亦有时类此。故将述晋灵公厚敛雕墙,则且以不君为称;欲云司马安四至九卿,而先以巧宦标目。所谓说事之端也。又书重耳伐原示信,而续以一战而霸,文之教也;载匈奴为偶人象郅都,今驰射莫能中,则云其见惮如此。所谓论事之助也。③

《史通》论"助词",并非关注虚词之使用,而更多指史家之"叙事",如本段所论及的"说事之端"、"论事之助"等。《史通》论史家之叙事,指出了叙事前后矛盾等现象:"盖古之记事也,或先经张本,或后传终言,分布虽疏,错综逾密。今之记事也则不然。或隔卷异篇,遽相矛盾;或连行接句,顿成乖角。是以《齐史》之论魏收,良直邪曲,三说各异;《周书》之评太祖,宽仁好杀,二理不同。非惟言无准的,固亦事成首鼠者矣。夫人有一言,而史辞再三,良以好发芜音,不求说理,而言之反覆,观者惑焉。"④这种叙事前后相悖,亦类为文之浮词,形离质散,实是史家之病。

---

① 周振甫:《文心雕龙今译》,中华书局 1986 年版,第 313 页。
② 周振甫:《文心雕龙今译》,中华书局 1986 年版,第 308 页。
③ [唐]刘知几著,[清]浦起龙通释,王煦华整理:《史通通释》,上海古籍出版社 2009 年版,第 146 页。
④ [唐]刘知几著,[清]浦起龙通释,王煦华整理:《史通通释》,上海古籍出版社 2009 年版,第 147—148 页。

[9]《老子》第11章曰：

三十辐，共一毂，当其无，有车之用。埏埴以为器，当其无，有器之用。凿户牖以为室，当其无，有室之用。故有之以为利，无之以为用。①

钱锺书此处将"有"、"无"之关系，引申至"闲"、"浮"的解释，极有新意。

[10]"黄冠之徒"实指"道流之士"。珉：mín，指石、玉石。"勒石寿珉"可指将文字刻石，以使之流传久远。"说食不饱"强调实践的重要，《楞严经》言："虽有多闻，若不修行，与不闻等，如人说食，终不得饱。"②

[11]冯景（1652—1715年），字山公，一字少渠，浙江钱塘人，其《解春集文钞·补遗》卷二《与高云客论魏序书》有云：

景年十七八始学为古文，于今三十年，才薄力弱，学问枯落，无能窥古人之奥，然其中甘苦得失，颇能知其所以然，于本朝诸先辈文，各取所长，独赏宁都魏叔子先生，才兼众体，可称有笔。他人或长于叙事而不长于议论，或胶守古大家成法而不能开拓变化，自出机杼，凡题有旧，径陈蹊断，不可由须，如天马行空，始善。每见时贤集中，其与人论文书，则必铺张穷理，养气经、史、子、集，源流皮傅之论，其赠浮屠序、则必蹈藉韩、欧牙慧，嘈嘈满纸，叔子都无此病。其论策传记及他杂文皆工，序尤佳，乃景所尤赏者也。先生亦极赏其诸序，命景丹笔评点，且云有病累处，宜直指出。景谓其文之曲折处，在能纵，然其多病正在此，文势本可直下，却故起一波，故作一折，而波折太过，纠戾丛生。今偶举四条言之……故景直为抹去四病，则其文全矣。先生以为然不？墨笔删去虚字太多，未知何人手。古人行文妙处，虚实相生，其曲折开阖，抑扬反复，颇在虚字得力传神，文章家虽有孤峭一派，然百尺无枝，如龙门桐者，其根半死半生，非全不活也。《论语》首章凡三十字。襄估客言，曾见海外盲儒发狂疾，删去虚字十六，训其徒曰："学时习，说。朋远来，乐。不知，不愠，君子。"简则简矣，是尚为通文义者乎？此言虽戏，可为善喻，要知文之短长，自有枉其长者，

---

① 陈鼓应：《老子注译及评介》，中华书局1984年版，第100页。
② 赖永海主编，刘鹿鸣译注：《楞严经》，中华书局2012年版，第43页。

一字不能减，短者，一字不能增，乃为至文，而不在多去虚字为简峭也。原本还上，议有未合，望赐裁答，景再拜。①

冯景深膺魏叔子之文，并由对魏叔子文的评价，引出为文之妙处在虚实相生，极言虚字之重要。

[12]此处提出"盲儒"之说，颇有新意，比"陋儒"、"腐儒"之说更形入木。而对抬高龙兴碑本、看低王弼注本之论，则断然抨之。

[13]《老子》第10章原文为：

载营魄抱一，能无离乎？专气致柔，能如婴儿乎？涤除玄鉴，能无疵乎？爱民治国，能无为乎？天门开阖，能为雌乎？明白四达，能无知乎？生之畜之，生而不有，为而不恃，长而不宰，是谓玄德。②

相较于钱锺书所引，便可见出，省略虚词，几乎文不成句，更难比原文之起伏错落，生动有致。

[14]此一长段文字，核心观点在于：上引之省略虚词之《老子》版本，实际上还是取法王弼注本，王弼注本有"乎"这一助词，句末才能加上问号"？"，去掉"乎"字而保留问号，形式虽变，实则还是取法王弼注本。

[15]龚自珍《三别好诗》并序：

余于近贤文章，有三别好焉；虽明知非文章之极，而自髫年好之，至于冠益好之。兹得春三十有一，得秋三十有二，自揆造述，绝不出三君，而心未能舍去。以三者皆于慈母帐外灯前诵之。吴诗出口授，故尤缠绵于心；吾方壮而独游，每一吟此，宛然幼小依膝下时。吾知异日空山，有过吾门而闻且高歌，且悲啼，杂然交作，如高宫大角之声者，必是三物也。各系以诗：

莫从文体问高卑，生就灯前儿女诗。一种春声忘不得，长安放学夜归时。

（右题吴骏公《梅村集》）

狼籍丹黄窃自哀，高吟肺腑走风雷。不容明月沈天去，却有江涛动地来。

（右题方百川遗文）

---

① ［清］冯景撰，《续修四库全书》编纂委员会编：《续修四库全书·集部·别集类·解春集文钞十二卷、补遗二卷、诗钞三卷》（第1418册），上海古籍出版社2002年版，第526—527页。

② 陈鼓应：《老子注译及评介》，中华书局1984年版，第93页。

忽作泠然水瑟鸣,梅花四壁梦魂清。杭州几席乡前辈,灵鬼灵山独此声。
(右题宋左彝《学古集》)①

钱锺书所会心于《三好诗》者,当是"莫从文体问高卑"诸语。

———————

① 〔清〕龚自珍:《龚自珍全集》,上海人民出版社 1975 年版,第466页。

二　一章

"道"与"名"

[原文]

"道可道,非常道。名可名,非常名";《注》:"可道之道、可名之名,指事造形,非其常也;故不可道、不可名也。"[1] 按《韩非子·解老》解首二句略谓物之存亡、死生、盛衰者,"不可谓常",常者,"无攸易,无定理,是以不可道";王注亦其意,特未逐字诂释耳。[2] 俞正燮《癸巳存稿》卷一二云:"《老子》此二语'道'、'名',与他语'道'、'名'异。此云'道'者,言词也,'名'者,文字也。《文子·道原》云:'书者,言之所生也;名可名,非藏书者也';《精诚》云:'名可名,非常名;著于竹帛,镂于金石,皆其粗也';《上义》云:'诵先王之书,不若闻其言,闻其言,不若得其所以言,故名可名,非常名也';《上礼》云:'先王之法度有变易,故曰名可名,非常名也。'《淮南子·本经训》云:'至人钳口寝说,天下莫知贵其不言也。故道可道,非常道;名可名,非常名。著于竹帛,镂于金石,可传于人者,其粗也。晚世学者博学多闻,而不免于惑';《缪称训》云:'道之有篇章形埒者,非其至者也';《道应训》云:桓公读书堂上,轮人曰:独其糟粕也。故老子曰:'道可道,非常道,名可名,非常名。'皆以《老子》'道'为言词,'名'为文字。《周官》:'外史掌达书名于四方',《注》云:'古曰名,今曰字';'大行人谕书名',《注》云:'书名,书之字也,古曰名';《聘礼》:'百名以上书于策',《注》云:'名,书文也,今之字';《论语》:'必也正名乎',《义疏》引《郑注》云:'谓正书字,古者曰名,今世曰字。'古谓文字为'名'。"[3]俞说非也。清代以来,治子部者,优于通训解诂,顾以为义理思辨之学得用文字之学尽了之,又视玄言无异乎直说,蔽于所见,往往而有。俞氏操术,即其一例,特尤记丑而博者尔。[4]王弼注以"指事造形"说"名",即借"六书"之"指事"、"象形";俞氏以"名"为"文字",大似发挥王注。然说"名"为"字",援征重迭,而说"道"为"言",未举佐证;至云:"此二语'道'、'名'与他语'道'、'名'异",亦持之无故。[5]姑就其所侈陈"古谓文字为'名'"论之。

[涉典考释与评注]

[1]《老子》第1章王弼注的全部内容如下。

其一,王弼注"道可道,非常道。名可名,非常名"为:

可道之道,可名之名,指事造形,非其常也。故不可道,不可名也。

其二,王弼注"无名天地之始,有名万物之母"为:

凡有皆始于无,故"未形"、"无名"之时则为万物之始,及其"有形"、"有名"之时,则长之育之,亭之毒之,为其母也。言道以无形无名始成万物,以始以成而不知其所以,玄之又玄也。

其三,王弼注"故常无欲,以观其妙"为:

妙者,微之极也。万物始于微而后成,始于无而后生。故常无欲空虚,可以观其始物之妙。

其四,王弼注"常有欲,以观其徼"为:

徼,归终也。凡有之为利,必以无为用。欲之所本,适道而后济。故常有欲,可以观其终物之徼也。

其五,王弼注"此两者同出而异名,同谓之玄,玄之又玄,众妙之门"为:

两者,始与母也。同出者,同出于玄也。异名,所施不可同也。在首则谓之始,在终则谓之母。玄者,冥也,默然无有也。始母之所出也,不可得而名,故不可言,同名曰玄,而言谓之玄者,取于不可得而谓之然也。谓之然则不可以定乎一玄而已,则是名则失之远矣。故曰:玄之又玄也。众妙皆从同而出,故曰众妙之门也。①

　　"尽管老子已经反复宣布'道'是不可言说的,以至才用了恍惚玄妙的诗化语言去描写它,但是后人不可能满足于这种混沌的表述,而是力图用理性的语言去定义它。因此,老子笔下'不可道'(不可言说)的'道',也就随着不同时代不同人物的不同理解,变成了许多'可道'(可以言说)的'道'。如果说,黄老学派与早期道教以元气论改造老子的'道'而建立自己思想学说的话,那么,王弼的贵'无'论哲学体系则是运用形名方法改造老子的'道'而完成的。"②确实,王弼力图给老子所不可言说的"道"以一个"名",其也使用了道、玄、深、一、太极、母、根等众多名称,但是,他最终以"无名"这一否定性的称呼完成了对"道"的定义。钱锺书此处引用的王弼注文,实际上也体现了这一思想。

　　[2]《韩非子·解老》解"道可道,非常道"曰:

　　凡理者,方圆、短长、粗靡、坚脆之分也,故理定而后物可得道也。故定理有存亡,有死生,有盛衰。夫物之一存一亡,乍死乍生,初盛而后衰者,不可谓"常"。唯夫与天地之剖判也具生,至天地之消散也不死不衰者谓"常"。而常者,无攸易,无定理。无定理,非在于常所,是以不可道也。圣人观其玄虚,用其周行,强字之曰"道",然而可论。故曰:"道之可道,非常道也。"③

　　所谓"解老",即韩非对老子某些语句的理解。韩非结合自己的时代特点来理解老子,极有特色,如理解"方而不割,廉而不刿,直而不肆,光而不耀":

　　所谓"方"者,内外相应也,言行相称也。所谓"廉"者,必生死之命也,轻恬资财也。所谓"直"者,义必公正,心不偏党也。所谓"光"者,官爵尊贵,衣裘壮丽也。今有道之士,虽中外信顺,不以诽谤穷堕;虽死节轻财,不以侮罢羞贪;虽义端不党,不以去邪罪私;虽势尊衣美,不以夸贱欺贫。其故何也?使失路者而肯听习问知,即不成迷也。今众人之所以欲成功而反为败者,生于不知

―――――――――

① 　[魏]王弼:《影印文渊阁四库全书·子部·道家类·老子道德经》(第1055册),台湾商务印书馆1983年版,第138—139页。

② 　王晓毅:《王弼评传》,南京大学出版社1996年版,第242页。

③ 　张觉等撰:《韩非子译注》,上海古籍出版社2007年版,第216—217页。

道理而不肯问知而听能。众人不肯问知听能，而圣人强以其祸败适之，则怨。众人多而圣人寡，寡之不胜众，数也。今举动而与天下为仇，非全身长生之道也，是以行轨，节而举之也。故曰："方而不割，廉而不刿，直而不肆，光而不耀。"①

"廉"，本为"锋利"之义，指棱边锋利，易伤人，王弼忽略此本义，直接将"轻恬资财"的"廉洁"之义引入，便带有他强烈的主观色彩。

[3]钱锺书所引《癸巳存稿》卷一二之内容，出"老子名可名义"一则，其文曰：

《老子》："道可道，非常道。名可名，非常名。"此二语"道"、"名"，与他语"道"、"名"异。此云"道"者，言词也，"名"者，文字也。《文子·道原》云："书者，言之所生也；名可名，非藏书者也"；《精诚》云："名可名，非常名；著于竹帛，镂于金石，皆其粗也"；《上义》云："诵先王之书，不若闻其言，闻其言，不若得其所以言，故名可名，非常名也"；《上礼》云："先王之法度有变易，故曰名可名，非常名也。"《淮南子·本经训》云："至人钳口寝说，天下莫知贵其不言也。故道可道，非常道；名可名，非常名。著于竹帛，镂于金石，可传于人者，其粗也。晚世学者博学多闻，而不免于惑"；《缪称训》云："道之有篇章形埒者，非其至者也"；《道应训》云："桓公读书堂上，轮人曰：独其糟粕也。"故老子曰："道可道，非常道，名可名，非常名。"皆以《老子》"道"为言词，"名"为文字。《周官》："外史掌达书名于四方"，《注》云："古曰名，今曰字"；"大行人谕书名"，《注》云："书名，书之字也，古曰名"；《聘礼》："百名以上书于策"，《注》云："名，书文也，今之字"；《论语》："必也正名乎"，《义疏》引《郑注》云："谓正书字，古者曰名，今世曰字。"古谓文字为"名"，北朝人犹守此义，屡见于《魏书》。②

钱锺书引用文献，一般较为俭啬，如此种长段引用，并不多见，虽然，钱锺书在后文指出俞正燮"俞说非也"，并且对清代子学研究者重考据轻义理提出

---

① 张觉等撰：《韩非子译注》，上海古籍出版社 2007 年版，第 200 页。
② [清]俞正燮：《癸巳存稿》，辽宁教育出版社 2003 年版，第 332—333 页。

批评,评"俞氏操术,即其一例,特尤记丑而博者尔",但从钱锺书的长段引用中,似乎也可以推知他对俞正燮的些许推重。钱锺书与俞正燮,均喜广征博引,以文献为文,且均喜以笔记体式载录思想与观点,两人隔代相惜,亦是情理中事。

[4]此处,钱锺书指出俞正燮之说不正确,并且更指出清代子学固有的弱点,即是重考据而轻义理,而且看透了这种轻义理,有时完全以考据取代义理,此论极有见地。即以俞正燮为例,这种倾向便极明显,如卷十二有"战国学术"一则:

《孟子》云"有为神农之言者",农家也。《韩策》云"治列子御寇之言",道家也。《史记》云,驺衍推五德终始,阴阳五行家也。其时为纵横之学者,《艺文志》为一家,近言地理形势之学也。《韩非子·五蠹》云"藏商、管之法者家有之","裁孙、吴之法者家有之"。亦干禄之学也。其专以学名者,则三墨八儒。《韩非子·显学》云:"自墨子之死,有相里氏之墨,有相夫氏之墨,有邓林氏之墨。""自孔子之卒,有子张之儒,有子思之儒,有颜氏之儒,有孟氏之儒,有漆雕氏之儒,有孙氏之儒,有仲梁氏之儒,有乐正氏之儒。"子张或曰朱张,漆雕氏者,漆雕冯也。《显学》云:"漆雕之议,不色挠,不目逃,行曲则违于臧获,行直则怒于诸侯。"《墨子·非儒》云"漆雕形残",与《显学》言合也。《孔丛·诘墨》为漆雕开辨,则王肃、皇甫谧之徒谓是漆雕开矣。孙氏者,即荀卿。《史记》云,在战国时"最为老师"。①

俞正燮论"战国学术",完全是考据式的,并未有任何价值判断,清代文网严苛,知识分子无法更多表达自己的思想,这是人所共知的事实,俞正燮生逢其世,亦不必苛责。

[5]"六书"之说,源起甚早。《周礼》有云:"保氏掌谏王恶,而养国子以道,乃教之六艺:一曰五礼;二曰六乐;三曰五射;四曰五驭;五曰六书;六曰九数。"然并未详细解释"六书"包括的具体内容。西汉刘歆《七略》:"古者八岁入小学,故周官保氏掌养国子,教之六书,谓象形、象事、象意、象声、转注、假

---

① ［清］俞正燮:《癸巳存稿》,辽宁教育出版社 2003 年版,第 338—339 页。

借,造字之本也。"这是对六书最早的解释。东汉郑玄注引郑众说:"六书,象形、会意、转注、处事、假借、谐声也"(注:处事,即"指事";谐声,即"形声")。班固《汉书·艺文志》把六书之名定为象形、象事、象意、象声、转注、假借。而对"六书"说明解释最全面的,则是东汉许慎《说文解字·叙》,后文将作重点述及。

王弼所言之"指事造形",是否就是"六书"中之"指事"、"象形",亦未可遽断。"指事"为"视而可识","上下是也";"象形"指"画成其物","日月是也",王弼释"名",难道一定是从与"上下"、"日月"有类同构意的"字"这个角度立论?"道"与"名",若就本字而言,即使进行文字学式的追溯,也并非一定有"指事"与"象形"意味。根据现有出土文献研究,"道"字无甲骨文形态,只有金文:"𧘂。"其基本释义为十字路口"行"有有首之人"𩇽"在行走"止",几乎与指事、象形无甚关联,而"名"的甲骨文字形的基本形态为:"𠙵。"徐中舒《甲骨文大字典》认为其释义有二,一为"地名",一为"疑为祭祀名"。① 也与象形、指事关联不大。当然,王弼可能从《说文解字》中寻找解释的依据,《说文解字》释"道":"所行道也。从辵从𩠐。一达谓之道。𧗠,古文道从𩠐寸。"从这里,也是看不出"道"字有多少指事、象形意蕴的。段玉裁《说文解字注》甚至认为许慎此处对"道"的解释难于读通:"许书多经浅人改窜,遂不可读矣。"若许慎原文不存,更不可臆断。《说文解字》释"名":"名,自命也。从口从夕。夕者,冥也。冥不相见,故以口自名。"这倒是有象形、指事的意蕴,与"名"之甲骨文字形亦相吻合。

若离开"道"、"名"之本义,扩充至形上之道、道出、命名等义项时,或者扩充至俞正燮所言"文字"时,与指事、象形之关系,更要分类而论。当然,王弼注也可以理解为一般意义上对汉字造字的理解,倒无可厚非。

钱锺书认为俞正燮之论"道"为"言"等观点无文献证据支持,所以,下文便开始了自己的论证。

---

① 徐中舒:《甲骨文大字典》,四川出版集团·四川辞书出版社 2006 年版,第 88 页。

［原文］

名皆字也，而字非皆名也，亦非即名也。《春秋繁露·深察名号》篇曰："鸣而施命谓之名；名之为言，鸣与命也。"其言何简而隽耶！[1]俞氏等"名"于"字"，盖见有"鸣"而不见有"命"也。曰"字"，谓声出于唇吻、形著于简牍者也；曰"名"，谓字之指事称物，即"命"也，《墨子·经》上、《经说》上所谓："举、拟实也，以之名拟彼实也。"[2]譬如"之"、"乎"、"焉"、"哉"等，词学属之语助（synsemantic），名学列于附庸（syncategorematic）（S. Ullmann, Principles of Semantics, 2nd ed., 58.），以其不足为"名"也，顾仍不失为"字"也。[3]《道德经》称"老子"，白叟亦称"老子"，名之所指举大异，而书文道字同也。呼老子曰"李耳"，或曰"犹龙氏"，或曰"太上道德真君"，名之所指举一也，而文字则三者迥异也。[4]"上"与"下"，许慎所谓字之"指事"也，非即名之指事也：设取老子之语，冠履倒置，以"不失德"为"上德"而"不德"为"下德"，而老氏之徒且斥为举名乖正而拟实失当矣，然"上"、"下"二字仍无伤为六书中之指事也。凡此尚是迹之粗而论之卑者焉。[5]字取有意，名求傅实；意义可了（meaningful），字之职志也；真实不虚（truthful），名之祈向也。[6]因字会意，文从理顺，而控名责实，又无征不信，"虚名"、"华词"、"空文"、"浪语"之目，所由起也。"名"之与"字"，殊功异趣，岂可混为一谈耶？[7]《太平广记》卷一七三引《小说》载东方朔曰："夫大为马，小为驹；长为鸡，小为雏；大为牛，小为犊；人生为儿，长为老。岂有定名哉？"即韩非《解老》所谓"初盛而后衰"，初名旧名无当后实新实，故易字而另名之。此亦"可名非常名"也。[8]夫易字以为新名，正缘旧名之字"常"保本意而不符新实耳。故名之变易不"常"，固因实之多方无方，而亦因字之守"常"难变其意。至若人之形貌品性，则更非"儿"、"老"等名所能举拟，当别易他名如"美、丑"、"善、恶"之类，又所谓"可名非常名"也。[9]"竹帛金石"、"篇章形埒"之留传为"糟粕"者，岂非由于文字之"常"不足为道与名之"常"乎？执礼经之批注以概道家之名理，曰"古谓文字为'名'"，亦思不审而辩不明者欤。"名家"将无同于文字学家耶？管子、申子、尹文子、公孙龙子、吕不韦、荀子、韩非子诸家之言"正名"、形名参同、名以喻实,岂为许慎、刘熙拥帚先驱耶？[10]余寻绎《论语》郑玄注,尝笑其以《子路》章为政先务之"正名"解为"正书字";清之为"汉学"者至以《述而》两言"好古"之"古",解为"训诂"(参观方东树《汉学商兑》卷中之下)。[11]信斯言也,孔子之道不过塾师训蒙之莫写破体、常翻字典而已,彼尸祝孔林者以及破孔户而据床唾堂者,皆视虱如轮、小题大做矣！盖学究执分寸而忽亿度,处把握而却寥廓,恢张怀抱,亦仅足以容学究;其心目中,治国、平天下、博文、约礼皆莫急乎而不外乎正字体、究字义。一经笺释,哲人智士悉学究之化身,要言妙道皆字典之剩义。[12]俞氏之解老,犹郑君之注孔也。或有据《周礼》、《礼记》注,因说《老子》五章"不如守中"之"中"为"图籍"者;是"竹帛"、"篇章"虽"糟粕"而必保"守"勿失也,岂老子柱下守藏史之故态复萌、结习难除乎？亦如以孔子说成训蒙师矣。[13]"书名"之"名",常语也;"正名"之"名",术语也。今世字书于专门术语之训诂,尚犹略诸,况自古在昔乎？专家著作取常语而损益其意义,俾成术语;术语流行,傅会失本而复成常语。梭穿轮转,往返周旋。作者之圣、文人之雄,用字每守经而尤达权,则传注之神、笺疏之哲,其解诂也,亦不可知常而不通变耳。[14]

[涉典考释与评注]

[1]所有的名,都可形诸文字,但并非所有的字,都可以表示事物的名称,这是钱锺书对俞正燮"古谓文字为'名'"的反驳。

《春秋繁露·深察名号》篇首即曰:

治天下之端,在审辨大。辨大之端,在深察名号。

名者,大理之首章也。录其首章之意,以窥其中之事,则是非可知,逆顺自著,其几通于天地矣。是非之正,取之逆顺,逆顺之正,取之名号,名号之正,取之天地,天地为名号之大义也。

古之圣人,謞而效天地谓之号,鸣而施命谓之名。名之为言,鸣与命也,号之为言,謞而效也。謞而效天地者为号,鸣而命者为名。名号异声而同本,皆鸣号而达天意者也。天不言,使人发其意;弗为,使人行其中。名则圣人所发天意,不可不深观也。①

譹:音 hè,指大声。"古代的圣人,把大声呼叫而效法天地叫做'号',把发出声音而给事物命名叫做'大'。'名'就是'鸣'和'命'的意思,'号'就是'譹'和'效'的意思。"②将"名"释为"鸣"与"命",对"名"的理解,确实便周全很多了。

《春秋繁露·深察名号》对名、号作出了合乎治理需要的解释,如"君"之名:

深察君号之大意,其中亦有五科:元科,原科,权科,温科,群科。合此五科以一言,谓之君。君者元也,君者原也,君者权也,君者温也,君者群也。是故君意不比于元,则动而失本;动而失本,则所为不立;所为不立,则不效于原;不效于原,则自委舍;自委舍,则化不行。化不行,则用权于变;用权于变,则失中适之宜;失中适之宜,则道不平,德不温;道不平、德不温,则众不亲安;众不亲安,则离散不群;离散不群,则不全于君。③

将"君"的五种内质,作了非常全面的揭示。

"深察名号"中,对人心与贪欲所作的揭示,也足以启发当下,其将性、善比之于禾、米,更新人耳目:

栣众恶于内,弗使得发于外者,心也。故心之为名,栣也。人之受气苟无恶者,心何栣哉? 吾以心之名,得人之诚。人之诚,有贪有仁,仁贪之气,两在于身。身之名,取诸天。天两有阴阳之施,身亦两有贪仁之性。天有阴阳禁,身有情欲栣,与天道一也。是以阴之行不得干春夏,而月之魄常厌于日光。乍全乍伤,天之禁阴如此,安得不损其欲而辍其情以应天? 天所禁而身禁之,故曰身犹天也,禁天之所禁,非禁天也。必知天性不乘于教,终不能栣。察实以为名,无教之时,性何遽若是? 故性比于禾,善比于米。米出禾中,而禾未可全为米也。善出性中,而性未可全为善也。善与米,人之所继天而成于外,非在

---

① 苏舆撰,钟哲点校:《春秋繁露义证》,中华书局 1992 年版,第 284—285 页。
② 张世亮、钟肇鹏、周桂钿译注:《春秋繁露》,中华书局 2012 年版,第 367 页。
③ 苏舆撰,钟哲点校:《春秋繁露义证》,中华书局 1992 年版,第 290 页。

天所为之内也。①

栚:音 rěn,禁制。人有贪气,有仁气,正如天有阴阳之性,这是人之"诚",即人真实的状况,而心则负责管理人的贪气与仁气,这便是董仲舒对贪与仁的理解。将贪与仁两性概括人性,完全可能是基于他长期的治理实践对人性的理解,这是董仲舒的独特处。

[2]钱锺书此处指出,"名"有两用,其一用为"鸣",即用于日常之称呼或以签名等形式书之于纸;其二为"命",即用于指称事物。

《墨子·经》上曰:

名,达、类、私。诽,明恶也。谓,移、举、加。<u>举,拟实也</u>。知,闻、说、亲。名、实、合、为。②

按今人之理解,此语意为:"名,有三层意思:达、类、私。诽,是彰显别人的坏处。谓,有三层意思:转移、举起、增加。举,就是依据事实而定。知,有三种意思:听闻、喜好、亲近。名、实、合、为,意思是说四者言虽相异而义实相因。"③

而《经说》上似乎只有"所以谓,名也;所谓,实也;名实耦,合也;志行,为也"之句,并无"举、拟实也,以之名拟彼实也"之言。

[3]"之"、"乎"、"焉"、"哉"等助词,虽然不能构成一种确定的"名",但是,它们仍然是文字,钱锺书正是在说明"名皆字也,而字非皆名也,亦非即名也"这一观点。

[4]同为"老子"之名,然所指一为《道德经》之"老子",一为白叟,文字同,所指异。"李耳"、"犹龙氏"、"太上道德真君",字字皆异,然三名同指一人。钱锺书此处所言,更是一针见血,指出字同名不同,名同字不同,极有说服力。

[5]许慎(约公元58年—约公元147年),《后汉书》卷七十九下"儒林列传第六十九下"有传,其文曰:

---

① 苏舆撰,钟哲点校:《春秋繁露义证》,中华书局1992年版,第293—297页。
② 方勇译注:《墨子》,中华书局2015年版,第328页。
③ 方勇译注:《墨子》,中华书局2015年版,第329页。

许慎字叔重,汝南召陵人也。性淳笃,少博学经籍,马融常推敬之,时人为之语曰:"五经无双许叔重。"为郡功曹,举孝廉,再迁除洨长。卒于家。初,慎以《五经》传说臧否不同,于是撰为《五经异义》,又作《说文解字》十四篇,皆传于世。①

这一简略记载,对许慎温淳的性格、深厚的学养以及《说文解字》等著述,均有交代。《后汉书》之"儒林传"对传主的记载,均较简略,如对包咸的记载:

包咸字子良,会稽曲阿人也。少为诸生,受业长安,师事博士右师细君,习《鲁诗》《论语》。王莽末,去归乡里,于东海界为赤眉贼所得,遂见拘执。十余日,咸晨夜诵经自若,贼异而遣之。因住东海,立精舍讲授。光武即位,乃归乡里。太守黄说署户曹史,欲召咸入授其子。咸曰:"礼有来学,而无往教。"说遂遣子师之。

举孝廉,除郎中。建武中,入授皇太子《论语》,又为其章句。拜谏议大夫、侍中、右中郎将。永平五年,迁大鸿胪。每进见,锡以几杖,入屏不趋,赞事不名。经传有疑,辄遣小黄门就舍即问。

盟显宗以咸有师傅恩,而素清苦,常特赏赐珍玩束帛,奉禄增于诸卿,咸皆散与诸生之贫者。病笃、帝亲辇驾临视。八年,年七十二,卒于官。②

对包咸的记载虽简略,但对包咸的政治地位与高尚人格的描绘,还是十分生动的。

许慎所撰《说文解字》第十五卷"叙曰":

《周礼》:八岁入小学,保氏教国子,先以六书。一曰指事。<u>指事者,视而可识,察而见意,上、下是也</u>。二曰象形。象形者,画成其物,随体诘诎,日、月是也。三曰形声。形声者,以事为名,取譬相成,江、河是也。四曰会意。会意者,比类合谊,以见指撝,武、信是也。五曰转注。转注者,建类一首,同意相受,考、老是也。六曰假借。假借者,本无其字,依声托事,令、长是也。③

---

① [宋]范晔撰,[唐]李贤等注:《后汉书》,中华书局 2000 年版,第 1746 页。

② [宋]范晔撰,[唐]李贤等注:《后汉书》,中华书局 2000 年版,第 1733—1734 页。

③ [汉]许慎撰,[清]段玉裁注:《说文解字注》,上海古籍出版社 1988 年版,第 754—756 页。

段玉裁《说文解字注》指出:"'⼆'、'⼆',各本作'上'、'下',非,今正。此谓'古文'也。有在'一'之上者,有在'一'之下者,视之而可识为上、下,察之而见上、下之意。"①段氏所论,极有见地,今之"上"、"下"二字之字形,不仅与段玉裁所言"古文"相去甚远,即与小篆等字形相较亦差别较大,指事含意模糊多了。

"上"与"下"是指事字,但从名,从"上"、"下"的读音中,是无法判定其为指事字的,即"非即名之指事"。钱锺书认为,如果以"上德"名"不失德",以"下德"名"不德",研习《老子》者可能会认为此名不当,与实不符。但是,"上"、"下"二字,仍为指事字。

[6]钱锺书此语,非常简洁地指出了,文字用来表达意义,名称用来命名实物,两者功用不同。

[7]循名责实,因字会意,都是习见的关于"名"、"字"功能各异的描述,"'名'之与'字',殊功异趣,岂可混为一谈耶?"钱锺书此处细腻地区分了"名"与"字"的不同功用,眼光与众不同。

[8]《太平广记》卷一七三"俊辩一"有"东方朔"条,其文曰:

汉武帝见画伯夷、叔齐形象,问东方朔,是何人?朔曰:"古之愚夫。"帝曰:"夫伯夷、叔齐,天下廉士,何谓愚邪?"朔对曰:臣闻贤者居世,与之推移,不凝滞于物。彼何不升其堂、饮其浆,泛泛如水中之凫,与彼俱游。天子毂下,可以隐居,何自苦于首阳?上喟然而叹。

又汉武游上林,见一好树,问东方朔,朔曰:"名善哉。"帝阴使人落其树。后数岁,复问朔,朔曰:"名为瞿所。"帝曰:"朔欺久矣,名与前不同何也?"朔曰:夫大为马,小为驹;长为鸡,小为雏;大为牛,小为犊;人生为儿,长为老;且昔为善或,今为瞿所;长少死生,万物败成,岂有定哉!帝乃大笑。(出《小说》)②

韩非《解老》所谓"初盛而后衰",见前文注释所引。"初名旧名无当",便

---

① [汉]许慎撰,[清]段玉裁注:《说文解字注》,上海古籍出版社1988年版,第755页。
② [宋]李昉:《太平广记》,中华书局1961年版,第1273页。

易之以新名,"可名非常名"之语,巧妙化用老子原文,极有说服力。

[9]因为新的命名需要而改用不同的字,正是因为原来的字只保持原来的意义,而与新名不符,钱氏此处指出,名是变的,而字义不变,因此,名之变,必引起表名之字之变,并以人之美丑、善恶为例以名此理,"可名非常名",又是一次巧妙化用。

[10]所谓"糟粕"之说,应为钱锺书的戏谑之词,要说明的问题是,"竹帛金石"等载体上的文字,难道不是由于其"常"而不可用于名"道"与"名"之"常"? 以注释《礼》等典籍的文字来概括道家的名理,使用"古谓文字为'名'"这样的说法,同样是思维不缜密的行为。

钱锺书言及管子、申子、尹文子、公孙龙子、吕不韦、荀子、韩非子诸家之言"正名"之说,出自如下文献。

《管子·正第》:

制断五刑,各当其名。罪人不怨,善人不惊,曰刑。正之、服之、胜之、饰之,必严其令,而民则之,曰政。如四时之不贰,如星辰之不变,如宵如昼,如阴如阳,如日月之明,曰法。爱之生之,养之成之,利民不得,天下亲之,曰德。无德无怨,无好无恶,万物崇一,阴阳同度,曰道。刑以弊之,政以命之,法以遏之,德以养之,道以明之。刑以弊之,毋失民命。令之以终其欲,明之毋径。遏之以绝其志意,毋使民幸。养之以化其恶,必自身始。明之以察其生,必修其理。致刑,其民庸心以蔽。致政,其民服信以听。致德,其民和平以静。致道,其民付而不争。罪人当名曰刑,出令时当曰政,当故不改曰法,爱民无私曰德,会民所聚曰道。

立常行政,能服信乎? 中和慎敬,能日新乎? 正衡一静,能守慎乎? 废私立公,能举人乎? 临政官民,能后其身乎? 能服信政,此谓正纪。能服日新,此谓行理。守慎正名,伪诈自止。举人无私,臣德咸道。能后其身,上佐天子。①

《管子·正第》其文不长,论及的都是正名,刑、政、法、德、道诸名之内涵,都有括定,"正第"即"正名"之谓。

---

① 黎翔凤、梁连华:《管子校注》,中华书局 2004 年版,第 892—897 页。

申子即申不害,《史记·老子韩非列传》有其简略传记,为战国时期法家代表人物,《汉书·艺文志》言其著作为六篇,清人马国翰《玉函山房辑佚书》有《申子》辑本,《群书治要》第三十六卷载"大体"篇,其文有曰:

> 昔者尧之治天下也以名,<u>其名正则天下治</u>;桀之治天下也亦以名,其名倚而天下乱。是以圣人贵名之正也。主处其大,臣处其细,以其名听之,以其名视之,以其名命之。镜设精,无为而美恶自备;衡设平,无为而轻重自得。凡因之道,身与公无事,无事而天下自极也。①

尹文为战国诸子中兼形名与法术的思想者,与宋钘齐名,其著作仅留《尹文子》"大道"一卷,分上、下两篇,其"大道上"曰:

> 大道无形,称器有名。名也者,正形者也。形正由名,则名不可差。故仲尼云"必也正名乎!名不正,则言不顺"也。大道不称,众有必名。生于不称,则群形自得其方圆。名生于方圆,则众名得其所称也。大道治者,则名、法、儒、墨自废。以名、法、儒、墨治者,则不得离道。老子曰:"道者万物之奥,善人之宝,不善人之所宝。"是道治者,谓之善人;藉名、法、儒、墨者,谓之不善人。善人之与不善人,名分日离,不待审察而得也。道不足以治则用法,法不足以治则用术,术不足以治则用权,权不足以治则用势。势用则反权,权用则反术,术用则反法,法用则反道,道用则无为而自治。故穷则徼终,徼终则反始。始终相袭,无穷极也。有形者必有名,有名者未必有形。形而不名,未必失其方圆白黑之实。名而不可不寻名以检其差。故亦有名以检形,形以定名,名以定事,事以检名。察其所以然,则形名之与事物,无所隐其理矣。②

公孙龙是先秦诸子中名家的代表人物,著《公孙龙子》,《汉书·艺文志》与《隋书·经籍志》有载。《公孙龙子》"名实论第六"曰:

> 天地与其所产焉,物也。夫物之为物,以物其所物而不过焉,实也。实以实其所实,不旷焉,位也。出其所位,非位;位其所位焉,正也。以其所正,正其所不正;疑其所正。其"正"者,正其所实也;正其所实者,正其名也。其"名"

---

① [唐]魏徵撰,沈锡麟整理:《群书治要》,中华书局 2014 年版,第 446 页。

② [周]尹文撰,[魏]仲长统定:《影印文渊阁四库全书·子部·杂家类·尹文子》(第 848 册),台湾商务印书馆 1983 年版,第 184 页。

正，则唯乎其彼此焉。谓彼而彼不唯乎彼，则彼谓不行。谓此而行不唯乎此，则此谓不行。其以当不当也，不当而乱也。故彼，彼当乎彼，则唯乎彼，其谓行彼。此，此当乎此，则唯乎此，其谓行此。其以当而当也，以当而当，正也。故彼，彼止于彼；此，此止于此，可。彼此而彼且此，此彼而此且彼，不可。夫名实谓也。知此之非此也，知此之不在此也，则不谓也。知彼之非彼也，知彼之不在彼也，则不谓也。至矣哉，古之明王！审其名实，慎其所谓。至矣哉，古之明王！①

吕不韦《吕氏春秋》先识览第四"正名第八"曰：

名正则治，名丧则乱。使名丧者，淫说也。说淫则可不可而然不然，是不是而非不非。故君子之说也，足以言贤者之实、不肖者之充而已矣，足以喻治之所悖、乱之所由起而已矣，足以知物之情、人之所获以生而已矣。

凡乱者，刑名不当也。人主虽不肖，犹若用贤，犹若听善，犹若为可者。其患在乎所谓贤从不肖也，所为善而从邪辟，所谓可从悖逆也。是刑名异充，而声实异谓也。夫贤不肖，善邪辟，可悖逆，国不乱，身不危，奚待也？②

《荀子》"正名第二十二"：

后王之成名：刑名从商，爵名从周，文名从《礼》。散名之加于万物者，则从诸夏之成俗曲期。远方异俗之乡，则因之而为通。

散名之在人者：生之所以然者谓之性。性之和所生、精合感应、不事而自然谓之性。性之好、恶、喜、怒、乐谓之情。情然而心为之择谓之虑。心虑而能为之动谓之伪。虑积焉、能习焉而后成谓之伪。正利而为谓之事。正义而为谓之行。所以知之在人者谓之知。知有所合谓之智。智所以能之在人者谓之能。能有所合谓之能。性伤谓之病。节遇谓之命。

是散名之在人者也，是后王之成名也。

故王者之制名，名定而实辨，道行而志通，而慎率民则一焉。故析辞擅作名以乱正名，使民疑惑，人多辨讼，则谓之大奸，其罪犹为符节、度量之罪也。

---

① ［周］公孙龙撰，［宋］谢希深注：《影印文渊阁四库全书·子部·杂家类·公孙龙子》（第848册），台湾商务印书馆1983年版，第255—256页。

② 陆玖译注：《吕氏春秋》，中华书局2011年版，第566—567页。

故其民莫敢托为奇辞以乱正名，故其民悫。悫则易使，易使则公。其民莫敢托为奇辞以乱正名，故壹于道法而谨于循令矣，如是则其迹长矣。迹长功成，治之极也，是谨于守名约之功也。

今圣王没，名守慢，奇辞起，名实乱，是非之形不明，则虽守法之吏、诵数之儒，亦皆乱也。若有王者起，必将有循于旧名，有作于新名。然则所为有名，与所缘以同异，与制名之枢要，不可不察也。①

《韩非子》"定法第四十三"：

问者曰："申不害、公孙鞅，此二家之言，孰急于国？"

应之曰："是不可程也。人不食，十日则死；大寒之隆，不衣亦死。谓之衣食孰急于人，则是不可一无也，皆养生之具也。今申不害言术，而公孙鞅为法。术者，因任而授官，循名而责实，操杀生之柄，课群臣之能者也，此人主之所执也。法者，宪令著于官府，刑罚必于民心，赏存乎慎法，而罚加乎奸令者也，此臣之所师也。君无术则弊于上，臣无法则乱于下，此不可一无，皆帝王之具也。"②

从上引可知，管子诸人，都对"名"进行了符合自己需要的解释，这些解释的出发点虽然各不相同，但均对名、实、形之间的关系进行了揭示，均可视为许慎、刘熙诸人之先导。

刘熙（生卒年不详），或名刘熹，字成国，东汉经学家，著《释名》，是古代极为重要的训诂之作。《颜氏家训·音辞》中言："夫九州之人，言语不同，生民以来，固常然矣。自《春秋》标齐言之传，《离骚》目楚词之经，此盖其较明之初也。后有扬雄者著《方言》，其言大备。然皆考名物之同异，不显声读之是非也。逮郑玄注六经，高诱解《吕览》、《淮南》，许慎造《说文》，刘熹制《释名》，始有譬况假借，以证音字耳。"③刘熹即刘熙。今本《释名》将27篇分为8卷，所释为天、地、山、水、丘、道、州国、形体、姿容、长幼、亲属、言语、饮食、采帛、首

① 张觉撰：《荀子译注》，上海古籍出版社 2012 年版，第 319—321 页。

② 参阅张觉等撰：《韩非子译注》，上海古籍出版社 2007 年版，第 602—603 页，本处引用句读引者有所改动。

③ 庄辉明、章义和撰：《颜氏家训译注》，上海古籍出版社 2006 年版，第 323 页。

饰、衣服、宫室、床帐、书契、典艺、用器、乐器、兵、车、船、疾病、丧制等。刘熙以声训之法解释事物,如:"日,实也,光明盛实也";"冬,终也,物终成也";"身,伸也,可屈身也";"脊,积也,积续骨节终上下也",等等,声训是训诂的最高境界,非有深识高才者难为也。

[11]《论语》郑玄注今已不存。郑玄注本在南北朝以前为通行本,南北朝时期盛行于北方,唐虽宗郑学,但郑注《论语》未入官修注疏,至五代时遂佚亡,后虽有辑佚,但不复完本。"本世纪初,从敦煌、吐鲁番文书中发现了几件唐写本《郑注》残卷,引起国内外学术界的轰动。我国学者罗振玉、王国维、王重民、陈铁凡等对其中三件相继作过研究。一九六九年,吐鲁番阿斯塔那三六三号墓出土了著名的唐中宗景龙四年卜天寿写《郑注》长卷,在国内外学术界掀起一阵研究热潮。"①依据敦煌、吐鲁番等地陆续发现的写本残篇,今人辑成《唐写本〈论语郑氏注〉及其研究》等专著,可资参阅,以了解郑玄注《论语》的某些内容。但极遗憾者,钱锺书所言《子路》章郑玄释"正名"为"正书字"的内容,在《唐写本〈论语郑氏注〉及其研究》中并未检索到。

方东树《汉学商兑》卷中之下,主要论及训诂问题,如训诂与义理之关系,之中多是对清儒之反诘与纠弊,如卷首驳钱大昕"训诂者,义理之所从出,非别有义理出乎训诂之外也"诸论曰:

> 按:此是汉学一大宗旨,牢不可破之论矣。夫谓义理即存乎训诂,是也,然训诂多有不得真者,非义理何以审之? 窃谓古今相传,里巷话言,官牍文书,亦孰不由训诂而能通其义者,岂况说经不可废也? 此不待张皇。若夫古今先师相传,音有楚夏,文有脱误,出有先后,传本各有专祖,不明乎此而强执异本异文,以训诂齐之,其可乎? 又古人一字异训,言各有当,汉学家说经,不顾当处上下文义,第执一以通之,乖违悖戾,而曰义理本于训诂,其可信乎? 言不问是非,人惟论时代,以为去圣未远,自有所受,不知汉儒所说,违误害理者甚众。如康成解诗《草虫》"觏止"为"交媾",此可谓求义理于古经中乎?②

---

① 王素编著:《唐写本〈论语郑氏注〉及其研究》"前言",文物出版社1991年版。

② 〔清〕方东树撰,《续修四库全书》编纂委员会编:《续修四库全书·子部·儒家类·汉学商兑》(第951册),上海古籍出版社2002年版,第577—578页。

[12]钱锺书此长段文字,对学究纠缠文字字体、字形而忽弃治国、平天下、博文、约礼这些文字所承载的意义,给予极大讽刺。钱锺书著《管锥编》,搜罗文献,堆砌故实,在外貌上呈现出逞博炫才的风格,极易将他煞费苦心融入其中的诸多有价值的观点淹没。当代人往往不细读《管锥编》,便轻率地认为钱锺书之学术,纯为知识堆积,无个人观点渗透之中,若不细读《管锥编》,何能体认?钱锺书的家国情怀,不一定表现为激烈的对现实社会的批判,但他通过典籍文献的梳理而传达的家国关怀,一直流淌在其精神产品中,习者应熟察焉。

[13]钱锺书继续指出俞正燮释《老子》"道"、"名"之语不正确。释《老子》"不如守中"之"中"为"图籍"者,今人的研究中亦已经指出:

> 又有学者提出新说,高亨说:"中者,簿书也,非儒者所谓'中和'或'中庸'之中也……国必有图籍,图籍者即《论语》'执中'之中,亦即《老子》'守中'之中也。《老子》盖谓有国者守其图籍而已,不必多教命也,故曰'不如守中'。"朱谦之也有相同看法,他说:"'守中'之'中',说据章炳麟《文始》七:'中,本册之类……'此章守中,谊同此,盖犹司契之类。罗运贤曰:'中亦契也。为政不在多言,但司法契以辅天下,所谓无为,正此意耳。'"高亨和朱谦之都将"中"释为"图籍",与"多言数穷"倒是勉强可以疏通文义,但我们前面说过此句当作"多闻数穷",如此解释则与"多闻数穷"稍显隔阂,与整章意义更不协调,无法解释为何"天地不仁"一句与之在同一章。①

此处钱锺书"老子柱下守藏史之故态复萌、结习难除"一语,似可从如上层面解会,一是老子为柱下守藏史,掌图籍,正为"守中"之人,指老子"守书"而言;一是《史记》"老子韩非列传"所载"乃著书上下篇,言道德之意五千余言而去",指老子著书而言。

[14]"常语"与"术语"的区分,"常语"与"术语"之间的转换机制,也是钱锺书的独到之论。而钱氏更指出,作者、著者,不仅应守规则,而且更要知变通,传注、笺疏,不能只知守常而不知变通,否则便会泥古不化,扞诂难通。

---

① 袁青:《简帛〈老子〉"多闻数穷,不若守于中"考释》,《中州学刊》2016年第12期。

[原文]

　　语言文字为人生日用之所必须,著书立说尤寓托焉而不得须臾或离者也。顾求全责善,啧有烦言(F. Mauthner, Kritik der Sprache, 3. Aufl., I, 86-7 (Fluch der Sprache); III, 629-32 (Unzufriedenheit mit der Sprache).)。作者每病其传情、说理、状物、述事,未能无欠无余,恰如人意中之所欲出。[1]务致密则苦其粗疏,钩深赜又嫌其浮泛;怪其粘着欠灵活者有之,恶其暧昧不清明者有之。立言之人句斟字酌、慎择精研,而受言之人往往不获尽解,且易曲解而滋误解。[2]"常恨言语浅,不如人意深"(刘禹锡《视刀环歌》),岂独男女之情而已哉?"解人难索","余欲无言",叹息弥襟,良非无故。[3]语文之于心志,为之役而亦为之累焉。是以或谓其本出猿犬之鸣吠(le cri perfectionné des sin-ges et des chiens),哲人妄图利用(A. France, Le Jardin d'Epicure, Oeuvres complètes, Calmann-Lévy, IX, 430-1.);或谓其有若虺蛇之奸狡(der Schlangenbetrug der Sprache),学者早蓄戒心(Hamann, quoted in F. Mauthner, op.cit., I, 335; II, 718.)。不能不用语言文字,而复不愿用、不敢用抑且不屑用,或更张焉,或摈弃焉,初非一家之私忧过计,无庸少见多怪也。[4]象数格物诸科,于习用语文,避之若浼,而别籍符号(Cf. V. Pareto, A Treatise on General Sociology, tr. A. Bongiorno and A. Livingston, §§ 114-6, 336-7, Dover ed., I, 61, 229-30; Ch. Perelman, The Idea of Justice and the Problem of Argument, tr. J. Petrie, 143-4.),固置不论。[5]哲学家湛冥如黑格尔、矫激如尼采之流,或病语文宣示心蕴既过又不及(dass diese Äusserungen das Innere zu sehr, als dass sie es zu wenigausdrücken)(Phänomenologie des Geistes, Berlin: Akademie Verlag, 229.),或鄙语文乃为可落言诠之凡庸事物而设,故"开口便俗"(Die Sprache ist nur für Durchschnittliches, Mittleres, Mitteilsames erfunden. Mit der Sprache vulgarisiert bereits der Sprechende)(Götzendämmerung, "Streifzüges eines Unzeitgemässen", § 26, Werke, hrsg. K. Schlechta, II, 1005.),亦且舍旃。即较能践实平心者,亦每鉴于语文之惑乱心目,告戒谆谆。[6]如《墨子·小取》谓"言多方","行而异,转而危,远而

失,流而离本";[7]《吕氏春秋·察传》谓"言不可以不察","多类非而是,多类是而非";[8]斯宾诺莎谓文字乃迷误之源(the cause of many and great errors)(Treatise on the Improvement of Understanding, in J.Wild, ed., Spinoza, Se-lections, 35.);霍柏士以滥用语言(the abuses of speech)判为四类,均孽生谬妄(Leviathan, I.4, Routledge, 14 ff..);边沁所持"语言能幻构事物"(fictitious entities)之说,近人表章,已成显学(Bentham, Theory of Fictions, ed.C.K.Ogden, 12, 15-6.)。[9]词章之士以语文为专门本分,托命安身,而叹恨其不足以宣心写妙者,又比比焉。[10]陆机《文赋》曰:"恒患意不称物,文不逮意";[11]陶潜《饮酒》曰:"此中有真意,欲辩已忘言";[12]《文心雕龙·神思》曰:"思表纤旨,文外曲致,言所不追,笔固知止";[13]黄庭坚《品令》曰:"口不能言,心下快活自省";[14]古希腊文家(Favorinus)曰:"目所能辨之色,多于语言文字所能道"(Plura sunt in sensibus oculorum quam in verbis vocibusque colorum discrimina)(Aulus Gellius, II.iii, op.cit., II, 210.);但丁叹言为意胜(Il parlare per lo pensiero è vinto)(Il Convito, III.4, Opere, ed.E. Moore and P. Toynbee, 275; Cf. La Divi-na Commedia, Ricciardi, 320 n.; Campanella, La Cantica, Proemio, Opere di G.Bruno e di T.Campanella, Ricciardi, 787.);歌德谓事物之真质殊性非笔舌能传(Den eigentlichen Charakter irgendeines Wesens kann sie[eine schriftliche und mündliche Ueberlieferung]doch nicht mittheilen, selbst nicht in geistigen Dingen)(Italienische Reise, 2 Jan. 1787, Sämtliche Werke, "Tempel-Klassiker", XI－II, 159.)。

【增订四】福楼拜《包法利夫人》中有一节致慨于言语之不堪宣情尽意:"历来无人能恰如其分以达己之需求,思念或悲痛;语言犹破锅然,人敲击之成调,冀感动星辰,而祇足使狗熊踊跃耳"(…puisque personne, jamais, ne peut donner l'exacte mesure de ses besoins, ni de ses conceptions, ni de ses douleurs, et que la parole humaine est comme un chaudron fêlé où nous battons des mélodies à faire danser les ours, quand on voudrait attendrir les étoiles.−Madame Bovary, II.xii, op.cit., p.265)。但丁、歌德之旨得此乃罕譬

而喻矣。[15]

聊举荦荦大者,以见责备语文,实繁有徒。要莫过于神秘宗者。彼法中人充类至尽,矫枉过正,以为至理妙道非言可喻,副墨洛诵乃守株待兔、刻舟求剑耳。[16]《庄子·秋水》谓"言之所不能论,意之所不能察致者",[17]即《妙法莲华经·方便品》第二佛说偈之"止、止不须说! 我法妙难思",[18]亦即智者《摩诃止观》卷五之"不可思议境"。[19]《法华玄义》卷一下所谓"圣默然",[20]西方神秘家言标目全同,几若迻译[21](Mauthner, op. cit., I, 81−2, 117−20(das heilige Schweigen), III, 617−8(die Stummen des Himmels); M. Scheler, Die Wissensformen und die Gesellschaft, 63(sanctum silentium).)。

【增订四】西班牙神秘宗师谓"圣默然"乃无言、无欲、无思之毕静俱寂境界,上帝此际与灵魂密语(No hablando, no deseando, no pensando se llega al verdadero y perfecto si-lencio místico, en el cual habla Diós con el alma.−Molinos, Guía espiritual, lib. I, cap. 17, in B. Croce, La Poesia, 5a ed., 1953, p.263)。

《老子》开宗明义,勿外斯意。心行处灭,言语道断也。[22]

[涉典考释与评注]

[1]不得不使用文字表达意义,使用文字,又不能完全达意,这几乎是人类面临的共同困境。

[2]此处,钱锺书只是例说词不达意的困境,欲密,反而疏,欲深,反而浮,作者费尽心思,小心表达,而读者反而不能意会,更有可能曲解、误解。

[3]刘禹锡《视刀环歌》:

常恨言语浅,不如人意深。今朝两相视,脉脉万重心。

"解人难索","余欲无言",均指解读之难。

[4]虺:音huǐ,指一种毒蛇。写作为文,对人来说,是一种心累神疲的重役,这到底是智慧之人加以利用的猿鸣犬吠的自然之声,还是学者早已蓄谋于心的若蛇蝎般奸猾狡黠的安排? 不得而知。使用语言文字,风险极大,干脆弃

而不用,亦是可以理解之行为。

[5]浼:音 měi,《说文解字》曰:"浼,污也。"象数格物,是指诸如数学、医学、物理学这样的科目,尽可能用符号与图形来表达意义,尽量避免陷入文字表达带来的意义难明的境地。

[6]言诠,即言筌,《庄子·外物》言:"筌者所以在鱼,得鱼而忘筌;蹄者所以在兔,得兔而忘蹄;言者所以在意,得意而忘言。"筌为捕鱼之具,言筌,便是语言的笼子,"落言筌",即进入语言的矩范,而要表达的意义则不一定能完整传达。

旃:一义指旗帜,另一义为"之"、"焉"的合读。《诗经·魏风·陟岵》言:"上慎旃哉,犹来无止。"马瑞辰《毛诗传笺通释》:"之、旃一声之转,又为'之焉'之合声,故旃训'之',又训'焉'。"①所以,此处"亦且舍旃"之意为"亦且舍之"或"亦且舍之焉"。

黑格尔、尼采等人,既担心文字表意,或过或不及,或一沾文字便俗,所以便舍却文字。而即使用文字表情达意者,也是心怀戒备,小心翼翼。

[7]《墨子·小取》曰:

夫物有以同而不率遂同。辞之侔也,有所至而正。其然也,有所以然也;其然也同,其所以然不必同。其取之也,有所以取之;其取之也同,其所以取之不必同。是故辟、侔、援、推之辞,行而异,转而危,远而失,流而离本,则不可不审也,不可常用也。故言多方,殊类异故,则不可偏观也。②

《小取》此处的文意为:"所以辟、侔、援、推这些论辩之辞,滥用起来会变味,会转成诡辩,会离题太远而失去意义,会脱离论题进而离开本意,这就不能不审察,不可总是运用。所以,言语有多种表达方式,不同事物有不同的类别和成因,因而在推论中就不能偏执观点。"③正是言语有多种表达方式,才会出现多义并存,"惑乱心目"的情形。

[8]《吕氏春秋》"慎行论"第二之第六篇"察传"全文为:

---

① [清]马瑞辰:《毛诗传笺通释》,陈金生点校,中华书局1998年版,第326页。
② 吴毓江撰;孙启治点校:《墨子校注》,中华书局2006年版,第628—629页。
③ 方勇译注:《墨子》,中华书局2015年版,第387—388页。

夫得言不可以不察，数传而白为黑，黑为白，故狗似玃，玃似母猴，母猴似人。人之与狗则远矣，此愚者之所以大过也。闻而审则为福矣，闻而不审，不若无闻矣。齐桓公闻管子于鲍叔，楚庄闻孙叔教于沈尹筮，审之也，故国霸诸侯也。吴王闻越王勾践于太宰嚭，智伯闻赵襄子于张武，不审也，故国亡身死也。

凡闻言必熟论，其于人必验之以理。鲁哀公问于孔子曰："乐正夔一足，信乎？"孔子曰："昔者舜欲以乐传教于天下，乃令重黎举夔于草莽之中而进之，舜以为乐正。夔于是正六律，和五声，以通八风，而天下大服。重黎又欲益求人，舜曰：'夫乐，天地之精也，得失之节也，故唯圣人为能和，乐之本也。夔能和之，以平天下。若夔者，一而足矣。'故曰夔一足，非一足也。"宋之丁氏，家无井而出溉汲，常一人居外。及其家穿井，告人曰："吾穿井得一人。"有闻而传之者曰："丁氏穿井得一人。"国人道之，闻之于宋君，宋君令人问之于丁氏，丁氏对曰："得一人之使，非得一人于井中也。"求能之若此，不若无闻也。

子夏之晋，过卫，有读史记者曰："晋师三豕涉河。"子夏曰："非也，是己亥也。夫'己'与'三'相近，'豕'与'亥'相似。"至于晋而问之，则曰"晋师己亥涉河"也。辞多类非而是，多类是而非。是非之经，不可不分，此圣人之所慎也。然则何以慎？缘物之情及人之情以为所闻，则得之矣。①

"察传"一文，是说明要对"类非而是"、"类是而非"之辞，要持审慎态度，"闻言必熟论，其于人必验之以理"，小心求证，不可轻信，如"夔一足"，是说夔这样的人，一个就足够了，而不是夔这个人只有"一足"。此处用来说明"惑乱心目"，似更恰当。

[9]斯宾诺莎、霍柏士（今多译为：霍布士）、边沁诸人，为人熟知，而三人关于语言的相关论述，"文字乃迷误之源"、"语言能幻构事物"，现在倒不见得有多少人能深识。

[10]"词章之士"是钱锺书极为关注的群体，在《管锥编》中屡屡提及，"词章之士"即今所谓文学创作者，藉语言以言情达意，但辞不尽意，笔不写

---

① 许维遹：《吕氏春秋集释》（上、下），中华书局 2009 年版，第 617—619 页。

心，又多有其人。

[11]陆机《文赋》起首即曰：

余每观才士之所作，窃有以得其用心。夫放言谴辞，良多变矣。妍蚩好恶，可得而言。每自属文，尤见其情。<u>恒患意不称物，文不逮意。</u>盖非知之难，能之难也。故作《文赋》，以述先士之盛藻，因论作文之利害所由，佗日殆可谓曲尽其妙。至于操斧伐柯，虽取则不远；若夫随手之变，良难以辞逮。盖所能言者，具于此云。①

钱锺书在《管锥编》的最后一个大的部分，即"全上古三代秦汉三国六朝文"的第138则"全晋文卷九七"中，对陆机的《文赋》有较为集中的论述。钱锺书在解释"恒患意不称物，文不逮意"一语时指出："按'意'内而'物'外，'文'者、发乎内而著于外，宣内以象外；能'逮意'即能'称物'，内外通而意物合矣。'意'、'文'、'物'三者析言之，其理犹墨子之以'举'、'名'、'实'三事并列而共贯也。《墨子·经》上：'举、拟实也'；《经说》上：'告、以之名举彼实也'；《小取》：'以名举实，以词抒意。'《文心雕龙·镕裁》以'情'、'事'、'辞'为'三准'，《物色》言'情以物迁，辞以情发'；陆贽《奉天论赦书事条状》：'言必顾心，心必副事，三者符合，不相越踰'；均同此理。近世西人以表达意旨（semiosis）为三方联系（trirelative），图解成三角形（the basic triangle）：'思想'或'提示'（interpretant，thought or reference）、"符号"（sign，symbol1）、'所指示之事物'（object，referent）三事参互而成鼎足。'思想'或'提示'、'举'与'意'也，'符号'、'名'与'文'也，而'所指示之事物'则'实'与'物'耳。英国一诗人咏造艺谓，缘物生意（the thing shall breed the thought），文则居间而通意物之邮（the mediate word），正亦其旨。'文不逮意'，即得心而不应手也；韩愈《答李翊书》：'当其取于心而注于手也，汩汩然来矣'，得心而应手也，'注手汩汩'又与《文赋》之'流离于濡翰'取譬相类。徐陵《孝穆集》卷一《让五兵尚书表》：'仲尼大圣，犹云"书不尽言"；士衡高才，尝称"文不逮意"'，撮合颇工。《全唐文》卷三七八王士源《孟浩然集序》：'常自叹为文不逮意也'；汪中《述

---

① 张少康集释：《文赋集释》，人民文学出版社2002年版，第1页。

学·别录·与巡抚毕侍郎书》：'所为文恒患意不逮物，文不逮意'；皆本陆机语。参观《老子》卷论第一章。"①张少康的《文赋集释》，引用了钱锺书此段长文，并且指出："陆机此处之'物'，即我们今天所说的'社会存在'，并不单指自然事物。陆机所说的'意'，仍是构思中形成之'意'，还不是具体文章中之'意'。"②其实，钱锺书此处要集中说明的，还是"文"、"物"、"意"三者之间的关系，文，可以是文章之文，亦可以是文辞之文，一字兼数意，是钱锺书一再阐明的中国语文现象；而物，依钱锺书的意思，并不一定单指自然之物，亦可包纳社会存在，"所指示之事物"（referent），并不可臆断为仅指自然之物；所谓意，钱锺书明言为"思想"，当然涵括文章之"意"，张氏所评，若是因钱锺书之语而发，并未妥帖。

[12]陶潜《饮酒》诗共二十首，钱锺书所引为第五首：

结庐在人境，而无车马喧。问君何能尔？心远地自偏。采菊东篱下，悠然见南山。山气日夕佳，飞鸟相与还。此中有真意，欲辨已忘言。

此处为陶渊明习见之经典，不须赘述。

[13]《文心雕龙》"神思"第二十六曰：

若情数诡杂，体变迁贸，拙辞或孕于巧义，庸事或萌于新意，视布于麻，虽云未费，杼轴献功，焕然乃珍。至于思表纤旨，文外曲致，言所不追，笔固知止。至精而后阐其妙，至变而后通其数，伊挚不能言鼎，轮扁不能语斤，其微矣乎！③

周振甫《文心雕龙今注今译》译此句为："至于文思以外的细微意旨，文辞以外的曲折情趣，语言所难以说明，笔墨所不能表达。"刘勰此段指出了创作中的"不可预测"的因素，往往会给作者带来意料之外的收获，所以，钱锺书认为语文能"惑乱心目"，是可以理解的。

[14]台湾影印文渊阁四库全书集部第1113册收黄庭坚《品令·送黔首曹伯达》与《品令·茶词》两首，《品令·茶词》是第二首，亦是黄庭坚的咏茶名

---

① 钱锺书：《管锥编》，北京三联书店2007年版，第1863—1864页。
② 张少康集释：《文赋集释》，人民文学出版社2002年版，第6页。
③ ［南朝·梁］刘勰著，周振甫译：《文心雕龙今注今译》，中华书局1986年版，第253页。

作,全词为:

> 凤舞团团饼。恨分破,教孤令。金渠体静,只轮慢碾,玉尘光莹。汤响松风,早减了二分酒病。

> 味浓香永。醉乡路,成佳境。恰如灯下,故人万里,归来对影。<u>口不能言,心下快活自省</u>。①

[15]古希腊文家以及歌德、福楼拜诸例,都比喻尖新,可资理解本节主旨。

[16]此处有几字较难解会,分释如下。

荦:音 luò。荦荦,《汉语大词典》有三种释义:"分明貌;显著貌。《史记·天官书》:'此其荦荦大者。若至委曲小变,不可胜道。'司马贞索隐:'荦荦,大事分明也。'""卓绝貌。唐韩愈《代张籍与李浙东书》:'方今居古方伯连帅之职,坐一方得专制于其境内者,惟阁下心事荦荦,与俗辈不同。'""击石声。宋洪迈《夷坚丙志·江安世》:'有物击堂屋上瓦,荦荦有声。坠于廷,验之,盖元所见石。'"②司马迁所说"荦荦大者",与钱锺书所言之意正同。

根据《汉语大词典》的解释,"副墨"有两释:"指文字,诗文。《庄子·大宗师》:'闻诸副墨之子。'王先谦集解引宣颖云:'文字是翰墨为之,然文字非道,不过传道之助,故谓之副墨。'宋范成大《次韵知府王仲行尚书鹿鸣燕古风》:'今晨梅驿动,副墨到衡宇。'清金农《访韦隐君用良山居》诗:'两朝耆硕遗风邈,百氏菁华副墨传。'王国维《〈红楼梦〉评论》:'譬诸副墨之子,洛诵之孙,亦随吾人之所好名之而已。'副本。宋叶绍翁《四朝闻见录·真文忠公谥议》:'候稍闲,搜索副墨,录以求教。'清阮元《小沧浪笔谈·山左金石志序》:'赤亭亦有《益都金石志稿》,并录之,得副墨。'"③钱锺书此处当释为"文字"。

"洛诵",《汉语大词典》释为:"反复诵读。洛,通'络'。联络。《庄子·大宗师》:'副墨之子,闻诸洛诵之孙。'成玄英疏:'临本谓之副墨,背文谓之洛

---

① [宋]黄庭坚:《影印文渊阁四库全书·集部·山谷词》(第 1113 册),台湾商务印书馆 1983 年版,第 751 页。

② 《汉语大词典》编纂处:《汉语大词典》,上海辞书出版社 2011 年版,第 8270—8271 页。

③ 《汉语大词典》编纂处:《汉语大词典》,上海辞书出版社 2011 年版,第 2468 页。

诵。初既依文生解,所以执持披读;次则渐悟其理,是故罗洛诵之。'宋楼钥久不作诗喜仲兄迁邻居因成长句:'儿曹亦可乐,洛诵声洋洋。'"①

神秘主义者认为,语言文字无法描述至理妙道,若假语言以穷理,则无异于刻舟求剑,必无结果。

[17]《庄子·秋水》有言:

河伯曰:"世之议者皆曰:'至精无形,至大不可围。'其信情乎?"

北海若曰:"夫自细视大者,不尽;自大视细者,不明;故异便。夫精,小之微也;垺,大之殷也。此势之有也。夫精粗者,期于有形者也;无形者,数之所不能分也;不可围者,数之所不能穷也。可以言论者,物之粗也;可以致意者,物之精也;言之所不能论,意之所不能察致者,不期精粗焉。"②

[18]《妙法莲华经》"方便品第二"有曰:

尔时,佛告舍利弗:"止,止,不须复说。若说是事,一切世间诸天及人皆当惊疑。"

舍利弗重白佛言:"世尊,唯愿说之,惟愿说之。所以者何?是会无数百千万亿阿僧祇众生曾见诸佛,诸根猛利,智慧明了,闻佛所说则能敬信。"

尔时,舍利弗欲重宣此义,而说偈言:

法王无上尊,惟说愿勿虑。

是会无量众,有能敬信者。

佛复止舍利弗:"若说是事,一切世间天、人、阿修罗皆当惊疑,增上慢比丘将坠于大坑。"

尔时世尊重说偈言:

止止不须说,我法妙难思,

诸增上慢者,闻必不敬信。③

方便品"是《法华经》中最为核心的四品之一,又为'迹门'正宗分之首。

---

① 《汉语大词典》编纂处:《汉语大词典》,上海辞书出版社 2011 年版,第 7362 页。
② 杨柳桥撰:《庄子译注》,上海古籍出版社 2006 年版,第 249 页。
③ 王彬译注:《法华经》,中华书局 2010 年版,第 66 页。

揭示'开权显实,会三归一'之大乘教义"。①

[19]"《摩诃止观》是智顗晚年最为成熟的止观著述,阐明天台宗定慧兼美、义观双明的独特学说。从全书恢宏博大的体系来看,堪称中国佛教史上第一部有系统的佛学导论和禅学教科书。'摩诃',意为大,指智顗所著渐次、不定、圆顿三大止观著作中最高阶段的《圆顿止观》,所以《摩诃止观》也称作《大止观》。'止观',从狭义上说,指禅定修行的实践方法。止,意为'止寂',指停止或抑制由外境的生起、转变所引发的心之散乱、动摇,形成明镜寂水般的意识状态;观,意为'智慧',在寂静的心境中对现象做如实的观察和自在的对应,获得佛教特定的智慧。从广义上说,通指教理与修正两大部门,称教观二门。《摩诃止观》统摄'止观'上述广狭两方面意义,用于个人修行,是定慧相资,解行并重;用于弘扬教义,组织学说,则是教观二门的相资并重。"②这种描述对理解《摩诃止观》较有帮助。

《摩诃止观》卷五有云:

> 亦不言一心在前,一切法在后;亦不言一切法在前,一心在后。例如八相迁物,物在相前,物不被迁;相在物前,亦不被迁。前亦不可,后亦不可,只物论相迁,只相迁论物。

> 今心亦如是。若从一心生一切法者,此则是纵;若心一时含一切法者,此即是横。纵亦不可,横亦不可,只心是一切法,一切法是心故。非纵非横,非一非异,玄妙深绝;非识所识,非言所言。所以称为不可思议境界,意在于此(云云)。③

[20]《法华玄义》又称《妙法莲华经玄义》,与《法华文句》、《摩诃止观》合称天台三大部。《法华玄义》卷第一下有曰:

> 六起圣说圣默者。思益云。佛告诸比丘汝等当行二事。若圣说法若圣默然。圣说如上辨。圣默然者。夫四种四谛并是三乘圣人所证之法。非下凡所知故不可说。假令说之如为盲人设烛。何益无目者乎。故不可说名圣默然。

---

① 王彬译注:《法华经》,中华书局 2010 年版,第 58 页。
② 王雷泉释译:《摩诃止观》"题解",东方出版社 2018 年版,第 5 页。
③ 王雷泉释译:《摩诃止观》,东方出版社 2018 年版,第 228 页。

华严中数世界不可说不可说明理极不可说不可说。约无量无作两番四谛不生
生不生不生法。明不可说不可说名圣默然。若三藏中。憍陈如比丘。最初获
得真实之知见。寂然无声字。身子云。吾闻解脱之中无有言说者。是约生灭
四谛生生之法。明不可说不可说。名圣默然。净名杜口。大集无言菩萨。不
可智知不可识识。言语道断心行亦讫。不生不灭法如涅槃。此约四番四谛不
可说不可说。名圣默然。若大品句句。悉不可得不可得者。不可以身得。不
可以心得。不可以口得。此约三番四谛生不生不生生不生不生法。明不可得
不可得故。不可说不可说名圣默然。此经明。止止不须说我法妙难思。是法
不可示言辞相寂灭。不可以言宣。非思量分别之所能解。此约无作四谛不生
不生法。明不可说不可说。故名圣默然。问为乐他故有圣说法。为自乐故名
圣默然。默然则不益他。答正为自乐傍亦益他。若人厌文不好言语。为悦是
人故圣默然。如律中。为福他故受供。圣则默然。如胁比丘对破马鸣。是故
默然如佛。结跏正念身心不动。令无量人得悟道迹。是故默然皆是四悉檀。
起此默然利益一切。①

［21］迻：音 yí，与"移"同。

［原文］

"道可道,非常道";第一、三两"道"字为道理之"道",第二"道"字为道白
之"道",如《诗·墙有茨》"不可道也"之"道",即文字语言。[1]

【增订二】《礼记·礼器》:"盖道求而未之得也。……则礼不虚道";郑玄
注前"道":"犹言也",注后"道":"犹由也、从也。"[2] "道可道"一句中之前
"道"即郑注之后"道",其后"道"则郑注之前"道"也。[3]

【增订四】《庄子·知北游》:"道不可言,言而非也。……道不当名";[4]
《五灯会元》卷一六元丰清满章次:"僧问:'如何是道?'师曰:'不道。'曰:'为

---

①　引者注:因为原始文献,如线装书局 2016 年版《法华经会义》,较难获得,故暂引网络资
源以为说明。

甚么不道？'师曰：'道是闲名字。'"二节均足笺"道可道"两句。[5]

古希腊文"道"（logos）兼"理"（ratio）与"言"（oratio）两义（S. Ullmann, Semantics, 173. cf. Hobbes, op. cit., p. 18.），可以相参，近世且有谓相传"人乃具理性之动物"本意为"人乃能言语之动物"（Heidegger, Sein und Zeit, Ite, Hälfte, 3. Aufl., 165（der Mensch als Seiendes, das redet）.）。[6]"名可名，非常名"；"名"如《书·大禹谟》"名言兹在兹"之"名"，两句申说"可道"。[7]第二五章云："吾不知其名，字之曰'道'"，[8]第三二章云："道常无名"，[9]第四一章云："道隐无名"，可以移解。[10]"名"，名道也；"非常名"，不能常以某名名之也；"无名，天地之始"，复初守静，则道体浑然而莫可名也；"有名，万物之母"，显迹赋形，则道用粲然而各具名也。[11]首以道理之"道"，双关而起道白之"道"，继转而以"名"释道白之"道"，道理之见于道白者，即"名"也，遂以"有名"、"无名"双承之。由道白之"道"引入"名"，如波之折，由"名"分为"有名"、"无名"，如云之展，而始终贯注者，道理之"道"。两"道"字所指各别，道理与语文判作两事，故一彼一此，是非异同。[12]倘依俞氏，两"道"字均指"言词"，则一事耳，"道可道"即"言可言"，与一一得一、以水济水，相去几何？[13]"言可言，非常言"：语大类冯道门客避府主名讳而诵《五千文》之"不敢说可不敢说，非常不敢说"；义殆等"逢人只说三分话"、"好话说三遍，听了也讨厌"，变老子为老妪矣！[14]一四章云："视之不见名曰夷，听之不闻名曰希，搏之不得名曰微"；[15]二五章云："强为之名曰'大'，'大'曰'逝'，'逝'曰'远'，'远'曰'反'"；乃"非常名"之示例。[16]道之全体大用，非片词只语所能名言；多方拟议，但得梗概之略，迹象之粗，不足为其定名，亦即"非常名"，故"常无名"。苟不贰不测之道而以定名举之，是为致远恐泥之小道，非大含细入、理一分殊之"常道"。[17]盖可定者乃有限者（le défini est le fini）也（Plotin, Ennéades, V. 3. 13："C'est pourquoi, en vérité, il est ineffable; quoi que vous diriez, vous direz quelque chose; or ce qui est au-delà de toutes choses,…n'a pas de nom; car ce nom scrait autre chose que lui"; 14: "Nous pouvons parler delui, mais non pas l'exprimer lui-même…il est trop haut et trop grand pour être appelé l'être…supérieur au verbe"（tr. É. Bréhier, V,

67,68）.）。不可名故无定名,无定名故非一名,别见《周易》卷《系辞》（一）论"无名"而亦"多名"。[18]世俗恒言:"知难而退";然事难而人以之愈敢,勿可为而遂多方尝试,拒之适所以挑之。道不可说、无能名,固须卷舌缄口,不着一字,顾又滋生横说竖说、千名万号,虽知其不能尽道而犹求亿或偶中、抑各有所当焉。[19]谈艺时每萌此感。听乐、读画,睹好色胜景,神会魂与,而欲明何故,则已大难,即欲道何如,亦类贾生赋中鹏鸟之有臆无词。巧构形似,广设譬喻,有如司空图以还撰《诗品》者之所为,纵极描摹刻画之功,仅收影响模糊之效,终不获使他人闻见亲切。是以或云诗文品藻只是绕不可言传者而盘旋（ein Herumgehen um das Unaussprechliche）（B.Croce,La Poesia,5a ed.,131（W. von Humboldt）.）。亦差同"不知其名",而"强为之名"矣! 柏拉图早谓言语文字薄劣（the inadequacy of language）,故不堪载道,名皆非常（Hence no intelligent man will ever be bold as to put into language those things which his reason has contem-plated,especially into a form that is unalterable.Names,I maintain,are in no case stable）（Thirteen Epistles,Letter Ⅶ,tr.L.A.Post, 96-7.Cf.E.Cassirer,Die Philosophie des symbolischen Formen,Ⅰ,63-5.）;几可以译注《老子》也。[20]

［涉典考释与评注］

[1]"道可道,非常道"一句中的三个"道"字,各家理解不一,译法亦有较大差异。如陈鼓应在《老子注译及评介》中指出:"第一个'道'字是人们习称之道,即今人所谓'道理'。第二个'道'字,是指言说的意思。第三个'道'字,是老子哲学上的专有名词,在本章它意指构成宇宙的实体与动力。"①而钱锺书则认为,第三个"道"字为"道理"之义,与陈鼓应的译法完全不一样。

《诗·鄘风·墙有茨》:

墙有茨,不可埽也。中冓之言,<u>不可道也</u>。所可道也? 言之丑也。

---

① 陈鼓应:《老子注译及评介》（修订增补本）,中华书局 2009 年版,第 53 页。

墙有茨，不可襄也。中冓之言，不可详也。所可详也？言之长也。

墙有茨，不可束也。中冓之言，不可读也。所可读也？言之辱也。①

钱锺书认为，《墙有茨》中的"不可道也"之"道"，为"文字语言"，实难解会，此一"道"字，当为动词，为"说"之义，正钱锺书所说"道白"，"文字语言"为名词，与"说道"的意思，还是相差较远。

[2]《十三经注疏·礼记正义》卷二十四"礼器"曰：

盖道求而之未得也。设祭于堂，为祊乎外，故曰：于彼乎？于此乎？一献质，三献文，五献察，七献神。大飨其王事与？三牲鱼腊，四海九州之美味也，笾豆之荐，四时之和气也。内金，示和也。束帛加璧，尊德也。龟为前列，先知也。金次之，见情也。丹漆丝纩竹箭，与众共财也。其余无常货，各以其国之所有，则致远物也。其出也，《肆夏》而送之，盖重礼也。祀帝于郊，敬之至也。宗庙之祭，仁之至也。丧礼，忠之至也。备服器，仁之至也。宾客之用币，义之至也。故君子欲观仁义之道，礼其本也。君子曰："甘受和，白受采。忠信之人，可以学礼。苟无忠信之人，则礼不虚道。是以得其人之为贵也。"②

郑注"盖道求而之未得也"之"道"为：

道犹言也。③

注"则礼不虚道"之"道"为：

道犹由也、从也。④

[3]在"道可道"一句中，第一个"道"字，钱锺书认为是"道理"，而郑玄注之后"道"，依钱锺书文意，当为"礼不虚道"之"道"，此"道"字意为"由也、从也"，与"道理"之义，似相去甚远。

而"道可道"中的后"道"，钱锺书认为是"道白"，而郑玄注之前"道"，依

① 程俊英：《诗经译注》，上海古籍出版社2004年版，第68—69页。

② [清]阮元校刻：《十三经注疏·礼记正义》（清嘉庆刊本），中华书局2009年版，第3121—3123页。

③ [清]阮元校刻：《十三经注疏·礼记正义》（清嘉庆刊本），中华书局2009年版，第3121页。

④ [清]阮元校刻：《十三经注疏·礼记正义》（清嘉庆刊本），中华书局2009年版，第3123页。

钱锺书文意，即"盖道求而之未得也"之"道"，此"道"字意为"言也"，与"道白"之义，倒是相近。

[4]《庄子·知北游》以"论道"为主要内空，其中有文曰：

于是，泰清问乎无穷曰："子知道乎？"无穷曰："吾不知。"又问乎无为，无为曰："吾知道。"曰："子之知道，亦有数乎？"曰："有。"曰："其数若何？"无为曰："吾知道之可以贵，可以贱，可以约，可以散。此吾所以知道之数也。"泰清以之言也问乎无始，曰："若是，则无穷之弗知与无为之知，孰是而孰非乎？"无始曰："不知深矣，知之浅矣；弗知内矣，知之外矣。"于是泰清仰而叹曰："弗知乃知乎，知乃不知乎？ 孰知不知之知？"无始曰："道不可闻，闻而非也；道不可见，见而非也；道不可言，言而非也！ 知形形之不形乎！ 道不当名。"无始曰："有问道而应之者，不知道也；虽问道者，亦未闻道。道无问，问无应。无问问之，是问穷也；无应应之，是无内也。以无内待问穷，若是者，外不观乎宇宙，内不知乎大初。是以不过乎昆仑，不游乎太虚。"①

[5]《五灯会元》卷第十六"天钵元禅师法嗣"之元丰清满章次：

卫州元丰院清满禅师，沧州田氏子。僧问："如何是佛？"师曰："天寒地冷。"曰："如何是道？"师曰："不道。"曰："为甚么不道？"师曰："道是闲名字。"上堂："无异思惟，谛听谛听。昨日寒，今日寒，抖擞精神著力看。著力看，看来看去转颟顸，要得不颟顸，看。参！"上堂："堪作梁底作梁，堪作柱底作柱，灵利衲僧便知落处。"蓦拈拄杖曰："还知这个堪作甚么？"打香台一下，曰："莫道无用处。"复打一下曰："参！"上堂："看看，堂里木师伯，被圣僧打一掴，走去见维那，被维那打两掴。露柱呵呵笑，打着这师伯元丰路见不平，与你雪正。"拈拄杖曰："来来，然是圣僧也须吃棒。"击香台下座。岁旦上堂："忆昔山居绝粮，有颂举似大众，饥餐松柏叶，渴饮涧中泉，看罢青青竹，和衣自在眠。大众，更有山怀为君说，今年年是去年年。"上堂："此剑刃上事，须剑刃上汉始得。有般名利之徒，为人天师，悬羊头卖狗肉，坏后进初机，灭先圣洪范。你等诸人闻恁么事，岂不寒心？ 由是疑误众生，堕无间狱。苦哉！ 苦哉！ 取一期快

---

① 傅佩荣：《傅佩荣译解庄子》，东方出版社 2012 年版，第 288—289 页。

意,受万劫余殃。有甚么死急,来为释子。"喝曰:"瞎人徒侧耳。"便下座。上堂,喝一喝曰:"不是道,不是禅,每逢三五夜,皓月十分圆。参!"师凡见僧,乃曰:"佛法世法,眼病空花。"有僧曰:"医消花灭时如何?"师曰:"将谓汝灵利。"①

钱锺书上举《庄子·知北游》与《五灯会元》卷一六元丰清满之例,都是讲形而上的"道",如陈鼓应译"道不可闻,闻而非也;道不可见,见而非也;道不可言,言而非也!知形形之不形乎!道不当名"句为:"道不可听闻,听到的就不是道;道不可眼见,见到的就不是道;道不可言说,言说的就不是道。知道造化有形的东西是无形的么!道不当有名称。"②傅佩荣译解《庄子》时,也将之视为形而上的"道",与"道可道"的道,相去甚远,并不能笺释"道可道"句,只能笺"非常道"一句,而钱锺书对"非常道"的道的理解又为"道理",依钱锺书之释,则"非常道"句亦不可笺矣。

[6]钱锺书言及希腊文中,"道"兼"理"与"言",以及引用的海德格尔对"人乃具理性之动物"之本意为"人乃能言语之动物"的发掘,均是新颖之见,对理解"道",能提供更好的角度,应当参阅。

[7]《尚书》"大禹谟"中言:

禹曰:"朕德罔克,民不依。皋陶迈种德,德乃降,黎民怀之。帝念哉!念兹在兹,释兹在兹,名言兹在兹,允出兹在兹,惟帝念功。"③

[8]《老子》第 25 章曰:

有物混成,先天地生。寂兮寥兮,独立不改,周行而不殆,可以为天下母。吾不知其名,强字之曰"道",强为之名曰"大"。大曰逝,逝曰远,远曰反。

故道大,天大,地大,人亦大。域中有四大,而人居其一焉。

人法地,地法天,天法道,道法自然。④

---

① [宋]普济著,苏渊雷点校:《五灯会元》,中华书局 1984 年版,第 1073—1074 页。

② 陈鼓应注译:《庄子今注今译》,中华书局 1983 年版,第 621 页。

③ [清]阮元校刻:《十三经注疏·尚书正义》(清嘉庆刊本),中华书局 2009 年版,第 284 页。

④ 陈鼓应:《老子注译及评介》,中华书局 1984 年版,第 159 页。

[9]《老子》第32章曰：

道常无名、朴。虽小，天下莫能臣。候王若能守之，万物将自宾。

天地相合，以降甘露，民莫之令而自均。

始制有名，名亦既有，夫亦将知止，知止可以不殆。

譬道之在天下，犹川谷之于江海。①

[10]《老子》第41章曰：

上士闻道，勤而行之；中士闻道，若存若亡；下士闻道，大笑之。不笑不足以为道。故建言有之：

明道若昧；

进道若退；

夷道若纇；

上德若谷；

大白若辱；

广德若不足；

建德若偷；

质真若渝；

大方无隅；

大器晚成；

大音希声；

大象无形；

道隐无名。

夫唯道，善贷且成。②

[11]钱锺书此处指出，"名"是用来命名"道"的；"非常名"，则指出不能用具体的某个"名"来命名道；"无名，天地之始"，指出了天地混沌未分之时，"道"是不可命名的；"有名，万物之母"，则指出天地万物各具形态之后，在道

---

① 陈鼓应：《老子注译及评介》，中华书局1984年版，第159页。
② 陈鼓应：《老子注译及评介》，中华书局1984年版，第221—222页。

的作用下,各自有了自己的名称,这便是"有名"之意。由此可以见出,钱锺书对"无名"、"有名"的理解,是有新意的。

[12]此长段文字,钱锺书继续分析"道可道,非常道"诸句的论述逻辑,即从"道理"之"道"出发,进至"道白"之"道",并以"名"解释"道白"之"道",道理可以讲明白的,就可"名",于是便有"有名"、"无名"之分。

[13]钱锺书对俞正燮的反诘,是极具锋芒的。

[14]冯道,字可道,五代宰相。明代蒋一葵《尧山堂外纪》卷三十八载:

冯道门下客讲《道德经》,首章有:"道可道,非常道。"门客见道字是冯名,乃曰:"不敢说,可不敢说,非常不敢说。"

[15]《老子》第14章曰:

视之不见,名曰"夷";听之不闻,名曰"希";搏之不得,名曰"微"。此三者不可致诘,故混而为一。其上不皦,其下不昧,绳绳兮不可名,复归于无物。是谓无状之状,无物之象,是谓惚恍。迎之不见其首,随之不见其后。

执古之道,以御今之有。能知古始,是谓道纪。①

[16]《老子》第25章,见上引。

[17]钱锺书指出,道,包容广大,不可一言名之,亦不可多言名之,并以此为"非常名"、"常无名"之原因,亦有思致。

[18]《管锥编·周易正义》第十七则《系辞》(一)"无可名与多名"曰:

《系辞》上:"一阴一阳之谓道";《正义》:"以理言之为道,以数言之谓之一,以体言之谓之无,以物得开通谓之道,以微妙不测谓之神,以应机变化谓之易。总而言之,皆虚无之谓也。"按阮籍《通老子论》云:"道者自然,《易》谓之'太极',《春秋》谓之'元',《老子》谓之'道'也"(《全三国文》卷四五);成公绥《天地赋》云:"天地至神,难以一言定称。故体而言之,则曰'两仪';假而言之,则曰'乾坤';气而言之,则曰'阴阳';性而言之,则曰'柔刚';色而言之,则曰'玄黄';名而言之,则曰'天地'"(《全晋文》卷五九);《河南二程遗书》卷一一云:"天者理也,神者妙万物而为言者也,帝者以主宰事而名也";孙奕

---

① 陈鼓应:《老子注译及评介》,中华书局1984年版,第113页。

《履斋示儿编》卷一云："以形体谓之天,以主宰谓之帝,以运动谓之乾"。大莫能名,姑与以一名而不能尽其实,遂繁称多名,更端以示。夫多名适见无可名、不能名也。《列子·仲尼》篇"荡荡乎民无能名焉"句张湛注引何晏《无名论》曰:"夫唯无名,故可得徧以天下之名名之,然岂其名也哉?"西方神秘家(Dionysius the Areo-pagite)谓损以求之(Via negativa),则升而至于无名,益以求之(Via affirmativa),则降而至于多名;故大道真宰无名(anon-ymous)而复多名(polynonymous)。理足相参,即《老子》开宗明义之"可名非常名"耳。①

[19]此处,钱锺书反向以求,认为人之思维与习性,有时候"知难而不退",所以,道不可说,但一定要详说之,必明言而后快!

[20]在《管锥编》中文本中,钱锺书之论锋,最终指向"谈艺"者,殊为多见。本则论无名而多名、有名而难名,便指向了听乐、读画及为文,并举贾谊《鵩鸟赋》、司空图《诗品》为例,纵使竭尽描绘之能事,欲"名"之,而实际功效则是描而无形、绘而无象,人既难闻其声,亦难见其形,正所谓"无名",名之而不能。无怪乎柏拉图认为语言文字不堪载道,不可担负"名"之功能,正与《老子》同调。

[原文]

《全唐文》卷五三八裴度《寄李翱书》论《六经》之文"至易至直。奇言怪语未之或有,此所谓'文可文,非常文'也。"[1]盖谓平易质直之文经久长新,而雕饰矫揉之文则朝华夕秀、花归叶别,非"常文"也。"可文"即指"奇言怪语","常文"正仿"常道"、"常名"。足资参验。[2]

[涉典考释与评注]

[1]《全唐文》卷五三八裴度《寄李翱书》有曰:

---

① 钱锺书:《管锥编》,三联书店 2008 年版,第 71—72 页。

愚谓三五之代,上垂拱而无为,下不知其帝力,其道渐被于天地万物,不可得而传也。夏殷之际,圣贤相遇,其文在于盛德大业,又鲜可得而传也。厥后周公遭变,仲尼不当世,其文遗于册府,故可得而传也,于是作周、孔之文。荀、孟之文,左右周、孔之文也。理身、理家、理国、理天下,一日失之,败乱至矣。骚人之文,发愤之文也,雅多自贤,颇有狂态。相如、子云之文,谲谏之文也,别为一家,不是正气;贾谊之文,化成之文也,铺陈帝王之道,昭昭在目;司马迁之文,财成之文也,驰骋数千载,若有余力;董仲舒、刘向之文,通儒之文也,发明经术,究极天人。其实擅美一时,流誉千载者多矣,不足为弟道焉。然皆不诡其词,而词自丽;不异其理,而理自新。若夫典、谟、训、诰,文言、系辞,国风、雅颂,经圣人之笔削者,<u>则又至易也,至直也。虽大弥天地,细入无间,而奇言怪语,未之或有。意随文而可见,事随意而可行,此所谓文可文,非常文也。</u>其可文而文之,何常之有? 俾后之作者有所裁准,而请问于弟,谓之何哉? 谓之不可,非仆敢言;谓之可也,则大学之道,在明明德,在止至善矣,能止于止乎? 若遂过之,犹不及也。①

[2]钱锺书将"常道"与"常文"、"可道"与"可文"之间进行的巧妙关联,将论题引向了衡文论艺。虽然,常文指平易质长、经久长新之文,是为论文之常题,但是,钱锺书的致思,以及对《老子》的理解角度,不能不说精致。

---

① [清]董浩等编:《全唐文》,中华书局 1983 年版,第 5461—5462 页。

三　二章

神秘宗之见与蔽——正反依待

[原文]

　　"天下皆知美之为美,斯恶已;皆知善之为善,斯不善已。故有无相生,难易相成,长短相较,高下相倾,音声相和,前后相随";《注》:"喜怒同根,是非同门,故不可得偏举也。"[1] 按中外神秘宗之见与蔽,略具此数语,圣·马丁(**Saint-Martin**)所谓神秘家者流同乡里亦同语言也(**Evelyn Underhill,Mysticism,12th ed.,80.**)。兹分说之。[2]

[涉典考释与评注]

　　[1]《老子》第 2 章王弼注的全部内容如下。

　　其一,王弼注"天下皆知美之为美,斯恶已。皆知善之为善,斯不善已。故有无相生,难易相成,长短相较,高下相倾,音声相和,前后相随"为:

　　美者,人心之所乐进也;恶者,人心之所恶疾也。美恶,犹喜怒也;善不善,犹是非也。喜怒同根,是非同门,故不可得而偏举也,此六者皆陈自然不可偏举之明数也。

　　其二,王弼注"是以圣人处无为之事"为:

　　自然已足,为则败也。

　　其三,王弼注"行不言之教;万物作焉而不辞,生而不有,为而不恃"为:

智慧自备,为则伪也。

其四,王弼注"功成而弗居"为:

因物而用,功自彼成,故不居也。

其五,王弼注"夫唯弗居,是以不去"为:

使功在己,则功不可久也。

此处所引王弼注文,系王弼注释"天下皆知美之为美,斯恶已;皆知善之为善,斯不善已。故有无相生,难易相成,长短相较,高下相倾,音声相和,前后相随"这一长句:

美者,人心之所进乐也;恶者,人心之所恶疾也。美恶,犹喜怒也;善不善,犹是非也。喜怒同根,是非同门,故不可得而偏举也,此六者皆陈自然不可偏举之明数也。①

[2]一般以为,此处论及的是美、善这些对立元素,相较而显现,钱锺书先生从神秘宗之"见"与"蔽"出发,即"隐"与"显"出发,这是有意味的引申,下文便会论及。而神秘宗与乡人俚语同辙,后文钱氏亦同样论及。

[原文]

知美之为美,别之于恶也;知善之为善,别之于不善也。言美则言外涵有恶,言善则言外涵有不善;偏举者相对待。斯宾诺莎曰:"言是此即言非彼"（Determinatio est negatio）（Correspondence, Letter L（to Jarig Jelles）, tr. A. Wolf, 270. Cf. Ethica, I, Prop. viii, Schol, 1, "Classiques Garnier", I, 30.）;"有无"、"难易"等王弼所谓"六门",皆不外其理。此无可非议者也。[1]顾神秘宗以为大道绝对待而泯区别。故老子亦不仅谓知美则别有恶在,知善则别有不善在;且谓知美、"斯"即是恶,知善、"斯"即非善,欲息弃美善之知,大而化之。[2]《淮南子·道应训》太清问:"不知乃知耶? 知乃不知耶?"无始答以"知

---

① ［魏］王弼:《影印文渊阁四库全书·子部·杂家类·老子道德经》（第1055册）,台湾商务印书馆1983年版,第139页。

善之为善,斯不善已";盖等此语于"为道日损"。[3]陆佃《埤雅》卷三《羊》类引王安石《字说》云:"羊大则充实而美,美成矣则羊有死之道焉;《老子》曰:'天下皆知美之为美,斯恶已'";盖等此语于"福兮祸所伏"。[4]《淮南》肤泛,《字说》附会,然于《老子》语不解作:知美则知亦有恶、知善则知亦有不善,而解作:知即是不知、知美即已是恶、知善即已是不善,无乎不同。[5]《老子》三章:"使民无知无欲",四章:"和其光,同其尘",一八章:"大道废,有仁义",二〇章:"俗人昭昭,我独昏昏,俗人察察,我独闷闷",四九章:"浑其心",重言申明,[6]皆《庄子·天地》所云"浑沌氏之术"。[7]《关尹子·三极》谓"利害心"、"贤愚心"、"是非心"、"好丑心"胥不可"明",是以"圣人浑之",又《八筹》谓"唯其浑沦,所以为道";[8]《维摩诘所说经·文殊师利问疾品》第五、《不思议品》第六、《观众生品》第七、《见阿閦佛品》第一二云:"分别亦空","法无取舍","欲贪以虚妄分别为本","于诸法无分别";[9]《陀罗尼经·梦行分》第三云:"离于二边,住平边相,……悉不赞毁,……亦不选择";[10]《圆觉经》云:"得无憎爱,……随顺觉性";[11]《五灯会元》卷一僧璨《信心铭》云:"至道无他,唯嫌拣择,但莫憎爱,洞然明白";[12]以至陶勒(Tau-ler)所谓"混然一团"(on allen underscheit),季雍夫人(Ma-dame Guyon)所谓"圣漠然"(la sainte indifférence);此物此志也。知美之为美、善之为善,由分别法,生拣择见,复以拣择见,助长分别法,爱憎进而致贪嗔。老子明道德之旨,俾道裂朴散复归宁一。[13]《吕氏春秋·贵公》曰:"荆人有遗弓者,而不肯索,曰:'荆人遗弓,荆人得之,又何索焉!'孔子闻之曰:'去其荆而可矣。'老聃闻之曰:'去其人而可矣。'"即泯人我以齐得丧之意也。[14]虽然,"恶"不偏举,正如"美"也;"不善"须对待,正如"善"也。苟推名辩之理,申老子之语,亦当曰:"天下皆知恶之为恶,斯美已;皆知不善之为不善,斯善已";东家之西即西家之东尔。顾本道德之旨,老子必仍曰:"天下皆知恶之为恶,斯恶已;皆知不善之为不善,斯不善已";趋而归之,逃而去之,是皆走尔。鉴差别异即乖返朴入浑,背平等齐物之大道。盖老子于昭昭察察与闷闷昏昏,固有拈有舍,未尝漫无甄选,一视同仁。是亦分别法,拣择见欤!曰无分别,自异于有分别耳,曰不拣择,无取于有拣择耳;又"有无相生"之理焉。[15]一二章云:"圣人为腹不为目,故去彼取此。"[16]三八章云:"大丈夫处其厚不居其薄,处其实不居其华,故去彼取此。"岂非"知美"、"知善",去取毅然?[17]杨万里《诚斋集》卷九二《庸言》七斥老子"去其人"之语曰:"高则有矣! 非其理也。且弓以用言也;'去其人',则弓孰得之? 得孰用之?"言莫能行,难圆已说,神秘宗盖莫不然。[18]老子说之难自圆者,亦不止一端,孙盛《老子疑问反讯》(《广弘明集》卷五)拘挛一字一句,抑又末已。[19]如白居易《读〈老子〉》云:"言者不知知者默,此语吾闻于老君;若道老君是知者,缘何自著《五千文》?"[20][德国诗人(Klopstock)教人修词立言以简省为贵(die Kürze),愈省愈妙,或评之曰:"若然,则以此教人时即已自背其教矣"(Sie konnte ja nicht mitreden,ohne ihren Charakter zu verleugnen)(A. W. Schlegel:"Der Wettstreit der Sprachen",Kritische Schriften und Briefe,W.Kohlhammer,I,252),可参观。]

【增订四】白居易又有《赠苏鍊师》:"犹嫌庄子多词句,只读《逍遥》六七篇",可与其《读〈老子〉》参观。[21]《全晋文》卷一八何劭《王弼别传》载裴徽问曰:"夫无者,诚万物之所资,圣人莫肯致言,而老子申之无已,何耶?"即《读〈老子〉》诗意。[22]

又如一三章曰:"及吾无身,吾有何患?"[23]而七章[24]、四四章[25]、五二章[26]乃曰:"外其身而身存","名与身孰亲?""毋遗身殃"。盖身求存而知欲言,真情实事也;无身无言,玄理高论也。情事真实,逃之不得,除之不能,而又未肯抛其玄理,未屑卑其高论;无已,以高者玄者与真者实者委蛇而为缘饰焉。于是,言本空也,傅之于事,则言辩而遁;行亦常也,文之以言,则行伪而坚。"无言"而可以重言、寓言、卮言、荒唐之言矣;"无身"而可以脂韦滑稽、与世推移、全躯保命、长生久视矣;"无为"而可以无不为、无所不为矣;黄老清静,见之施行而为申韩溪刻矣。且朴必散,淳必漓,如道一生二也。夫物之不齐,故物论难齐;生拣择见,由于有分别法。虽老子亦不得不谓有"美"与"善"故得而"知为美"、"知为善"也。[27]憎法之有分别,乃欲以见之无拣择为对治,若鸠摩罗什所言"心有分别,故钵有轻重"(《高僧传》卷二),因果颠倒,几何不如闭目以灭色相、塞耳以息音声哉?[28]严复评点《老子》二〇章云:"非洲鸵鸟之被逐而无复之也,则埋其头目于沙,以不见害者为无害。老氏'绝学'之道,岂异此乎!"撷拾西谚(the os-trich policy),论允喻切。窃谓黑格尔尝讥谢林如"玄夜冥冥,莫辨毛色,遂以为群牛皆黑"(sein Absolutes für die Nacht aus-geben,worin alle Kühe schwarz sind)(**Phänomenologie des Geistes**, op. cit.,**19.**),亦可借评。[29]

[涉典考释与评注]

[1]"偏举者相对待",即本是言其一端,而实际总是论及相反的一端,"言是此即言非彼",如言"美",自然涵括"恶"这一面。

[2]神秘宗认为大道没有差别,不必区别对待。老子之语,不仅言及知美即涵盖知恶,而且更进一步,知美,就等同于知恶,知善,就等同于知不善,老子的理解其实更进一步。

[3]《淮南子·道应训》原文段为:

太清问于无穷曰:"子知道乎?"无穷曰:"吾弗知也。"又问于无为曰:"子知道乎?"无为曰:"吾知道。""子知道,亦有数乎?"无为曰:"吾知道有数。"曰:"其数奈何?"无为曰:"吾知道之可以弱,可以强;可以柔,可以刚;可以阴,可以阳;可以窈,可以明;可以包裹天地,可以应待无方。此吾所以知道之数也。"太清又问于无始曰:"乡者,吾问道于无穷,无穷曰:'吾弗知之。'又问于无为,无为曰:'吾知道。'曰:'子之知道亦有数乎?'无为曰:'吾知道有数。'曰:'其数奈何?'无为曰:'吾知道之可以弱,可以强;可以柔,可以刚;可以阴,可以阳;可以窈,可以明;可以包裹天地,可以应待无方,吾所以知道之数也。'若是,则无为知与无穷之弗知,孰是孰非?"无始曰:"弗知之深,而知之浅。弗知内,而知之外。弗知精,而知之粗。"太清仰而叹曰:"然则<u>不知乃知邪? 知乃不知邪?</u> 孰知知之为弗知,弗知之为知邪?"无始曰:"道不可闻,闻而非也。道不可见,见而非也。道不可言,言而非也。孰知形之不形者乎?"故老子曰:"天下皆知<u>善之为善,斯不善也</u>。故'知者不言,言者不知'也。"①

---

① 刘文典撰,冯逸、乔华点校:《淮南鸿烈集解》,中华书局 1989 年版,第 378—379 页。

[4]《四库全书总目提要》指出陆佃"少从学于王安石",且"精于礼家名数之学",陆佃《埤雅》引王安石《字说》为据,亦由来有自,所引卷三"羊"一条,其文曰:

羊性善群,故于文羊为群,犬为独也。羊每成群,则要以一雄为主,举群听之,今俗所谓压群者是也,北人谓之羊头。……《管子》曰:山高而不陁,则祈羊至矣;渊深而不涸,则沈玉极矣。或言羊,或言玉,相备也。《山海经》曰:县以吉玉。县,山祭也,肆师立大祀,用玉帛牲牷,而今此山川更言玉者,则以祈祭故也。《易林》曰:羊肠九萦。旧说羊春夏早放,秋冬晚出。《字说》曰:<u>羊大则充实而美,美成矣则羊有死之道焉;老子曰:天下皆知美之为美,斯恶已</u>。①

"福兮祸所伏"出《老子》第58章:

其政闷闷,其民淳淳;其政察察,其民缺缺。

祸兮,福之所倚;<u>福兮,祸之所伏</u>。孰知其极? 其无正。正复为奇,善复为妖。人之迷,其日固久。

是以圣人方而不割,廉而不刿,直而不肆,光而不耀。②

[5]钱锺书对经典的解释,往往能发现细微的不同,如"知善则知有不善",善与不善相互依存,而"知善即已不是善",善已经变成了不善,细加体察,两者之含义,差别极大。

[6]所引《老子》各章,原文如下。

《老子》第3章原文为:

不尚贤,使民不争;不贵难得之货,使民不为盗;不见可欲,使民不乱。

是以圣人之治也,虚其心,实其腹,弱其志,强其骨,恒<u>使民无知无欲</u>。使夫知者不敢为也。为无为,则无不治矣。③

《老子》第4章原文为:

道冲,而用之或不盈。渊兮,似万物之宗;挫其锐,解其纷,<u>和其光,同其</u>

---

① [宋]陆佃:《影印文渊阁四库全书·经部·小学类·埤雅》(第222册),台湾商务印书馆1983年版,第83—84页。

② 陈鼓应:《老子注译及评介》,中华书局1984年版,第279页。

③ 陈鼓应:《老子注译及评介》,中华书局1984年版,第67页。

尘。湛兮,似或存。吾不知谁之子,象帝之先。①

《老子》第 18 章原文为:

<u>大道废,有仁义</u>;六亲不和,有孝慈;国家昏乱,有忠臣。②

《老子》第 20 章原文为:

绝学无忧。唯之与阿,相去几何? 美之与恶,相去若何? 人之所畏,不可
不畏。

荒兮,其未央哉!

众人熙熙,如享太牢,如春登台。

我独泊兮,其未兆,如婴儿之未孩;

傫傫兮,若无所归。

众人皆有余,而我独若遗。我愚人之心也哉! 沌沌兮。

<u>俗人昭昭,我独昏昏。</u>

<u>俗人察察,我独闷闷。</u>

澹兮其若海,飂兮若无止。

众人皆有以,而我独顽且鄙。

我独异于人,而贵食母。③

《老子》第 49 章原文为:

圣人常无心,以百姓之心为心。

善者,吾善之;不善者,吾亦善之;德善。

信者,吾信之;不信者,吾亦信之;德信。

圣人在天下,歙歙焉,为天下浑其心,百姓皆注其耳目,圣人皆孩之。④

[7]《庄子》"天地"云:

反于鲁,以告孔子。孔子曰:"彼假脩<u>浑沌</u>氏之术者也;识其一,不知其
二;治其内,而不治其外。夫明白太素,无为复朴,体性抱神,以游世俗之间者,

---

① 陈鼓应:《老子注译及评介》,中华书局 1984 年版,第 71 页。
② 陈鼓应:《老子注译及评介》,中华书局 1984 年版,第 132 页。
③ 陈鼓应:《老子注译及评介》,中华书局 1984 年版,第 137 页。
④ 陈鼓应:《老子注译及评介》,中华书局 1984 年版,第 246 页。

汝将固惊邪？且浑沌氏之术，予与汝何足以识之哉！"①

据陈鼓应之解释，"'浑沌氏之术'即上文忘神气，堕形骸，不用机心者。此原借孔子、子贡之言以赞扬丈人，而讥子贡与孔子。郭象之注误'假'为真假之假，遂以为孔子嗤丈人之词。"②

[8]《关尹子》第三篇为"极"，其文为：

曰：<u>利害心愈明，则亲不睦</u>；<u>贤愚心愈明，则友不交</u>；<u>是非心愈明，则事不成</u>，<u>好丑心愈明，则物不契</u>。<u>是以圣人浑之</u>。③

《关尹子》第八篇为"筹"，其文为：

关尹子曰：古之善揲蓍灼龟者，能于今中示古，古中示今，高中示下，下中示高，小中示大，大中示小，一中示多，多中示一，人中示物，物中示人，我中示彼，彼中示我。是道也，其来无今，其往无古，其高无盖，其低无载，其大无外，其小无内，其外无物，其内无人，其近无我，其远无彼。不可析，不可合，不可喻，不可思。<u>惟其浑沦，所以为道</u>。④

[9]《维摩诘所说经·文殊师利问疾品》第五有言：

文殊师利言："居士此室，何以空无侍者？"

维摩诘言："诸佛国土，亦复皆空。"

又问："以何为空？"

答曰："以空空。"

又问："空何用空？"

答曰："以无分别空故空。"

又问："空可分别耶？"

答曰："<u>分别亦空</u>。"

又问："空当于何求？"

---

① 陈鼓应注译：《庄子今注今译》，中华书局 1983 年版，第 345 页。
② 陈鼓应注译：《庄子今注今译》，中华书局 1983 年版，第 347 页。
③ ［周］关尹子：《影印文渊阁四库全书·子部·道家类·关尹子》（第 1055 册），台湾商务印书馆 1983 年版，第 559 页。
④ ［周］关尹子：《影印文渊阁四库全书·子部·道家类·关尹子》（第 1055 册），台湾商务印书馆 1983 年版，第 568 页。

答曰："当于六十二见中求。"

又问："六十二见当于何求?"

答曰："当于诸佛解脱中求。"

又问："诸佛解脱当于何求?"

答曰："当于一切众生心行中求。又仁所问何无侍者,一切众魔及诸外道,皆吾侍也。所以者何? 众魔者乐生死,菩萨于生死而不舍;外道者乐诸见,菩萨于诸见而不动。"①

《维摩诘所说经·不思议品》第六有言:

维摩诘言："唯,舍利弗! 夫求法者,不贪躯命,何况床座? 夫求法者,非有色、受、想、行、识之求,非有界、入之求,非有欲、色、无色之求。唯,舍利弗! 夫求法者,不著佛求,不著法求,不著众求。夫求法者,无见苦求,无断集求,无造尽证修道之求。所以者何? 法无戏论。若言我当见苦、断集、证灭、修道,是则戏论,非求法也。唯,舍利弗! 法名寂灭,若行生灭,是求生灭,非求法也;法名无染,若染于法,乃至涅槃,是则染著,非求法也;法无行处,若行于法,是则行处,非求法也;法无取舍,若取舍法,是则取舍,非求法也;法无处所,若著处所,是则著处,非求法也;法名无相,若随相识,是则求相,非求法也;法不可住,若住于法,是则住法,非求法也;法不可见闻觉知,若行见闻觉知,是则见闻觉知,非求法也;法名无为,若行有为,是求有为,非求法也。是故,舍利弗,若求法者,于一切法,应无所求。"②

《维摩诘所说经·观众生品》第七有言:

文殊师利又问："生死有畏,菩萨当何所依?"

维摩诘言："菩萨于生死畏中,当依如来功德之力。"

文殊师利又问："菩萨欲依如来功德之力,当于何住?"

答曰："菩萨欲依如来功德之力者,当住度脱一切众生。"

又问："欲度众生,当何所除?"

---

① 赖永海、高永旺译注:《维摩诘经》,中华书局 2010 年版,第 81 页。
② 赖永海、高永旺译注:《维摩诘经》,中华书局 2010 年版,第 97—98 页。

答曰:"欲度众生,除其烦恼。"

又问:"欲除烦恼,当何所行?"

答曰:"当行正念。"

又问:"云何行于正念?"

答曰:"当行不生不灭。"

又问:"何法不生?何法不灭?"

答曰:"不善不生,善法不灭。"

又问:"善不善,孰为本?"

答曰:"身为本。"

又问:"身孰为本?"

答曰:"欲贪为本。"

又问:"欲贪孰为本?"

答曰:"虚妄分别为本。"

又问:"虚妄分别孰为本?"

答曰:"颠倒想为本。"

又问:"颠倒想孰为本?"

答曰:"无住为本。"

又问:"无住孰为本?"

答曰:"无住则无本。文殊师利,从无住本立一切法。"①

《维摩诘所说经·见阿閦佛品》第一二有言:

尔时,世尊问维摩诘:"汝欲见如来,为以何等观如来乎?"

维摩诘言:"如自观身实相,观佛亦然。我观如来:前际不来,后际不去,今则不住。不观色,不观色如,不观色性;不观受、想、行、识,不观识如,不观识性;非四大起,同于虚空;六入无积,眼耳鼻舌身心已过;不在三界,三垢已离;顺三脱门,具足三明,与无明等;不一相,不异相;不自相,不他相;非无相,非取相;不此岸,不彼岸,不中流,而化众生;观于寂灭,亦不永灭。不此不彼;不以

---

① 赖永海、高永旺译注:《维摩诘经》,中华书局 2010 年版,第 110—111 页。

此，不以彼。不可以智知，不可以识识；无晦无明；无名无相；无强无弱；非净非秽；不在方，不离方；非有为，非无为；无示无说；不施不悭；不戒不犯；不忍不恚；不进不怠；不定不乱；不智不愚；不诚不欺；不来不去；不出不入；一切言语道断；非福田，非不福田；非应供养，非不应供养；非取非舍；非有相，非无相；同真际，等法性；不可称，不可量，过诸称量。非大非小；非见非闻，非觉非知，离众结缚；等诸智，同众生，于诸法无分别；一切无失，无浊无恼，无作无起，无生无灭，无畏无忧，无喜无厌；无已有，无当有，无今有；不可以一切言说分别显示。世尊，如来身为若此，作如是观。以斯观者，名为正观；若他观者，名为邪观。"①

[10]"陀罗尼"在佛教中的含义较为复杂，一般指"总持、能持、能遮"。《大智度论》卷五"释初品中菩萨功德"有言：

〔经〕皆得陀罗尼及诸三昧，行空、无相、无作，已得等忍。

〔论〕问曰：何以故以此三事次第赞菩萨摩诃萨？答曰：欲出诸菩萨实功德故，应赞则赞，应信则信；以一切众生所不能信甚深清净法赞菩萨。复次，先说菩萨摩诃萨名字，未说所以为菩萨摩诃萨，以得诸陀罗尼、三昧及忍等诸功德故，名为菩萨摩诃萨。

问曰：已知次第义，何以名陀罗尼？云何陀罗尼？答曰：陀罗尼，秦言能持，或言能遮。能持者，集种种善法，能持令不散不失。譬如完器盛水，水不漏散。能遮者，恶不善根心生，能遮令不生；若欲作恶罪，持令不作，是名陀罗尼。是陀罗尼，或心相应，或心不相应；或有漏，或无漏；无色不可见无对；一持、一入、一阴摄（法持法入行阴）；九智知（除尽智）；一识识（一意识）；阿毗昙法陀罗尼义如是。复次，得陀罗尼菩萨，一切所闻法，以念力故，能持不失。复次，是陀罗尼法，常逐菩萨，譬如间日疟病；是陀罗尼不离菩萨，譬如鬼著；是陀罗尼常随菩萨，如善不善律仪。复次，是陀罗尼持菩萨，不令堕二地坑。譬如慈父爱子，子欲堕坑，持令不堕。复次，菩萨得陀罗尼力故，一切魔王、魔民、魔人无能动，无能破，无能胜。譬如须弥山，凡人口吹不能令动。问曰：是陀罗尼有

---

① 赖永海、高永旺译注：《维摩诘经》，中华书局2010年版，第182—183页。

几种？答曰：是陀罗尼甚多。有闻持陀罗尼，得是陀罗尼者，一切语言诸法，耳所闻者，皆不忘失。复有分别知陀罗尼，得是陀罗尼者，诸众生、诸法，大小好丑，分别悉知。如偈说：

诸象马金，木石诸衣，男女及水，种种不同。

诸物名一，贵贱理殊，得此总持，悉能分别。

复有入音声陀罗尼，菩萨得此陀罗尼者，闻一切语言音，不喜不嗔。若一切众生如恒河沙等劫，恶言骂詈，心不憎恨。①

之中对"陀罗尼"的解释、"陀罗尼"的种类均有解释，可资参阅。

钱锺书所言及的《陀罗尼经》，实为北凉沙门法众于高昌郡译《大方等陀罗尼经》，其"梦行分"卷第三云：

善男子所谓菩萨住心中道。汝今谛听当为汝说。菩萨观虚空如地。观地如虚空。观金如土观土如金。观众生非众生。观非众生而是众生。观法而是非法。观于非法而是定法。而是定法无有差别。观诸持戒与破戒等。观诸破戒如具戒相。虽然离于二边住平等相。破戒持戒亦应等心观之。上中下性亦应等心观之。有为无为法亦应如是等心观之。不赞大乘不毁小乘。豪贵卑贱粗妙丑陋。诸根完具及与残缺。聪黠愚闇悉不赞毁。善男子夫为菩萨供养之法。不应选择如上诸事。是名菩萨住心中道究竟智慧。善男子声闻之人无如是事故。无究竟慧亦非究竟涅槃。何以故未了法性故。不得究竟涅槃。

[11]《圆觉经》是《大方广圆觉修多罗了义经》的简称，又作《大方广圆觉经》、《圆觉修多罗了义经》、《圆觉了义经》，佛教大乘之经典。内容是佛为文殊、普贤等十二位菩萨宣说如来圆觉的妙理和观行方法，全经分作序、正、流通三分，是唐、宋、明以来教（贤首、天台）、禅各宗盛行讲习的经典。

《圆觉经》云：

善男子，觉成就故，当知菩萨不与法缚，不求法脱；不厌生死，不爱涅槃；不敬持戒，不憎毁禁；不重久习，不轻初学。何以故，一切觉故，譬如眼光，晓了前

---

① （印）龙树菩萨著，[晋]鸠摩罗什译，弘学校勘：《大智度论校勘》，社会科学文献出版社2014年版，第64页。

境,其光圆满,<u>得无憎爱</u>。何以故,光体无二,无憎爱故。①

钱锺书省略号之后省文极多,不全录。"随顺觉性"出如下几段。

善男子,一切众生从无始来,由妄想我及爱我者,曾不自知念念生灭,故起憎爱,耽著五欲。若遇善友,教令开悟净圆觉性,发明起灭,即知此生性自劳虑。若复有人劳虑永断,得法界净,即彼净解为自障碍,故于圆觉而不自在。此名凡夫<u>随顺觉性</u>。

善男子,一切菩萨见解为碍,虽断解碍,犹住见觉,觉碍为碍而不自在。此名菩萨未入地者<u>随顺觉性</u>。

善男子,有照有觉,俱名障碍,是故菩萨常觉不住,照与照者同时寂灭,譬如有人自断其首,首已断故,无能断者。则以碍心自灭诸碍,碍已断灭,无灭碍者。修多罗教,如标月指,若复见月,了知所标毕竟非月。一切如来种种言说开示菩萨,亦复如是。此名菩萨已入地者<u>随顺觉性</u>。

善男子,一切障碍即究竟觉,得念失念无非解脱,成法破法皆名涅槃,智慧愚痴通为般若,菩萨外道所成就法同是菩提,无明真如无异境界,诸戒定慧及淫怒痴俱是梵行。众生国土同一法性,地狱天宫皆为净土,有性无性齐成佛道,一切烦恼毕竟解脱。法界海慧照了诸相,犹如虚空,此名如来<u>随顺觉性</u>。

善男子,但诸菩萨及末世众生,居一切时不起妄念,于诸妄心亦不息灭,住妄想境不加了知,于无了知不辨真实。彼诸众生闻是法门,信解受持不生惊畏,是则名为<u>随顺觉性</u>。②

[12]《五灯会元》卷一对僧璨的记载,主要内容是其《信心铭》:

"<u>至道无难,唯嫌拣择。但莫憎爱,洞然明白</u>。毫釐有差,天地悬隔。欲得现前,莫存顺逆。违顺相争,是为心病。不识玄旨,徒劳念静。圆同太虚,无欠无余。良由取舍,所以不如。莫逐有缘,勿住空忍。一种平怀,泯然自尽。止动归止,止更弥动。唯滞两边,宁知一种。一种不通,两处失功。遣有没有,从空背空。多言多虑,转不相应。绝言绝虑,无处不通。归根得旨,随照失宗。

---

① 徐敏译注:《圆觉经》,中华书局 2010 年版,第 29—30 页。

② 徐敏译注:《圆觉经》,中华书局 2010 年版,第 54—57 页。

须臾返照，胜却前空。前空转变，皆由妄见。不用求真，唯须息见。二见不住，慎莫追寻。才有是非，纷然失心。二由一有，一亦莫守。一心不生，万法无咎。无咎无法，不生不心。能由境灭，境逐能沉。境由能境，能由境能。欲知两段，元是一空。一空同两，齐含万象。不见精麤，宁有偏党。大道体宽，无易无难。小见狐疑，转急转迟。执之失度，必入邪路。放之自然，体无去住。任性合道，逍遥绝恼。系念乖真，昏沉不好。不好劳神，何用疏亲。欲取一乘，勿恶六尘。六尘不恶，还同正觉。智者无为，愚人自缚。法无异法，妄自爱著。将心用心，岂非大错？迷生寂乱，悟无好恶。一切二边，良由斟酌。梦幻空花，何劳把捉。得失是非，一时放却。眼若不睡，诸梦自除。心若不异，万法一如。一如体玄，兀尔忘缘。万法齐观，归复自然。泯其所以，不可方比。止动无动，动止无止。两既不成，一何有尔。究竟穷极，不存轨则。契心平等，所作俱息。狐疑尽净，正信调直。一切不留，无可记忆。虚明自照，不劳心力。非思量处，识情难测。真如法界，无他无自。要急相应，唯言不二。不二皆同，无不包容。十方智者，皆入此宗。宗非促延，一念万年。无在不在，十方目前。极小同大，忘绝境界。极大同小，不见边表。有即是无，无即是有。若不如是，必不须守。一即一切，一切即一。但能如是，何虑不毕。信心不二，不二信心。言语道断，非去来今。"①

钱锺书引作"至道无他"，与"至道无难"，有差别。

[13]此句仍是指出老子之语，将美、善这种截然分别的两极，加以弥合，即"俾道裂朴散复归宁一"。

[14]《吕氏春秋·贵公》有言曰：

昔先圣王之治天下也必先公，公则天下平矣，平得于公。尝试观于上志，有得天下者众矣，其得之以公，其失之必以偏。凡主之立也生于公，故《鸿范》曰："无偏无党，王道荡荡。无偏无颇，遵王之义。无或作好，遵王之道。无或作恶，遵王之路。"

天下非一人之天下也，天下之天下也。阴阳之和，不长一类。甘露时雨，

---

① ［宋］普济著，苏渊雷点校：《五灯会元》，中华书局1984年版，第48—50页。

不私一物。万民之主,不阿一人。伯禽将行,请所以治鲁,周公曰:"利而勿利也。"荆人有遗弓者,而不肯索,曰:"荆人遗之,荆人得之,又何索焉?"孔子闻之曰:"去其'荆'而可矣。"老聃闻之曰:"去其'人'而可矣。"故老聃则至公矣。天地大矣,生而弗子,成而弗有,万物皆被其泽,得其利而莫知其所由始,此三皇五帝之德也。①

[15]此长段文字,正可用"有无相生"来概括,美与不美、善与不善,诸多正、反之例,相待而生,适与"有无相生"同其趣。

[16]《老子》第 12 章曰:

五色令人目盲;五音令人耳聋;五味令人口爽;驰骋畋猎,令人心发狂;难得之货,令人行妨。

是以圣人为腹不为目,故去彼取此。②

[17]《老子》第 38 章曰:

上德不德,是以有德;下德不失德,是以无德。

上德无为而无以为;下德无为而有以为。

上仁为之而无以为;上义为之而有以为。

上礼为之而莫之应,则攘臂而扔之。

故失道而后德,失德而后仁,失仁而后义,失义而后礼。

夫礼者,忠信之薄,而乱之首。

前识者,道之华,而愚之始。是以大丈夫处其厚,不居其薄;处其实,不居其华。故去彼取此。③

[18]《四库全书》集部所辑《诚斋集》中,《庸言》七出卷九十三,而非卷九十二,其文为:

或问楚王亡弓,左右请求之。王曰:"楚人得之,又何求焉。"孔子闻之曰:"去其楚而可矣。老聃闻之曰:'去其人而可矣。'聃之说高矣乎?"杨子曰:"高则有矣,非其理也。且弓以用言矣;'去其人',则弓孰得之?得

---

① 许维遹:《吕氏春秋集释》(上、下),中华书局 2009 年版,第 24—25 页。
② 陈鼓应:《老子注译及评介》,中华书局 1984 年版,第 104 页。
③ 陈鼓应:《老子注译及评介》,中华书局 1984 年版,第 206 页。

孰用之？"①

钱锺书指出了神秘宗均使用"莫能行"之言来说理，细推敲，当然"难圆己说"。

[19]唐释道宣所撰《广弘明集》，计三十卷，为继承、扩大梁僧祐《弘明集》而作，全书分为：归正，辩惑，佛德，法义，僧行，慈济，戒功，启福，统归，每篇之前均有小序。

《广弘明集》卷第五"辩惑"篇第二有晋孙盛《老子疑问反讯》一文，确实是"一字一句"阐释《老子》。如"天下皆知美之为美，斯恶已；皆知善之为善，斯不善已"之句，孙盛的阐述为：

盛以为：夫美恶之名，生乎美恶之实。道德淳美则有善名，顽嚚聋昧则有恶声。故易曰：恶不积不足以灭身。又曰：美在其中，畅于四支而发于事业。又曰：韶尽美矣，未尽善也。然则大美大善，天下皆知之，何得云斯恶乎？若虚美非美，为善非善，所美过美，所善违中，若此皆世教所疾，圣王奋诚天下，亦自知之，于斯谈。

[20]白居易《读〈老子〉》云：

言者不如知者默，此语吾闻于老君。

若道老君是知者，缘何自著《五千文》？②

白居易有读《老子》诗，亦有读《庄子》二首，其一曰：

去国辞家谪异方，中心自怪少忧伤。为寻庄子知归处，认得无何是本乡。③

其二曰：

庄生齐物同归一，我道同中有不同。遂性逍遥虽一致，鸾凰终校胜蛇虫。④

---

① 杨万里：《影印文渊阁四库全书·集部·别集类·诚斋集》(第1161册)，台湾商务印书馆1983年版，第225页。

② ［唐］白居易著，顾学颉校点：《白居易集》，中华书局1999年版，第716页。

③ ［唐］白居易著，顾学颉校点：《白居易集》，中华书局1999年版，第318页。

④ ［唐］白居易著，顾学颉校点：《白居易集》，中华书局1999年版，第716页。

老子贵无,却留下《道德经》这一"有"形经典,与德国诗人教人简省,但其繁言说教,无简省之旨,完全乖离,两者道理全同。

［21］白居易《赠苏錬师》曰:

两鬓苍然心浩然,松窗深处药炉前。携将道士通宵语,忘却花时尽日眠。明镜懒开长在匣,素琴欲弄半无弦。犹嫌庄子多词句,只读逍遥六七篇。①

［22］《全晋文》卷一八何劭《王弼传》:

弼幼而察慧,年十余,好老氏,通辩能言。父业,为尚书郎。时裴徽为吏部郎,弼未弱冠,往造焉。徽一见而异之,问弼曰:"夫无者诚万物之所资也,然圣人莫肯致言,而老子申之无已者何?"弼曰:"圣人体无,无又不可以训,故不说也。老子是有者也,故恒言无所不足。"寻亦为傅嘏所知。于时何晏为吏部尚书,甚奇弼,叹之曰:"仲尼称后生可畏,若斯人者,可与言天人之际乎!"正始中,黄门侍郎累缺。晏既用贾充、裴秀、朱整,又议用弼。时丁谧与晏争衡,致高邑王黎于曹爽,爽用黎。于是以弼补台郎。初除,觐爽,请间,爽为屏左右,而弼与论道,移时无所他及,爽以此嗤之。时爽专朝政,党与共相进用,弼通儻不治名高。寻黎无几时病亡,爽用王沈代黎,弼遂不得在门下,晏为之叹恨。弼在台既浅,事功亦雅非所长,益不留意焉。淮南人刘陶善论纵横,为当进所推。每与弼语,常屈弼。弼天才卓出,当其所得,莫能夺也。性和理,乐游宴,解音律,善投壶。其论道傅会文辞,不如何晏,自然有所拔得,多晏也。顾以所长笑人,故时为士君子所疾。弼与锺会善,会论议以校练为家,然每服弼之高致。何晏以为圣人无喜怒哀乐,其论甚精,锺会等述之。弼与不同,以为圣人茂于人者神明也,同于人者五情也。神明茂故能体冲和以通无;五情同故不能无哀乐以应物,然则圣人之情,应物而无累于物者也。今以其无累,便谓不复应物,失之多矣。弼注《易》,颍川人荀融难弼《大衍义》。弼答其意,白书以戏之曰:"夫明足以寻极幽微,而不能去自然之性。颜子之量,孔父之所预在,然遇之不能无乐,丧之不能无哀。又常狭斯人,以为未能以情从理者也,而今乃知自然之不可革。足下之量,虽已定乎胸怀之内,然而隔逾旬朔,何其相

---

① ［唐］白居易著,顾学颉校点:《白居易集》,中华书局1999年版,第443页。

思之多乎？故知尼父之于颜子，可以无大过矣。"弼注《老子》，为之指略，致有理统。注《道略论》、注《易》，往往有高丽言。太原王济好谈，病《老》《庄》，常云："见弼《易》注，所悟者多。"然弼为人浅而不识物情，初与王黎、荀融善，黎夺其黄门郎，于是恨黎，与融亦不终。正始十年，曹爽废，以公事免。其秋，遇疠疾亡，时年二十四，无子绝嗣。弼之卒也，晋景王闻之，嗟叹者累日，其为高识所惜如此。(《魏志·锺会传》注。案:《世说·文学篇》注引《弼别传》，其文小异。)①

钱锺书所引裴徽之问，与《全晋文》原文有小异，然"诚万物之所资"变成"诚万物之所资"，"诚"与"诚"相差极大，可能是钱氏之误，抑或编辑者校对不严，以此言之，重审《管锥编》中的文献，更极有必要。

[23]《老子》第 13 章:

宠辱若惊，贵大患若身。

何谓宠辱若惊？宠为下，得之若惊，失之若惊，是谓宠辱若惊。

何谓贵大患若身？吾所以有大患者，为吾有身，及吾无身，吾有何患？

故贵以身为天下，若可寄天下；爱以身为天下，若可托天下。②

[24]《老子》第 7 章:

天长地久。天地之所以能长且久者，以其不自生也，故能长生。是以圣人后其身而身先；外其身而身存。非以其无私邪？故能成其私。③

[25]《老子》第 44 章:

名与身孰亲？身与货孰多？得与亡孰病？

甚爱必大费；多藏必厚亡。

故知足不辱，知止不殆，可以长久。④

[26]《老子》第 52 章:

天下有始，以为天下母。既得其母，以知其子；既知其子，复守其母，没身不殆。

① ［清］严可均辑，何宛屏等审订:《全晋文》，商务印书馆 1999 年版，第 163—164 页。

② 陈鼓应:《老子注译及评介》，中华书局 1984 年版，第 108 页。

③ 陈鼓应:《老子注译及评介》，中华书局 1984 年版，第 83 页。

④ 陈鼓应:《老子注译及评介》，中华书局 1984 年版，第 234 页。

塞其兑,闭其门,终身不勤。开其兑,济其事,终身不救。

见小曰明,守柔曰强。用其光,复归其明,<u>无遗身殃</u>;是为袭常。①

[27]此处,钱锺书精彩地论述了"真情实事"与"玄理高论"之间的另一重关系:"高者玄者与真者实者委蛇而为缘饰。"真与玄的这种伴生关系,较隐蔽,不易明察。而钱锺书的"言空而遁"、"行伪而坚",以及"'无言'而可以重言、寓言、卮言、荒唐之言矣;'无身'而可以脂韦滑稽、与世推移、全躯保命、长生久视矣;'无为'而可以无不为、无所不为矣;黄老清静,见之施行而为申韩溪刻矣"的论述,更是直切世事人心,钱锺书批判的锋芒,在此处亦得完美体现。

[28]《高僧传》卷二"译经中"之"晋长安鸠摩罗什"有言:

至年十二,其母携还龟兹,诸国皆聘以重爵,什并不顾。时,什母将什至月氏北山,有一罗汉见而异之,谓其母曰:"常当守护此沙弥,若至三十五不破戒者,当大兴佛法,度无数人,与优波毱多无异。若戒不全,无能为也,止可才明俊艺法师而已。"什进到沙勒国,顶戴佛钵。心自念言:"钵形甚大,何其轻焉?"即重不可胜,失声下之。母问其故,答云:"儿心有分别,故钵有轻重耳。"遂停沙勒一年。②

[29]严复《老子评点》评点《老子》第20章云:

绝学固无忧,顾其忧非真无也;处忧不知,则其心等于无耳。<u>非洲鸵鸟之被逐而无复之也,则埋其头目于沙,以不见害者为无害。老氏绝学之道,岂异此乎!</u>(此处批在"绝学无忧"一句上)③

严复之语,与黑格尔讥刺谢林之语,有同工之妙。

[原文]

"有无相生,难易相成"等"六门",犹毕达哥拉斯所立"奇偶、一多、动静"

---

① 陈鼓应:《老子注译及评介》,中华书局1984年版,第259页。

② [梁]释慧皎著,朱恒夫、王学钧、赵益注译:《高僧传》,陕西人民出版社2009年版,第73页。

③ 王栻:《严复集》(四),中华书局1986年版,第1082页。

等"十门"（Aristotle, Metaphysics, I. 5, 985 b 23.），即正反依待之理。[1]《管子·宙合》："是非有，必交来"；[2]《墨子·经》上："同异交得，放有无"（"放"即"仿"）；[3]《庄子·齐物论》："彼出于是，是亦因彼，彼是方生之说也。……是亦彼也，彼亦是也"，又《秋水》："知东西之相反而不可以相无"；[4]《维摩诘所说经·入不二法门品》第九："从我起二为二"，肇注："因我故有彼，二名所以生。"曰"相生"，曰"交来"，曰"交得"，曰"因"，曰"从起"，皆言此理。[5]"难易相成"，可以老解老。六三章云："图难于其易，为大于其细；天下难事，必作于易，天下大事，必作于细"，此一意也；循序以进，渐靡以成，霤穿石，绠断干也。[6]《韩非子·喻老》说"大必起于小，族必起于少"，而举塞穴涂隙以免水火为患，曰："此皆慎易以避难，敬细以远大者也。"[7]谓及事之尚易而作之，则不至于难为，及事之尚细而作之，则无须乎大举，似违此章本意。老云"图难"、"作于易"，所以进取；韩云"避难"、"慎易"，所以防免；着眼有别。[8]韩盖恐涓涓者将为江河而早窒焉，患绵绵者将寻斧柯而先抓焉，移解六四章之"其脆易泮，其微易散"云云，庶几得之。[9]《左传》隐公元年祭仲劝郑庄公除太叔段曰："无使滋蔓，蔓难图也"；[10]《国语·吴语》申胥谏夫差与勾践盟曰："及吾犹可以战也；为虺勿摧，为蛇将奈何！"；[11]《后汉书·丁鸿传》上封事云："夫坏崖破岩之水，源自涓涓，干云蔽日之木，起于葱青；禁微则易，救末者难"；[12]均韩非此节之旨也。六四章又云："合抱之木生于毫末，九层之台起于累土，千里之行始于足下"，可为立者说法，犹《荀子·劝学》言"积土成山，积水成渊，积跬步以至千里"，[13]或《学记》言"蛾子时术之"，[14]真积力久，勉督之词也；而亦可为破者说法，犹《左传》、《韩非子》等云云，防微杜渐，则成儆戒之词矣。复一喻之两柄耳。[15]六三章云："多易必多难，是以圣人犹难之，故终无难矣"，此另一意；[16]《国语·晋语》四郭偃答晋文公曰："君以为易，其难也将至矣；君以为难，其易将至焉"，可借以解老。[17]刘昼《新论·防欲》云："将收情欲，必在危微"，又云："塞先于未形，禁欲于危微"，亦韩非意；[18]宋儒以下，习言《书·大禹谟》之"危微精一"，[19]不知六朝尚有此用，李密《陈情表》："人命危浅，朝不保夕"，[20]《文选》五臣注吕延济云："危、易落，浅、易拔"，正刘语的诂也。[21]《陈书·傅縡传》载縡所撰《明道论》，有云：

"夫居后而望前,则为前,居前而望后,则为后。而前后之事犹如彼此,彼呼此为彼,此呼彼为彼,彼此之名,的谁居处?以此言之,万事可知矣。本末前后,是非善恶,可恒守耶?"以为"诸见不起",则对待自消,化察察昭昭为昏昏闷闷。[22]神秘宗深知"六门"之交得而不可偏举,欲消除而融通之,乃一跃以超异同,一笔以勾正反,如急吞囫囵之枣、烂煮胡涂之面,所谓顿门快捷方式者是[23](Cf.J.Cohn,Theorie der Dialektik,218:"Die Mystik geht vom Widerspruche unmittelbar zum Absoluten über,in dem er gelöst gedacht wird(coincidentia oppositorum)−ihr fehlt der Fortgang;...sie benutzt ihn nur als Sprungbrett,von dem aus sie sich in Fluten der Alleinheit schwingt.")。《老子》二〇章云:"唯之与阿,相去几何?善之与恶,相去若何?";[24]《庄子·大宗师》云:"故其好之也一,其弗好之也一,其一也一,其不一也一。……与其誉尧而非桀也,不若两忘而化其道";即径谓"六门"、"二名",多事无须,欲大抹搬以为无町畦也。[25]《论语·子罕》孔子说"偏其反而"曰:"何远之有?"何晏注:"以言权道,反而后至于大顺也",[26]全取《老子》六五章语;[27]毛奇龄《论语稽求篇》卷四亦释为"相反之思"相成"以作正"。[28]参之《中庸》之"执其两端用其中",亦儒家于辩证之发凡立则也。[29]宋儒张载《正蒙·太和》:"两不立则一不可见,一不可见则两之用息。……有象斯有对,对必反其为,有反斯有仇,仇必和而解";[30]《参两》:"一故神,两故化";义昭纲举,逾越前载。[31]《朱子语类》言:"善、恶虽相对,当分宾主;天理、人欲虽分派,必省宗孽";更进而谓相对者未必相等。[32]罗璧《识遗》卷七《对独说》发挥斯意,[33]魏源《古微堂集》内集卷一《学篇》之一一阴袭之而稍加文藻,其词曰:"天下物无独必有对,而又谓两高不可重,两大不可容,两贵不可双,两势不可同,重、容、双、同,必争其功。何耶?有对之中,必一主一辅,则对而不失为独。乾尊坤卑,天地定位,万物则而象之,此尊而无上之谊焉。是以君令臣必共,父命子必宗,夫唱妇必从,天包地外,月受日光。虽相反如阴阳、寒暑、昼夜,而春非冬不生,四夷非中国莫统,小人非君子莫为幙幪,相反适以相成也。手足之左,不如右强。"[34]囿于"三纲"之成见,举例不中,然颇识正反相"对"者未必势力相等,分"主"与"辅"。[35]

【增订二】董仲舒、朱熹、罗璧、魏源辈论事物相对相持者未必势力相等相敌,可参观唐释澄观《华严经疏钞会本》卷三四《光明觉品》第九"多中无一性"节下疏,言"一多相依,互为本末",而"总有十义"。其二"双现同时,相资无碍",其八"力用交彻,有力相持",即矛与盾之势均力敌也;其一"孤标独立",其六"无力相持",即矛与盾之强弱悬殊而判"宾主"、"主辅"矣。[36]

【增订四】正反相对未必势位相等,二者非为齐偶(coordina-tion),乃判主从(subordination)。古希腊时,柏拉图及亚里士多德亦一变旧说,使"对立之两名由水平线关系变而为垂直线关系,由平等变而为不平等"(the relation of two terms in a binary opposition was converted from a horizontal to a vertical relation....not a relation of two equal terms but the order of their ine-quality.-T.K.Seung,Structuralism and Hermeneutics,1982,pp.29-30)。即魏源所谓:"有对之中,必一主一辅,则对而不失为独。"[37]

【增订三】"手足之左,不如右强。"按古医书早云尔。《内经素问》第五《阴阳应象大论》:"天不足西北,故西北方阴也,而人右耳目不如左明也。地不满东南,故东南方阳也,而人左手足不如右强也。"[38]"明"字该"耳目"二者,犹《后汉书·杨厚传》之"并及"、"兼言"也(参观81页)。[39]

盖名言(concepts)之正反,仇对而不能和、专固而不能化者也。"善"名则义谓"善","恶"名则义谓"恶"耳。然事物(things)之称正反者,则可名非常名,未尝纯一而无他、定恒而不变,消长乘除;名"善"者得以成"恶",名"恶"者得以成"善"焉,或又杂糅而"善恶混"焉,顾"善""恶"两名之义判一正一反,自若也。名言之正反,交互对当,一若力敌德齐;"善"之与"恶",并峙均势,相得始彰,相持莫下也。然事物之称正反者,必有等衰,分强弱,"对而不失为独",故"善"可克"恶","恶"或胜"善"焉。[40]董仲舒《春秋繁露·基义》言"物莫无合,而合各有阴阳",然"阴道无所独行",意即阴阳对待而阳主阴辅也,至罗氏而畅阐之。[41]释书如《陀罗尼经·梦行分》第三论"住中道心","离于二边",[42]《金刚仙论》卷三、卷七论"中道之理",不"堕二边";[43]至宗宝编《六祖大师法宝坛经·付嘱》第一〇云:"出语尽双,皆取对法","二道相因,生中道义",更简了矣。[44]

［涉典考释与评注］

[1]钱锺书将中、西文明"轴心时代"的思想家捉置一处进行比较,得出规律性的结论,这种治学的眼光、方法与智慧,值得比较文学等学科门类的学人终身学习。

[2]《管子》"宙合"第十一曰:

怀绳与准钩,多备规轴,减溜大成,是唯时德之节。夫绳扶拨以为正,准坏险以为平,钩入枉而出直,此言圣君贤佐之制举也。博而不失,因以备能而无遗。国犹是国也,民犹是民也,桀、纣以乱亡,汤、武以治。章道以教,明法以期,民之兴善也如此,汤、武之功是也。多备规轴者,成轴也。夫成轴之多也,其处大也不究,其入小也不塞。犹迹求履之宪也,夫焉有不适善?适善,备也,仙也,是以无乏。故谕教者取辟焉。天淯阳,无计量;地化生,无法崖。所谓是而无非,非而无是,<u>是非有,必交来</u>。苟信是,以有不可先规之,必有不可识虑之。然将卒而不戒,故圣人博闻多见,畜道以待物。物至而对,形曲均存矣。减,尽也。溜,发也。言偏环毕,莫不备得,故曰:减溜大成。成功之术,必有巨获,必周于德,审于时。时德之遇,事之会也,若合符然。故曰:是唯时德之节。①

[3]《墨子·经上》有曰:

同,重、体、合、类。罚,上报下之罪也。异,二、不体、不合、不类。同、异而俱之一也。<u>同、异交得,放有、无。</u>

"经上"此处言"同"与"异",指出"同""包含四个方面:重复、体、吻合、类似",而"异""就是有不同的二者、非一体、不吻合、不类似","同,就是将相异的事物合而为一。领悟了同和异,也就知晓了有和无"。② 钱锺书指出,"放"与"仿"同,即同与异,与有与无之义同。而有论者指出,孙诒让等人认为"放"当作"知",③两者无论从字形还是字义相比,差别均较大,还是作"仿"解更符

---

① 黎翔凤、梁连华:《管子校注》,中华书局 2004 年版,第 213—214 页。
② 方勇译注:《墨子》,中华书局 2015 年版,第 328—329 页。
③ 方勇译注:《墨子》,中华书局 2015 年版,第 329 页。

合逻辑。

[4]《庄子·齐物论》有言：

物无非彼，物无非是。自彼则不见，自知则知之。故曰<u>彼出于是，是亦因彼。彼是方生之说也，虽然，方生方死，方死方生；方可方不可，方不可方可；因是因非，因非因是。是以圣人不由而照之于天，亦因是也。</u>

<u>是亦彼也，彼亦是也。</u>彼亦一是非，此亦一是非。果且有彼是乎哉？果且无彼是乎哉？彼是莫得其偶，谓之道枢。枢始得其环中，以应无穷。是亦一无穷，非亦一无穷也。故曰莫若以明。①

《齐物论》此段，今人较难解会，故引陈鼓应之译文：

世界上的事物没有不是"彼"的，也没有不是"此"的。从他物那方面就看不见这方面，从自己这方面来了解就知道了。所以说彼方是出于此方对待而来的，此方也因着彼方对待而成的。彼和此是相对而生的，虽然这样，但是任何事物随起就随灭，随灭就随起；刚说可就转向不可，刚说不可就转向可了。有因而认为是的就有因而认为非的，有因而认为非的就有因而认为的是。所以圣人不走这条路子，而观照于事物的本然，这也是因任自然的道理。

"此"也就是"彼"，"彼"也就是"此"。彼有它的是非，此也有它的是非。果真有彼此的分别吗？果真没有彼此的分别吗？彼此不相对待，就是道的枢纽。合于道枢才像得入环的中心，以顺应无穷的流变。"是"的变化是没有穷尽的，"非"的变化也是没有穷尽的。所以说不如用明静的心境去观照事物的实况。②

《庄子·秋水》有言：

河伯曰："若物之外，若物之内，恶至而倪贵贱？恶至而倪小大？"

北海若曰："以道观之，物无贵贱；以物观之，自贵而相贱；以俗观之，贵贱不在己。以差观之，因其所大而大之，则万物莫不大；因其所小而小之，则万物莫不小；知天地之为稊米也，知毫末之为丘山也，则差数睹矣。以功观之，因其

---

① 陈鼓应注译：《庄子今注今译》，中华书局1983年版，第62页。

② 陈鼓应注译：《庄子今注今译》，中华书局1983年版，第65—66页。

所有而有之，则万物莫不有；因其所无而无之，则万物莫无；<u>知东西之相反而不可以相无，</u>则功分定矣。以趣观之，因其所然而然之，则万物莫不然；因其所非而非之，则万物莫不非；知尧、舜之自然而相非，则趣操睹矣。"①

[5]《维摩诘所说经·入不二法门品》第九，菩萨讲论何谓"不二法门"，极为重要，故全录如下：

尔时，维摩诘谓众菩萨言："诸仁者，云何菩萨入不二法门？各随所乐说之。"

会中有菩萨名法自在，说言："诸仁者！生灭为二，法本不生，今则无灭，得此无生法忍，是为入不二法门。"

德守菩萨曰："我、我所为二，因有我故，便有我所；若无有我，则无我所，是为不二法门。"

不眴菩萨曰："受、不受为二，若法不受，则不可得；以不可得，故无取无舍，无作无行，是为入不二法门。"

德顶菩萨曰："垢、净为二，见垢实性，则无净相，顺于灭相，是为入不二法门。"

善宿菩萨曰："是动、是念为二，不动则无念，无念即无分别，通达此者，是为入不二法门。"

善眼菩萨曰："一相、无相为二，若知一相即是无相，亦不取无相，入于平等，是为入不二法门。"

妙臂菩萨曰："菩萨心、声闻心为二，观心相空如幻化者，无菩萨心，无声闻心，是为入不二法门。"

弗沙菩萨曰："善、不善为二，若不起善不善，入无相际而通达者，是为入不二法门。"

师子菩萨曰："罪、福为二，若达罪性，则与福无异，以金刚慧，决了此相，无缚无解者，是为入不二法门。"

师子意菩萨曰："有漏、无漏为二，若得诸法等，则不起漏不漏想，不著于

---

① 陈鼓应注译：《庄子今注今译》，中华书局 1983 年版，第 452 页。

相,亦不住无相,是为入不二法门。"

净解菩萨曰:"有为、无为为二,若离一切数,则心如虚空,以清净慧,无所碍者,是为入不二法门。"

那罗延菩萨曰:"世间、出世间为二,世间性空,即是出世间,于其中不入不出,不溢不散,是为入不二法门。"

善意菩萨曰:"生死、涅槃为二,若见生死性,则无生死,无缚无解,不然不灭,如是解者,是为入不二法门。"

现见菩萨曰:"尽、不尽为二,法若究竟,尽若不尽,皆是无尽相,无尽相即是空,空则无有尽不尽相,如是入者,是为入不二法门。"

普守菩萨曰:"我、无我为二,我尚不可得,非我何可得?见我实性者,不复起二,是为入不二法门。"

电天菩萨曰:"明、无明为二,无明实性即是明,明亦不可取,离一切数,于其中平等无二者,是为入不二法门。"

喜见菩萨曰:"色、色空为二,色即是空,非色灭空,色性自空;如是受、想、行、识,识空为二,识即是空,非识灭空,识性自空;于其中而通达者,是为入不二法门。"

明相菩萨曰:"四种异、空种异为二,四种性即是空种性,如前际后际空,故中际亦空,若能如是知诸种性者,是为入不二法门。"

妙意菩萨曰:"眼、色为二,若知眼性于色,不贪、不恚、不痴,是名寂灭;如是耳声、鼻香、舌味、身触、意法为二;若知意性于法,不贪、不恚、不痴,是名寂灭,安住其中,是为入不二法门。"

无尽意菩萨曰:"布施、回向一切智为二,布施性即是回向一切智性,如是持戒、忍辱、精进、禅定、智慧回向一切智为二;智慧性即是回向一切智性,于其中入一相者,是为入不二法门。"

深慧菩萨曰:"是空,是无相,是无作为二;空即无相,无相即无作。若空无相无作,则无心意识,于一解脱门,即是三解脱门者,是为入不二法门。"

寂根菩萨曰:"佛、法、众为二,佛即是法,法即是众,是三宝皆无为相,与虚空等;一切法亦尔,能随此行者,是为入不二法门。"

心无碍菩萨曰:"身、身灭为二,身即是身灭。所以者何? 见身实相者,不起见身及见灭身,身与灭身,无二无分别,于其中不惊、不惧者,是为入不二法门。"

上善菩萨曰:"身、口、意善为二,是三业皆无作相。身无作相,即口无作相,口无作相,即意无作相;是三业无作相,即一切法无作相。能如是随无作慧者,是为入不二法门。"

福田菩萨曰:"福行、罪行、不动行为二,三行实性即是空,空则无福行,无罪行,无不动行,于此三行而不起者,是为入不二法门。"

华严菩萨曰:"从我起二为二,见我实相者,不起二法。若不住二法,则无有识,无所识者,是为入不二法门。"

德藏菩萨曰:"有所得相为二。若无所得,则无取舍者,无取舍者,是为入不二法门。"

月上菩萨曰:"暗与明为二,无暗无明,则无有二。所以者何? 如入灭受想定,无暗无明。一切法相,亦复如是,于其中平等入者,是为入不二法门。"

宝印手菩萨曰:"乐涅槃、不乐世间为二,若不乐涅槃不厌世间,则无有二。所以者何? 若有缚,则有解;若本无缚,其谁求解? 无缚无解,则无乐厌,是为入不二法门。"

珠顶王菩萨曰:"正道、邪道为二,住正道者,则不分别是邪是正,离此二者,是为入不二法门。"

乐实菩萨曰:"实、不实为二,实见者尚不见实,何况非实。所以者何? 非肉眼所见,慧眼乃能见;而此慧眼,无见无不见,是为入不二法门。"

如是诸菩萨各各说已,问文殊师利:"何等是菩萨入不二法门?"

文殊师利曰:"如我意者,于一切法,无言无说,无示无识,离诸问答,是为入不二法门。"

于是,文殊师利问维摩诘:"我等各自说已,仁者当说,何等是菩萨入不二法门?"

时,维摩诘默然无言。文殊师利叹曰:"善哉! 善哉! 乃至无有文字语言,是真入不二法门。"

说是入不二法门品时,于此众中五千菩萨,皆入不二法门,得无生法忍。①

[6]《老子》第63章为:

为无为,事无事,味无味。

大小多少,报怨以德。图难于其易,为大于其细;天下难事,必作于易,天下大事,必作于细。是以圣人终不为大,故能成其大。

夫轻诺必寡信,多易必多难。是以圣人犹难之,故终无难矣。②

钱锺书认为,解释"难易相成"之句,可以借用《老子》第六三章之"图难于其易,为大于其细;天下难事,必作于易,天下大事,必作于细"一句,以老解老,《老子》一书中,同意之语,亦时有见。而"难易相成"之意,又有"循序以进,渐靡以成,霤穿石,綆断干"之意,即循序渐进。霤:音 liù,《说文》曰:"霤,屋下流也。"即指屋檐之流水,"霤穿石"即水滴石穿之意。綆:音 gěng,《玉篇》、《集韵》等认为同"綆"。《汉书·枚乘传》有"单极之綆断干"之句,即常语所谓绳锯木断。

[7]《韩非子》"喻老"第二十一有言:

有形之类,大必起于小;行久之物,族必起于少。故曰:"天下之难事必作于易,天下之大事必作于细。"是以欲制物者于其细也。故曰:"图难于其易也,为大于其细也。"千丈之隄,以蝼蚁之穴溃;百步之室,以突隙之烟焚。故曰:白圭之行隄也塞其穴,丈人之慎火也涂其隙,是以白圭无水难,丈人无火患。此皆慎易以避难,敬细以远大者也。扁鹊见蔡桓公,立有间,扁鹊曰:"君有疾在腠理,不治将恐深。"桓侯曰:"寡人无疾。"扁鹊出,桓侯曰:"医之好治不病以为功。"居十日,扁鹊复见曰:"君之病在肌肤,不治将益深。"桓侯不应。扁鹊出,桓侯又不悦。居十日,扁鹊复见曰:"君之病在肠胃,不治将益深。"桓侯又不应。扁鹊出,桓侯又不悦。居十日,扁鹊望桓侯而还走。桓侯故使人问之。扁鹊曰:"病在腠理,汤熨之所及也;在肌肤,针石之所及也;在肠胃,火齐之所及也;在骨髓,司命之所属,无奈何也。今在骨髓,臣是以无请也。"居五

---

① 赖永海、高永旺注:《维摩诘经》,中华书局 2010 年版,第 140—154 页。
② 陈鼓应:《老子注译及评介》,中华书局 1984 年版,第 293 页。

日,桓侯体痛,使人索扁鹊,已逃秦矣。桓侯遂死。故良医之治病也,攻之于腠理。此皆争之于小者也。夫事之祸福亦有腠理之地,故曰圣人蚤从事焉。①

[8]钱锺书对韩非子"解老"、"喻老"之篇中的误释之处,进行厘正,颇中肯綮。如此处指出,老子本意是"进取",而韩非却以"防免"释之,乖离本意较远。《韩非子》"解老"、"喻老"诸篇中对《老子》的理解,确有屈老子之语以就己意之处。

[9]《老子》第 64 章为:

其安易持,其未兆易谋。<u>其脆易泮,其微易散</u>。为之于未有,治之于未乱。

合抱之木,生于毫末;九层之台,起于累土;千里之行,始于足下。

为者败之,执者失之。是以圣人无为故无败;无执故无失。

民之从事,常于几成而败之。慎终如始,则无败事。

是以圣人欲不欲,不贵难得之货;学不学,复众人之所过,以辅万物之自然而不敢为。②

钱锺书此处认为,韩非子"敬细以远大者"之释语,移用于解释"其脆易泮,其微易散",更为恰当。

"涓涓者将为江河"、"绵绵者将寻斧柯",均比喻小积成大,小患不防,将成大害,《六韬》"守土"第七有言:

文王问太公曰:"守土奈何?"

太公曰:"无疏其亲,无怠其众,抚其左右,御其四旁。无借人国柄,借人国柄,则失其权。无掘壑而附丘,无舍本而治末。日中必彗,操刀必割,执斧必伐。日中不彗,是谓失时;操刀不割,失利之期;执斧不伐,贼人将来。<u>涓涓不塞,将为江河</u>;荧荧不救,炎炎奈何;<u>两叶不去,将用斧柯</u>。是故人君必从事于富,不富无以为仁,不施无以合亲。疏其亲则害,失其众则败。无借人利器,借人利器则为人所害,而不终其正也。"

王曰:"何谓仁义?"

---

①　[清]王先慎、锺哲:《韩非子集解》,中华书局 1998 年版,第 160—161 页。
②　陈鼓应:《老子注译及评介》,中华书局 1984 年版,第 296 页。

太公曰："敬其众,合其亲。敬其众则和,合其亲则喜,是谓仁义之纪。无使人夺汝威,因其明,顺其常。顺者任之以德,逆者绝之以力。敬之无疑,天下和服。"①

之中的"两叶",与"绵绵"均表示微小之意。《战国策》"魏策一"之"苏子为赵合从说魏王"中载苏秦之言,中有:"《周书》曰:'绵绵不绝,缦缦奈何;毫毛不拔,将成斧柯。'前虑不定,后有大患,将奈之何? 大王诚能听臣,六国从亲,专心并力,则必无强秦之患。"②都表示小的祸患,积久成害,最后要花大力气来治理。

[10]《左传》隐公元年祭仲劝郑庄公除太叔段是《左传》中的名文,之中言:

初,郑武公娶于申,曰武姜。生庄公及共叔段。庄公寤生,惊姜氏,故名曰寤生,遂恶之。爱共叔段,欲立之。亟请于武公,公弗许。

及庄公即位,为之请制。公曰:"制,岩邑也,虢叔死焉。佗邑唯命。"请京,使居之,谓之京城大叔。祭仲曰:"都城过百雉,国之害也。先王之制:大都不过参国之一,中五之一,小九之一。今京不度,非制也,君将不堪。"公曰:"姜氏欲之,焉辟害?"对曰:"姜氏何厌之有? 不如早为之所,无使滋蔓,蔓难图也。蔓草犹不可除,况君之宠弟乎?"公曰:"多行不义必自毙,子姑待之。"③

[11]《国语·吴语》中载:

吴王夫差乃告诸大夫曰:"孤将有大志于齐,吾将许越成,而无拂吾虑。若越既改,吾又何求? 若其不改,反行,吾振旅焉。"

申胥谏曰:"不可许也。夫越非实忠心好吴也,又非慑畏吾甲兵之强也。大夫种勇而善谋,将还玩吴国于股掌之上,以得其志。夫固知君王之盖威以好胜也,故婉约其辞,以从逸王志,使淫乐于诸夏之国,以自伤也。使吾甲兵钝弊,民人离落,而日以憔悴,然后安受吾烬。夫越王好信以爱民,四方归之,年

---

① 陈曦译注:《六韬》,中华书局 2016 年版,第 45 页。
② [汉]刘向集录:《战国策》,上海古籍出版社 1998 年版,第 791 页。
③ 李梦生撰:《左传译注》,上海古籍出版社 2004 年版,第 2—3 页。

谷时熟,日长炎炎。<u>及吾犹可以战也,为虺弗摧,为蛇将若何?</u>"吴王曰:"大夫
奚隆于越?越曾足以为大虞乎?若无越,则吾何以春秋曜吾军士?"乃许
之成。①

"虺:小蛇。"②为小蛇的时候不杀死它,长成大蛇便无法摧毁了,均为"涓
涓者将为江河"、"绵绵者将寻斧柯"之绎义。

[12]《后汉书》卷三十七"桓荣丁鸿列传第二十七"载丁鸿上封事,曰:

和帝即位,迁太常。永元四年,代袁安为司徒。是时窦太后临政,宪兄弟
各擅威权。鸿因日食,上封事曰:

臣闻日者阳精,守实不亏,君之象也;月者阴精,盈毁有常,臣之表也。故
日食者,臣乘君,阴陵阳;月满不亏,下骄盈也。昔周室衰季,皇甫之属专权于
外,党类强盛,侵夺主埶,则日月薄食,故《诗》曰:"十月之交,朔月辛卯,日有
食之,亦孔之丑。"《春秋》日食三十六,弑君三十二。变不空生,各以类应。夫
威柄不以放下,利器不可假人。览观往古,近察汉兴,倾危之祸,靡不由之。是
以三桓专鲁,田氏擅齐,六卿分晋;诸吕握权,统嗣几移;哀、平之末,庙不血食。
故虽有周公之亲,而无其德,不得行其埶也。

今大将军虽欲敕身自约,不敢僭差,然而天下远近皆惶怖承旨,刺史二千
石初除谒辞,求通待报,虽奉符玺,受台敕,不敢便去,久者至数十日。背王室,
向私门,此乃上威损,下权盛也。人道悖于下,效验见于天,虽有隐谋,神照其
情,垂象见戒,以告人君。间者月满先节,过望不亏,此臣骄溢背君,专功独行
也。陛下未深觉悟,故天重见戒,诚宜畏惧,以防其祸。《诗》云:"敬天之怒,
不敢戏豫。"若敕政责躬,杜渐防萌,则凶妖销灭,害除福凑矣。

<u>夫坏崖破岩之水,源自涓涓;干云蔽日之木,起于葱青。</u>禁微则易,救末者
难,人莫不忽于微细,以致其大。恩不忍诲,义不忍割,去事之后,未然之明镜
也。臣愚以为左官外附之臣,依托权门,倾覆诌谀,以者容媚者,宜行一切之

①　上海师范大学古籍整理研究所校点:《国语》,上海世纪出版股份有限公司、上海古籍出
版社1998年版,第595—596页。

②　上海师范大学古籍整理研究所校点:《国语》,上海世纪出版股份有限公司、上海古籍出
版社1998年版,第596页。

诛。间者大将军再出,威振州郡,莫不赋敛吏人,遣使贡献。大将军虽云不受,而物不还主,部署之吏无所畏悼,纵行非法,不伏罪辜,故海内贪猾,竞为奸吏,小民吁嗟,怨气满腹。臣闻天不可以不刚,不刚则三光不明;王不可以不强,不强则宰牧从横。宜因大变,改政匡失,以塞天意。①

[13]此处义旨易明,《荀子·劝学》中的"积土成山,积水成渊,积跬步以至千里"之句,均为人熟知,不赘引赘论。

[14]《礼记》"学记"第十八有言:

古之教者,家有塾,党有庠,术有序,国有学。比年入学,中年考校。一年视离经辨志,三年视敬业乐群,五年视博习亲师,七年视论学取友,谓之小成。九年知类通达,强立而不反,谓之大成。夫然后足以化民易俗,近者说服,而远者怀之,此大学之道也。《记》曰:"蛾子时术之。"其此之谓乎。②

"蛾子时术之"一句,杨天宇所撰《礼记译注》中认为:"蛾,即蚁。古'蛾'、'蚁'同音,本一字。术,是'衔'字之误。"③可参考其译文:"蚂蚁之子时时衔土(也能造成土堆)。"④清人王鸣盛有《蛾术编》,亦取斯意。

[15]一语而含正、反之意,亦是常见现象,与比喻之一柄两边同趣,督勉之词与儆戒之词只是其中之一。

[16]《老子》第63章为:

为无为,事无事,味无味。

大小多少,【报怨以德。】图难于其易,为大于其细;天下难事,必作于易;天下大事,必作于细。是以圣人终不为大,故能成其大。

夫轻诺必寡信,多易必多难。是以圣人犹难之,故终无难矣。⑤

[17]《国语》卷十"晋语四"之"郭偃论治国之难易"曰:

文公问于郭偃曰:"始也,吾以治国为易,今也难。"对曰:"君以为易,其难

① [南朝·宋]范晔撰,[唐]李贤等注:《后汉书》,中华书局1999年版,第850—851页。
② 杨天宇撰:《礼记译注》,上海古籍出版社2007年版,第457页。
③ 杨天宇撰:《礼记译注》,上海古籍出版社2007年版,第457页。
④ 杨天宇撰:《礼记译注》,上海古籍出版社2007年版,第458页。
⑤ 陈鼓应:《老子注译及评介》,中华书局1984年版,第293页。

也将至矣。君以为难,其易将至焉。"①

[18]《刘子校释》卷一"防欲章二"曰:

人之禀气,必有性情。性之所感者,情也;情之所安者,欲也。情出于性而情违性,欲由于情而欲害情。情之伤性,性之妨情,犹烟冰之与水火也。烟生于火而烟郁火,冰出于水而冰遏水。故烟微而火盛,冰泮而水通;性贞则情销,情炽则性灭。是以珠莹则尘埃不能附,性明而情欲不能染也。

……

人有牛马,放逸不归,必知收之;情欲放逸而不知收之,不亦惑乎? 将收情欲,必在危(诸子集成本作"脆")微。情欲之萌,如木之将蘖,火之始荧,手可掣而断,露可滴而灭。及其炽也,结条凌云,煽熛章华,虽穷力运斤,竭池灌火,而不能禁,其势盛也。嗜欲之萌,耳目可关而心意可钥。至于炽也,虽爨情卷欲而不能收,其性败也。如不能塞先(诸子集成本作"情")于未形,禁欲于危(诸子集成本作"脆")微,虽求悔吝,其可得乎?②

[19]《尚书》"大禹谟"有言:

帝曰:"来,禹! 降水儆予,成允成功,惟汝贤。克勤于邦,克俭于家,不自满假,惟汝贤。汝惟不矜,天下莫与汝争能。汝惟不伐,天下莫与汝争功。予懋乃德,嘉乃丕绩,天之历数在汝躬,汝终陟元后。人心惟危,道心惟微,惟精惟一,允执厥中。无稽之言勿听,弗询之谋勿庸。可爱非君? 可畏非民? 众非元后,何戴? 后非众,罔与守邦? 钦哉! 慎乃有位,敬修其可愿,四海困穷,天禄永终。惟口出好兴戎,朕言不再。"③

"危微精一",即本此处。

[20]李密《陈情表》全文为:

臣密言:臣以险衅,夙遭闵凶:生孩六月,慈父见背;行年四岁,舅夺母志。

---

① 上海师范大学古籍整理研究所校点:《国语》,上海世纪出版股份有限公司、上海古籍出版社1998年版,第386页。

② [北齐]刘昼著,傅亚庶校释:《刘子校释》,中华书局1998年版,第10—11页。

③ [清]阮元校刻:《十三经注疏·周易正义》(清嘉庆刊本),中华书局2009年版,第267—268页。

祖母刘,悯臣孤弱,躬亲抚养。臣少多疾病,九岁不行;零丁孤苦,至于成立。既无叔伯,终鲜兄弟;门衰祚薄,晚有儿息。外无期功强近之亲,内无应门五尺之童;茕茕孑立,形影相吊。而刘夙婴疾病,常在床蓐,臣侍汤药,未曾废离。

逮奉圣朝,沐浴清化。前太守臣逵察臣孝廉,后刺史臣荣举臣秀才。臣以供养无主,辞不赴命,诏书特下,拜臣郎中;寻蒙国恩,除臣洗马。猥以微贱,当侍东宫,非臣陨首所能上报。臣具以表闻,辞不就职。诏书切峻,责臣逋慢;郡县逼迫,催臣上道;州司临门,急于星火。臣欲奉诏奔驰,则刘病日笃;欲苟顺私情,则告诉不许。臣之进退,实为狼狈。

伏惟圣朝以孝治天下,凡在故老,犹蒙矜育;况臣孤苦,特为尤甚。且臣少仕伪朝,历职郎署;本图宦达,不矜名节。今臣亡国贱俘,至微至陋,过蒙拔擢,宠命优渥。岂敢盘桓,有所希冀!但以刘日薄西山,气息奄奄,<u>人命危浅,朝不虑夕</u>。臣无祖母,无以至今日;祖母无臣,无以终余年。母孙二人,更相为命,是以区区不能废远。臣密今年四十有四,祖母今年九十有六,是臣尽节于陛下之日长,报养刘之日短也。乌鸟私情,愿乞终养。

臣之辛苦,非独蜀之人士及二州牧伯所见明知,皇天后土,实所共鉴!愿陛下矜悯愚诚,听臣微志,庶刘侥幸,保卒余年。臣生当陨首,死当结草。臣不胜犬马怖惧之情,谨拜表以闻。①

钱锺书之引文为"人命危浅,朝不保夕",与"人命危浅,朝不虑夕"小异。

[21]吕延济注"人命危浅,朝不虑夕"曰:

善曰:《左氏传》赵孟曰:朝不谋夕,何其长也。济曰:<u>危</u>,易落;<u>浅</u>,易拔;虑,谋也,言朝不谋,至夕之生也。②

正刘语的诂也。

[22]《陈书》卷三十"列传第二十四""傅縡传"中,载傅縡事,其言其行,其气节行操,有可称道者:

縡为文典丽,性又敏速,虽军国大事,下笔辄成,未尝起草,沉思者亦无以

---

① [梁]萧统编,[唐]李善注:《文选》,岳麓书社 2002 年版,第 1167—1168 页。

② [梁]昭明太子萧统编,[唐]李善、吕延济、刘良、张铣、吕向、李周翰注:《影印文渊阁四库全书·集部·总集类·六臣注文选2》(第1331册),台湾商务印书馆1983年版,第17页。

加焉，甚为后主所重。然性木强，不持检操，负才使气，陵侮人物，朝士多衔之。会施文庆、沈客卿以便佞亲幸，专制衡轴，而缓益疏。文庆等因共谮缓受高丽使金，后主收缓下狱。缓素刚，因愤恚，乃于狱中上书曰："夫君人者，恭事上帝，子爱下民，省嗜欲，远谄佞，昧明求衣，日昃忘食，是以泽被区宇，庆流子孙。陛下顷来酒色过度，不虔郊庙之神，专媚淫昏之鬼；小人在侧，宦竖弄权，恶忠直若仇雠，视生民如草芥；后宫曳绮绣，厩马馀菽粟，百姓流离，僵尸蔽野；货贿公行，帑藏损耗，神怒民怨，众叛亲离。恐东南王气，自斯而尽。"书奏，后主大怒。顷之，意稍解，遣使谓缓曰："我欲赦卿，卿能改过不？"缓对曰："臣心如面，臣面可改，则臣心可改。"后主于是益怒，令宦者李善庆穷治其事，遂赐死狱中，时年五十五。①

"臣心如面，臣面可改，则臣心可改。"良臣气节，令人感佩。

"傅缓传"载其笃信佛教，"时有大心暠法师著《无诤论》以诋之，缓乃为《明道论》，用释其难"，中有言曰：

《无诤论》言：无诤之道，通于内外。子所言须诤者，此用末而救本，失本而营末者也。今为子言之。何则？若依外典，寻书契之前，至淳之世，朴质其心，行不言之教，当于此时，民至老死不相往来，而各得其所，复有何诤乎？固知本末不诤，是物之真矣。答曰：诤与无诤，不可偏执。本之与末，又安可知？由来不诤，宁知非末？于今而诤，何验非本？夫居后而望前，则为前；居前而望后，则为后。而前后之事犹如彼此，彼呼此为彼，此呼彼为彼，彼此之名，的居谁处？以此言之，万事可知矣。本末前后，是非善恶，可恒守邪？何得自信聪明，废他耳目？夫水泡生灭，火轮旋转，入牢阱，受羁绁，生忧畏，起烦恼，其失何哉？不与道相应，而起诸见故也。相应者则不然，无为也，无不为也。善恶不能偕，而未曾离善恶，生死不能至，亦终然在生死，故得永离而任放焉。是以圣人念绕柱之不脱，愍黏胶之难离，故殷勤教示，备诸便巧。希向之徒，涉求有类，虽麟角难成，象形易失，宁得不仿佛遐路，勉励短晨？且当念己身之善恶，莫揣他物，而欲分别，而言我聪明，我知见，我计校，我思惟，以此而言，亦为

---

① ［唐］姚思廉撰：《陈书》，中华书局 2000 年版，第 282 页。

疏矣。他人者实难测,或可是凡夫真尔,亦可是圣人俯同,时俗所宜见,果报所应睹。安得肆胸衿,尽情性,而生讥诮乎? 正应虚己而游乎世,俯仰于电露之间耳。明月在天,众水咸见,清风至林,群籁毕响。吾岂逆物哉? 不入鲍鱼,不甘腐鼠。吾岂同物哉? 谁能知我,共行斯路,浩浩乎! 堂堂乎! 岂复见有诤为非,无诤为是? 此则诤者自诤,无诤者自无诤,吾俱取而用之。宁劳法师费功夫,点笔纸,但申于无诤;弟子疲唇舌,消暑漏,唯对于明道? 戏论哉! 糟粕哉! 必欲且考真伪,|斩足|观得失,无过依贤圣之言,检行藏之理,始终研究,表里综核,使浮辞无所用,诈道自然消。请待后筵,以观其妙矣。①

[23]此处言及神秘宗等惯用之手法,就是消除差异,制造一本糊涂账,混淆视听。

[24]《老子》第20章:

绝学无忧。唯之与阿,相去几何? 美之与恶,相去若何? 人之所畏,不可不畏。

荒兮,其未央哉!

众人熙熙,如享太牢,如春登台。

我独泊兮,其未兆,如婴儿之未孩;

儽儽兮,若无所归。

众人皆有余,而我独若遗。我愚人之心也哉! 沌沌兮!

俗人昭昭,我独昏昏。

俗人察察,我独闷闷。

澹兮其若海,飂兮若无止。

众人皆有以,而我独顽且鄙。

我独异于人,而贵食母。②

王弼本"美之与恶"作"善之与恶"。

① [唐]姚思廉撰:《陈书》,中华书局2000年版,第281—282页。
② 陈鼓应:《老子注译及评介》,中华书局1984年版,第137页。

[25]《庄子·大宗师》云：

古之真人，其状义而不朋，若不足而不承；与乎其觚而不坚也，张乎其虚而不华也；邴乎其似喜也！崔乎其不得已也！滀乎进我色也，与乎止我德也；厉乎其似世也！謷乎其未可制也；连乎其似好闭也，悗乎其忘言也。【以刑为体，以礼为翼，以知为时，以德为循。以刑为体者，绰乎其杀也；以礼为翼者，所以行于世也；以知为时者，不得已于事也；以德为循者，言其与有足者至于丘也；而人真以为勤行者也。】故其好之也一，其弗好之也一。其一也一，其不一也一。其一与天为徒，其不一与人为徒。天与人不相胜也，是之谓真人。

死生，命也，其有夜旦之常，天也。人之有所不得与，皆物之情也。彼特以天为父，而身犹爱之，而况其卓乎！人特以有君为愈己，而身犹死之，而况其真乎！

泉涸，鱼相与处于陆，相呴以湿，相濡以沫，不如相忘于江湖。与其誉尧而非桀也，不如两忘而化其道。①

所引庄子之语，所谓"两忘而化其道"，正是要消除界限之意，"六门"、"二名"，依此言之，均无存在之必要。

[26]《论语》"子罕篇第九"：

"唐棣之华，偏其反而。岂不尔思？室是远而。"子曰："未之思也，夫何远之有？"②

何晏注"唐棣之华，偏其反而。岂不尔思？室是远而"之句曰：

逸诗也。唐棣，栘也，华反而后合，赋此诗者，以言权道，反而后至于大顺。思其人而不得见者，其室远也，以言思权而不得见者，其道远也。③

[27]《老子》第65章为：

古之善为道者，非以明民，将以愚之。

民之难治，以其智多。故以智治国，国之贼；不以智治国，国之福。

---

①　陈鼓应注译：《庄子今注今译》，中华书局1983年版，第187—196页。
②　[清]阮元校刻：《十三经注疏·论语注疏》（清嘉庆刊本），中华书局2009年版，第5411页。
③　[清]阮元校刻：《十三经注疏·论语注疏》（清嘉庆刊本），中华书局2009年版，第5411页。

知此两者亦稽式。常知稽式,是谓"玄德"。玄德深矣,远矣,与物反矣,然后乃至大顺。①

钱锺书认为何晏"以言权道,反而后至于大顺"之释,"全取《老子》六五章语",似欠妥帖。其实,何晏所注,讲权宜与达变,正下文毛奇龄《论语稽求篇》中之意,而《老子》第 65 章之句,讲"玄德"与"大顺",虽然,"玄德"来自于智、愚等"稽式",但此大顺与何晏之大顺,思理志趣大为不同。当然,钱锺书将两者进行比较的思路,也为经典新读提供了角度,值得参考。

[28]毛奇龄《论语稽求篇》卷四论"唐棣之华章",即述斯意,其文曰:

按唐棣二节,旧本与"可与共学"节合作一章,其又加子曰者,所以别诗文也,但其义则两下不接,颇费理解。惟何平叔谓偏反喻权,言行权似反,而实出于正,说颇近理,然语尚未达。予尝疏之云:夫可立而未可权者,以未能反经也。彼唐棣偏反,有似行权,然而思偏反而不得见者,虑室远也。思行权而终不行者,虑其与道远也,不知无虑也。夫思者,当思其反,反是不思,所以为远,能思其反,何远之有?盖行权即所以自立而反经,正所以合道,权进于立,非权不可立也。尝读《王祥传》,知祥以汉魏遗老,身为三公而卒预晋禅心,尝愧恨,虽不奉朝请,不立殿陛,而终不自安,故于临殁时遗言嘱后,使不澣濯,不含敛,不沐棺椁,不起坟茔,家人不送丧,祥、禫不缋祀,虽不用古法,而反经行权,期合于道,故既以孝弟信让通嘱之,而终之曰:未之思也。夫何远之有?此正取唐棣是篇以反作正之一证也。②

毛奇龄《论语稽求篇》是攻击朱熹《四书集注》之作,《四库提要》言:

国朝毛奇龄撰,皆辩驳朱子集注之说,盖元陈天祥《四书辨疑》之类也。朱子集注研究文义,期于惬理而止,原不以考证为长,遂旁采古义以相诘难,其中有强生支节者,如古人有所师法皆谓之学,即至学炙学讴,亦无异训。朱子注学为效,原无疵病。奇龄必谓学者业道之名,泛训作效,与工师授受何别?不知学道学艺,所学之事异,而学字不能别释,亦犹喻义喻利,所喻之事异,而

---

① 陈鼓应:《老子注译及评介》,中华书局 1984 年版,第 299 页。

② [清]毛奇龄:《影印文渊阁四库全书·经部·论语稽求篇》(第 210 册),台湾商务印书馆 1983 年版,第 170 页。

喻字不能两解,以此发难,未见其然。有半是半非者。如"非其鬼而祭之",《注》引季氏旅泰山,固为非类。奇龄谓鬼是人鬼,专指祖考,故曰"其鬼",引《周礼·大宗伯》文为证,谓泰山之神不可称泰山之鬼,其说亦辨。然鬼实通指淫祀,不专言人鬼。果如奇龄之说,宋襄公用鄫子于次雎之社,《传》称"淫昏之鬼"者,其鬼谁之祖考耶?有全然无理者。如"无所取材",郑康成注"材"为"桴材",殊非事理。即牛刀之戏,何至于斯?然奇龄引而申之,以攻《集注》,不几于侮圣言乎?①

其实,不论朱熹之注,还是毛奇龄之稽,都是《论语》解释链条上的两个环节而已,都是对《论语》这一经典的解读与丰富。

[29]《中庸》中有言:

子曰:"舜其大知也与!舜好问而好察迩言。隐恶而扬善。<u>执其两端,用其中于民</u>。其斯以为舜乎!"

钱锺书此处之"儒家于辩证之发凡立则"的判断,将儒家的正反辩证思维予以突显,充分说明,中国的辩证思维,有着悠久的传统。

[30]张载《正蒙》"太和篇"第一言:

由太虚,有天之名;由气化,有道之名;合虚与气,有性之名;合性与知觉,有心之名。

鬼神者,二气之良能也。圣者,至诚得天之谓;神者,太虚妙应之目。凡天地法象,皆神化之糟粕尔。

天道不穷,寒暑也;众动不穷,屈伸也;鬼神之实,不越二端而已矣。

<u>两不立则一不可见,一不可见则两之用息</u>。两体者,虚实也,动静也,聚散也,清浊也,其究一而已。

感而后有通,不有两则无一。故圣人以刚柔立本,乾坤毁则无以见易。

游气纷扰,合而成质者,生人物之万殊;其阴阳两端循环不已者,立天地之大义。

"日月相推而明生,寒暑相推而岁成。"神易无方体,"一阴一阳","阴阳不

---

① [清]毛奇龄:《影印文渊阁四库全书·经部·论语稽求篇》(第210册),台湾商务印书馆1983年版,第133—134页。

测",皆所谓"通乎昼夜之道"也。

昼夜者,天之一息乎!寒暑者,天之昼夜乎!天道春秋分而气易,犹人一
寤寐而魂交。魂交成梦,百感纷纭,对寤而言,一身之昼夜也;气交为春,万物
糅错,对秋而言,天之昼夜也。

气本之虚则湛一无形,感而生则聚而有象。<u>有象斯有对,对必反其为;有</u>
<u>反斯有仇,仇必和而解。</u>故爱恶之情同出于太虚,而卒归于物欲,倏而生,忽而
成,不容有毫发之间,其神矣夫!①

[31]张载《正蒙》"参两篇"第二言:

地所以两,分刚柔男女而效之,法也;天所以参,一太极两仪而象之,性也。
一物两体,气也;<u>一故神,两故化,</u>此天之所以参也。②

[32]《朱子语类》中似无钱锺书所征引之文,明人曹端所撰《通书述解》,
释"诚几德第三"之中"几善恶"句,有此言:

几者,动之征,善恶之所由分也。盖动于人心之微,则天理固当发见而人欲
亦已萌乎其间矣,此阴阳之象也。或问诚无为,几善、恶,朱子曰:此明人心未发
之体,而指其未发之端,盖欲学者致察于萌动之微,知所抉择而去取之以不失乎
本心之体而已,或疑以为有类于胡子同体异用之云,遂妄以意揣量为图如后:

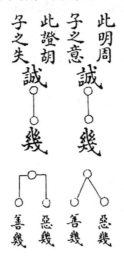

---

① [宋]张载著,章锡琛点校:《张载集》,中华书局1978年版,第9—10页。
② [宋]张载著,章锡琛点校:《张载集》,中华书局1978年版,第10页。

善、恶虽相对,当分宾主;天理、人欲虽分派,必省宗孽。自诚之动而之善,则如木之自本而干,自干而末,上下相达,则道心之发见,天理之流行,此心之本主而诚之正宗也。①

[33]检索影印文渊阁四库全书子部杂家类罗璧所撰《识遗》一书,共十卷,之中并未有《对独说》一文,故暂阙此文献述引。

[34]魏源《古微堂集》内集卷一"默觚"上,共有"学篇"十四篇,其第十一篇中言:

天下物无独必有对,而又谓两高不可重,两大不可容,两贵不可双,两势不可同,重、容、双、同,必争其功。何耶? 有对之中,必一主一辅,则对而不失为独。乾尊坤卑,天地定位,万物则而象之,此尊而无上之谊焉。是以君令臣共,父命子必宗,夫唱妇必从,天包地外,月受日光。虽相反如阴阳、寒暑、昼夜,而春非冬不生,四夷非中国莫统,小人非君子莫为幩幪,相反适以相成也。手足之左,不如右强。目不两视而明,耳不并听而聪,鼻息不同时而妨,形虽两而体则一也。是以君子之学,先立其大而小者从令,致专于一,则殊途同归。道以多歧亡羊,学以多方丧生。其为治也亦然。《书》曰:"一人有庆,兆民赖之。"《诗》曰:"其仪不忒,正是四国。"②

[35]魏源上述引文,确实立论于君为臣纲、父为子纲、夫为妻纲之"三纲"成规,然其"有对之中,必一主一辅",即是钱锺书所言"识正反相'对'者未必势力相等",魏源之意,确然如斯。

[36]《华严经》是华严宗最重要的典籍。"《华严经》全称《大方广佛华严经》,历来有'经中之海'、'经中之王'之称。华严五祖宗密曾说:'若不读《华严经》,不知佛富贵。'在我国汉译《华严经》共有三种译本:一是东晋佛陀跋陀罗译的《六十华严》,二是唐实叉难陀译的《八十华严》,三是唐般若译的《四十

---

① [明]曹端撰:《影印文渊阁四库全书·子部·儒家类·通书述解》(第697册),台湾商务印书馆1983年版,第27页。

② [清]魏源撰,《续修四库全书》编纂委员会编:《续修四库全书·集部·古微堂集十卷》(第1522册),上海古籍出版社2002年版,第313页。

华严》,内容上相当于《六十华严》、《八十华严》的入法界品。"①

《华严经》宣讲佛陀之因行果德,尽显其重重无尽、事事无碍、广大圆满的宗旨,是"广大和谐的哲学"。②

据线装书局 2016 年出版之《大方广佛华严经疏》卷第十三"光明觉品第九"所载偈曰:

于法无疑惑,永绝诸戏论,

不生分别心,是念佛菩提。

了知差别法,不著于言说,

无有一与多,是名随佛教。

多中无一性,一亦无有多,

如是二俱舍,普入佛功德。

众生及国土,一切皆寂灭,

无依无分别,能入佛菩提。

众生及国土,一异不可得,

如是善观察,名知佛法义。③

澄观疏曰:

一因于多有,多中应有一;多因于一有,一中应有多。今多中无一,一无从矣!一中无多,多无从矣!故二俱舍也。而性相融通,入一即是入多,名普入也。然一多相依,互为本末,通有四义:一相成义,则一多俱立,以互相持,有力俱存也,即初二句。二相害义,形压两亡,以相依故,各无性也,即二俱舍是。三互存义,以此持彼,不坏彼而在此,彼持此亦尔,故上文云一中解无量等是。四互泯义,以此持彼,彼相尽而唯此;以彼持此,此相尽而唯彼。故下文云知一即多、多复即一是也。诸文各据一义,故不相违矣!复总收之,以为十义:一孤标独立,二双现同时,三两相俱亡,四自在无碍,五去来不动,六无力相持,七彼

---

① 单欣:《语言与世界——〈华严经〉语言哲学研究》,吉林大学博士学位论文,2014 年。

② 单欣:《语言与世界——〈华严经〉语言哲学研究》,吉林大学博士学位论文,2014 年。

③ [唐]澄观撰,于德隆点校:《大方广佛华严经疏》(上),线装书局 2016 年版,第 422 页。

此无知,八力用交彻,九自性非有,十究竟离言。①

[37]"增订四"一则,正明中外思想大家,致思相同之趣。

[38]《内经素问》"阴阳应象大论篇第五"有言曰:

天不足西北,故西北方阴也,而人右耳目不如左明也。地不满东南,故东南方阳也,而人左手足不如右强也。

帝曰:何以然?

岐伯曰:东方,阳也。阳者,其精并于上。并于上,则上盛而下虚,故使耳目聪明而手足不便也。西方,阴也。阴者,其精并于下。并于下,则下盛而上虚,故其耳目不聪明而手足便也。故俱感于邪,其在上,则右甚;在下,则左甚。此天地阴阳所不能全也,故邪居之。②

[39]《后汉书》卷三十上"苏竟杨厚列传第二十上"载:

厚少学统业,精力思述。初,安帝永初三年,太白入斗,洛阳大水。时统为侍中,厚随在京师。朝廷以问统,统对年老耳目不明,子厚晓读图书,粗识其意。邓太后使中常侍承制问之,厚对以为"诸王子多在京师,容有非常,宜亟发遣各还本国"。太后从之,星寻灭不见。又克水退期日,皆如所言。除为中郎。太后特引见,问以图谶,厚对不合,免归。复习业犍为,不应州郡、三公之命,方正、有道、公车特征皆不就。③

钱锺书在《管锥编·周易正义》第二十一则"系辞(五)"论"修辞兼言之例"时,专门论及中国传统修辞中的兼言问题,如"吉凶与民同患",吉与凶均可以"患"兼言之,可参阅相关章节。

[40]此处,钱锺书指出,"概念"可以正、反判分,但现实事物,则往往好、坏并存,即"未尝纯一而无他、定恒而不变,消长乘除",即"善恶混",并且,事物的正、反两极,有强有弱,此为物理之本性。

[41]《春秋繁露》"基义"第五十三,涉及的内容即为"事物的基本含义、基本原理","认为天地万物之道都是阴阳相对、彼此配合的。任何一个事物

---

① [唐]澄观撰,于德隆点校:《大方广佛华严经疏》(上),线装书局2016年版,第423页。
② [唐]王冰注:《重广补注黄帝内经素问》,中医古籍出版社2015年版,第35页。
③ [宋]范晔撰,[唐]李贤等注:《后汉书》,中华书局2000年版,第704页。

都有与之相匹配的另一个事物,且这种配合中,对应的双方有阴有阳"。① "基义"其文不长,全录如下:

凡物必有合。合,必有上,必有下,必有左,必有右,必有前,必有后,必有表,必有里。有美必有恶,有顺必有逆,有喜必有怒,有寒必有暑,有昼必有夜,此皆其合也。阴者阳之合,妻者夫之合,子者父之合,臣者君之合。物莫无合,而合各有阴阳。阳兼于阴,阴兼于阳,夫兼于妻,妻兼于夫,父兼于子,子兼于父,君兼于臣,臣兼于君。君臣、父子、夫妇之义,皆取诸阴阳之道。君为阳,臣为阴;父为阳,子为阴;夫为阳,妻为阴。阴道无所独行。其始也不得专起,其终也不得分功,有所兼之义。是故臣兼功于君,子兼功于父,妻兼功于夫,阴兼功于阳,地兼功于天。举而上者,抑而下也;有屏而左也,有引而右也;有亲而任也,有疏而远也;有欲日益也,有欲日损也。益其用而损其妨。有时损少而益多,有时损多而益少。少而不至绝,多而不至溢。阴阳二物,终岁各一出。一其出,远近同度而不同意。阳之出也,常县于前而任事;阴之出也,常县于后而守空处。此见天之亲阳而疏阴,任德而不任刑也。是故仁义制度之数,尽取之天。天为君而覆露之,地为臣而持载之;阳为夫而生之,阴为妇而助之;春为父而生之,夏为子而养之;秋为死而棺之,冬为痛而丧之。王道之三纲,可求于天。天出阳,为暖以生之;地出阴,为清以成之。不暖不生,不清不成。然而计其多少之分,则暖暑居百而清寒居一。德教之与刑罚犹此也。故圣人多其爱而少其严,厚其德而简其刑,以此配天。天之大数必有十旬。旬,天地之数,十而毕举;旬,生长之功,十而毕成。天之气徐,乍寒乍暑。故寒不冻,暑不暍,以其有余徐来,不暴卒也。《易》曰"履霜坚冰",盖言逊也。然则上坚不踰等,果是天之所为,弗作而成也。人之所为,亦当弗作而极也。凡有兴者,稍稍上之以逊顺往,使人心说而安之,无使人心恐。故曰:君子以人治人,懂能愿。此之谓也。圣人之道,同诸天地,荡诸四海,变易习俗。②

---

① 张世亮、钟肇鹏、周桂钿译注:《春秋繁露》,中华书局 2012 年版,第 464 页。

② 苏舆撰,钟哲点校:《春秋繁露义证》,中华书局 1992 年版,第 350—352 页。

［42］《陀罗尼经》"梦行分"卷第三云：

善男子所谓菩萨住心<u>中道</u>。汝今谛听当为汝说。菩萨观虚空如地。观地如虚空。观金如土观土如金。观众生非众生。观非众生而是众生。观法而是非法。观于非法而是定法。而是定法无有差别。观诸持戒与破戒等。观诸破戒如具戒相。虽然<u>离于二边</u>。住平等相。破戒持戒亦应等心观之。上中下性亦应等心观之。

［43］《金刚仙论》十卷，又名《金刚仙记》、《仙记》，北魏菩提流支译，是《金刚般若波罗蜜经论》的注疏。《金刚仙论》将《金刚般若波罗蜜经论》分科为序分、善护念分、住分、如实修行分、如来非有为相分、我空法空分、具足功德校量分、明一切众生有真如佛性（显性分）、利益分、断疑分、不住道分、流通分等十二分而加以疏释。

《金刚仙论》有曰：

为遣此执故，答言不应取法。非不取法。此明<u>中道之理</u>，不可定说有无。若定说有无，恐<u>堕二边</u>，若堕二边，则著我人众生等相，故不得定说也。

［44］《六祖大师法宝坛经》"付嘱品"第十，是惠能临终说法，内容涉及"出没即离两边"、"二道相因，生中道义"等禅宗宗旨。之中有言云：

师一日唤门人法海、志诚、法达、神会、智常、智通、志彻、志道、法珍、法如等，曰："汝等不同余人，吾灭度后，各为一方师。吾今教汝说法，不失本宗。"

"先须举三科法门，动用三十六对，出没即离两边。说一切法，莫离自性。忽有人问汝法，<u>出语尽双</u>，皆取对法，来去相因。究竟二法尽除，更无去处。

"三科法门者，阴界入也。阴是五阴，色、受、想、行、识是也。入是十二入，外六尘，色、声、香、味、触、法；内六门，眼、耳、鼻、舌、身、意是也。界是十八界，六尘、六门、六识是也。自性能含万法，名含藏识。若起思量，即是转识。生六识，出六门，见六尘，如是一十八界，皆从自性起用。

"自性若邪，起十八邪；自性若正，走十八正。若恶用即众生用，善用即佛用；用由何等，由自性有。

"对法外境，无情五对：天与地对，日与月对，明与暗对，阴与阳对，水与火对，此是五对也。

"法相语言十二对:语与法对,有与无对,有色与无色对,有相与无相对,有漏与无漏对,色与空对,动与静对,清与浊对,凡与圣对,僧与俗对,老与少对,大与小对,此是十二对也。

"自性起用十九对:长与短对,邪与正对,痴与慧对,愚与智对,乱与定对,慈与毒对,戒与非对,直与曲对,实与虚对,险与平对,烦恼与菩提对,常与无常对,悲与害对,喜与嗔对,舍与悭对,进与退对,生与灭对,法身与色身对,化身与报身对,此是十九对也。"

师言:"此三十六对法,若解用,即道贯一切经法,出入即离两边。"

"自性动用,共人言语,外于相离相,内于空离空。若全著相,即长邪见。若全执空,即长无明。执空之人有谤经,直言不用文字。既云不用文字,人亦不合语言;只此语言,便是文字之相。又云,直道不立文字,即此不立两字,亦是文字。见人所说,便即谤他言著文字,汝等须知自迷犹可,又谤佛经;不要谤经。罪障无数。

"若著相于外,而作法求真;或广立道场,说有无之过患,如是之人,累劫不得见性。但听依法修行,又莫百物不思,而于道性窒碍。若听说不修,令人反生邪念。但依法修行无住相法施。汝等若悟,依此说,依此用,依此行,依此作,即不失本宗。

"若有人问汝义,问有将无对,问无将有对;问凡以圣对,问圣以凡对。<u>二道相因,生中道义。</u>

"如一问一对,余问一依此作,即不失理也。设有人问:何名为暗?答云:明是因,暗是缘,明没即暗。以明显暗,以暗显明,来去相因,成中道义。余问悉皆如此。汝等于后传法,依此转相教授,勿失宗旨。"[1]

---

① 尚荣译注:《坛经》,中华书局 2010 年版,第 171—176 页。

四　五章

"目的论"——"天地不仁"与"圣人不仁"

[原文]

"天地不仁,以万物为刍狗;圣人不仁,以百姓为刍狗";《注》:"物不具存,则不足以备载矣。地不为兽生刍而兽食刍,不为人生狗而人食狗。……圣人与天地合其德,以百姓比刍狗也。"[1]按"刍狗"即《庄子·天运》篇之"已陈刍狗"[2],喻无所爱惜,苏辙《老子解》等早言之。[3]王注望文曲解,而亦具至理,故严复叹赏曰:"此四语括尽达尔文新理,至哉王辅嗣!"然严氏虽驰域外以观昭旷,未得环中而合肯綮,尚是浪为配当。[4]王弼所明,非物竞之"新理",乃辟陈言"目的论"(teleology)。[5]《论衡·自然篇》首节驳"天生五谷以食人,生丝麻以衣人",而其说未畅。[6]《列子·说符篇》齐田氏叹曰:"天之于民厚矣! 生鱼鸟以为之用";鲍氏之子进曰:"不如君言。天地万物与我俱生,类也。……非相为而生之。……且蚊蚋之噆肤,虎狼食肉,非天本为蚊蚋生人、虎狼生肉者哉!"即王注之意。[7]西人如亚里士多德曰:"苟物不虚生者,则天生禽兽,端为人故"(Now if nature makes…nothing in vain, the inference must be that she has made all animals for the sake of man)(Aristotle, Politics, I.viii, Basic Works, Random House, 1137.)。后人称天地仁而爱人,万物之生皆为供人利便(ut omnia naturalia tanquam ad usum ut media considerent)(Spinoza, Ethica, I, Appendix, Garnier, I, 105.);如大海所以资人之食有鱼而调味有盐也,瓜形圆所以便合家团坐而啖也,豚生多子正为供庖厨也,鼻耸人面正为戴眼镜也（D.Mornet，*Les Sciences de la Nature en France au 18e Siècle*，152 ff.；E.Cassirer，*Rousseau，Kant，Goethe*，65 ff..），可入笑林。古罗马哲人早斥庸俗陋见谬以天之生物拟于人之制器，倒果为因，乃举五官四肢为例而断言曰："有体可资用，非为用而生体"（omnia per-versa praepostera sunt ratione，／nil，ideo quoniam natumst in corpore ut uti／possemus，sed quod natumst id procreat usum）（Lucretius，IV.823−835，"Loeb"，306.）；要言不烦，名论不刊。培根谓格物而持目的论，直是无理取闹，徒乱人意（Final causes in physics are impertinent）（*Advancement of Learning*，III.4，*The Physical and Metaphysical Works of Bacon*，ed.J.Devey，141.）；斯宾诺莎讥此论强以人欲之私为物理之正（causa autem，quae finalis dici-tur，nihil est prapter ipsum humanum appetitum）（Spinoza，*Ethica*，IV，Praefatio，op.cit.，T.II，p.4.）；伏尔泰小说、海涅诗什亦加嘲讽（Voltaire，*Candide*，ch.1（Pangloss）（*Romans et contes*，"Bib.de laPléiade"，145，661 note）；Heine："Zur Teleologie"（Fragment）.）。脱严氏不曰"达尔文新论"而曰"培根、斯宾诺莎古训"，则近是矣。

［涉典考释与评注］

［1］《老子》第5章王弼注的全部内容如下。

其一，王弼注"天地不仁，以万物为刍狗"为：

天地任自然，无为无造，万物自相治理，故不仁也。仁者必造立施化，有恩有为，造立施化则物失其真，有恩有为则物不具存，物不具存则不足以备载矣。地不为兽生刍，而兽食刍；不为人生狗，而人食狗，无为于万物而万物各适其所用，则莫不赡矣。若慧由己树，未足任也。

其二，王弼注"圣人不仁，以百姓为刍狗"为：

圣人与天地合其德，以百姓比刍狗也。

其三，王弼注"天地之间，其犹橐籥乎？虚而不屈，动而愈出"为：

橐，排橐也。籥，乐籥也。橐籥之中，空洞无情，无为故虚而不得穷，屈动而不可竭尽也。天地之中，荡然任自然，故不可得而穷，犹若橐籥也。

其四，王弼注"多言数穷，不如守中"为：

愈为之则愈失之矣。物树其恶，事错其言，不济不言，不理必穷之数也。橐籥而守数中，则无穷尽，弃己任物，则莫不理。若橐籥有意于为声也，则不足以共吹者之求也。①

[2]《庄子·天运》有言：

孔子西游于卫，颜渊问师金曰："以夫子之行为奚如？"

师金曰："惜乎！而夫子其穷哉！"

颜渊曰："何也？"

师金曰："夫刍狗之未陈也，盛以箧衍，巾以文绣，尸祝齐戒以将之。及其已陈也，行者践其首脊，苏者取而爨之而已。将复取而盛以箧衍，巾以文绣，游居寝卧其下，彼不得梦，必且数眯焉。今而夫子亦取先王已陈刍狗，聚弟子游居寝卧其下。故伐树于宋，削迹于卫，穷于商周，是非其梦邪？围于陈蔡之间，七日不火食，死生相与邻，是非其眯邪？

"夫水行莫如用舟，而陆行莫如用车。以舟之可行于水也而求推之于陆，则没世不行寻常。古今非水陆与？周鲁非舟车与？今薪行周于鲁，是犹推舟于陆也，劳而无功，身必有殃。彼未知夫无方之传，应物而不穷者也。

"且子独不见夫桔槔者乎？引之则俯，舍之则仰。彼，人之所引，非引人者也，故俯仰而不得罪于人。故夫三皇五帝之礼义法度，不矜于同而矜于治，故譬三皇五帝之礼义法度，其犹柤梨橘柚邪！其味相反而皆可于口。

"故礼义法度者，应时而变者也。今取猨狙而衣以周公之服，彼必龁啮挽裂，尽去而后慊。观古今之异，犹猨狙之异乎周公也。故西施病心而矉其里，其里之丑人见之而美之，归亦捧心而矉其里。其里之富人见之，坚闭门而不出，贫人见之，挈妻子而去走。彼知矉美，而不知矉之所以美。惜乎，而夫子其穷哉！"②

---

① ［魏］王弼：《影印文渊阁四库全书·子部·道家类·老子道德经》（第1055册），台湾商务印书馆1983年版，第140—141页。

② 陈鼓应注译：《庄子今注今译》，中华书局1983年版，第402—403页。

其实,庄子"刍狗"之喻,意在表达无用之物、不合时宜之物,与"无所爱惜"之义还是相去较远。引文中之"瞋"字:"瞋:同瞘,蹙额。"①

[3]《四库全书总目提要》这样评价苏辙及其学术特征:

苏氏之学,本出入于二氏之间,故得力于二氏者特深,而其发挥二氏者亦足以自畅其说。是书大旨主于佛老同源,而又引中庸之说以相比附,苏轼跋之谓使汉初有此书,则孔老为一使,晋宋有此书,则佛老不二。朱子则以其援儒入墨,作《杂学辨》以箴之。然二氏之书,往往阴取儒理而变其说,儒者说经明道,不可不辨别,毫厘剖析,疑似以杜学者之岐趋。若为二氏之学而注二氏之书,则为二氏立言,不为儒者立言矣。其书本不免援儒入墨,注其书者安得不各尊所闻哉!故自儒家言之则辙书为兼涉两岐,自道家言之则辙书犹为各明一义。今既存老子以备一家,辙书亦未可竟废矣。②

苏辙《老子解》"天地不仁章第五"释"天地不仁以万物为刍狗圣人不仁以百姓为刍狗"言:

天地无私,而听万物之自然,故万物自生自死。死非吾虐之,生非吾仁之也,譬如结刍以为狗,设之于祭祀,尽饰以奉之,夫岂爱之,时适然也。<u>既事而弃之,行者践之,夫岂恶之,亦适然也</u>。圣人之于民亦然,特无以害之,则民全其性,死生得丧,吾无与焉,虽未仁之,而仁亦大矣。③

[4]严复评《老子》第5章为:

天演开宗语。(此批在"天地不仁,以万物为刍狗"一句上。)

<u>此四语括尽达尔文新理,至哉王辅嗣!</u>(此批在"天地不仁,以万物为刍狗;圣人不仁,以百姓为刍狗"一句上。)

法天者,治之至也。(此批在"天地之间,其犹橐籥乎"一句上。)

太史公《六家要旨》,注重道家,意正如是。今夫儒、墨、名、法所以穷者,

---

① 陈鼓应注译:《庄子今注今译》,中华书局1983年版,第406页。

② [宋]苏辙:《影印文渊阁四库全书·子部·道家类·老子解》(第1055册),台湾商务印书馆1983年版,第187—188页。

③ [宋]苏辙:《影印文渊阁四库全书·子部·道家类·老子解》(第1055册),台湾商务印书馆1983年版,第191页。

欲以多言求不穷也。乃不知其终穷,何则?患常出于所虑之外也。惟守中可以不穷,庄子所谓得其环中,以应无穷也。夫中者何?道要而已。(此批在"多言数穷,不如守中"一句上。)①

钱锺书指出王注之不足,同时,亦评严复以域外新知释《老子》之语,虽"配当"不佳,然以达尔文之论与王弼相较,亦为妥帖。

[5]王弼所言,如"地不为兽生刍,而兽食刍;不为人生狗,而人食狗"这样的"为"字句,均带有强烈的合目的性,而非物竞天择之意。

[6]《论衡》"自然篇"篇首言:

天地合气,万物自生,犹夫妇合气,子自生矣。万物之生,含血之类,知饥知寒。见五谷可食,取而食之;见丝麻可衣,取而衣之。或说以为天生五谷以食人,生丝麻以衣人。此谓天为人作农夫、桑女之徒也,不合自然,故其义疑,未可从也。试依道家论之。②

[7]《列子》"说符"第八:

齐田氏祖于庭,食客千人。中坐有献鱼雁者,田氏视之,乃叹曰:"天之于民厚矣!殖五谷,生鱼鸟以为之用。"众客和之如响。鲍氏之子年十二,预于次,进曰:"不如君言。天地万物与我并生,类也。类无贵贱,徒以小大智力而相制,迭相食,非相为而生之。人取可食者而食之,岂天本为人生之?且蚊蚋噆肤,虎狼食肉,非天本为蚊蚋生人、虎狼生肉者哉?"③

[原文]

王弼解"刍狗",虽乖原喻,未大违"不仁"之旨。"不仁"有两,不可不辨。[1]一如《论语·阳货》之"予之不仁也"或《孟子·离娄》之"不仁暴其民",凉薄或凶残也。[2]二如《素问·痹论》第四三之"不痛不仁"或《广韵·三十五祸》之"僁僽、不仁也",麻木或痴顽也。[3]前者忍心,后者无知。"天地不

① 王栻:《严复集》(四),中华书局1986年版,第1077页。
② 黄晖撰:《论衡校释》,中华书局1990年版,第775页。
③ 杨伯峻撰:《列子集释》,中华书局1979年版,第269—270页。

仁"盖属后义,如虚舟之触,飘瓦之堕,虽灭顶破额,而行所无事,出非有意。[4] 杜甫《新安吏》云:"眼枯即见骨,天地终无情"(Cf. Schopenhauer, Die Welt als Wille und Vorstellung, IV, § 54, Sämtl. Werke, hrsg. E. Grisebach, I, 362: "Natura non contristatur.")),解老之浑成语也。[5]《荀子·天论》谓"天行有常,不为尧存,不为桀亡";[6]《论衡·感类篇》、《雷虚篇》等都言天无"喜怒";韩愈《孟东野失子》诗:"天曰'天地人,由来不相关'"[7],又《与崔群书》:"不知造物者意竟何如,无乃所好恶与人异心哉?又不知无乃都不省记,任其死生寿夭耶?"均资参印。[8] 故刍狗万物,乃天地无心而"不相关"、"不省记",非天地忍心"异心"而不悯惜。[9] 王弼注:"天地任自然,无为无造,万物自相治理,故不仁也";刘峻《辩命论》:"夫道生万物则谓之道,生而无主,谓之自然。……生之无亭毒之心,死之岂虔刘之志",明剀可移作王注之疏焉。[10] 西人有云:"大自然(natura magna)既生万物以利人,而又使人劳苦疾痛,不识其为慈亲欤?抑狠毒之后母欤?"(ut non sit satis aestimare, parens melior homini an tristior noverca fuerit);又或云:"就孕育而言,自然乃人之亲母,顾就愿欲而言,自然则人之后母耳"(Madre è di parto e di voler matrigna)(Pliny, Natural History, VII.1, "Loeb", II, 506; Leopardi: "La Gines—tra", Opere, Ricciardi, I, 157.)。则怨天地"不仁",而责其包藏祸心,是"不仁"之第一义。一美学家撰小说,甚诙诡,言世间无生之器物,即如眼镜、钟表、衣钮、纸笔等日用具,莫不与人恶作剧(die Tücke des Objekts),然初无成心,亦非蓄意(ohne alles Nachdenken, nicht mit Ue—berlegung),盖自然(die Natur)鬼黠作恶而天真无辜(satanisch schuldhaft ganz unschuldig)(F. Th. Vischer, Auch Einer, Insel Verlag, 21, 26, 68−9. cf. Poe: "The Angel of the Odd", Poems and Miscellanies, Oxford, 159; Zola, Pages d'Exil, publiées et annotées par Colin Burns, 50(les objets se cachent parfois pour nous éprouver); Swinburne, Letters, ed. Cecil Y. Lang, VI, 64(malevolent furniture); Santayana, Letters, ed. Daniel Cory, 15(the joke of things at our expense).)。亦怨天地"不仁",而谅其不怀叵测,是"不仁"之第二义。严氏所服膺诵说之约翰·穆勒尝著《宗教三论》,详阐自然之行乎其素,夷然不屑人世所谓慈悲与公道

（most supercilious disregard both of mercy and of justice）（J.S.Mill，Three Essays on Religion，Longmans，p.29.），于第二义发挥几无余蕴，亦即王弼注意，严氏似未之读也。别见《全唐文》卷论柳宗元《天说》[11]。

[涉典考释与评注]

[1]此处最值得指出的，当是钱锺书对"不仁"的发现。"仁"为中国传统智慧中最有温度的元素，但其对立面，即"不仁"，则不见得有独具慧眼式的总结与归纳，钱锺书的致思，敏锐地切入到对"不仁"的思考。

[2]《论语》"阳货篇第十七"言：

宰我问："三年之丧，期已久矣。君子三年不为礼，礼必坏；三年不为乐，乐必崩。旧谷既没，新谷既升，钻燧改火，期可已矣。"

子曰："食夫稻，衣夫锦，于女安乎？"

曰："安。"

"女安，则为之。夫君子之居丧，食旨不甘，闻乐不乐，居处不安，故不为也。今女安，则为之！"

宰我出。子曰："予之不仁也！子生三年，然后免于父母之怀。夫三年之丧，天下之通丧也。予也有三年之爱于其父母乎？"①

《孟子》"离娄章句上"：

孟子曰："规矩，方员之至也；圣人，人伦之至也。欲为君，尽君道；欲为臣，尽臣道。二者皆法尧、舜而已矣。不以舜之所以事尧事君，不敬其君者也；不以尧之所以治民治民，贼其民者也。孔子曰：'道二：仁与不仁而已矣。'暴其民甚，则身弑国亡；不甚，则身危国削。名之曰'幽'、'厉'，虽孝子慈孙，百世不能改也。诗云：'殷鉴不远，在夏后之世。'此之谓也。"②

[3]《黄帝内经素问》"痹论篇第四十三"曰：

---

① 杨伯峻译注：《论语译注》，中华书局2006年版，第212页。
② 杨伯峻译注：《孟子译注》，中华书局2008年版，第123页。

帝曰:荣卫之气亦令人痹乎?

岐伯曰:荣者,水谷之精气也,和调于五脏,洒陈于六腑,乃能入于脉也。故循脉上下,贯五脏,络六腑也。卫者,水谷之悍气也,其气慓疾滑利,不能入于脉也,故循皮肤之中、分肉之间,熏于肓膜,散于胸腹。逆其气则病,从其气则愈,不与风寒湿气合,故不为痹。

帝曰:善。痹,或痛,或不痛,或不仁,或寒,或热,或燥,或湿,其故何也?

岐伯曰:痛者,寒气多也。有寒,故痛也。

其<u>不痛、不仁</u>者,病久入深,荣卫之行涩,经络时疏,故不通;皮肤不营,故为不仁。

其寒者,阳气少,阴气多,与病相益,故寒也。

其热者,阳气多,阴气少,病气胜,阳遭阴,故为痹热。

其多汗而濡者,此其逢湿甚也。

阳气少,阴气盛,两气相感,故汗出而濡也。①

唐王冰《重广补注黄帝内经素问》释"不仁"为:"不仁者,皮顽不知有无也。"②

《广韵·上声》"马第三十五":

"<u>傻俏、不仁。</u>"③

[4]将"天地不仁"释为"无知",极具眼光,契合情理。

[5]杜甫《新安吏》全诗为:

客行新安道,喧呼闻点兵。借问新安吏:"县小更无丁?""府帖昨夜下,次选中男行。""中男绝短小,何以守王城?"肥男有母送,瘦男独伶俜。白水暮东流,青山犹哭声。莫自使眼枯,收汝泪纵横。<u>眼枯即见骨,天地终无情!</u>我军取相州,日夕望其平。岂意贼难料,归军星散营。就粮近故垒,练卒依旧京。掘壕不到水,牧马役亦轻。况乃王师顺,抚养甚分明。送行勿泣血,仆射如

---

① [唐]王冰:《重广补注黄帝内经素问》,中医古籍出版社 2015 年版,第 212—213 页。

② [唐]王冰:《重广补注黄帝内经素问》,中医古籍出版社 2015 年版,第 213 页。

③ [宋]陈彭年、丘雍编修:《影印文渊阁四库全书·经部·小学类·重修广韵》(第 236 册),台湾商务印书馆 1983 年版,第 338 页。

父兄。

[6]《荀子》"天论第十七"首段即曰：

天行有常，不为尧存，不为桀亡。应之以治则吉，应之以乱则凶。强本而节用，则天不能贫；养备而动时，则天不能病；修道而不贰，则天不能祸。故水旱不能使之饥渴，寒暑不能使之疾，祆怪不能使之凶。本荒而用侈，则天不能使之富；养略而动罕，则天不能使之全；倍道而妄行，则天不能使之吉。故水旱未至而饥，寒暑未薄而疾，祆怪未至而凶。受时与治世同，而殃祸与治世异，不可以怨天，其道然也。故明于天人之分，则可谓至人矣。①

[7]《论衡》"感类篇"言：

秋夏之际，阳气尚盛，未尝无雷雨也，顾其技术偃禾，颇为状耳。当雷雨时，成王感惧，开金滕之书，见周公之功，执书泣过，自责之深。自责适已，天偶反风，《书》家则谓天为周公怒也。千秋万夏，不绝雷雨。苟谓雷雨为天怒乎？是则皇天岁岁怒也。正月阳气发泄，雷声始动，秋夏阳至极而雷折。苟谓秋夏之雷，为天大怒，正月之雷天小怒乎？雷为天怒，雨为恩施。使天为周公怒，徒当雷，不当雨。今〔雷〕雨俱至，天怒且喜乎？"子于是日也，哭则不歌。"《周礼》"子、卯稷食菜羹。"哀乐不并行。哀乐不并行，喜怒反并至乎？②

《论衡》"雷虚篇"指出世人以为雷声为"天怒之音"为"虚妄之言"：

或曰："天已东西南北矣，云雨冥晦，人不能见耳。"夫千里不同风，百里不共雷。《易》曰："震惊百里。"雷电之地，云雨晦冥，百里之外，无雨之处，宜见天之东西南北也。口着于天，天宜随口，口一移，普天皆移，非独雷雨之地，天随口动也。且所谓怒者，谁也？天神邪？苍苍之天也？如谓天神，神怒无声；如谓苍苍之天，天者体，不怒，怒用口。

且天地相与，夫妇也，其即民父母也。子有过，父怒，笞之致死，而母不哭乎？今天怒杀人，地宜哭之。独闻天之怒，不闻地之哭。如地不能哭，则天亦不能怒。

---

① 张觉撰：《荀子译注》，上海古籍出版社 2012 年版，第 231 页。
② 黄晖撰：《论衡校释》，中华书局 1990 年版，第 789 页。

且有怒则有喜。人有阴过，亦有阴善。有阴过，天怒杀之；如有阴善，天亦宜以善赏之。隆隆之声，谓天之怒；如天之喜，亦哂然而笑。人有喜怒，故谓天喜怒。推人以知天，知天本于人，如人不怒，则亦无缘谓天怒也。缘人以知天，宜尽人之性。人性怒则呴吁，喜则歌笑。比闻天之怒，希闻天之喜；比见天之罚，希见天之赏。岂天怒不喜，贪于罚，希于赏哉？何怒罚有效，喜赏无验也？①

[8] 韩愈《孟东野失子》（并序）诗曰：

东野连产三子，不数日辄失之，几老，念无后以悲，其友人昌黎韩愈惧其伤也，推天假其命以喻之。

失子将何尤，吾将上尤天。女实主下人，与夺一何偏。彼于女何有，乃令蕃且延。此独何罪辜，生死旬日间。上呼无时闻，滴地泪到泉。地祇为之悲，瑟缩久不安。乃呼大灵龟，骑云款天门。问天主下人，厚薄胡不均。天曰天地人，由来不相关。吾悬日与月，吾系星与辰。日月相噬啮，星辰踣而颠。吾不汝之罪，知非汝由因。且物各有分，孰能使之然。有子与无子，祸福未可原。鱼子满母腹，一一欲谁怜。细腰不自乳，举族长孤悬。鸱枭啄母脑，母死子始蕃。蝮蛇生子时，坼裂肠与肝。好子虽云好，未还恩与勤。恶子不可说，鸱枭蝮蛇然。有子且勿喜，无子固勿叹。上圣不待教，贤闻语而迁。下愚闻语惑，虽教无由悛。大灵顿头受，即日以命还。地祇谓大灵，汝往告其人。东野夜得梦，有夫玄衣巾。闯然入其户，三称天之言。再拜谢玄夫，收悲以欢忻。②

韩愈《与崔群书》有曰：

自古贤者少，不肖者多。自省事已来，又见贤者恒不遇，不贤者比肩青紫；贤者恒无以自存，不贤者志满气得；贤者虽得卑位，则旋而死，不贤者或至眉寿。不知造物者意竟如何？无乃所好恶与人异心哉！又不知无乃都不省记，任其死生寿夭邪！未可知也。人固有薄卿相之官，千乘之位，而甘陋巷菜羹者，同是人也，犹有好恶如此之异者，况天之与人，当必异其所好恶无疑也！合

---

① 黄晖撰：《论衡校释》，中华书局 1990 年版，第 296—297 页。

② ［唐］韩愈：《影印文渊阁四库全书·集部·五百家注昌黎文集》（第 1074 册），台湾商务印书馆 1983 年版，第 87—88 页。

于天而乖于人,何害! 况又时有兼得者耶! 崔君崔君,无怠无怠。①

[9]以万物为刍狗,是天地的无心之举,而非有意之行。

[10]刘峻作《辩命论》一文,有"序"曰:"主上尝与诸名贤言及管辂,叹其有奇才而位不达。时有在赤墀之下,豫闻斯议,归以告余。余谓士之穷通,无非命也。"刘峻认为,一切皆命,人之穷通,均由命定。其文有曰:

夫道生万物,则谓之道;生而无主,谓之自然。自然者,物见其然,不知所以然,同焉皆得,不知所以得。鼓动陶铸而不为功,庶类混成而非其力。生之无亭毒之心,死之岂虔刘之志。坠之渊泉非其怒,升之霄汉非其悦。荡乎大乎,万宝以之化;确乎纯乎,一化而不易。化而不易,则谓之命。命也者,自天之命也。定于冥兆,终然不变,鬼神莫能预,圣哲不能谋。触山之力无以抗,倒日之诚弗能感。短则不可缓之于寸阴,长则不可急之于箭漏。至德未能逾,上智所不免。②

王弼之注文"天地任自然,无为无造,万物自相治理,故不仁也";本节注[1]已经言之,不赘引。

[11]《全唐文》卷五百八十四录柳宗元《天说》,为千古雄文:

韩愈谓柳子曰:"若知天之说乎? 吾为子言天之说。今夫人有疾痛、倦辱、饥寒甚者,因仰而呼天曰:'残民者昌,佑民者殃!'又仰而呼天曰:'何为使至此极戾也?'若是者,举不能知天。夫果蓏,饮食既坏,虫生之;人之血气败逆壅底,为痈疡、疣赘、瘘痔。虫生之;木朽而蝎中,草腐而萤飞,是岂不以坏而后出耶? 物坏,虫由之生;元气阴阳之坏,人由之生。虫之生而物益坏,食啮之,攻穴之,虫之祸物也滋甚。其有能去之者,有功于物者也;繁而息之者,物之仇也。人之坏元气阴阳也亦滋甚:垦原田,伐山林,凿泉以井饮,窾墓以送死,而又穴为偃溲,筑为墙垣、城郭、台榭、观游,疏为川渎、沟洫、陂池,燧木以燔,革金以镕,陶甄琢磨,悻然使天地万物不得其情,倖倖冲冲,攻残败挠而未尝息。其为祸元气阴阳也,不甚于虫之所为乎? 吾意有能残斯人,使日薄岁

————————

① 马通伯校注:《韩昌黎文集校注》,古典文学出版社1957年版,第110页。
② [清]严可均辑:《全梁文》(下册),商务印书馆1999年版,第621—622页。

削,祸元气阴阳者滋少,是则有功于天地者也;繁而息之者,天地之仇也。今夫人举不能知天,故为是呼且怨也。吾意天闻其呼且怨,则有功者受赏必大矣,其祸焉者受罚亦大矣。子以吾言为何如?"柳子曰:"子诚有激而为是耶? 则信辩且美矣。吾能终其说。彼上而元者,世谓之天;下而黄者,世谓之地;浑然而中处者,世谓之元气;寒而暑者,世谓之阴阳。是虽大,无异果蓏、痈痔、草木也。假而有能去其攻穴者,是物也。其能有报乎? 番而息之者,其能有怒乎? 天地,大果蓏也;元气,大痈痔也;阴阳,大草木也;其乌能赏功而罚祸乎? 功者自功,祸者自祸,欲望其赏罚者大谬;呼而怨,欲望其哀且仁者,愈大谬矣。子而信子之仁义以游其内,生而死尔,乌置存亡得丧于果蓏、痈痔草木耶?"①

[原文]

王弼注谓"圣人与天地合其德",即言其师法天地。《邓析子·无厚篇》:"天于人无厚也,君于民无厚也";"无厚"亦即"不仁"。[1]"圣人"以天地为仪型,五千言中大书不一书。天地不仁,故圣人亦不仁,犹第七章言天地"不自生",圣人"是以"亦"外其身"也。然天地无心,其不仁也,"任"或"不相关"而已。[2]圣人虽"圣",亦"人"也;人有心也,其不仁也,或由麻木,而多出残贼,以凶暴为乐(Cf.Pubilius Syrus, § 128:"Crudelis lacrimis pascitur non frangitur", Mi-nor Latin Poets "Loeb", 30; M.Scheler, Wesen und Formen der Sympathie 11(die Grausamkeit als eine Funktion des Nachfühlens).)。[3]人与天地合德者,克去有心以成无心,消除有情而至"终无情",悉化残贼,全归麻木。其受苦也,常人以为不可堪,其施暴也,常人以为何乃忍,而圣人均泰然若素,无动于中焉。[4]斯多噶哲学家之"无感受"(参观《周易》卷论《系辞》之二),基督教神秘宗之"圣漠然",与老子之"圣人不仁",境地连类。[5]

【增订四】苏伟东《罗马十二帝传》第四卷第二九节即记一暴君(Gaius Caligula)淫威虐政,不惜人言,自夸具有斯多噶派所谓"无感受"之美德,以饰

---

① [清]董浩等编:《全唐文》,中华书局 1983 年版,第 5896 页。

其"不知愧怍"（inverecundia）（Suetonius, op.cit., Vol.I, p.451）。借曰能之，乃刻意矫揉，尽心涵养，拂逆本性，庶几万一。[6]正如一〇章称"玄德"曰："专气致柔，能婴儿乎？"[7]（参观《庄子·庚桑楚》论"卫生之经"在乎"能儿子"，[8]《吕氏春秋·具备》论"三月婴儿"之"合于精，通于天"[9]），盖为成人说法。婴儿固"能"之而不足称"玄德"；"玄德"者，反成人之道以学婴儿之所不学而自能也。[10]《大般涅槃经·婴儿行品》第九谓"如来亦尔"；[11]《五灯会元》卷五石室善道云："十六行中，婴儿为最；哆哆和和时喻学道之人离分别取舍心故。赞叹婴儿，可况喻取之；若谓婴儿是道，今时人错会。"[12]婴儿之非即"玄德"，正如婴儿之非即是"道"。人而得与天地合德，成人而能婴儿，皆"逆"也，六五章论"玄德"所谓"反乃至大顺"，[13]后世神仙家言所谓"顺之即凡，逆之即圣"（张伯端《悟真篇》卷中《七言绝句六十四首》第一一首朱元育注[14]；参观郑善夫《少谷全集》卷一八《与可墨竹卷跋》[15]、李光地《榕村语录》续编卷六论《参同契》[16]）。

【增订三】参观 771 页。[17]《大智度论》卷一四《释初品中羼提波罗蜜义》："菩萨自念：我不应如诸余人，常随生死水流；我当逆流，以求尽源，入泥洹道。"[18]771 页引博格森同书复谓当旋转日常注意（détourner cette atten-tion），回向（la retourner）真知（ib., 174）。一小说家亦谓造艺须一反尉常知见之道方中（Ce travail de l'artiste, c'est exactement le travail in-verse, etc.–Proust, Le Temps retrouvé in A la Re-cherche du Temps perdu, "Bib.de la Pléiade", III, 896）。均"逆流以求尽源"之法。[19]

在天地为自然，在人为极不自然；在婴儿不学而能，在成人勉学而难能。老子所谓"圣"者，尽人之能事以效天地之行所无事耳。[20]《庄子·大宗师》曰："庸讵知吾所谓天之非人乎？所谓人之非天乎？"[21]前语若谓圣人师法天地为多事，后语若谓凡夫不师法天地得便宜，机圆语活，拈起放下，道家中庄生所独也。

［涉典考释与评注］

［1］《邓析子》，《四库全书》载为《邓子》，一卷，其第一篇即为"无厚篇"，

篇首言:

　　天于人无厚也,君于民无厚也,父于子无厚也,兄于弟无厚也。何以言之?天不能屏勃厉之气,全天折之人,使为善之民必寿,此于民无厚也。凡民有穿窬为盗者,有诈伪相述者,此皆生于不足,起于贫穷,而君必执法诛之,此于民无厚也。尧、舜位为天子,而丹朱、商均为布衣,此于子无厚也。周公诛管、蔡,此于弟无厚也。推此言之,何厚之有?①

　　通观引述文字,"无厚"亦"不仁"。

　　[2]《老子》第7章:

　　天长地久。天地之所以能长且久者,以其不自生也,故能长生。是以圣人后其身而身先,外其身而身存,非以其无私邪?故能成其私。②

　　钱锺书此处言圣人"不仁",与天地"外其身",其理同一。所以,更进一步,天地无心,圣人不仁,均有两因:其一,放任不管;其二,与己无关。钱锺书此处,对圣人之说,因《老子》文本的阐释,直接质疑,指出圣人的虚妄,钱锺书的观点,往往就是以这种方式非常巧妙地提出来的。

　　[3]钱锺书此处的文字,接前文之质疑圣人,指出圣人不仁,或是因为麻木而不仁,或更多是助纣为虐,嗜暴为乐,这对所谓圣人,提出了更为严厉的批评。

　　[4]钱锺书此处以毕露锋芒的文字,继续深化对"圣人""无心"于人世众生之苦难,麻木不仁,对残贼公行,安之若素,等等为人所忽的层面的激烈批评,眼光独到。

　　[5]《管锥编·周易正义》第十八则"《系辞》(二)"之"天不与人同忧"全文曰:

　　《系辞》上:"显诸仁,藏诸用,鼓万物而不与圣人同忧";《注》:"万物由之以化。……圣人虽体道以为用,未能至无以为体,故顺通天下,则有经营之迹也";《正义》:"道之功用,能鼓动万物,使之化育。……道则无心无迹,圣人则

---

　　① [周]邓析撰:《影印文渊阁四库全书·子部·法家类·邓子》(第729册),台湾商务印书馆1983年版,第555页。

　　② 陈鼓应:《老子注译及评介》,中华书局1984年版,第83页。

无心有迹。……内则虽是无心,外则有经营之迹,则有忧也。"按《文选》左思《魏都赋》"匪同忧于有圣",李善注引王弼《周易》注云:"乾坤简易是常,无偏于生养,无择于人物,不能委曲与圣人同此忧也"(张云璈《选学胶言》卷四谓当是王肃注,李误作王弼),视韩康伯此注较明白,而与《老子》"天地不仁"句王弼注相发,参观《老子》卷论第五章。然韩注无语疵,孔疏则词欠圆明,当云:道无心而有迹,圣人则有心亦有迹,盖道化育而不经营故也。《系辞》本节上文曰:"显诸神",下文曰:"见乃谓之象,形乃谓之器",岂非道有迹乎?圣人有心故忧,道无心则不忧矣。扬雄《法言·问道》:"吾于天与,见无为之为矣。或问:雕刻众形者匪天与?曰:以其不雕刻也。"扬雄虽自言此乃取老子之说,而语更爽利,可作无心有迹之确解。《三国志·魏书·钟会传》裴注引何劭《王弼传》记"何晏以为圣人无喜怒哀乐,弼与不同";《世说新语·伤逝》亦记王衍曰:"圣人忘情。"意谓"圣人"既法天体道,过化存神,则自能如天若道之"无心"而"不忧"。与古希腊哲人言有道之士契合自然(Life in agreement with Nature),心如木石,无喜怒哀乐之情(Apathy)者,无以异也。《明道语录》:"圣人人也,故不能无忧。天则不为尧存,不为桀亡者也";《伊川语录》:"'鼓舞万物,不与圣人同忧',此天与人异处,圣人有不能为天之所为处。"二程阐发《易》语,即斯宾诺莎所谓"上帝无情感"(Deus expers est passionum),不忧不喜,不爱不憎也。然上帝无情,则天人悬绝,祷祀唐捐;而上帝有情,又下跻众生,无以高异。于是谈者弥缝补苴以求两全,或谓其"道是无情却有情"(passus est impassibiliter;im-passibilis sed non incompassibilis),或谓其哀乐而无动于中(ex-perience the intensest pain and pleasure without being affected by it,"The Phoenix Library",237.)。引而申之,倘亦与人同忧而不愁苦者欤?以南辕北辙之背为东食西宿之兼者欤?参观《全晋文》卷论何劭《王弼传》。①

　　钱锺书将斯多噶哲学家、基督教神秘宗与老子三者之主张连类相较,亦是眼光独到。

　　[6]钱锺书此处所言暴君之事,有"笑中带泪"之讽刺效果,对淫威虐政之

---

①　钱锺书:《管锥编》,三联书店 2007 年版,第 73—74 页。

人的丑陋的揭露,更形入木。

[7]《老子》第 10 章:

载营魄抱一,能无离乎?

<u>专气致柔,能如婴儿乎?</u>

涤除玄鉴,能无疵乎?

爱民治国,能无为乎?

天门开阖,能为雌乎?

明白四达,能无知乎?

生之畜之。生而不有,为而不恃,长而不宰,是谓"玄德"。①

[8]《庄子》"庚桑楚"篇中有言:

南荣趎曰:"里人有病,里人问之,病者能言其病,然其病病者,犹未病也。若趎之闻大道,譬犹饮药以加病也,趎愿闻卫生之经而已矣。"

老子曰:"卫生之经,能抱一乎? 能勿失乎? 能无卜筮而知吉凶乎? 能止乎? 能已乎? 能舍诸人而求诸己乎? 能翛然乎? 能侗然乎? <u>能儿子乎?</u> 儿子终日嗥而嗌不嗄,和之至也;终日握而手不掜,共其德也;终日视而目不瞚,偏不在外也。行不知所之,据不知所为,与物委蛇,而同其波。是卫生之经已。"②

[9]《吕氏春秋》审应览第六"具备"全文为:

八曰:今有羿、蠭蒙、繁弱于此而无弦,则必不能中也。中非独弦也,而弦为弓中之具也。夫立功名亦有具,不得其具,贤虽过汤、武,则劳而无功矣。汤尝约于郼薄矣,武王尝穷于毕裎矣,伊尹尝居于庖厨矣,太公尝隐于钓鱼矣。贤非衰也,智非愚也,皆无其具也。故凡立功名,虽贤,必有其具然后可成。

宓子贱治亶父,恐鲁君之听谗人,而令己不得行其术也,将辞而行,请近吏二人于鲁君,与之俱至于亶父。邑吏皆朝,宓子贱令吏二人书。吏方将书,宓子贱从旁时掣摇其肘,吏书之不善,则宓子贱为之怒。吏甚患之,辞而请归。

---

① 陈鼓应:《老子注译及评介》,中华书局 1984 年版,第 93 页。

② 陈鼓应注译:《庄子今注今译》,中华书局 1983 年版,第 641 页。

宓子贱曰:"子之书甚不善,子勉归矣!"二吏归报于君,曰:"宓子不可为书。"君曰:"何故?"吏对曰:"宓子使臣书,而时掣摇臣之肘,书恶而有甚怒,吏皆笑宓子。此臣所以辞而去也。"鲁君太息而叹曰:"宓子以此谏寡人之不肖也。寡人之乱子,而令宓子不得行其术,必数有之矣。微二人,寡人几过。"遂发所爱,而令之亶父,告宓子曰:"自今以来,亶父非寡人之有也,子之有也。有便于亶父者,子决为之矣。五岁而言其要。"宓子敬诺,乃得行其术于亶父。三年,巫马旗短褐衣弊裘而往观化于亶父,见夜渔者,得则舍之。巫马旗问焉,曰:"渔为得也,今子得而舍之,何也?"对曰:"宓子不欲人之取小鱼也。所舍者,小鱼也。"巫马旗归,告孔子曰:"宓子之德至矣。使民暗行,若有严刑于旁。敢问宓子何以至于此?"孔子曰:"丘尝与之言曰:'诚乎此者刑乎彼。'宓子必行此术于亶父也。"夫宓子之得行此术也,鲁君后得之也。鲁君后得之者,宓子先有其备也。先有其备,岂遽必哉?此鲁君之贤也。<u>三月婴儿,轩冕在前,弗知欲也,斧钺在后,弗知恶也,慈母之爱谕焉,诚也。故诚有诚乃合于情。精有精乃通于天。</u>乃通于天,水木石之性皆可动也,又况于有血气者乎?故凡说与治之务莫若诚。听言哀者不若见其哭也,听言怒者不若见其斗也,说与治不诚,其动人心不神。①

[10]钱锺书将"玄德"理解为"反成人之道",学习婴儿本能具有的品格,这对"玄德"的理解,也是独具只眼。

[11]《大般涅槃经》亦称《大本涅槃经》或《大涅槃经》,简称《涅槃经》。北凉昙无谶译,计40卷,分寿命、金刚身、名字功德、如来性、一切大众所问、现病、圣行、梵行、婴儿行、光明遍照高贵德王菩萨、狮子吼菩萨、迦叶菩萨、憍陈如等13品。

《大般涅槃经》"婴儿行品第九"有曰:

"善男子,云何名婴儿行?善男子,不能起住、来去、语言,是名婴儿。如来亦尔。不能起者,如来终不起诸法相。不能住者,如来不着一切诸法。不能来者,如来身行无有动摇。不能去者,如来已到大般涅槃。不能语者,如来虽

① 许维遹:《吕氏春秋集释》(上、下),中华书局2009年版,第506—508页。

为一切众生演说诸法,实无所说。何以故?有所说者,名有为法。如来世尊非是有为,是故无说。又无语者,犹如婴儿语言未了,虽复有语,实亦无语。如来亦尔,语未了者即是诸佛秘密之言,虽有所说,众生不解,故名无语。又婴儿者,名物不一,未知正语,虽名物不一、未知正语,非不因此而得识物。如来亦尔,一切众生方类各异,所言不同,如来方便随而说之,亦令一切因而得解。又婴儿者,能说大字。如来亦尔,说于大字,所谓婆呵。呵者有为,婆者无为。是名婴儿。呵者名为无常,婆者名为有常。如来说常,众生闻已,为常法故断于无常,是名婴儿行。①

[12]《五灯会元》卷五"石室善道禅师"曰:

潭州石室善道禅师作沙弥时,长髭遣令受戒,谓之曰:"汝回日须到石头和尚处礼拜。"师受戒后,乃参石头。一日随头游山次,头曰:"汝与我斫却面前树子,免碍我。"师曰:"不将刀来。"头乃抽刀倒与,师曰:"何不过那头来?"头曰:"你用那头作甚么?"师即大悟,便归长髭。髭问:"汝到石头否?"师曰:"到即到,只是不通号。"髭曰:"从谁受戒?"师曰:"不依他。"髭曰:"在彼即恁么,来我这里作么生?"师曰:"不违背。"髭曰:"太忉忉生!"师曰:"舌头未曾点着在。"髭喝曰:"沙弥出去!"师便出。髭曰:"争得不遇于人。"师寻值沙汰,乃作行者,居于石室。每见僧,便竖起杖子曰:"三世诸佛,尽由这个。"对者少得冥契。长沙闻,乃曰:"我若见即令放下挂杖,别通个消息。"三圣将此语只对,被师认破是长沙语。杏山闻三圣失机,乃亲到石室。师见杏山,僧众相随,潜入碓坊碓米。杏曰:"行者接待不易,贫道难消。"师曰:"开心椀子盛将来,无盖盘子合取去。说甚么难消。"杏便休。仰山问:"佛之与道,相去几何?"师曰:"道如展手,佛似握拳。"曰:"毕竟如何的当,可信可依。"师以手拨空三下曰:"无恁么事,无恁么事。"曰:"还假看教否?"师曰:"三乘十二分教是分外事。若与他作对,即是心境两法,能所双行,便有种种见解,亦是狂慧,未足为道。若不与他作对,一事也无。所以祖师道"本来无一物。"汝不见小儿出胎

① [南朝·宋]道生等撰,于德隆点校:《大般涅槃经集解》(下),线装书局 2016 年版,第 132 页。

时,可道我解看教、不解看教? 当恁么时,亦不知有佛性义、无佛性义。及至长大,便学种种知解出来,便道我能我解,不知总是客尘烦恼。十六行中,婴儿行为最哆哆和和时,喻学道之人离分别取舍心,故赞叹婴儿,可况喻取之。若谓婴儿是道,今时人错会。"师一夕与仰山玩月,山问:"这个月尖时,圆相甚么处去? 圆时,尖相又甚么处去?"师曰:"尖时圆相隐,圆时尖相在。"(云岩云:"尖时圆相在,圆时无尖相"。道吾云:"尖时亦不尖,圆时亦不圆。")仰山辞,师送出门。乃召曰:"闍黎!"山应诺。师曰:"莫一向去,却回这边来。"僧问:"曾到五台否?"师曰:"曾到。"曰:"还见文殊么?"师曰:"见。"曰:"文殊向行者道甚么?"师曰:"文殊道,你生身父母在深草里。"①

[13]此处紧承上文,进一步论述学婴儿之本能品格,是逆向生长,用这种逆向生长解释"反乃至大顺",极为贴切。

[14]张伯端《悟真篇》卷中《七言绝句六十四首》第一一首为:

三才相盗食其时,此是神仙道德机。

万化既安诸虑息,百骸俱理证无为。

朱元育之阐释为:

此章申言复命之功,从有为以入无为也。首章原本《道德经》,言"道生一,一生二,二生三",三才之道备矣。只此三才,顺之即凡,逆之即圣,学道者窃造化之机而用之,岂难超凡入圣乎?《阴符经》云:"三盗既宜,三才既安。"又曰:"食其时,百骸理。动其机,万化安。"盖大丹造化以天为鼎,以地为炉,以日精月华为药物,人居其中运行周天火候,此丹道逆用之三才也。然有两种作用:以小周天而言,当先取坎中之阳补离中之阴,水火既济,会于中黄,金丹产在炉中矣,其机在候活子时到,以为采取之功。以大周天而言,坤反居上,乾反居下,天地反复交在昆仑,还丹收归鼎内矣,其机在候正子时到,以为锻炼之准。两种作用内外交通,始得参合三才,结而成丹,无非以真意和合身心,使元精、元炁妙合而凝,谷神自然长存。人但知为神仙妙诀,不知此乃修德凝道中一段自然机用,即归根复命之要道也。锻炼之后身心大定,天君坐镇中央,寂

① ［宋］普济著,苏渊雷点校:《五灯会元》,中华书局1984年版,第284—285页。

然不动,而五官四肢三百六十骨节八万四千毛孔,元炁周流,一切归命中黄正位。譬如北辰居所,而众星自拱,又如阳回寒谷,大地皆春。可谓各正性命而保合太和矣。岂非万化既安,诸虑尽息,百骸俱理,而得证无为者乎?此章言会三归一,从有为以入无为,正与首章相应。盖即《阴符》之作用,契《道德》之自然,摄用归体,以了命而兼了性者也。①

[15]台湾影印版《四库全书》集部收《少谷集》,其卷十六收《与可墨竹卷跋》,并非卷一八,钱氏所阅《少谷全集》当为另外版本。《与可墨竹卷跋》全文如下:

与可教东坡作墨竹曰:必得完竹于胸中,执笔熟视,见即追之,如兔走鹘落。其在洋州时,遗以所作偃竹,且云此竹尺许,有万尺之势。东坡叹曰:更十年,余亦不能至此。仲默教余为诗曰:学诗如学仙,神仙逆天地之气以成,诗亦如之,逆则词古,则格高,则意长。余读仲默诗,始觉余之丑耳!然东坡学与可心诚,识其所以然,虽不能过与可,或犹乎与可。后之人之宝之传之,亦或犹乎与可也。余学仲默,不可谓不识其所以然也,而顾不能犹仲默者,天分量之耳,不知后世论余于仲默,亦犹与可于东坡否也。癸酉岁,叶茂全偶持此画,欲余作诗,余欲仲默先作诗,及见仲默诗,竟缩手退舍,不敢出口。茂全强余为之,曰:中州人士品题当世人物,皆以吾子文不逮诗,果然,余诗之自信乃如此文斯下矣。②

[16]李光地《榕村语录》续编卷六"异端"论《参同契》:

《参同契》所云铅汞丹砂者,皆以其中有金也。烹炼拣择则为至宝,弃置高阁则为渣滓。糟粕言人身皆有至宝,如金在丹砂铅汞中,非必从外觅来,但不拣择烹炼为可惜。即孟子所云:"人皆可以为尧舜"也。丹者纯阳,后渐白,渐黄,死则黑矣。故赤子、日光、草木,初皆红,渐白,渐黄,渐黑,皆同。人曰黄耇,日曰黄昏,草木曰黄落,过此则黑。道家人白时他却黑,故曰:"玄之又玄,众妙之门。"玄非真黑,中有阳光,故黑有红色,谓之玄色,非同全黑。人皆营

---

① [宋]紫阳真人张伯端著,[清]云阳道人朱元育阐幽:《悟真篇阐幽》,第222—223页。

② [明]郑善夫:《影印文渊阁四库全书·集部·少谷集》(第1269册),台湾商务印书馆1983年版,第202页。

谋,渠却黑洞洞的在暗地里做工夫,形如槁木,心如死灰,黑里见出白来,所谓
"虚室生白"。渐至黄会于中央,光明发见,黄又如火候到时,故五谷至黄而
成。至于还丹,则复其本然纯阳之体,故有童颜,所谓"顺则成人,逆则成仙
也。"圣贤学道,何尝不是如此,只差一线主意耳。①

[17]此处所指的第 771 页的内容,是指《管锥编·列子张湛注》的第五则
"仲尼篇"中的内容:

"知而亡情,能而不为,真知真能也。发无知,何能情? 发不能,何能为,
聚块也,积尘也,虽无为而非理也。"按张湛以下注者于此节皆失其解,或遂说
"发"为"废",仍不得解,进而删改字句,盖未晓神秘家言"反以至大顺"也。
参观《老子》卷论五章。《孟子·梁惠王》:"曰:'不为者与不能者之形何以
异?'……'是不为也,非不能也",(参观《抱朴子》内篇《辨问》:"俗人或曰:
'周孔皆能为此,但不为耳'"云云);《庄子·齐物论》:"何居乎? 形固可使如
槁木,而心固可使如死灰乎?"合此二节,可以释《列子》矣。槁木、死灰与聚
块、积尘等类;聚块、积尘亡情不为,亦与真知真能"形"无以"异"。然而不可
皮相目论也。活泼剌之身心使如死灰槁木,庶几入道;死灰槁木则原非有道者
也。惟有知而亡情,有能而不为,庶几真知真能;若聚块积尘,本无知也,非亡
情也,本不能也,非不为也,岂得比于"善若道"哉? 故曰"虽无为而非理也"。
"发"如司马迁《报任少卿书》"发背沾衣"或潘岳《西征赋》"发阌乡而警策"之
"发",出于、昉自之义。正如《老子》言"反"成人之道而"能婴儿",乃为"玄
德";若婴儿者,由焉而不知,初未许语于"玄德"。西人论心性思辩之学,有谓
必逆溯寻常思路(invertir la direction habituelle du travail de la pensée)方中,与
"反为道之动"、"顺之即凡、逆之即圣",理亦无殊也。参观下论《力命》篇黄
帝之书节、《汤问》篇偃师节。

[18]《大智度论》卷一四《释初品中羼提波罗蜜义》有曰:

复次,菩萨自念:我不应如诸余人,常随生死水流,我当逆流以求尽源,入

---

① ［清］李光地著,陈祖武点校:《榕村语录　榕村续语录》,中华书局 1995 年版,第 637—
638 页。

泥洹道。一切凡人，侵至则嗔，益至则喜，怖处则畏。我为菩萨，不可如彼，虽未断结，当自抑制；修行忍辱，恼害不嗔，敬养不喜，众苦艰难不应怖畏；当为众生兴大悲心！①

[19]"逆流以求尽源"，强调的均是反向思维，并非高论。此处需要稍加留意者，当是钱锺书释《老子》，时时以论艺为旨归。

[20]钱锺书将"圣"理解为"尽人之能事以效天地之行所无事"，还是立足于"无事"这一视角，并无新意。

[21]《庄子·大宗师》起首即言：

知天之所为，知人之所为者，至矣。知天之所为者，天而生也；知人之所为者，以其知之所知，以养其知之所不知，终其天年而不中道夭者，是知之盛也。

虽然，有患。夫知有所待而后当，其所待者特未定也。庸讵知吾所谓天之非人乎？所谓人之非天乎？②

[原文]

求"合"乎天地"不仁"之"德"，以立身接物，强梁者必惨酷而无慈悯，柔巽者必脂韦而无羞耻。黄老道德入世而为韩非之刑名苛察，基督教神秘主义致用而为约瑟甫神父（**Père Joseph**）之权谋阴贼（**A.Huxley，Grey Eminence，137–8，186.**），岂尽末流之变本忘源哉？或复非迹无以显本尔。[1]《史记·韩非传》早曰："其极惨礉少恩，皆原于道德之意"；[2]《三国志·魏书·锺会传》："于会家得书二十篇，名曰《道论》，而实刑名家也"，亦堪隅举焉。[3]

曰"天地不仁"，明事之实然，格物之理也。曰"圣人不仁"，示人所宜然，治心之教也。前者百世之公言，后者一家之私说。至于人与天地合德而成圣，则事愿或相违，心力每不副，仰高钻坚，画虎刻鹄，宜然者又未必果然[4]（ **Cf. Scheler："Ordo Amoris"："Die Indifferenzzone ist nur einer idealer Schnitt,**

---

① （印）龙树菩萨著，[晋]鸠摩罗什译，弘学校勘：《大智度论校勘》，社会科学文献出版社2014年版，第194页。

② 陈鼓应注译：《庄子今注今译》，中华书局1983年版，第185—186页。

der von unserem wechselnden Gemütsverhalten nie völlig erreicht wird", Schriften aus dem Nachlass, I, 252.）。此不可不熟察而分别言之也。

[涉典考释与评注]

[1]脂韦,比喻人的圆滑,善逢迎阿谀。《楚辞·卜居》言："宁廉洁正直以自清乎? 将突梯滑稽,如脂如韦,以洁楹乎?"此处,钱锺书借论黄老道德最终沦为刑名苛察等反常之转变,其真实意图,还在于对时世的批评。时代之学,若尽末流而忘本源,则学术思想往往成为时代之恶,成为摧毁良知的工具。

[2]《史记》卷六十三"老子韩非列传第三":

太史公曰:老子所贵道,虚无,因应变化于无为,故著书辞称微妙难识。庄子散道德,放论,要亦归之自然。申子卑卑,施之于名实。韩子引绳墨,切事情,明是非,其极惨礉少恩。皆原于道德之意,而老子深远矣。①

[3]《三国志》卷二十八魏书"王毋丘诸葛邓钟传第二十八"有曰:

会尝论《易》无互体、才性同异。及会死后,于会家得书二十篇,名曰《道论》,而实刑名家也,其文似会。初,会弱冠与山阳王弼并知名。弼好论儒道,辞才逸辩,注易及老子,为尚书郎,年二十余卒。②

---

① ［汉］司马迁撰,［宋］裴骃集解,［唐］司马贞索隐,［唐］张守节正义:《史记》,中华书局2000年版,第1713页。
② ［晋］陈寿撰,［宋］裴松之注:《三国志》,中华书局2000年版,第591页。

五　七章

"后其身"、"外其身"

[原文]

"天地所以能长且久者，以其不自生，故能长生。是以圣人后其身而身先，外其身而身存；非以其无私邪？故能成其私。"[1]按六七章亦曰："不敢为天下先，故能成器长。"[2]皆有心之无心，有为（去声）之无为（平声），"反"以至"顺"，亦假"无私"以遂"其私"也。[3]"天地"无意志，不起我相，故不"自"生；人有意志，即陷我执，故成"其"私。[4]无长久之心，而能有长久之事，天地也；身不能长久，而心欲长久，人也。[5]"圣人"本人之大欲，鉴天地之成事：即果求因，以为天地之长久，由于其无心长久也；复推类取则，以为人而亦无心长久，则其身必能长久矣。然则圣人之无心长久，为求身之能长久，正亦有心长久；不为天下先，正欲后起占先。天地无此居心也，而圣人自命师法天地，亦不揣其本而齐其末矣。天地者，著成坏存亡之形迹，而不作趋避得丧之计较者也。[6]老子操术甚巧，立说则不能自圆也。"后其身"、"不为先"之旨即《史记·楚世家》引《周书》："欲起无先"；[7]《楚辞·远游》："虚以待之兮，无为之先！"[8]；《庄子·刻意》篇："感而后应，迫而后动，不得已而后起"[9]；《淮南子·原道训》："先者难为知，而后者易为攻也；先者上高，则后者攀之；先者蹊下，则后者蹻之；……先者则后者之弓矢质的也。犹錞之与刃，刃犯难而錞无患者，何也？以其托于后位也。"[10]然见诸施行，不无利钝。何则？事势物情，难归一律，故曰"木雁两失"（《宋书·王景文传》明帝手诏）[11]，而亦曰：

"木雁各喜"（韩愈《落齿诗》）[12]。弈棋以先着为强,积薪复后来居上,《左传》昭公二十一年厨人濮引《军志》亦曰:"先人有夺人之心,后人有待其衰。"[13]《老子》六四章:"其脆易泮,其微易散,为之于未有,治之于未乱",[14]岂非制人先发、防患未然哉? 故《文子·道原》曰:"夫执道以耦变,先亦制后,后亦制先。……所谓后者,调其数而合其时;时之变则间不容息,先之则太过,后之则不及";[15]《淮南子》因袭之:"所谓后者,非谓其底滞而不发、凝结而不流,贵其周于数而合于时也。夫执道理以耦变,先亦制后,后亦制先……时之反侧,间不容息,先之则太过,后之则不逮。"[16]盖发而得当,先之后者,亦即更后者之先也,此又所谓"道可道,非常道"耳。[17]抑"后其身"、"外其身",岂谓忘身不计身,有若《后汉书·邓、张、徐、张、胡传·论》所云"临生不先其存"者欤?[18]信斯言也,则后其身者,不临难苟免,而身先赴汤火,冒锋镝,后天下之乐而乐矣;外其身者必不全躯保首领,而成仁取义,置性命于度外,勿顾藉身之存殁矣。殆非老子之初衷或本意耶?[19]嵇康《养生论》言"忽名位","弃厚味","遗生而后身存";其所曰"遗",庶几老子所曰"后"、"外"也。[20]"后身"、"外身"皆可各明一义,又"名可名,非常名"之例焉。[21]《淮南子·道应训》说老子此二句,举公仪休嗜鱼而不受国人献鱼,谓受人鱼则或致免相,免相则"不能自给鱼";[22]盖无异《史记·货殖列传》言:"廉吏久,久更富。"[23]《朱文公文集》卷四五《答丘子服》之一论老子曰:"其言'外其身、后其身'者,其实乃所以先而存之也,其爱身也至矣! 此其学所以流而为杨氏之为我也";是矣。[24]

［涉典考释与评注］

[1]《老子》第7章王弼注的全部内容如下。

其一,王注"天长地久。天地所以能长且久者,以其不自生"曰:

自生则与物争,不自生则物归也。

其二,王注"故能长生。是以圣人后其身而身先;外其身而身存。非以其无私邪,故能成其私"曰:

无私者,无为于身也。身先身存,故曰能成其私也。①

[2]《道德经》第 67 章为:

天下皆谓我:"'道'大,似不肖。"夫唯大,故似不肖。若肖,久矣其细也夫!

我有三宝,持而保之:一曰慈,二曰俭,三曰不敢为天下先。

慈故能勇;俭故能广;不敢为天下先,故能成器长。

今舍慈且勇;舍俭且广;舍后且先;死矣!

夫慈,以战则胜,以守则固。天将救之,以慈卫之。②

[3]钱锺书此处一样是借助逆向思维,将对老子的解释推进至人心与治道。这其实是《韩非子》解老、喻老等理解老子方式的继续,如《韩非子·解老》解释"祸莫大于可欲"时说:"人有欲则计会乱,计会乱而有欲甚,有欲甚则邪心胜,邪心胜则事经绝,事经绝则祸难生。由是观之,祸难生于邪心,邪心诱于可欲。可欲之类,进则教良民为奸,退则令善人有祸。奸起则上侵弱君,祸至则民人多伤。然则可欲之类上侵弱君而下伤人民。夫上侵弱君而下伤人民者,大罪也。故曰'祸莫大于可欲'。是以圣人不引五色,不淫于声乐;明君贱玩好而去淫丽。"③韩非对"欲"的解释,便引向了人心之邪,进而推进至国家治乱。钱锺书对有心、无心之解释,反向以求,但旨归在人之假"无私"之名,以遂"其私"之实,这是多少贪吏暴君常用的伎俩。

[4]钱锺书释《老子》,总会在"天意"与"人意"之间进行着比较,这是其释老、解老的显著特征。

[5]此句对人欲的揭示,极警辟。人身不可长久,所以人心更欲求长久,正是因为这种长久的欲求,才会开启下文的"成圣"之说。

[6]脱凡即圣,在钱锺书看来,这实是人类最大的欲望,这个欲望,带着无比刺眼的光环,遮住了世人的目光,以致绝大多数人看不穿圣人,其实就是一

---

① [魏]王弼:《影印文渊阁四库全书·子部·道家类·老子道德经》(第 1055 册),台湾商务印书馆 1983 年版,第 141—142 页。

② 陈鼓应:《老子注译及评介》,中华书局 1984 年版,第 306 页。

③ [清]王先慎、锺哲:《韩非子集解》,中华书局 1998 年版,第 145 页。

个欲望的陷阱,钱锺书看透了圣人背后的欲望圈套,一经戳穿,直锥人心。

[7]《史记》卷四十"楚世家第十"中言:

楚欲与齐韩连和伐秦,因欲图周。周王赧使武公谓楚相昭子曰:"三国以兵割周郊地以便输,而南器以尊楚,臣以为不然。夫弑共主,臣世君,大国不亲;以众胁寡,小国不附。大国不亲,小国不附,不可以致名实。名实不得,不足以伤民。夫有图周之声,非所以为号也。"昭子曰:"乃图周则无之。虽然,周何故不可图也?"对曰:"军不五不攻,城不十不围。夫一周为二十晋,公之所知也。韩尝以二十万之众辱于晋之城下,锐士死,中士伤,而晋不拔。公之无百韩以图周,此天下之所知也。夫怨结两周以塞駠骆之心,交绝于齐,声失天下,其为事危矣。夫危两周以厚三川,方城之外必为韩弱矣。何以知其然也? 西周之地,绝长补短,不过百里。名为天下共主,裂其地不足以肥国,得其众不足以劲兵。虽无攻之,名为弑君。然而好事之君,喜攻之臣,发号用兵,未尝不以周为终始。是何也? 见祭器在焉,欲器之至而忘弑君之乱。今韩以器之在楚,臣恐天下以器仇楚也。臣请譬之。夫虎肉臊,其兵利身,人犹攻之也。若使泽中之麋蒙虎之皮,人之攻之必万于虎矣。裂楚之地,足以肥国;诎楚之名,足以尊主。今子将以欲诛残天下之共主,居三代之传器,吞三翮六翼,以高世主,非贪而何? 周书曰'欲起无先',故器南则兵至矣。"于是楚计辍不行。①

[8]《楚辞·远游》曰:

重曰:春秋忽其不淹兮,奚久留此故居? 轩辕不可攀援兮,吾将从王乔而娱戏。餐六气而饮沆瀣兮,漱正阳而含朝霞。保神明之清澄兮,精气入而粗秽除。顺凯风以从游兮,至南巢而壹息。见王子而宿之兮,审壹气之和德。

曰:"道可受兮,不可传;其小无内兮,其大无垠;毋滑而魂兮,彼将自然;壹气孔神兮,于中夜存;虚以待之兮,无为之先;庶类以成兮,此德之门。"②

[9]《庄子·刻意》篇中有言:

故曰:圣人之生也天行,其死也物化;静而与阴同德,动而与阳同波;不为

---

① [汉]司马迁撰,[宋]裴骃集解,[唐]司马贞索隐,[唐]张守节正义:《史记》中华书局2000年版,第1416—1417页。

② [宋]洪兴祖撰,白化文等点校:《楚辞补注》,中华书局1983年版,第166—167页。

福先,不为祸始;感而后应,迫而后动,不得已而后起。去知与故,循天之理。故曰无天灾,无物累,无人非,无鬼责。不思虑,不豫谋。光矣而不燿,信矣而不期。其寝不梦,其觉无忧。其生若浮,其死若休。其神纯粹,其魂不罢。虚无恬淡,乃合天德。①

[10]《淮南子·原道训》:

何以知其然也?凡人中寿七十岁,然而趋舍指凑,日以月悔也,以至于死。故蘧伯玉年五十而有四十九所非。何者?先者难为知,而后者易为攻也。先者上高,则后者攀之;先者踰下,则后者蹶之;先者颓陷,则后者以谋;先者败绩,则后者违之。由此观之,先者,则后者之弓矢质的也。犹錞之与刃,刃犯难而錞无患者,何也?以其托于后位也。此俗世庸民之所公见也,而贤知者弗能避也。所谓后者,非谓其底滞而不发,凝结而不流,贵其周于数而合于时也。夫执道理以耦变,先亦制后,后亦制先。是何则?不失其所以制人,人不能制也。②

[11]《宋书》卷八十五列传第四十五"谢庄 王景文"中载,王景文受主上明帝猜疑,上书请求自解扬州之职,明帝诏答:

去五月中,吾病始差,未堪劳役,使卿等看选牒,署竟,请敕施行。此非密事,外间不容都不闻。然传事好讹,由来常患。殷恒妻,匹妇耳,闺阁之内,传闻事复作一两倍落漠,兼谓卿是亲故,希卿署,不必云选事独关卿也。恒妻虽是传闻之僻,大都非可骇异。且举元荐凯,咸由畴谘,可谓唐尧不明,下干其政邪?悠悠好诈贵人及在事者,属卿偶不悉耳,多是其周旋门生辈,作其属托,贵人及在事者,永无由知。非徒止于京师,乃至州郡县中,或有诈作书疏,灼然有文迹者。诸舍人右丞辈,及亲近驱使人,虑有作其名,载禁物,求停检校,强卖猥物与官,仍求交直,或属人求乞州郡资礼,希蠲呼召及虏发船车,并启班下在所,有即驻录。但卿贵人,不容有此启。由来有是,何故独惊!

人居贵要,但同心若为耳。大明之世,巢、徐、二戴,位不过执戟,权元人

---

① 陈鼓应注译:《庄子今注今译》,中华书局1983年版,第426页。

② 刘文典撰,冯逸、乔华点校:《淮南鸿烈集解》,中华书局1989年版,第25—26页。

主;颜师伯白衣仆射,横行尚书中。令袁粲作仆射领选,而人往往不知有粲。粲迁为令,居之不疑。今既省录,令便居昔之录任,置省事及干童,并依录格。粲作令来,亦不异为仆射。人情向粲,淡淡然亦复不改常。以此居贵位要任,当有致忧就理不? 卿今虽作扬州,太子傅位虽贵,而不关朝政,可安不惧,差于粲也。想卿虚心受荣,而不为累。

贵高有危殆之惧,卑贱有沟壑之忧,张、单双灾,木雁两失,有心于避祸,不如无心于任运。夫千仞之木,既摧于斧斤;一寸之草,亦瘁于践踏。高崖之修干,与深谷之浅条,存亡之要,巨细一揆耳。晋毕万七战皆获,死于牖下;蜀相费祎从容坐谈,毙于刺客。故甘心于履危,未必逢祸;纵意于处安,不必全福。但贵者自惜,故每忧其身;贱者自轻,故易忘其己。然为教者,每诫贵不诫贱,言其贵满好自恃也。凡名位贵达,人以在怀,泰则触人改容,不则行路嗟愕。至如贱者,否泰不足以动人,存亡不足以絓数,死于沟渎,死于涂路者,天地之间,亦复何限,人不以系意耳。

以此而推,贵何必难处,贱何必易安。但人生也自应卑慎为道,行己用心,务思谨惜。若乃吉凶大期,正应委之理运,遭随参差,莫不由命也。既非圣人,不能见吉凶之先,正是依俙于理,言可行而为之耳。得吉者是其命吉,遇不吉者是其命凶。以近事论之,景和之世,晋平庶人从寿阳归乱朝,人皆为之战栗,而乃遇中兴之运;袁顗图避祸于襄阳,当时皆美之,谓为陵霄驾凤,遂与义嘉同灭。骆宰见幼主,语人云"越王长颈鸟喙,可与共忧,不可与共乐。范蠡去而全身,文种留而遇祸。今主上口颈,颇有越王之状,我在尚书中久,不去必危。"遂求南江小县。诸都令史住京师者,皆遭中兴之庆,人人蒙爵级;宰值义嘉染罪,金木缠身,性命几绝。卿耳眼所闻见,安危在运,何可预图邪!①

[12]韩愈《落齿》诗,在《管锥编·老子王弼注》的第六则中,与上注中的"木雁两失"一语一起,都重新出现:

去年落一牙,今年落一齿。俄然落六七,落势殊未已,余存皆动摇,尽落应始止。忆初落一时,但念豁可耻,及至落二三,始忧衰即死。每一将落时,憟憟

---

① [梁]沈约撰:《宋书》,中华书局 2000 年版,第 1449—1450 页。

恒在己。又牙妨食物，颠倒怯漱水，终焉舍我落，意与崩山比。今来落既熟，见落空相似。余存二十余，次第知落矣。倘常岁落一，自足支两纪。如其落并空，与渐亦同指。人言齿之落，寿命理难恃。我言生有涯，长短俱死尔。人言齿之豁，左右惊谛视。我言庄周云，水雁各有喜。语讹默固好，嚼废软还美。因歌遂成诗，持用诒妻子。①

[13]《左传》昭公二十一年载：

冬十月，华登以吴师救华氏。齐乌枝鸣戍宋。厨人濮曰："《军志》有之："先人有夺人之心，后人有待其衰。"盍及其劳且未定也伐诸？若入而固，则华氏众矣，悔无及也。"从之。丙寅，齐师、宋师败吴师于鸿口，获其二帅公子苦雉、偃州员。华登帅其余以败宋师。公欲出，厨人濮曰："吾小人，可藉死而不能送亡，君请待之。"乃徇曰："杨徽者，公徒也。"众从之。公自杨门见之，下而巡之，曰："国亡君死，二三子之耻也，岂专孤之罪也？"齐乌枝鸣曰："用少，莫如齐致死。齐致死，莫如去备。彼多兵矣，请皆用剑。"从之。华氏北，复即之。厨人濮以裳裹首而荷以走，曰："得华登矣！"遂败华氏于新里。②

[14]《老子》第64章：

其安易持，其未兆易谋。其脆易泮，其微易散。为之于未有，治之于未乱。

合抱之木，生于毫末；九层之台，起于累土；千里之行，始于足下。

为者败之，执者失之。是以圣人无为故无败，无执故无失。

民之从事，常于几成而败之。慎终如始，则无败事。

是以圣人欲不欲，不贵难得之货；学不学，复众人之所过，以辅万物之自然而不敢为。③

[15]《影印文渊阁四库全书·子部·道家类·文子》"道原"中言：

老子曰：夫道德者，志弱而事强，心虚而应当。志弱者柔毳安静，藏于不取，行于不能，澹然无为，动不失时，故"贵必以贱为本，高必以下为基"。托小

①　[唐]韩愈著，钱仲联集释：《韩昌黎诗系年集释》，上海古籍出版社1984年版，第171—172页。

②　李梦生撰：《左传译注》，上海古籍出版社2004年版，第1117—1118页。

③　陈鼓应：《老子注译及评介》，中华书局1984年版，第296页。

以包大,在中以制外,行柔而刚,力无不胜,敌无不陵,应化揆时,莫能害之。欲刚者必以柔守之,欲强者必以弱保之,积柔即刚,积弱即强,观其所积,以知存亡。强胜不若己者,至于若己者而格,柔胜出于己者,其力不可量,故"兵强即灭,木强即折"。革强即裂,齿坚于舌而先毙,故"柔弱者生之干也,坚强者死之徒"。先唱者穷之路,后动者达之原。夫执道以耦变,先亦制后,后亦制先,何即不失所以制人,人亦不能制也。所谓后者,调其数而合其时,时之变则,间不容息,先之则太过,后之则不及,日回月周,时不与人游,故圣人不贵尺之璧,而贵寸之阴,时难得而易失。故圣人随时而举事,因资而立功,守清道,拘雌节,因循而应变,常后而不先,柔弱以静,安徐以定,功大靡坚,不能与争也。①

[16]此处所引《淮南子·原道训》中言,部分已见上注【10】,复引如下:

何以知其然也?凡人中寿七十岁,然而趋舍指凑,日以月悔也,以至于死。故蓬伯玉年五十而有四十九所非。何者?先者难为知,而后者易为攻也。先者上高,则后者攀之;先者踰下,则后者蹶之;先者颓陷,则后者以谋;先者败绩,则后者违之。由此观之,先者,则后者之弓矢质的也。犹鐏之与刃,刃犯难而鐏无患者,何也?以其托于后位也。此俗世庸民之所公见也,而贤知者弗能避也。所谓后者,非谓其底滞而不发,凝结而不流,贵其周于数而合于时也。夫执道理以耦变,先亦制后,后亦制先。是何则?不失其所以制人,人不能制也。时之反侧,间不容息,先之则太过,后之则不逮。夫日回而月周,时不与人游,故圣人不贵尺之璧,而重寸之阴,时难得而易失也。禹之趋时也,履遗而弗取,冠挂而弗顾,非争其先也,而争其得时也。是故圣人守清道而抱雌节,因循应变,常后而不先。柔弱以静,舒安以定,攻大磨坚,莫能与之争。②

[17]钱锺书解老、释老,最精彩处,就是对文义的这种引申,如此处对"道可道,非常道"的发挥,便极巧妙。

[18]《后汉书》卷四十四"邓张徐张胡列传第三十四"卷末之"论"曰:

爵任之于人重矣,全丧之于生大矣。怀禄以图存者,仕子之桓情;审能而

---

① [周]辛钘撰:《影印文渊阁四库全书·子部·道家类·文子》(第1058册),台湾商务印书馆1983年版,第310—311页。

② 刘文典撰,冯逸、乔华点校:《淮南鸿烈集解》,中华书局1989年版,第25—27页。

就列者,出身之常体。夫纡于物则非己,直于志则犯俗,辞其艰则乖义,徇其节则失身。统之,方轨易因,险涂难御。故昔人明慎于所受之分,迟迟于岐路之间也。如令志行无牵于物,临生不先其存,后世何贬焉?古人以宴安为戒,岂数公之谓乎?①

[19]将"外其身"、"后其身"理解为不临难逃避、后天下之乐而乐,这又体现了钱锺书对经典的理解不同于常人,也更能说明钱锺书并非书斋式学者,对社会问题的批判一直渗透在他的学术活动中。

[20]嵇康《养生论》文末言:

善养生者则不然。清虚静泰,少私寡欲,知名位之伤德,故忽而不营,非欲而强禁也。识厚味之害性,故弃而弗顾,非贪而后抑也。外物以累心不存,神气以醇白独著,旷然无忧患,寂然无思虑。又守之以一,养之以和,和理日济,同乎大顺。然后蒸以灵芝,润以醴泉,晞以朝阳,绥以五弦,无为自得,体妙心玄,忘欢而后乐足,遗生而后身存。若此以往,恕可与羡门比寿,王乔争年,何为其无有哉?②

[21]将"后身"、"外身"结合社会批判进行解读后,又巧妙地与"名可名,非常名"进行关联,这是钱锺书解老、释老的机智,足以启示后学。

[22]《淮南子·道应训》中载:

公仪休相鲁,而嗜鱼。一国献鱼,公仪子弗受。其弟子谏曰:"夫子嗜鱼,弗受,何也?"答曰:"夫唯嗜鱼,故弗受。夫受鱼而免于相,虽嗜鱼,不能自给鱼。毋受鱼而不免于相,则能长自给鱼。"此明于为人为己者也。故老子曰:"后其身而身先,外其身而身存,非以其无私邪?故能成其私。"一曰:"知足不辱。"③

[23]《史记·货殖列传》言:

由此观之,贤人深谋于廊庙,论议朝廷,守信死节隐居岩穴之士设为名高者安归乎?归于富厚也。是以廉吏久,久更富,廉贾归富。富者,人之情性,所

---

① [南朝·宋]范晔撰,[唐]李贤等注:《后汉书》,中华书局1999年版,第1020页。
② [梁]萧统编,[唐]李善注:《文选》,岳麓书社2002年版,第1578—1579页。
③ 刘文典撰,冯逸、乔华点校:《淮南鸿烈集解》,中华书局1989年版,第400页。

不学而俱欲者也。故壮士在军,攻城先登,陷阵却敌,斩将搴旗,前蒙矢石,不避汤火之难者,为重赏使也。其在间巷少年,攻剽椎埋,劫人作奸,掘冢铸币,任侠并兼,借交报仇,篡逐幽隐,不避法禁,走死地如鹜者,其实皆为财用耳。今夫赵女郑姬,设形容,揳鸣琴,揄长袂,蹑利屣,目挑心招,出不远千里,不择老少者,奔富厚也。游闲公子,饰冠剑,连车骑,亦为富贵容也。弋射渔猎,犯晨夜,冒霜雪,驰坑谷,不避猛兽之害,为得味也。博戏驰逐,斗鸡走狗,作色相矜,必争胜者,重失负也。医方诸食技术之人,焦神极能,为重糈也。吏士舞文弄法,刻章伪书,不避刀锯之诛者,没于赂遗也。农工商贾畜长,固求富益货也。此有知尽能索耳,终不余力而让财矣。①

[24]《朱文公文集》卷四五《答丘子服》有两文,第一篇为钱锺书所引,其文曰:

"宠辱若惊,贵大患若身。"贵犹重也,言宠辱细,故而得之犹若惊焉。若世之大患,则尤当贵重之而不可犯,如爱其身也。宠为下者,宠人者上于人者也,宠于人者下于人者也。是辱固不待言,而宠亦未足尚。今乃得之而犹若惊,而况大患与身为一而可以不贵乎?若使人于大患皆若其将及于身而贵重之,则必不敢轻以其身深预天下之事矣。得如是之人而以天下托之,则其于天下必能谨守如爱其身,而岂有祸败之及哉!老子言道之真,以治身,又言身与名孰亲,而其言外其身、后其身者,其实乃所以先而存之也,其爱身也至矣!此其学之传所以流而为杨氏之为我也。苏子由乃以忘身为言,是乃佛家梦幻泡影之遗意,而非老氏之本真矣。②

---

① [汉]司马迁撰,[宋]裴骃集解,[唐]司马贞索隐,[唐]张守节正义:《史记》,中华书局1999年版,第2473—2474页。

② [宋]朱熹撰:《影印文渊阁四库全书·集部·别集类·晦庵集》(第1144册),台湾商务印书馆1983年版,第321页。

六　一一章

"无之以为用"

[原文]

"三十辐，共一毂；当其无，有车之用。埏埴以为器，当其无，有器之用。凿户牖以为室，当其无，有室之用。故有之以为利，无之以为用"；《注》："以其无、能受物之故，故能以实统众也。皆以无为用也。"[1]按河上公注："'无有'谓空处故"；[2]毕沅《〈道德经〉考异》亦主"无有"二字连读："当其无有，车之用"云云，引《周礼·考工记》郑玄注"以无有为用"左证之。[3]此亦大类俞正燮以《周礼》郑注释"名可名"。[4]"无有"连读，三者皆不成句，而结句"无"与"有"之对照，亦上失所承。盖"无有"即"无"，三"有"既皆从"无"而化乌有，不复能出而与"无"平分"利"、"用"。[5]毕氏之流，睹字尚存"有"，而昧其意已成"无"，文理义理，盖两失矣。[6]《淮南子·说山训》："鼻之所以息，耳之所以听，终以其无用者为用矣。物莫不因其所有，用其所无，以为不信，视籁与竽"；足为《老子》本章确笺，"因有用无"，词意圆该。[7]河上公注"无"为"空"；窃谓中虚曰"空"，外旷亦曰"空"，此章盖言中空，非言太空，观器、室等例可见也。[8]

【增订四】《后汉书·方术传》上《论》："李固、朱穆等以为处士纯盗虚名，无益于用，故其所以然也。……原其无用，亦所以为用，则其有用，或归于无用矣。"[9]无用之用，足佐老义。

[涉典考释与评注]

[1]《老子》第 11 章王弼注的全部内容如下。

其一,王注"三十辐,共一毂,当其无,有车之用"为:

毂所以能统三十辐者,无也,以其无能受物之故,故能以实统众也。

其二,王注"埏埴以为器,当其无,有器之用。凿户牖以为室,当其无,有室之用。故有之以为利,无之以为用"为:

木埴,壁之所以成,三者而皆以无为用也。言无者,有之所以为利,皆赖无以为用也。①

[2]河上公注"当其无,有车之用"为:

无,谓空虚。毂中空虚,轮得转行,舆中空虚,人得载其上也。②

[3]毕沅(公元 1730 年—1797 年),清代著名学者,字纕蘅,亦字秋帆,因师从沈德潜,学于灵岩山,又自号灵岩山人,精通经史、文学、金石等学,善诗文。其所纂《续资治通鉴》,享誉后世;其所撰《墨子集注》,充分肯定《墨子》一书具有重要价值,"不可忽也";毕氏另有《晏子春秋注》、《吕氏春秋注》等,均为清代子学要籍。毕沅扶植后学,章学诚、孙星衍、洪亮吉、汪中、段玉裁等人,皆出其门。

毕沅《〈道德经〉考异》检索较难,故暂缺。

[4]"此亦大类俞正燮以《周礼》郑注释'名可名'",可参见本书第二个部分,即"道与名"一则中的相关引述。

[5]钱锺书对"无有"连读,坚决否定,特别指出若"无有"连读,则"有之以为利,无之以为用"无法妥帖解释。

[6]直陈毕沅等人的解释,文义两失,不足为据。

[7]《淮南子·说山训》言:

---

① [魏]王弼:《影印文渊阁四库全书·子部·道家类·老子道德经》(第 1055 册),台湾商务印书馆 1983 年版,第 143 页。

② [汉]河上公撰:《影印文渊阁四库全书·子部·道家类·老子注》(第 1055 册),台湾商务印书馆 1983 年版,第 53 页。

魄问于魂曰:"道何以为体?"曰:"以无有为体。"魄曰:"无有有形乎?"魂曰:"无有。""何得而闻也?"魂曰:"吾直有所遇之耳!视之无形,听之无声,谓之幽冥。幽冥者,所以喻道,而非道也。"魄曰:"吾闻得之矣!乃内视而自反也。"魂曰:"凡得道者,形不可得而见,名不可得而扬。今汝已有形名矣,何道之所能乎!"魄曰:"言者,独何为者?""吾将反吾宗矣。"魄反顾,魂忽然不见,反而自存,亦以沦于无形矣。人不小学,不大迷;不小慧,不大愚。人莫鉴于沫雨,而鉴于澄水者,以其休止不荡也。詹公之钓,千岁之鲤不能避;曾子攀枢车,引楯者为之止也;老母行歌而动申喜,精之至也。瓠巴鼓瑟,而淫鱼出听;伯牙鼓琴,驷马仰秣;介子歌龙蛇,而文君垂泣。故玉在山而草木润,渊生珠而岸不枯;蚓无筋骨之强,爪牙之利,上食晞堁,下饮黄泉,用心一也。清之为明,杯水见眸子;浊之为暗,河水不见太山。视日者眩,听雷者聋,人无为则治,有为则伤。无为而治者,载无也。为者,不能有也;不能无为者,不能有为也。人无言而神,有言者则伤。无言而神者载无,有言则伤其神。之神者,<u>鼻之所以息,耳之所以听,终以其无用者为用矣。物莫不因其所有,而用其所无,以为信,视籁与竽</u>。念虑者不得卧,止念虑,则有为其所止矣。两者俱忘,则至德纯矣。①

《淮南子》此语释无之为用,确实流畅。

[8]钱锺书此处释"空"为"中空",即器物之空,而非空间之"空",极细腻,契合情理。

[9]《后汉书》卷八十二上"方术列传第七十二上"曰:

论曰:汉世之所谓名士者,其风流可知矣。虽弛张趣舍,时有未纯,于刻情修容,依倚道艺,以就其声价,非所能通物方,弘时务也。及征樊英、杨厚,朝廷若待神明,至竟无他异。英名最高,毁最甚。<u>李固、朱穆等以为处士纯盗虚名,无益于用,故其所以然也。然而后进希之以成名,世主礼之以得众,原其无用亦所以为用,则其有用或归于无用矣</u>。何以言之?夫焕乎文章,时或乖用;本乎礼乐,适末或疏。及其陶缙绅,藻心性,使由之而不知者,岂非道邈用表,乖

---

① 刘文典撰,冯逸、乔华点校:《淮南鸿烈集解》,中华书局1989年版,第520—524页。

之数迹乎？而或者忽不践之地，赊无用之功，至乃诮噪远术，贱斥国华，以为力诈可以救沦敝，文律足以致宁平，智尽于猜察，道足于法令，虽济万世，其将与夷狄同也。孟轲有言曰："以夏变夷，不闻变夷于夏。"况有未济者乎！①

[原文]

司马光《传家集》卷六〇《与王介甫书》："介甫于诸书无不观，而特好《孟子》与《老子》之言"；[1]吕希哲《吕氏杂记》卷上："王圣美尝言，见介甫说：'老、庄者，圣不足以言之！'"[2]然王氏于老子之言非无所不说者，《临川集》卷六八《老子》篇论此章云："然工之琢削，未尝及于无者，盖无出于自然之力，可以无为也。今之治车者，知治其毂辐而未尝及于无也。然而车以成者，盖毂辐具，则无必为用也。如其知无为用而不治毂辐，则为车之术固已疏矣。故无之所以为用也，以有毂辐也；无之所以为天下用者，以有礼乐刑政也。如其废毂辐于车，废礼乐刑政于天下，而坐求其无之为用也，则亦近于愚矣！"[3]说理明彻，而未堪折服老子。盖就本章论，老子祇戒人毋"实诸所无"，非教人尽"空诸所有"（《五灯会元》卷三庞蕴居士章次）[4]。当其无，方有"有"之用；亦即当其有，始有"无"之用。"有无相生"而相需为用；淮南所谓必"因其所有"，乃"用其所无"耳。[5]

[涉典考释与评注]

[1]《传家集》收司马光《与王介甫书》三书，钱锺书所引为第一书，较为完整的语段为：

光昔者从介甫游，介甫于诸书无不观，而特好孟子与老子之言。今得君得位而行其道，是宜先其所美，必不先其所不美也。孟子曰："仁义而已矣，何必曰利？"又曰："为民父母，使民盼盼然，将终岁勤动，不得以养其父母，又称贷

---

① ［南朝·宋］范晔撰，［唐］李贤等注：《后汉书》，中华书局 1999 年版，第 1839—1840 页。

而益之，恶在其为民父母也？"今介甫为政，首建制置条例司，大讲财利之事；又命薛向行均输法于江淮，欲尽夺商贾之利；又分遣使者散青苗钱于天下，而收其息。使人愁痛，父子不相见，兄弟妻子离散，此岂孟子之志乎？老子曰："天下神器，不可为也，为者败之，执者失之。"又曰："我无为而民自化，我好静而民自正，我无事而民自富，我无欲而民自朴。"又曰："治大国，若烹小鲜。"今介甫为政，尽变更祖宗旧法，先者后之，上者下之，右者左之，成者毁之，砣砣焉穷日力，继之以夜而不得息，使上自朝廷，下及田野，内起京师，外周四海，士吏兵农工商僧道，无一人得袭故而守常者，纷纷扰扰，莫安其居，此岂老氏之志乎？何介甫总角读书，白头秉政，乃尽弃其所学，而从今世浅丈夫之谋乎？①

[2]宋吕希哲《吕氏杂记》卷上即记王圣美之言，仅两句：

<u>王圣美尝言</u>："见介甫说老庄者，圣不足以言之。"②

吕希哲《吕氏杂记》中，多有启人心智之语，如卷上论欧阳修极重修改文章之事：

欧阳文忠公每为文既成，必屡自窜易，至有不留本初一字者，其为大文章则书而傅之屋壁，出入观省之。至于尺牍单简，亦必立稿，其精审如此，每一篇出，士大夫皆传写讽诵，唯睹其浑然天成，莫究斧凿之迹也。③

[3]王安石《临川集》卷六八《老子》篇言：

道有本有末。本者，万物之所以生也；末者，万物之所以成也。本者出之自然，故不假乎人之力，而万物以生也；末者涉乎形器，故待人力而后万物以成也。夫其不假人之力而万物以生，则是圣人可以无言也、无为也；至乎有待于人力而万物以成，则是圣人之所以不能无言也、无为也。故昔圣人之在上，而以万物为己任者，必制四术焉。四术者，礼、乐、刑、政是也，所以成万物者也。故圣人唯务修其成万物者，不言其生万物者，盖生者尸之于自然，非人力之所

---

① ［宋］司马光：《影印文渊阁四库全书·集部·别集类·传家集》（第1094册），台湾商务印书馆1983年版，第534—535页。

② ［宋］吕希哲：《影印文渊阁四库全书·子部·杂家类·吕氏杂记》（第863册），台湾商务印书馆1983年版，第214页。

③ ［宋］吕希哲：《影印文渊阁四库全书·子部·杂家类·吕氏杂记》（第863册），台湾商务印书馆1983年版，第212页。

得与矣。老子者独不然，以为涉乎形器者，皆不足言也、不足为也，故抵去礼、乐、刑、政，而唯道之称焉。是不察于理而务高之过矣。夫道之自然者，又何预乎？唯其涉乎形器，是以必待于人之言也、人之为也。其书曰："三十辐共一毂，当其无，有车之用。"夫毂辐之用，固在于车之无用，<u>然工之琢削未尝及于无者，盖无出于自然之力，可以无与也。今之治车者，知治其毂辐而未尝及于无也，然而车以成者，盖毂辐具，则无必为用矣。如其知无为用，而不治毂辐，则为车之术固已疏矣。今知无之为车用，无之为天下用，然不知所以为用也。故无之所以为车用者，以有毂辐也；无之所以为天下用者，以有礼、乐、刑、政也。如其废毂辐于车，废礼、乐、刑、政于天下，而坐求其无之为用也，则亦近于愚矣。</u>①

[4]《五灯会元》卷三"庞蕴居士章"载：

襄州居士庞蕴者，衡州衡阳县人也。字道玄。世本儒业，少悟尘劳，志求真谛。唐贞元初谒石头。乃问："不与万法为侣者是甚么人？"头以手掩其口，豁然有省。后与丹霞为友。

一日，石头问曰："子见老僧以来，日用事作么生？"士曰："若问日用事，即无开口处。"乃呈偈曰："日用事无别，唯吾自偶谐。头头非取舍，处处没张乖。朱紫谁为号，北山绝点埃。神通并妙用，运水及搬柴。"头然之。曰："子以缁邪，素邪？"士曰："愿从所慕。"遂不剃染。

后参马祖，问曰："不与万法为侣者是甚么人？"祖曰："待汝一口吸尽西江水，即向汝道。"士于言下顿领玄旨。乃留驻，参承二载。有偈曰："有男不婚，有女不嫁。大家团乐头，共说无生话。"自尔机辩迅捷，诸方向之。

因辞药山，山命十禅客相送至门首。士乃指空中雪曰："好雪！片片不落别处。"有全禅客曰："落在甚处？"士遂与一掌。全曰："也不得草草。"士曰："恁么称禅客，阎罗老子未放你在。"全曰："居士作么生？"士又掌曰："眼见如盲，口说如哑。"

---

① ［宋］王安石：《影印文渊阁四库全书·集部·别集类·临川文集》（第1105册），台湾商务印书馆1983年版，第562—563页。

尝游讲肆，随喜《金刚经》，至"无我无人"处致问曰："座主！既无我无人，是谁讲谁听？"主无对。士曰："某甲虽是俗人，粗知信向。"主曰："祇如居士意作么生？"士以偈答曰："无我复无人，作么有疏亲。劝君休历座，不似直求真。金刚般若性，外绝一纤尘，我闻并信受，总是假名陈。"主闻偈，欣然仰叹。

居士所至之处，老宿多往复问酬，皆随机应响，非格量轨辙之可拘也。元和中，北游襄汉，随处而居，有女名灵照，常鬻竹洒篱以供朝夕。士有偈曰："心如境亦如，无实亦无虚。有亦不管，无亦不拘。不是贤圣，了事凡夫。易复易，即此五蕴有真智。十方世界一乘同，无相法身岂有二？若舍烦恼入菩提，不知何方有佛地。护生须是杀，杀尽始安居。会得个中意，铁船水上浮。"

士坐次，问灵照曰："古人道，明明百草头，明明祖师意，如何会？"照曰："老老大大作这个语话。"士曰："你作么生？"照曰："明明百草头，明明祖师意。"士乃笑。

士因卖洒篱，下桥吃扑，灵照见，亦去爷边倒。士曰："你作甚么？"照曰："见爷倒地，某甲相扶。"

士将入灭，谓灵照曰："视日早晚及午以报。"照遽报："日已中矣，而有蚀也。"士出户观次，灵照即登父座，合掌坐亡。士笑曰："我女锋捷矣。"于是更延七日，州牧于公顿问疾次，士谓之曰："<u>但愿空诸所有，慎勿实诸所无。</u>好住，世间皆如影响。"言讫，枕于公膝而化。遗命焚弃江湖，缁白伤悼。谓禅门庞居士，即毗耶净名矣。有诗偈三百余篇传于世。①

[5]当无，有"有"之用，当有，有"无"之用，对《老子》"有无相生"的这种理解，倒是常见视角。

[原文]

洪迈《容斋续笔》卷一二："庄子论'无用之用'，本老子：'三十辐，共一毂，当其无，有车之用。'《学记》：'鼓无当于五声，五声勿得不和；水无当于五

---

① ［宋］普济著，苏渊雷点校：《五灯会元》，中华书局1984年版，第186—187页。

色,五色勿得不章',其理一也。今夫飞者以翼为用,系其足则不成飞;走者以足为用,缚其手则不能走。为国者其勿以无用待天下之士则善矣!"[1]宛转关生,善于解《老》;飞走二喻实取之《淮南子·说山训》:"走不以手,缚手走不能疾;飞不以尾,屈尾飞不能远。物之用者,必待不用者。"[2]古罗马大史家尝设喻谓五官四肢恶腹之无所事事,祇安享而不劳作也(Ventrem in medio quietum nihil aliud quam datis voluptatibus frui),因相约惰息,不为致饮食,终于举体衰敝(Livy, II.xxxii, 9-12; cf. Shakespeare, Coriolanus, I, i.99 ff..);又缚手屈尾之充类至尽也。[3]然庄子论"无用之用"有两义,洪氏语焉而未察。《人间世》:"是不材之木也,无所可用,故能若是之寿。……山木自寇也,膏火自煎也,桂可食,故伐之,漆可用,故割之,人皆知有用之用,而莫知无用之用也";郭象注:"有用则与彼为功,无用则自全其生。"此一义也,乃偷活苟全之大幸耳;《山木》已曰:"昨日山中之木以不材得终其天年,今主人之雁以不材死",即征其非通方咸宜之大道,故韩愈《落齿》诗言:"木雁各有喜。"[4]《墨子·亲士》谓铦锥先挫,错刀先靡,甘井近竭,招木近伐,"彼人者寡不死其所长",正不材木"有喜"也;而又谓"虽有贤君,不爱无功之臣;虽有慈父,不爱无益之子",复是能鸣雁"有喜"矣。[5]《庄子·外物》:"惠子谓庄子曰:'子言无用。'庄子曰:'知无用而始可与言用矣。天地非不广且大也,人之所用容足耳,然则厕足而垫之致黄泉,人尚有用乎?'惠子曰:'无用。'庄子曰:'然则无用之为用也亦明矣。'"[6]此另一义,即洪氏所谓本诸老子者耳。《徐无鬼》:"故足之于地也践,虽践,恃其所不蹍而后善,博也";[7]《文子·上德》:"足所践者少,其不践者多;心所知者寡,其不知者众。以不用而能成其用,不知而能全其知也";亦此旨。[8]后世祖述纷如,《淮南子·说林训》:"足以蹍者浅矣,然待所不蹍而后行";[9]潘岳《秋兴赋》:"行投趾于容迹兮,殆不践而获底;阙侧足以及泉兮,虽猴猨而不履";[10]《颜氏家训·名实篇》:"人足所履,不足数寸,然而咫尺之途,必颠蹶于崎岸,拱把之梁,每沉溺于川谷者,何哉? 为其傍无余地故也";[11]邵雍《伊川击壤集》卷一六《路径吟》:"面前路径无令窄,路径窄时无过客,过客无时路径荒,人间大率皆荆棘"[12](《宋元学案》卷九载雍临殁诫程颐曰:"面前路径须令宽,路窄则自无着身处,况能使人行也!"）。[13]有故反其词以神其事者,如《列子·汤问》侈言善御者"舆轮之外,可使无余辙,马蹄之外,可使无余地"。[14]有触类而旁通者,如徐枋《居易堂集》卷四《诫子书》:"矢之利用者,分寸之镞,而必任之以三尺之干;笔之利用者,分寸之毫,而必任之以七寸之管。子欲用笔而去其管,用矢而去其干耶?"[15]

【增订四】徐枋所举两例,疑本诸吕坤《呻吟语》卷六《广喻》:"剑长三尺,用在一丝之铦刃;笔长三寸,用在一端之锐毫,其余皆无用之羡物也。虽然,剑与笔但有其铦者锐者在,则其用不可施。则知无用者有用之资,有用者无用之施。"[16]

《全唐文》卷八〇三李磎《广废庄论》略云:"无用之说有三,不可混而同一。有虚无之无用者,则老子埏埴凿户之说,其用在所无也;有有余之无用者,则惠子侧足之喻,其用必假于余也;有不可用之无用者,苗之莠、粟之粃也。"[17]似未识一与二之可相通,户牖即埏埴外之余空也;又不知三当概木之散而言之,则"不可用"而固可用以"自全"焉。析理殊疏。

[涉典考释与评注]

[1]洪迈《容斋续笔》卷一二有"无用之用"一则,其文曰:

庄子云:"人皆知有用之用,而莫知无用之用。"又云:"知无用,而始可与言用矣。夫地非不广且大也,人之所用,容足耳。然则厕足而垫之致黄泉,所谓无用之为用也亦明矣。"此义本起于《老子》"三十辐共一毂,当其无,有车之用"一章。《学记》:"鼓无当于五声,五声弗得不备;水无当于五色,五色弗得不章。"其理一也。今夫飞者以翼为用,絷其足则不能飞;走者以足为用,缚其手则不能走。举场较艺,所务者才也,而拙钝者亦为之用。战陈角胜,所先者勇也,而老怯者亦为之用。则有用、无用,若之何而可分别哉?故为国者,其勿以无用待天下之士,则善矣。①

---

① 参见上海师范大学古籍整理研究所编:《全宋笔记·容斋续笔》(第五编,第五册),大象出版社 2012 年版,第359—360 页。

[2]《淮南子·说山训》有言：

走不以手，缚手走不能疾；飞不以尾，屈尾飞不能远；物之用者必待不用者。故使之见者，乃不见者也；使鼓鸣者，乃不鸣者也。尝一脔肉，知一镬之味；悬羽与炭，而知燥湿之气；以小明大。见一叶落，而知岁之将暮；睹瓶中之冰，而知天下之寒；以近论远。三人比肩，不能外出户；一人相随，可以通天下。足蹍地而为迹，暴行而为影，此易而难。庄王诛里史，孙叔敖制冠浣衣；文公弃荏席，后徽黑，咎犯辞归，故桑叶落而长年悲也。鼎错日用而不足贵，周鼎不爨而不可贱，物固有以不用而为有用者。地平则水不流，重钧则衡不倾，物之尤必有所感，物固有以不用为大用者。先保而浴则可，以浴而保则不可；先祭而后飨则可，先飨而后祭则不可；物之先后各有所宜也。①

[3]钱锺书对机趣充盈的资料的使用，永远恰当而有说服力。五官四肢与腹部之间的争执与相互拆台，就是一个寓意深刻的寓言，深意寓于其间，用来说明"缚手屈尾之充类至尽"，非常贴切。

[4]《庄子·人间世》言"散木"之事：

匠石之齐，至于曲辕，见栎社树。其大蔽数千牛，絜之百围，其高临山，十仞而后有枝，其可以为舟者旁十数。观者如市，匠伯不顾，遂行不辍。弟子厌观之，走及匠石，曰："自吾执斧斤以随夫子，未尝见材如此其美也。先生不肯视，行不辍，何邪？"

曰："已矣，勿言之矣！散木也，以为舟则沈，以为棺椁则速腐，以为器则速毁，以为门户则液㜅，以为柱则蠹。是不材之木也，无所可用，故能若是之寿。"

匠石归，栎社见梦曰："女将恶乎比予哉？若将比予于文木邪？夫柤梨橘柚，果蓏之属，实熟则剥，剥则辱；大枝折，小枝泄。此以其能苦其生者也，故不终其天年而中道夭，自掊击于世俗者也。物莫不若是。且予求无所可用久矣，几死，乃今得之，为予大用。使予也而有用，且得有此大也邪？且也若与予也皆物也，奈何哉其相物也？而几死之散人，又恶知散木！"

---

① 刘文典撰，冯逸、乔华点校：《淮南鸿烈集解》，中华书局1989年版，第549—551页。

匠石觉而诊其梦。弟子曰："趣取无用,则为社何邪?"

曰："密!若无言!彼亦直寄焉,以为不知己者诟厉也。不为社者,且几有翦乎!且也彼其所保与众异,而以义喻之,不亦远乎!"①

郭象注"是不材之木也,无所可用,故能若是之寿"为:"不在可用之数,故曰散木。"②

《庄子·人间世》文末言:

山木自寇也,膏火自煎也。桂可食,故伐之;漆可用,故割之。人皆知有用之用,而莫知无用之用也。③

郭象注此句曰:"有用则与彼为功,无用则自全其生。夫割肌肤以为天下者,天下之所知也。使百姓不失其自全而彼我俱适者,怳然不觉妙之在身也。"④

《庄子·山木》有言:

庄子行于山中,见大木,枝叶盛茂,伐木者止其旁而不取也。问其故,曰:"无所可用。"

庄子曰:"此木以不材得终其天年夫!"

出于山,舍于故人之家。故人喜,命竖子杀雁而烹之。

竖子请曰:"其一能鸣,其一不能鸣,请奚杀?"

主人曰:"杀不能鸣者。"

明日,弟子问于庄子曰:"昨日山中之木,以不材得终其天年,今主人之雁,以不材死;先生将何处?"

庄子笑曰:"周将处乎材与不材之间。材与不材之间,似之而非也,故未免乎累。若夫乘道德而浮游则不然,无誉无訾,一龙一蛇,与时俱化,而无肯专为;一上一下,以和为量,浮游乎万物之祖;物物而不物于物,则胡可得而累邪!此神农、黄帝之法则也。若夫万物之情,人伦之传,则不然。合则离,成则毁;

---

① 陈鼓应注译:《庄子今注今译》,中华书局1983年版,第145—146页。
② [清]郭庆藩撰,王孝鱼点校:《庄子集释》,中华书局1961年版,第172页。
③ [清]郭庆藩撰,王孝鱼点校:《庄子集释》,中华书局1961年版,第172页。
④ [清]郭庆藩撰,王孝鱼点校:《庄子集释》,中华书局1961年版,第186页。

廉则挫，尊则议，有为则亏，贤则谋，不肖则欺，胡可得而必乎哉！悲夫！弟子志之，其唯道德之乡乎！"①

韩愈《落齿》诗：

去年落一牙，今年落一齿。俄然落六七，落势殊未已，余存皆动摇，尽落应始止。忆初落一时，但念豁可耻，及至落二三，始忧衰即死。每一将落时，懔懔恒在已。叉牙妨食物，颠倒怯漱水，终焉舍我落，意与崩山比。今来落既熟，见落空相似。余存二十余，次第知落矣。倘常岁落一，自足支两纪。如其落并空，与渐亦同指。人言齿之落，寿命理难恃。我言生有涯，长短俱死尔。人言齿之豁，左右惊谛视。我言庄周云，木雁各有喜。语讹默固好，嚼废软还美。因歌遂成诗，持用诧妻子。②

[5]"亲士"为《墨子》第一篇，《墨子》"亲士第一"言：

今有五锥，此其铦，铦者必先挫。有五刀，此其错，错者必先靡。是以甘井近竭，招木近伐，灵龟近灼，神蛇近暴。是故比干之殪，其抗也；孟贲之杀，其勇也；西施之沈，其美也；吴起之裂，其事也。故彼人者，寡不死其所长，故曰"太盛难守"也。

故虽有贤君，不爱无功之臣；虽有慈父，不爱无益之子。是故不胜其任而处其位，非此位之人也；不胜其爵而处其禄，非此禄之主也。良弓难张，然可以及高入深；良马难乘，然可以任重致远；良才难令，然可以致君见尊。是故江河不恶小谷之满已也，故能大。圣人者，事、无辞也，物、无违也，故能为天下器。是故江河之水，非一原之流也；千镒之裘，非一狐之白也。夫恶有同方取不取同而已者乎？盖非兼王之道也！③

[6]《庄子·外物》言：

惠子谓庄子曰："子言无用。"

庄子曰："知无用而始可与言用矣。天地非不广且大也，人之所用容足

① 陈鼓应注译：《庄子今注今译》，中华书局1983年版，第534—535页。

② ［唐］韩愈著，钱仲联集释：《韩昌黎诗系年集释》，上海古籍出版社1984年版，第171—172页。

③ ［清］孙诒让：《墨子闲诂》（上、下），中华书局2001年版，第2页。

耳。然则厕足而垫之致黄泉，人尚有用乎?"惠子曰:"无用。"

庄子曰:"然则无用之为用也亦明矣。"①

[7]《庄子·徐无鬼》言:

故足之于地也践，虽践，恃其所不蹍而后善博也;人之知也少，虽少，恃其所不知而后知天之所谓也。知大一，知大阴，知大目，知大均，知大方，知大信，知大定，至矣! 大一通之，大阴解之，大目视之，大均缘之，大方体之，大信稽之，大定持之。

尽有天，循有照，冥有枢，始有彼。则其解之也似不解之者，其知之也似不知之也，不知而后知之。其问之也，不可以有崖，而不可以无崖。颉滑有实，古今不代，而不可以亏，则可不谓有大扬榷乎! 阖不亦问是已，奚惑然为! 以不惑解惑，复于不惑，是尚大不惑。②

[8]《文子·上德》有曰:

有鸟将来，张罗而待之。得鸟者，罗之一目，今为一目之罗，则无时得鸟，故事或不可前规，物或不可预虑，故圣人畜道待时也。欲致鱼者先通谷，欲求鸟者先树木。水积而鱼聚，木茂而鸟集。为鱼得者，非挈而入渊也;为猿得者，非负而上木也;纵之所利而已。足所践者浅，然待所不践而后能行;心所知者褊，然待所不知而后能明。川竭而谷虚，丘夷而渊塞，唇亡而齿寒，河水深而壤在山。水静则清，清则平，平则易，易则见物之形。形不可并，故可以为正。使叶落者，风摇之也;使水浊者，物挠之也。璧锾之器，磻磺之功也;莫邪断割，砥砺之力也;蚳与骥致千里而不飞，无裹粮之资而不饥。狡兔得而猎犬烹，高鸟尽而良弓藏。名成功遂身退，天道然也。怒出于不怒，为出于不为，视于无有则得所见，听于无声则得所闻。飞鸟反乡，兔走归窟，狐死首丘，寒螿得木，各依其所生也。③

在《影印文渊阁四库全书·子部·道家类·文子》"上德"中，并无"足所

---

① 陈鼓应注译:《庄子今注今译》，中华书局1983年版，第764页。

② 陈鼓应注译:《庄子今注今译》，中华书局1983年版，第707页。

③ [周]辛钘撰:《影印文渊阁四库全书·子部·道家类·文子》(第1058册)，台湾商务印书馆1983年版，第334—335页。

践者少，其不践者多；心所知者寡，其不知者众。以不用而能成其用，不知而能全其知也”，钱锺书所引《文子》，不知何所本。

[9]《淮南子·说林训》曰：

以一世之度制治天下，譬犹客之乘舟，中流遗其剑，遽契其舟楫，暮薄而求之，其不知物类亦甚矣！夫随一隅之迹，而不知因天地以游，惑莫大焉。虽时有所合，然而不足贵也。譬若旱岁之土龙，疾疫之刍狗，是时为帝者也。曹氏之裂布，蝛者贵之，然非夏后氏之璜。无古无今，无始无终，未有天地而生天地，至深微广大矣。<u>足以蹑者浅矣，然待所不蹑而后行</u>；智所知者褊矣，然待所不知而后明。游者以足蹶，以手柿，不得其数，愈蹶愈败，及其能游者，非手足者矣。①

[10]潘岳《秋兴赋》（并序）：

晋十有四年，余春秋三十有二，始见二毛。以太尉掾兼虎贲中郎将，寓直于散骑之省。高阁连云，阳景罕曜，珥蝉冕而袭纨绮之士，此焉游处。仆野人也，偃息不过茅屋茂林之下，谈话不过农夫田父之客。摄官承乏，猥厕朝列，夙兴晏寝，匪遑底宁，譬犹池鱼笼鸟，有江湖山薮之思，于是染翰操纸，慨然而赋。于时秋也，故以“秋兴”命篇。其辞曰：

四时忽其代序兮，万物纷以回薄。览花莳之时育兮，察盛衰之所托。感冬索而春敷兮，嗟夏茂而秋落。虽末士之荣悴兮，伊人情之美恶。善乎宋玉之言曰：“悲哉，秋之为气也！萧瑟兮草木摇落而变衰。憭栗兮若在远行，登山临水送将归。”夫送归怀慕徒之恋兮，远行有羁旅之愤。临川感流以叹逝兮，登山怀远而悼近。彼四戚之疚心兮，遭一涂而难忍。嗟秋日之可哀兮，谅无愁而不尽。野有归燕，隰有翔隼。游氛朝兴，槁叶夕殒。

于是乃屏轻箑，释纤絺，藉莞蒻，御袷衣。庭树槭以洒落兮，劲风戾而吹帷。蝉嘒嘒而寒吟兮，雁飘飘而南飞。天晃朗以弥高兮，日悠阳而浸微。何微阳之短晷，觉凉夜之方永。月朣胧以含光兮，露凄清以凝冷。熠耀粲于阶闼兮，蟋蟀鸣乎轩屏。听离鸿之晨吟兮，望流火之余景。宵耿介而不寐兮，独辗

---

① 刘文典撰，冯逸、乔华点校：《淮南鸿烈集解》，中华书局1989年版，第554—555页。

转于华省。悟时岁之道尽兮,慨伏首而自省。斑鬓髟以承弁兮,素发飒以垂领。仰群俊之逸轨兮,攀云汉以游骋。登春台之熙熙兮,珥金貂之炯炯。苟趣舍之殊涂兮,庸讵识其躁静。闻至人之休风兮,齐天地于一指。彼知安而忘危兮,故出生而入死。行投趾于容迹兮,殆不践而获底。阙侧足以及泉兮,虽猴猿而不履。龟祀骨于宗祧兮,思反身于绿水。

且敛衽以归来兮,忽投绂以高厉。耕东皋之沃壤兮,输泰稷之余税。泉涌湍于石间兮,菊扬芳于崖滋。澡秋水之涓涓兮,玩游儵之潎潎。逍遥乎山川之阿,放旷乎人间之世。悠哉游哉,聊以卒岁。①

[11]《颜氏家训·名实篇》中有言:

名之与实,犹形之与影也。德艺周厚,则名必善焉;容色姝丽,则影必美焉。今不修身而求令名于世者,犹貌甚恶而责妍影于镜也。上士忘名,中士立名,下士窃名。忘名者,体道合德,享鬼神之福佑,非所以求名也;立名者,修身慎行,惧荣观之不显,非所以让名也;窃名者,厚貌深奸,于浮华之虚称,非所以得名也。人足所履,不过数寸,然而咫尺之途,必颠蹶于崖岸,拱把之梁,每沉溺于川谷者,何哉? 为其旁无余地故也。君子之立己,抑亦如之。至诚之言,人未能信,至洁之行,物或致疑,皆由言行声名无余地也。吾每为人所毁,常以此自责。若能开方轨之路,广造舟之航,则仲由之言信,重于登坛之盟,赵熹之降城,贤于折冲之将矣。②

[12]邵雍《伊川击壤集》卷一六《路径吟》:

面前路径无令窄,路径窄时无过客。过客无时路径荒,人间大率多荆棘。③

邵雍之诗,既具家国关怀,亦不拘于体式,自由而为,极具特色,哪卷一六的《治乱吟》五首:

乱多于治,害多于利,悲多于喜,恶多于美。一阴一阳,奈何如此。

---

① [梁]萧统编,[唐]李善注:《文选》,岳麓书社2002年版,第409—410页。

② 庄辉明、章义和撰:《颜氏家训译注》,上海古籍出版社2006年版,第194—196页。

③ [宋]邵雍撰:《影印文渊阁四库全书·集部·别集类·击壤集》(第1101册),台湾商务印书馆1983年版,第127页。

中原一片闲田地，曾示三皇与五帝。三皇五帝子孙多，或贱或贫或富贵。

精义入神以致用，利用出入之谓神。神无方而易无体，藏诸用而显诸仁。

火能胜水，火不胜水，其火遂灭。水能从火，水不从火，其水不热。夫能制妻，夫不制妻，其妻遂绝。妻能从夫，妻不从夫，其妻必孽。

天能生而不能养，地能养而不能生。火能烹而不能沃，水能沃而不能烹。天地尚犹无全功，水火何由有全能。得用二者交相养，反为二者交相凌。①

又如《去事吟》：

君子去事，民有余祥。小人去事，民有余殃。②

再如《不愿吟》：

不愿朝廷命官职，不愿朝廷赐粟帛。惟愿朝廷省徭役，庶几天下少安息。③

[13]《宋元学案》卷九载：

邵雍，字尧夫，其先范阳人，曾祖令进以军职逮事艺祖，始家衡漳。祖德新，父古，皆隐德不仕。先生幼从父迁河南，即自雄其才力，慕高远，谓先王之事必可致。居苏门山百源之上，布裘蔬食，躬爨养父之余，刻苦自励者有年。已而叹曰："昔人尚友千古，吾独未及四方。"于是蹂河、汾，涉淮、汉，周流齐、鲁、宋、郑之墟而始还。时北海李之摄共城令，授以《图》、《书》先天象数之学。先生探赜索隐，妙悟神契，多所自得。始至洛，蓬筚瓮牖，不蔽风雨，而怡然有以自乐，人莫能窥也。富郑公、司马温公、吕申公退居洛中，为市园宅。出则乘小车，一人挽之，任意所适。士大夫识其车音，争相迎候。童孺厮隶皆曰："吾家先生至也。"不复称其姓字。遇人无贵贱贤不肖，一接以诚。群居燕饮，笑语终日，不甚取异于人。乐道人之善，而未尝及其恶。故贤者悦其德，不贤者喜其真，久而益信服之。嘉祐中，诏举遗逸，留守王拱辰荐之，授试将作监簿，

① ［宋］邵雍撰：《影印文渊阁四库全书·集部·别集类·击壤集》（第1101册），台湾商务印书馆1983年版，第124页。
② ［宋］邵雍撰：《影印文渊阁四库全书·集部·别集类·击壤集》（第1101册），台湾商务印书馆1983年版，第124页。
③ ［宋］邵雍撰：《影印文渊阁四库全书·集部·别集类·击壤集》（第1101册），台湾商务印书馆1983年版，第125页。

先生不赴。熙宁初，复求逸士，中丞吕诲等复荐之，补颍州团练推官，皆三辞而后受命，终不之官。新法作，仕州县者皆欲解绶而去，先生曰："此正贤者所当尽力之时。能宽一分，则民受一分之赐矣！"王安石罢相，吕惠卿参政，富公忧之，先生曰："二人本以势利合。势利相敌，将自为仇矣，不暇害他人也。"未几，惠卿果叛安石。先是，于天津桥上闻杜鹃声，先生惨然不乐曰："不二年，南士当入相，天下自此多事矣！"或问其故，曰："天下将治，地气自北而南。将乱，自南而北。今南方地气至矣。禽鸟，得气之先者也。"至是，其言乃验。疾革，谓司马公曰："试与观化一遭。"公曰："未应至此！"先生笑曰："死生亦常事尔！"横渠问疾，论命，先生曰："天命则已知之。世俗所谓命，则不知也。"伊川曰："先生至此，他人无以为力，愿自主张。"先生曰："平生学道，岂不知此。然亦无可主张。"伊川问："从此永诀，更有见告乎？"先生举两手示之，伊川曰："何谓也？"曰："面前路径须令宽。路窄，则自无著身处，况能使人行也！"先生居内寝，议事者在外甚远，皆能闻之，召其子伯温谓曰："诸公欲葬我近地，不可。当从先茔尔。墓志必以属吾伯淳。"熙宁十年七月五日卒，年六十七。程伯子为铭其墓。元祐中，赐谥曰康节。初，欧阳棐过洛，见先生，先生自叙其履历甚详，临别属之曰："愿足下异日无忘此言。"棐受而疑之，所谓不忘者亦何事邪？后二十年，棐入太常为博士，当作谥议，方知先生所属者在是也。所著有《观物篇》、《渔樵问答》、《伊川击壤集》、《先天图》、《皇极经世》等书。咸淳初，从祀孔子庙庭，追封新安伯。明嘉靖中，祀称"先儒邵子"。①

［14］《列子·汤问》曰：

造父之师曰泰豆氏。造父之始从习御也，执礼甚卑，泰豆三年不告。造父执礼愈谨，乃告之曰："古诗言：'良弓之子，必先为箕；良冶之子，必先为裘。'汝先观吾趣。趣如吾，然后六辔可持，六马可御。"造父曰："唯命所从。"泰豆乃立木为涂，仅可容足；计步而置，履之而行。趣走往还，无跌失也。造父学之，三日尽其巧。泰豆叹曰："子何其敏也？得之捷乎！凡所御者，亦如此也。囊汝之行，得之于足，应之于心。推于御也，齐辑乎辔衔之际，而急缓乎唇吻之

---

① ［清］黄宗羲原著，［清］全祖望补修：《宋元学案》，中华书局1986年版，第365—367页。

和;正度乎胸臆之中,而执节乎掌握之间。内得于中心,而外合于马志,是故能进退履绳而旋曲中规矩,取道致远而气力有余,诚得其术也。得之于衔,应之于辔;得之于辔,应之于手;得之于手,应之于心。则不以目视,不以策驱;心闲体正,六辔不乱,而二十四蹄所投无差;回旋进退,莫不中节。然后舆轮之外可使无余辙,马蹄之外可使无余地;未尝觉山谷之险,原隰之夷,视之一也。吾术穷矣,汝其识之!"①

[15]《诫子书》是徐枋《居易堂集》卷四中篇幅较大的篇什,之中戒子十事,颇有启发于当代:一曰毋荒学业;一曰毋习时艺;一曰毋预考试;一曰毋服时装;一曰毋言世事;一曰毋游市肆;一曰毋预宴会;一曰毋御鲜华;一曰毋通交际,一曰毋渎亲长。

《诫子书》有曰:

或曰:此书如黄河一曲,自然千里,第反覆将万言,吾恐读者之倦而欲寐也。曰:子弟而不才即受教床下,亦必头触屏风;子弟而贤则乐闻父兄之训,惟恐其言之尽也,何患乎万言?

或曰:此书训诫之语多在下篇,前者意可节乎? 曰:矢之利用者,分寸之镞,而必任之以三尺之干;笔之利用者,分寸之毫,而必任之以七寸之管。子欲用笔而去其管,用矢而去其干耶?②

[16]《影印文渊阁四库全书·子部·儒家类·呻吟语摘》,分上、下两卷,其中下卷有"广喻"条,其开篇即曰:

剑长三尺,用在一丝之铦刃;笔长三寸,用在一端之锐毫,其余皆无用之美物也。虽然,使剑与笔但有其铦者锐者焉,则其用不可施。则知无用者,有用之资;有用者,无用之施。易牙不能无爨子,欧冶不能无砧手,工输不能无钻厮。苟不能无,则与有用者等也,若之何而可以相病也?③

---

① [清]郭庆藩撰,王孝鱼点校:《列子集释》,中华书局1981年版,第184—186页。

② [清]徐枋撰,《续修四库全书》编纂委员会编:《续修四库全书·集部·别集类·居易堂集》(第1404册),上海古籍出版社2002年版,第139页。

③ [明]吕坤撰:《影印文渊阁四库全书·子部·儒家类·呻吟语摘》(第717册),台湾商务印书馆1983年版,第86页。

[17]《全唐文》卷八〇三李磎"广废庄论",前有小序,说明为此论之原因,曰:

> 王坦之作《废庄论》一篇,非庄周之书,欲废之。其旨意固佳矣,而文理未甚工也。且只言其坏名教,颓风俗,而未能屈其辞,折其辨,是直诟之而已。庄周复生,肯伏之乎?其终篇又同其均彼我之说,斯鲁卫也。然则庄生之书,古今皆知其说诡于圣人,而未有能破之者。何哉?则圣人果非,而庄周果是矣。既庄生云非,圣人云是,是何为不能胜非哉?余甚憎之,或有曲为之说,使两合于六经者,或有称名实学与元奥不同,欲两存者,皆妄也。故荀卿曰:"天下无二道,圣人无两心。"则异术必宜废矣。余既悟荀卿言,嘉王生之用心,而怜其未尽,故为广之云。①

"广废庄论"中有曰:

> 世多以庄子为元奥,吾独以为粗见理而未尽耳。汪洋七万余言,然撮其大旨,举类而证,其得失可见矣。且观其体虚无,而不知虚无之妙也。研几于天命,而未及天命之源也。乐言因任,而未知因任之本也。穷极性情,而未尽性情之变也。何以知之?夫虚无用之心也,必凭于有者也。有之得行也,必存于虚也。是以有无相资,而后功立。独贵无贱有,固已疏矣。且所谓无者,特未明也。惠子以其言之无用,而应之曰:"知无用,始可与言用矣。今夫地非不广且大也,人之所用容足耳。侧足而垫之至黄泉,人尚有用乎?"此言假四旁之无用也,以自喻其虚。辞则敏矣,<u>然无用之说有三,不可混而同一。有虚无之无用者,有有余之无用者,有不可用之无用者。虚无之无用者,则老子埏埴凿户之说,其用在所无也。有余之无用者,则侧足之喻,其用必假于余也。不可用之无用者,苗之莠粟之秕也。</u>今庄之坏法乱伦,是秕莠之无用矣,而自同于有余之无用,不亦谬乎?此所谓体虚无而未知虚无之妙也。②

钱锺书之引文,虽与原文意思出入不大,但差别还是较明显。

---

① [清]董浩等编:《全唐文》,中华书局 1983 年版,第 8445 页。
② [清]董浩等编:《全唐文》,中华书局 1983 年版,第 8445—8446 页。

七 一三章

有身为患

[原文]

"吾所以有大患者,为吾有身;及吾无身,吾有何患?"[1] 按要言不烦,实情不虚,设难问如立木义[2]。一切欲超越凡人、脱离尘网之教理道术,莫非试解木义之锯义也。团词提挈,略有三焉。[3]

[涉典考释与评注]

[1]《老子》第13章王弼注的全部内容如下。

其一,王注"宠辱若惊,贵大患若身。何谓宠辱若惊? 宠为下,得之若惊,失之若惊,是谓宠辱若惊"为:

宠必有辱,荣必有患,惊辱等,荣患同也。为下,得宠辱荣患若惊,则不足以乱天下也。

其二,王注"何谓贵大患若身"为:

大患,荣宠之属也。生之厚,必入死之地,故谓之大患也。人迷之于荣宠,返之于身,故曰大患若身也。

其三,王注"吾所以有大患者,为吾有身"为:

由有其身也。

其四,王注"及吾无身"为:

归之自然也。

其五,王注"吾有何患？故贵以身为天下,若可寄天下"为:

无以易其身,故曰贵也。如此乃可以托天下也。

其五,王注"爱以身为天下,若可托天下"为:

无物可以损其身,故曰爱也。如此乃可以寄天下也,不以宠辱荣患损易其身,然后乃可以天下付之也。①

[2]此处,钱锺书所谓"设难问如立木义",与后文"木义之锯义"之说,据文推定,均来自佛教之说。"设难问",即是佛教之中的提问与答问,如《坛经》"付嘱品第十"中,六祖惠能在去世前便教弟子如何问答;而"立木义",即下文注【3】十一祖富那夜奢尊者与马鸣大士之间关于"佛"的问答,一来一往,如锯锯木,可能永无结论。"设难问如立木义",说明的是设难设问完全有可能如佛教中以锯锯木,要么无解,要么立地成佛。

[3]《五灯会元》卷一"十一祖富那夜奢尊者"曰:

十一祖富那夜奢尊者,华氏国人也。姓瞿昙氏,父宝身。既得法于胁尊者,寻诣波罗奈国,有马鸣大士迎而作礼。问曰:"我欲识佛,何者即是?"祖曰:"汝欲识佛,不识者是。"曰:"佛既不识,焉知是乎?"祖曰:"既不识佛,焉知不是?"曰:"此是锯义。"祖曰:"彼是木义。"祖问:"锯义者何?"

曰:"与师平出。"马鸣却问:"木义者何?"祖曰:"汝被我解。"马鸣豁然省悟,稽首皈依,遂求剃度。祖谓众曰:"此大士者,昔为毗舍利国王。其国,有一类人如马裸露,王运神力分身为蚕,彼乃得衣。王后复生中印度,马人感恋悲鸣,因号马鸣焉。如来记云:'吾灭度后六百年,当有贤者马鸣于波罗奈国,摧伏异道,度人无量,继吾传化。'今正是时。"即告之曰:"如来大法眼藏,今付于汝。"即说偈曰:"迷悟如隐显,明暗不相离。今付隐显法,非一亦非二。"

尊者付法已,即现神变,湛然圆寂。众兴宝塔,以閟全身。即安王十九年戊戌岁也。②

---

① ［魏］王弼:《影印文渊阁四库全书·子部·道家类·老子道德经》(第1055册),台湾商务印书馆1983年版,第144页。

② ［宋］普济著,苏渊雷点校:《五灯会元》,中华书局1984年版,第20页。

从上述引文可知,十一祖富那夜奢尊者是锯,而马鸣大士则成为被锯所解的木。富那夜奢尊者与马鸣大士的问答,有如庄子中的"子非鱼"之辨,若无解决之法,有可能被永远追问下去。钱锺书认为,"一切欲超越凡人、脱离尘网之教理道术",可解此结,他总结了三个层面的内涵,本则即集中论述这三个层面。

所谓"囷词提挈",即常语所谓"总而言之",从诸多说法中提炼出主要观点之意。

[原文]

一者欲"吾有身"而又无"患"。《朱文公全集》卷四五《答丘子服》之一论此章曰:"其爱身也至矣,此其学之传所以流而为杨氏之为我也";[1] 严复评亦曰:"此章乃杨朱为我、庄周养生之所本。"[2] 兹申其义。《史记·封禅书》记齐、燕方士"为方仙道,形解销化";道士踵事加厉,炼气、辟谷、烧丹、羽化,皆求保精、气、神而除老、病、死也。[3] 老子于"贵身"、"爱身",庄子于"养生"、"不以害其生",略标旨趣,未示科条;[4] 白居易《海漫漫》所谓:"何况玄元圣祖五千言,不言药,不言仙,不言白日升青天。"[5]

【增订四】明罗钦顺《整知记》:"今之道家盖源于古之巫祝,与老子殊不相干。老子诚亦异端,然……道德五千言具在,于凡祈禳、禜祷、经呪、符箓等事,初未有一言及之。而道家立教,乃推尊老子,跻之三清之列,以为其知之所从出,不亦妄乎!"[6] 即白居易《海漫漫》之意。

故道流之从事长生方术者,或病其迂阔无补,如《抱朴子·释滞》云:"五千文虽出老子,然皆泛论较略耳,其中了不肯首尾全举其事、有可承按者也。但暗诵此经,而不得要道,直为徒劳耳,又况不及者乎!至于文子、庄子、关令尹喜之徒,其属文华,虽祖述黄、老,宪章玄虚,但演其大旨,永无至言。或复齐死生为无异,以存活为徭役,以殂殁为休息。其去神仙已千亿里矣!岂云耽玩哉?"[7]

【增订三】《庄子·养生主》:"可以尽年",郭象注:"夫养生非求过分,盖全理尽年而已。"[8]《淮南子·俶真训》:"是故伤死者,其鬼娆,时既者,其神漠。是皆不得形神俱没也。"高诱注:"'漠'定也。……道家养形养神,皆以寿终,形神俱没,不但'漠'而已也。老子曰:'以道莅天下,其鬼不神',此谓俱没也。"[9]此盖道家本旨,"贵身"、"养生",只期"尽年"、"寿终"而"形神俱没";葛洪所以讥其"去神仙千亿里"也。《汉书·艺文志·神仙》:"聊以荡意平心,同死生之域,而无怵惕于胸中",[10]近《淮南》之说;虽曰"神仙",而亦"去神仙千亿里"矣!"伤死者鬼娆",可参观《左传》昭公七年子产论"强死者、其魂魄犹能冯依于人以为淫厉"。[11]

　　道士于道家冒名顶替,托梁易柱,葛洪独夷然不屑,彼法中之特立畸行者也。北魏崔浩攘斥佛、老而崇信道士,足为洪言左证。[12]梁释慧皎不废老、庄,其《高僧传》卷一〇《昙始传》谓浩"少习左道";[13]《魏书·崔浩传》记浩不好老、庄,每读不过数十行辄弃之曰:"此矫诬之说,不近人情,必非老子所作!"又师事"天师"寇谦之,受《神中录图新经》,修摄养之术。[14]盖惑于"左道",转疑道君五千文之伪,如黎邱丈人之反以真子为奇鬼矣。[15]"不近人情"、即王羲之《兰亭诗序》所谓"一死生为虚诞,齐彭殇为妄作"(别详《全晋文》卷论王《序》)[16]。葛洪乃道流之正而不谲者,故质言《老子》之无神"要道";道流之谲者,不捐弃《老子》而反诵说之,假借其高名,附会其微言。[17]观《楚辞·远游》以道家之"真人"与方士之"仙人"同流,知道术概同,芳泽杂糅,由来旧矣。[18]后世如《云笈七签》卷一〇引《老君太上虚无自然本起经》说《老子》四二章"三生万物",谓"三"指气、神、精;卷四七引《玄门大论三一诀》说一四章云:"三者,精、神、气也。'夷'即是精,'希'即是神,'微'即是气";卷五五引《入室思赤子法》、卷五六引《元气论》说五五章"比于赤子"云:"上补泥丸,下壮元气","阴阳相感溉,精凝成童子";[19]《悟真篇》卷中《七言绝句》第一二首:"《阴灵符》宝字逾三百,《道德》灵文祇五千;今古神仙无限数,尽从此地达真诠";[20]莫不卖马脯而悬羊头以为招。其它养性延命、服食采补等口诀囊方,心痴语妄,均欲能有身而无其患、能有生而无老、病、死尔。[21]

［涉典考释与评注］

[1]朱熹《答邱子服(膺)》一文不长,其文曰:

"宠辱若惊,贵大患若身",贵犹重也,言宠辱细故,而得之犹若惊焉,若世之大患,则犹当贵重之而不可犯,如爱其身也。宠为下者,宠人者上于人者也,宠于人者下于人者也,是辱固不待言,而宠亦未足尚。今乃得之而犹若惊,而况大患与身为一,而可以不贵乎? 若使人于大患皆若其将及于身而贵重之,则必不敢轻以其身深预天下之事矣。得如是之人而以天下托之,则其于天下必能谨守如爱其身,而岂有祸败之及哉? 老子言"道之真,以治身",又言"身与名孰亲",而其言"外其身"、"后其身"者,其实乃所以先而存之也,其爱身也至矣。此其学之传所以流而为杨氏之"为我"也。苏子由乃以"忘身"为言,是乃佛家梦幻炮影之遗意,而非老氏之本真矣。①

钱锺书提出的第一个观点,是想要有身而又无祸患,所引述之朱熹《答邱子服(膺)》一文,首先指出大患不可犯,应如爱其身般谨慎待之;其次,大患若与身为一,则更不可不贵;其三,身更贵,所谓后其身,实则是存其身,最终成为杨朱之"为我"。通观朱熹之文,正契合此意。

[2]严复评《老子》第13章曰:

此章乃杨朱为我,庄周养生之所本。(此批在十三章篇首,系总评十三章者。)

夫世固不足以宠辱我也,以吾惊之,故有宠辱。亦无谓贵大患也,自吾有身,而后有贵大患。闻道则不惊,得道则无身。凡皆不勉自然之事,犹长者之不欣竹马泥娃,勉者所不能也。(此批在"宠辱若惊,贵大患若身。……吾所以有大患者,为吾有身"数句上。)

惟无身者,能贵爱其身也。(此批在"及吾无身,吾有何患? 故贵以身为天下,若可寄天下;爱以身为天下,若可托天下"数句上。)②

---

①　[宋]朱熹:《朱子全书》,上海古籍出版社、安徽教育出版社2002年版,第2066—2067页。
②　王栻:《严复集》(四),中华书局1986年版,第1080页。

严复"此章乃杨朱为我、庄周养生之所本"之评,正合"贵身"之本义。

[3]《史记·封禅书》言:

自齐威、宣之时,驺子之徒论著终始五德之运,及秦帝而齐人奏之,故始皇采用之。而宋毋忌、正伯侨、充尚、羡门高最后皆燕人,为方仙道,形解销化,依于鬼神之事。驺衍以阴阳主运显示诸侯,而燕齐海上之方士传其术不能通,然则怪迂阿谀苟合之徒自此兴,不可胜数也。①

[4]《庄子·让王篇》曰:

尧以天下让许由,许由不受。又让于子州支父,子州支父曰:"以我为天子,犹之可也。虽然,我适有幽忧之病,方且治之,未暇治天下也。"夫天下至重也,而不以害其生,又况他物乎!唯无以天下为者,可以托天下也。②

《庄子》"让王篇"认为,天下虽重,但与害身相比则轻,是典型的贵生思想。

[5]白居易《海漫漫—戒求仙也》全诗为:

海漫漫,直下无底傍无边。云涛烟浪最深处,人传中有三神山。山上多生不死药,服之羽化为天仙。秦皇汉武信此语,方士年年采药去。蓬莱今古但闻名,烟水茫茫无觅处。海漫漫,风浩浩,眼穿不见蓬莱岛。不见蓬莱不敢归,童男丱女舟中老。徐福文成多诳诞,上元太一虚祈祷。君看骊山顶上茂陵头,毕竟悲风吹蔓草。何况玄元圣祖五千言,不言药,不言仙,不言白日升青天。③

[6]罗钦顺(1465—1547年),字允升,号整庵,泰和(今江西省泰和县)人,明代著名哲学家,著有《困知记》、《整庵存稿》、《整庵续稿》等,但无《整知记》,当误。《提要》评《困知记》曰:"《困知记》二卷,《续录》二卷,《附录》一卷。……钦顺潜心理学,深有得于性命理气之微旨。晚年乃述为是编,以发明之,前记成于嘉靖戊子,凡一百五十六章。《续记》成于嘉靖辛卯,凡一百一十

---

① [汉]司马迁撰,[宋]裴骃集解,[唐]司马贞索隐,[唐]张守节正义:《史记》,中华书局1999年版,第1170页。
② 陈鼓应注译:《庄子今注今译》,中华书局1983年版,第792页。
③ [唐]白居易:《影印文渊阁四库全书·集部·别集类·白氏长庆集》(第1080册),台湾商务印书馆1983年版,第34页。

三章。《附录》一卷,皆与人论学之书,凡六首。钦顺自称初官京师,与一老僧论佛,漫举禅语为答。意其必有所得,为之精思达旦,恍然而悟。既而官南雍,取圣贤之书潜玩,久之渐觉就实,始知所见者乃此心虚灵之妙,而非性之理。自此研磨体认,积数十年,始确有以自信。盖其学本真,积力久而后得之,故专以躬行实践为务,而斥王守仁良知之非,尝与守仁书讲辨甚,至此书摘发理奥,明白直捷,于后学实有启迪之功。其痛辟佛教,反复抉摘,因人之所明而牖之,尤为详尽。"①

《困知记》续卷上第三十一章曰:

今之道家,盖源于古之巫祝,与老子殊不相干。老子诚亦异端,然其为道主于深根固蒂,长生久视而已。道德五千言具在,于凡祈禳、禜祷、经呪、符箓等事,初未有一言及之。而道家立教,乃推尊老子,置之三清之列,以为其教之所从出,不亦妄乎! 古者用巫祝以事神,建其官,正其名,辨其物,盖诚有以通乎幽明之故,故专其职掌,俾常一其心志以导迎二气之和,其义精矣。去古既远,精义浸失,而淫邪妖诞之说起。所谓经呪符箓,大抵皆秦汉间方士所为,其泯灭而不传者计亦多矣,而终莫之能绝也。今之所传,分明远祖张道陵,近宗林灵素辈,虽其为用,不出乎祈禳禜祷,然既已失其精义,则所以交神明者率非其道,徒滋益人心之惑,而重为世道之害尔。望其消灾而致福,不亦远乎! 盖老子之善成其私,固圣门所不取,道陵辈之祷张为幻,又老子之所不屑为也。欲攻老氏者,须分为二端,而各明辨其失,则吾之说为有据,而彼虽桀黠亦无所措其辞矣。②

[7]《抱朴子·内篇》"释滞卷八"云:

抱朴子曰:"道书之出于黄、老者,盖少许耳,率多后世之好事者,各以所知见而滋长,遂令篇卷至于山积。古人质朴,又多无才,其所论物理,既不周悉,其所证按,又不著明,皆阙所要而难解,解之又不深远,不足以演畅微言,开示愤悱,劝进有志,教戒始学,令知玄妙之涂径,祸福之源流也。徒诵之万遍,殊无可得也。虽欲博涉,然宜详择其善者,而后留意,至于不要之道书,不足寻绎也。末学者或不别作者之浅深,其于名为道家之言,便写取累箧盈筐,尽心思索其中。是探燕巢而求凤卵,搜井底而捕鳝鱼,虽加至勤,非其所有也。不得必可施用,无故消弃日月,空有疲困之劳,了无锱铢之益也。进失当世之务,退无长生之效,则莫不指点之,曰:'彼修道如此之勤,而不得度世,是天下果无不死之法也。'而不知彼之求仙,犹临河羡鱼,而无网罟,非河中之无鱼也。又五千文虽出老子,然皆泛论较略耳。其中了不肯首尾全举其事,有可承按者也。但暗诵此经,而不得要道,直为徒劳耳,又况不及者乎?至于文子、庄子、关令尹喜之徒,其属文笔,虽祖述黄、老,宪章玄虚,但演其大旨,永无至言。或复齐死生,谓无异以存活为徭役,以殂殁为休息,其去神仙,已千亿里矣,岂足耽玩哉?其寓言譬喻,犹有可采,以供给碎用,充御卒乏,至使末世利口之奸佞、无行之弊子,得以老、庄为窟薮,不亦惜乎?"①

[8]《庄子·养生主》开首即言:

吾生也有涯,而知也无涯。以有涯随无涯,殆已;已而为知者,殆而已矣!为善无近名,为恶无近刑。缘督以为经,可以保身,可以全生,可以养亲,可以尽年。②

郭象认为,庄子的养生:"夫生以养存,则养生者理之极也。若乃养过其极,以养伤生,非养生之主也。"③可见,郭象的观点是适度养生,过则非养。所以,在【增订三】中,钱锺书引郭象注"可以尽年"为:

"苟得中而冥度,则事事无不可也。夫养生非求过分,盖全理尽年而已。"④

[9]《淮南子·俶真训》有曰:

夫水向冬则凝而为冰,冰迎春则泮而为水,冰水移易于前后,若周员而趋,

---

① 张松辉译注:《抱朴子内篇》,中华书局 2011 年版,第 257—258 页。
② [清]郭庆藩撰,王孝鱼点校:《庄子集释》,中华书局 1961 年版,第 115 页。
③ [清]郭庆藩撰,王孝鱼点校:《庄子集释》,中华书局 1961 年版,第 115 页。
④ [清]郭庆藩撰,王孝鱼点校:《庄子集释》,中华书局 1961 年版,第 117 页。

孰暇知其所苦乐乎？是故形伤于寒暑燥湿之虐者,形苑而神壮;神伤乎喜怒思虑之患者,神尽而形有余。故罢马之死也,剥之若槁;狡狗之死也,割之犹濡。是故伤死者,其鬼娆,时既者,其神漠,是皆不得形神俱没也。夫圣人用心,杖性依神,相扶而得终始,是故其寐不梦,其觉不忧。①

高诱注"时既者其神漠"为:

既,尽也,时既当老,则神寂漠,漠,定也。

高诱注"是皆不得形神俱没也"为:

道家养形养神,皆以寿终,形神俱没,不但"漠"而已也。②

而检索《影印文渊阁四库全书·子部·淮南鸿烈解》"俶真训"高诱注,并未有"老子曰:'以道臨天下,其鬼不神',此谓俱没也。"钱本何自,未知。

[10]《汉书》卷三十"艺文志第十"言"神仙":

神仙者,所以保性命之真,而游求于其外者也。聊以荡意平心,同死生之域,而无怵惕于胸中。然而或者专以为务,则诞欺怪迂之文弥以益多,非圣王之所以教也。孔子曰:"索隐行怪,后世有述焉,吾不为之矣。"③

此处,对道家的"贵身"、"养生"之本来目的,进行了还原,道家之养生,关注的是当下生命的健康与圆满,而非追求长生不老、成仙成神。

[11]《左传》昭公七年载:

及子产适晋,赵景子问焉,曰:"伯有犹能为鬼乎?"子产曰:"能。人生始化曰魄,既生魄,阳曰魂。用物精多,则魂魄强。是以有精爽,至于神明。匹夫匹妇强死,其魂魄犹能冯依于人,以为淫厉,况良霄,我先君穆公之胄,子良之孙,子耳之子,敝邑之卿,从政三世矣。郑虽无腆,抑谚曰蕞尔国,而三世执其政柄,其用物也弘矣,其取精也多矣。其族又大,所冯厚矣。而强死,能为鬼,不亦宜乎?"④

① 刘文典撰,冯逸、乔华点校:《淮南鸿烈集解》,中华书局1989年版,第47—48页。
② [汉]刘安撰,高诱注:《影印文渊阁四库全书·子部·淮南鸿烈解》(第848册),台湾商务印书馆1983年版,第521页。
③ [汉]班固撰,[唐]颜师古注:《汉书》,中华书局1999年版,第1397页。
④ 李梦生撰:《左传译注》,上海古籍出版社2004年版,第990页。

[12]此处,钱锺书涉及的,其实是道教与道家的区划问题。道教与道家之间的关系,历来聚讼甚多,有主张道家即道教者,有主张道家与道教不同者,自此处文字看出,钱锺书是持道家与道教不同的观点,特别以葛洪与崔浩为例以明之。

[13]《高僧传》卷一〇"宋伪魏长安释昙始"言:

释昙始,关中人,自出家以后,多有异迹。晋孝武大元之末,赍经律数十部,往辽东宣化。显授三乘,立以归戒,盖高句骊闻道之始也。义熙初,复还关中,开导三辅。始足白于面,虽跣涉泥水,未尝沾湿,天下咸称白足和上。

时长安人王胡,其叔死数年,忽见形还,将胡遍游地狱,示诸果报。胡辞还,叔谓胡曰:"既已知因果,但当奉事白足阿练。"胡遍访众僧,唯见始足白于面,因而事之。

晋末朔方凶奴赫连勃勃破获关中,斩戮无数。时始亦遇害,而刀不能伤,勃勃嗟之,普赦沙门,悉皆不杀。

始于是潜遁山泽,修头陀之行。后拓跋焘复克长安,擅威关、洛。时有博陵崔皓,少习左道,猜嫉释教。既位居伪辅,焘所仗信,乃与天师寇氏说焘以佛教无益,有伤民利,劝令废之。焘既惑其言,以伪太平七年,遂毁灭佛法。分遣军兵,烧掠寺舍,统内僧尼,悉令罢道。其有窜逸者,皆遣人追捕,得必枭斩。一境之内,无复沙门。始唯闭绝幽深,军兵所不能至。

至太平之末,知焘化时将及,以元会之日,忽杖锡到宫门。有司奏云:"有一道人,足白于面,从门而入。"焘令依军法,屡斩不伤。遽以白焘。焘大怒,自以所佩剑斫之,体无余异,唯剑所着处有痕如布线焉。时北园养虎于槛,焘令以始喂之,虎皆潜伏,终不敢近。试以天师近槛,虎辄鸣吼。焘始知佛化尊高,黄老所不能及。即延始上殿,顶礼足下,悔其愆失。始为说法,明辩因果。焘大生愧惧,遂感疠疾。崔、寇二人次发恶病,焘以过由于彼,于是诛剪二家,门族都尽。宣下国中,兴复正教。俄而焘卒。孙浚袭位。方大弘佛法,盛迄于今。始后不知所终。①

---

① [梁]释慧皎著,朱恒夫、王学钧、赵益注译:《高僧传》,陕西人民出版社 2009 年版,第600—601 页。

[14]《魏书》卷三十五"列传第二十三"为"崔浩传",其文有曰:

初,浩父疾笃,浩乃剪爪截发,夜在庭中仰祷斗极,为父请命,求以身代,叩头流血,岁余不息,家人罕有知者。及父终,居丧尽礼,时人称之。袭爵白马公。朝廷礼仪、优文策诏、军国书记,尽关于浩。浩能为杂说,不长属文,而留心于制度、科律及经术之言,作家祭法,次序五宗,蒸尝之礼,丰俭之节,义理可观。<u>性不好《老》《庄》之书,每读不过数十行,辄弃之,曰:"此矫诬之说,不近人情,必非老子所作。</u>老聃习礼,仲尼所师,岂设败法之书,以乱先王之教。韦生所谓家人筐箧中物,不可扬于王庭也。"①

崔浩师"天师"寇谦之事,"崔浩传"载曰:

及车驾之还也,浩从太宗幸西河、太原。登憩高陵之上,下临河流,傍览川域,慨然有感,遂与同僚论五等郡县之是非,考秦始皇、汉武帝之违失。好古识治,时伏其言。天师寇谦之每与浩言,闻其论古治乱之迹,常自夜达旦,竦意敛容,无有懈倦。既而叹美之曰:"斯言也惠,皆可底行,亦当今之皋繇也。但世人贵远贱近,不能深察之耳。"因谓浩曰:"吾行道隐居,不营世务,忽受神中之诀,当兼修儒教,辅助泰平真君,继千载之绝统。而学不稽古,临事暗昧。卿为吾撰列王者治典,并论其大要。"浩乃著书二十余篇,上推太初,下尽秦汉变弊之迹,大旨先以复五等为本。

世祖即位,左右忌浩正直,共排毁之。世祖虽知其能,不免群议,故出浩,以公归第。及有疑议,召而问焉。浩纤妍洁白,如美妇人。而性敏达,长于谋计。常自比张良,谓已稽古过之。<u>既得归第,因欲修服食养性之术,而寇谦之有《神中录图新经》,浩因师之</u>。②

[15]黎丘丈人事出《吕氏春秋》卷二十二"慎行论第二"之"疑似":

梁北有黎丘部,有奇鬼焉,喜效人之子侄昆弟之状,邑丈人有之市而醉归者,黎丘之鬼效其子之状,扶而道苦之。丈人归,酒醒,而诮其子曰:"吾为汝父也,岂谓不慈哉?我醉,汝道苦我,何故?"其子泣而触地曰:"孽矣! 无此事

---

① [北齐]魏收撰《魏书》,中华书局1999年版,第548页。
② [北齐]魏收撰《魏书》,中华书局1999年版,第550页。

也。昔也往责于东邑人，可问也。"其父信之，曰："嘻！是必夫奇鬼也！我固尝闻之矣。"明日端复饮于市，欲遇而刺杀之。明旦之市而醉，其真子恐其父之不能反也，遂逝迎之。丈人望其真子，拔剑而刺之。丈人智惑于似其子者，而杀其真子。夫惑于似士者，而失于真士，此黎丘丈人之智也。疑似之迹，不可不察，察之必于其人也。舜为御，尧为左，禹为右，入于泽而问牧童，入于水而问渔师，奚故也？其知之审也。夫孪子之相似者，其母常识之，知之审也。①

[16]《管锥编·全上古三代秦汉三国六朝文》第106则"《全晋文》卷二六"专论王羲之《三月三日兰亭诗序》。之中论及王羲之书法的内容较多，如"之"字的写法。对《兰亭序》之内容亦有评论："窃谓羲之之文，真率萧闲，不事琢磨，寥寥短篇，词意重沓。"②但论述的主题与本节"贵身"无太多关联。

[17]此处，钱锺书实际是在论述，对待《老子》，道教中人，各有不同。葛洪等人，深识道教内质，认为《老子》一书，与道教无大干系，而怀阴私者，附会《老子》，博得高名，为道教之大害者。

[18]王逸《楚辞章句第五》认为，"远游""文彩铺发，遂叙妙思，托配仙人，与俱游戏，周历天地，无所不到"。③"远游"中有曰：

闻赤松之清尘兮，

愿承风乎遗则。

贵真人之休德兮，

美往世之登仙。

与化去而不见兮，

名声著而日延。④

洪兴祖《补注》曰："《列仙传》：赤松子，神农时为雨师，服水玉，教神农，能入火自烧。至昆山上，常止西王母石室，随风雨上下。炎帝少女追之，亦得仙

① 许维遹：《吕氏春秋集释》（上、下），中华书局2009年版，第608—610页。
② 钱锺书：《管锥编》，三联书店2007年版，第1765页。
③ ［宋］洪兴祖撰，白化文等点校：《楚辞补注》，中华书局1983年版，第163页。
④ ［宋］洪兴祖撰，白化文等点校：《楚辞补注》，中华书局1983年版，第164页。

俱去。张良欲从赤松子游,即此也。"①

"道术同概"是钱锺书在《管锥编》中反复申说的主题,如在《管锥编·周易正义》中论及"政教"时,便指出宗教在为统治服务这一点上,完全同质。

[19]《云笈七签》卷一〇《老君太上虚无自然本起经》曰:

道者,谓太初也。太初者,道之初也。初时为精,其气赤盛,即为光明,名之太阳,又曰元阳子丹。丹复变化即为道君,故曰道之初藏在太素之中,即为一也。太素者,人之素也。谓赤气初变为黄气,名曰中和,中和变为老君,又为神君,故曰黄神来入骨肉形中,成为人也;故曰人之素藏在太始之中,此即为二也。太始者,气之始也。谓黄气复变为白气,白气者,水之精也。名太阴,变为太和君,水出白气,故曰气之始也,此即为三气也。夫三始之相包也,气包神,神包精,故曰白包黄,黄包赤,赤包三,三包一,三一混合,名曰混沌。故老君曰:<u>一生二,二生三,三生万物</u>。又曰:混沌若鸡子。此之谓也。夫人形者,主包含此三一,故曰三生,又曰三精,又曰三形。元包含神,神得气乃生,能使其气常生,其气如此,三事当相生成。②

其后文又曰:

夫人形体为一,神为二,气为三;此三三一乃成人。又<u>神为一,气为二,精为三</u>;此三三一乃复成神。又天为一,地为二,人为三;此三三一乃复成道德。天地之本三一者,谓虚为一,虚中有自然,已立身也,亦道君、亦元阳子丹也、亦贵人也、亦神人也;其左方之一者,亦天也、亦日也、亦父也、亦阳也、亦得也、亦师也、亦魂也,为人主作政也;其右方之一者,亦地也、亦月也、亦母也、亦阴也、亦形也、亦司命鬼,为邪为魔,主为人作邪恶。贤者当晓了此三三一,分别善恶邪正。觉知此者,便能得道。③

检四库本《云笈七签》,卷四七无《玄门大论三一诀》,卷四十九载《玄门大

---

① [宋]洪兴祖撰,白化文等点校:《楚辞补注》,中华书局 1983 年版,第 164 页。

② [宋]张君房撰:《影印文渊阁四库全书·子部·道家类·云笈七签》(第 1060 册),台湾商务印书馆 1983 年版,第 89 页。

③ [宋]张君房撰:《影印文渊阁四库全书·子部·道家类·云笈七签》(第 1060 册),台湾商务印书馆 1983 年版,第 92 页。

论三一诀》(并叙),其文有曰:

夫三一者,盖乃智照无方,神功不测,恍分为像,金容玉质之姿,窈分有精,混一会三之致。因为观境,则开众妙之门,果用成德,乃极重玄之道。《道经》云:三者不可致诘,故混而为一。《洞神经三环诀》云:精、神、气也。

《释名》云:三一者,精、神、气,混三为一也。精者,虚妙智照之功;神者,无方绝累之用;气者,方所形相之法也。亦曰希、微、夷。希,疏也,微,细也;夷,平也。夷即是精,希即是神,微即是气。精言夷者,以知万境,均为一照也;神言希者,以神于无方,虽遍得之,甚疏也;气言微者,以气于妙本,义有非粗也。精对眼者,眼故见明,义同也;耳对神者,耳空故闻无,义同也;鼻对气,触于体,义相扶也。①

《云笈七签》卷五十五"魂神部二"之《入室思赤子法》文曰:

老子曰:吾道生于惚恍而无形,视之不可见,听之不可闻,随之不见其后,迎之不见其首。包含于天地之表,还入于毫毛之里,分之为日月阴阳,含之为夫妇。演布于八卦,乾坤为头首。胞胎转相生,变化有前后。处任为十月,结定神备有,虚无把录籍,司命往奉寿。阳精为室宅,包形立相待,阴阳相感溉,开闭藏其里,清转上为头,精凝成童子,璇玑与玉衡,鼻为其梁柱。合观于八极,两半共为友;合精于子午,藏形于卯酉。明堂开四仲,洞房在其后,丹田著后宫,自口王父母。丙午拜真人,丁巳伏命受,戊寅衔丹录,光曜所藏止。精明合且离,出规还入矩,钧明照神后,往来有配偶。皇制有其阶,自然如云雨,阳出真人阴。学之为师父,栖宿有常处,正在洞房里,三五运返覆。甲癸邀辰巳。子午都集会,吾道自索子,邀之于南极。真人自告子,安之令审谛,枯木不烦扰,乙壬于寅卯,午申亦相须,丙辛于亥酉,未戌邀中野,吾道已见矣,忽然无所有,丁庚子与午,戊己卯与酉,失候不相睹,吾道去万里,周旋天地间,伤命还害子,观吾阴与阳,交精相哺乳。此谓养赤子,勿失其时矣。②

① [宋]张君房撰:《影印文渊阁四库全书·子部·道家类·云笈七签》(第1060册),台湾商务印书馆1983年版,第524页。
② [宋]张君房撰:《影印文渊阁四库全书·子部·道家类·云笈七签》(第1060册),台湾商务印书馆1983年版,第583—584页。

《云笈七签》卷五十六"诸家气法部一"《元气论》(并序)有文曰:

《上清洞真品》云:人之生也,禀天地之元气,为神为形;受元一之气,为液为精。天气减耗,神将散也;地气减耗,形将病也;元气减耗,命将竭也。故帝一回风之道,溯流百脉,<u>上补泥丸,下壮元气</u>。脑实则神全,神全则气全,气全则形全,形全则百关调于内,八邪消于外。元气实则髓凝为骨,肠化为筋,其由纯粹真精,元神元气,不离身形,故能长生矣。①

[20]《影印文渊阁四库全书·子部·道家类·悟真篇注疏》卷中"七言绝句六十四首以象八八六十四卦之数",将原卷中第27首,即:

先把乾坤为鼎器,次搏乌兔药来烹。既驱二物归黄道,争得金舟不解生。②

设为第一篇。

而将原第十二首列为第五十八首:

《阴符》宝字逾三百,《道德》灵文祇五千。今古上仙无限数,尽从此处达真诠。③

而钱锺书将《悟真篇》卷中《七言绝句》第一二首引述为:

《阴灵符》宝字逾三百,《道德》灵文祇五千。今古神仙无限数,尽从此地达真诠。

首先,七言绝句,一般不会首句出现八字,所以,"《阴符》宝字逾三百"更合情理。其次,"今古上仙无限数,尽从此处达真诠"述作"今古神仙无限数,尽从此地达真诠",亦小异。

[21]钱锺书此断语,均指出其以"欲有身又欲无患"这种心理诉求。

---

① [宋]张君房撰:《影印文渊阁四库全书·子部·道家类·云笈七签》(第1060册),台湾商务印书馆1983年版,第590页。

② [宋]张伯端撰,[元]翁葆光注,[元]戴起宗疏:《影印文渊阁四库全书·子部·道家类·悟真篇注疏》(第1061册),台湾商务印书馆1983年版,第462页。

③ [宋]张伯端撰,[元]翁葆光注,[元]戴起宗疏:《影印文渊阁四库全书·子部·道家类·悟真篇注疏》(第1061册),台湾商务印书馆1983年版,第492页。

[原文]

二者于吾身损之又损,减有而使近无,则吾虬患而或无所患。《庄子·山木》所谓:"少君之费,寡君之欲,虽无粮而乃足。"[1]禁欲苦行,都本此旨。心为形役,性与物移,故明心保性者,以身为入道进德之大障。憎厌形骸,甚于桎梏,克欲遏情,庶几解脱;神秘宗至以清净戒体为天人合一之梯阶(Evelyn Underhill, op. cit., 145, 169, 198, 231 (the purgative life and the unitive life).)。[2]《文子·上仁》[3]、《吕氏春秋·君守》[4]、《淮南子·主术训》[5]皆曰:"中欲不出谓之扃,外欲[一作'邪']不入谓之闭";《庄子·在宥》说"长生"曰:"目无所见,耳无所闻,心无所知,慎汝内,闭汝外。"[6]《老子》三章曰:"不见可欲,使民心不乱"[7],一二章曰:"五色令人目盲,五音令人耳聋,五味令人口爽"[8];《庄子·胠箧》进而欲"绝竽瑟","灭文章","塞瞽旷之耳","胶离朱之目"[9]。陆贾《新语·慎微》:"乃苦身劳形,入深山,求神仙,弃二亲,捐骨肉,绝五谷,废诗书,背天地之宝,求不死之道";[10]自苦其身以求自永其生,益复等而下之,盖汉初已有此等人,谓为《在宥》之变本别传也可。[11]释典于"身患"愈危言悚人。《大智度论·十方菩萨来释论》第一五:"问曰:'何以问少恼少病不?……何以不问无恼无病?……'答曰:'有身皆苦,……身为苦本,无不病时'";[12]《法苑珠林》卷九引《分别功德论》、卷七一引《譬喻经》皆记有人既死,鬼魂还自鞭其遗体,曰:"此尸困我","此是我故身,为我作恶";[13]《五灯会元》卷二〇宗元谓道谦行路即曰:"驼个死尸路上行"[14]斯多噶派大师诲人曰:"汝乃么么灵魂负载死尸耳"(Thou art, as Epictetus said, a little soul burdened with a corpse)(Marcus Aurelius, Meditations, IV. 41, tr. T. J. Jackson, 90; Epictetus, Discourses, IV. 1, "Loeb", II, 269. Cf. Ennéades, I.i.10, tr. É. Bréhier, I, 46.);神秘宗祖师自羞有身体(avoir honte d'être dans un corps)(La Vie de Plotin, in Ennéades, T.I, p.1.);圣·保罗诫徒众:"毋供养肉体,纵随嗜欲"(Make not provision for the flesh, to fulfil the lusts thereof)(The Romans, 11, 14.)。以身为羞、为患、为累,由嫌生厌,自厌生恨,遂以身为仇,不恤摧创之、残贼之(Francis Thompson: "Health and Ho-

liness":"The body was proclaimed enemy, and as an enemy it was treated"
(Works, III, 251).）。古希腊哲人（Democritus）自抉其眼,以为视物之明适
为见理之障,唯盲于目庶得不盲于心（oculorum impedimentis liberasset）
（Aulus Gellius, X. xvii,"Loeb", II, 260. Cf. Descartes, Méditations
métaphysiques.III:"Je fermerai maintenant les yeux, je boucherai mes oreil-
les, je détournerai tous mes sens", etc..）。[15] 男女为人生大欲,修道者尤思塞
源除根。《四十二章经》、《法句譬喻经》均载有人患淫不止,欲自断根,佛曰:
"不如断心";[16]《高僧传》二集卷三七《遗身篇·论》云:"又有未明教迹,淫
恼缠封,恐漏初篇,割从阉隶。……不晓反检内心,而迷削于外色,故根色虽
削,染爱愈增"[17]（Cf. Montesquieu, Lettres Persanes, ix, Garnier, 19, Le
Premier Eunuque:"Hélas! on éteignit en moi l'effet des passions, sans en
éteindre la cause."）;《太平广记》卷九四引《纪闻》记释仪光、卷九七引《朝野
佥载》记释空如均求不破色戒而自宫。[18]《新约全书》亦言"有人为登天而自
宫"（that made themselves eunuchs for the kingdom of heaven's sake）（Mat-
thew, 14 12; cf. Augustine, Confessions, VIII.1,"Loeb", I, 404.）;或有云阉者
之魂升举,上帝亲启天门以纳之（The Lord himself opens the kingdoms of the
heavens to the eunuchs）（E. Westermarck, Early Beliefs and their Social In-
fluence, 122-3.）;长老奥立经（Origen）之自犍最为著例。此更损身息患之可
悯笑者。中欲外邪,交扇互长,扇中以便绝外,绝外浸成厌世,仇身而遂仇
物。[19]《红楼梦》二一回宝玉酒后读《庄子·胠箧》,提笔增广之,欲"焚花散
麝","戕钗灰黛",俾"闺阁之美恶始相类"而"无恋爱之心",正是此旨。黛玉
作绝句讥之曰:"不悔自家无见识,却将丑语诋他人!"诚哉其"无见识"![20]
凡仇身绝物,以扇闭为入道进德之门者,胥于心之必连身、神之必系形（Leib
bin ich und Seele; und Seele ist nur ein Wort für ein Etwas am Leibe）（Nie-
tzsche, Also sprach Zarathustra,"Von den Verächten des Leibes", Werke,
hrsg. K. Schlechta, II, 300.）,不识无见也。[21]

[涉典考释与评注]

[1]钱锺书此处提出第二重观点:若减损以至于无,则身体遭遇少患或无患。

《庄子·山木》言:

市南宜僚见鲁侯,鲁侯有忧色。市南子曰:"君有忧色,何也?"

鲁侯曰:"吾学先王之道,修先君之业;吾敬鬼尊贤,亲而行之,无须臾居。然不免于患,吾是以忧。"

市南子曰:"君之除患之术浅矣!夫丰狐文豹,栖于山林,伏于岩穴,静也;夜行昼居,戒也;虽饥渴隐约,犹且胥疏于江湖之上而求食焉,定也;然且不免于罔罗机辟之患。是何罪之有哉?其皮为之灾也。今鲁国独非君之皮邪?吾愿君刳形去皮,洒心去欲,而游于无人之野。南越有邑焉,名为建德之国。其民愚而朴,少私而寡欲;知作而不知藏,与而不求其报;不知义之所适,不知礼之所将。猖狂妄行,乃蹈乎大方。其生可乐,其死可葬。吾愿君去国捐俗,与道相辅而行。"

君曰:"彼其道远而险,又有江山,我无舟车,奈何?"

市南子曰:"君无形倨,无留居,以为君车。"

君曰:"彼其道幽远而无人,吾谁与为邻?吾无粮,(我无食),安得而至焉?"

市南子曰:"少君之费,寡君之欲,虽无粮而乃足。君其涉于江而浮于海,望之而不见其崖,愈往而不知其所穷。送君者皆自崖而反。君自此远矣!故有人者累,见有于人者忧。故尧非有人,非见有于人也。吾愿去君之累,除君之忧,而独与道游于大莫之国。方舟而济于河,有虚船来触舟,虽有偏心之人不怒;有一人在其上,则呼张歙之;一呼而不闻,再呼而不闻,于是三呼邪,则必以恶声随之。向也不怒而今也怒,向也虚而今也实。人能虚己以游世,其孰能害之!"①

---

① 陈鼓应注译:《庄子今注今译》,中华书局 1983 年版,第 538—539 页。

[2]此处,钱锺书指出身体为进道之障碍等观点,均为常论。

[3]《文子》卷十"上仁"言:

老子曰:鲸鱼失水,则制于蝼蚁;人君舍其所守,而与臣争事,则制于有司。以无为持位,守职者以听从取容,臣下藏智而不用,反以事专其上。人君者,不任能而好自为,则智日困而自负;责数穷于下,则不能申理;行堕于位,则不能持制。智不足以为治,威不足以行刑,则无以与天下交矣。喜怒形于心,嗜欲见于外,则守职者离正而阿上,有司枉法而从风,赏不当功,诛不应罪,则上下乖心,君臣相怨,百官烦乱而智不能解,非誉萌生而明不能照,非己之失而反自责,则人主愈劳,人臣愈佚,是"代大匠斫。""夫代大匠斫者,希有不伤其手矣。"与马逐走,筋绝不能及也,上车摄辔,马死衡下,伯乐相之,王良御之,明主乘之,无御相之劳而致千里,善乘人之资也。人君之道,无为而有就也,有立而无好也;有为即议,有好即谀,议即可夺,谀即可诱。夫以建而制于人者,不能持国。故"善建者不拔",言建之无形也。唯神化者,物莫能胜。中欲不出谓之扃,外邪不入谓之闭。中扃外闭,何事不节;外闭中扃,何事不成。故不用之,不为之;而有用之,而有为之。不伐之言,不夺之事,循名责实,使自有司,以不知为道,以禁苛为主。如此,则百官之事,各有所考。①

[4]《吕氏春秋》审分览第五"君守"言:

二曰:得道者必静,静者无知。知乃无知,可以言君道也。故曰中欲不出谓之扃,外欲不入谓之闭。既扃而又闭。天之用密,有准不以平,有绳不以正。天之大静,既静而又宁,可以为天下正。身以盛心,心以盛智,智乎深藏,而实莫得窥乎。鸿范曰:"惟天阴骘下民。"阴之者,所以发之也。故曰:"不出于户而知天下,不窥于牖而知天道。其出弥远者,其知弥少。"故博闻之人、彊识之士,阙矣;事耳目,深思虑之务,败矣;坚白之察,无厚之辩,外矣。不出者,所以出之也。不为者,所以为之也。此之谓以阳召阳,以阴召阴。②

[5]《淮南鸿烈集解》卷九"主术训"中有言:

---

① ［周］辛钘撰:《影印文渊阁四库全书·子部·道家类·文子》(第1058册),台湾商务印书馆1983年版,第357页。

② 许维遹:《吕氏春秋集释》(上、下),中华书局2009年版,第438—439页。

是故君人者,无为而有守也,有为而无好也。有为则谮生,有好则谀起。昔者齐桓公好味而易牙烹其首子而饵之,虞君好宝而晋献以璧、马钓之,胡王好音而秦穆公以女乐诱之,是皆以利见制于人也。故善建者不拔。夫火热而水灭之,金刚而火销之,木强而斧伐之,水流而土遏之。唯造化者,物莫能胜也。故中欲不出谓之扃,外邪不入谓之塞。中扃外闭,何事之不节!外闭中扃,何事之不成!弗用而后能用之,弗为而后能为之。精神劳则越,耳目淫则竭。故有道之主,灭想去意,清虚以待,不伐之言,不夺之事,循名责实,使有司,任而弗诏,责而弗教,以不知为道,以奈何为宝。如此,则百官之事各有所守矣。①

[6]《庄子·在宥》有曰:

黄帝立为天子十九年,令行天下,闻广成子在于空同之山,故往见之,曰:"我闻吾子达于至道,敢问至道之精。吾欲取天地之精,以佐五谷,以养民人。吾又欲官阴阳,以遂群生,为之奈何?"

广成子曰:"而所欲问者,物之质也;而所欲官者,物之残也。自而治天下,云气不待族而雨,草木不待黄而落,日月之光益以荒矣,而佞人之心翦翦者,又奚足以语至道!"

黄帝退,捐天下,筑特室,席白茅,闲居三月,复往邀之。

广成子南首而卧,黄帝顺下风膝行而进,再拜稽首而问曰:"闻吾子达于至道,敢问:治身奈何而可以长久?"广成子蹶然而起,曰:"善哉问乎!来,吾语女至道:至道之精,窈窈冥冥;至道之极,昏昏默默。无视无听,抱神以静,形将自正。必静必清,无劳汝形,无摇汝精,乃可以长生。目无所见,耳无所闻,心无所知,汝神将守形,形乃长生。慎汝内,闭汝外,多知为败。我为汝遂于大明之上矣,至彼至阳之原也;为汝入于窈冥之门矣,至彼至阴之原也。天地有官,阴阳有藏,慎守汝身,物将自壮。我守其一以处其和,故我修身千二百岁矣,吾形未常衰。"

黄帝再拜稽首曰:"广成子之谓天矣!"

---

① 刘文典撰,冯逸、乔华点校:《淮南鸿烈集解》,中华书局1989年版,第300—301页。

广成子曰:"来! 余语汝:彼其物无穷,而人皆以为有终;彼其物无测,而人皆以为有极。得吾道者,上为皇而下为王;失吾道者,上见光而下为土。今夫百昌皆生于土而反于土。故余将去汝,入无穷之门,以游无极之野。吾与日月参光,吾与天地为常。当我,缗乎! 远我,昏乎! 人其尽死,而我独存乎!"①

[7]《老子》第三章曰:

不上贤,使民不争;不贵难得之货,使民不为盗;不见可欲,使民心不乱。

是以圣人之治也,虚其心,实其腹,弱其志,强其骨,恒使民无知无欲。使夫智者不敢为也。为无为,则无不治。②

[8]《老子》第一二章曰:

五色令人目盲;五音令人耳聋;五味令人口爽;驰骋畋猎,令人心发狂;难得之货,令人行妨。

是以圣人为腹不为目,故去彼取此。③

[9]《庄子·胠箧》言:

故曰:"鱼不可脱于渊,国之利器不可以示人。"彼圣人者,天下之利器也,非所以明天下也。故绝圣弃知,大盗乃止;掷玉毁珠,小盗不起;焚符破玺,而民朴鄙;掊斗折衡,而民不争;殚残天下之圣法,而民始可与论议。擢乱六律,铄绝竽瑟,塞师旷之耳,而天下始人含其聪矣;灭文章,散五采,胶离朱之目,而天下始人含其明矣;毁绝钩绳而弃规矩,攦工倕之指,而天下始人含其巧矣。削曾、史之行,钳杨、墨之口,攘弃仁义,而天下之德始玄同矣。彼人含其明,则天下不铄矣;人含其聪,则天下不累矣;人含其知,则天下不惑矣;人含其德,则天下不僻矣。彼曾、史、杨、墨、师旷、工倕、离朱,皆外立其德而爚乱天下者也,法之所无用也。④

[10]王利器所撰《新语校注》"慎微第六"指出:

黄震曰:"慎微言谨内行。"戴彦升曰:"《慎微篇》言'修于闺门之内,行于

---

① 陈鼓应注译:《庄子今注今译》,中华书局 1983 年版,第 304—305 页。
② 陈鼓应:《老子注译及评介》,中华书局 1984 年版,第 67 页。
③ 陈鼓应:《老子注译及评介》,中华书局 1984 年版,第 104 页。
④ 陈鼓应注译:《庄子今注今译》,中华书局 1983 年版,第 283—284 页。

纤微之事.'故道易见晓,而求神仙者,乃避世,非怀道,此亦取鉴秦皇,而早有见于新垣平等之事也。"唐晏曰:"此篇义主革君心之非,乃祛仁义之蔽也。"①

所以,王利器认为,"慎微"还是重在内心完善这个层面,这是"慎微"一词最重要的含义。

"慎微第六"中有言:

夫目不能别黑白,耳不能别清浊,口不能言善恶,则所谓不能也。故设道者易见晓,所以通凡人之心,而达不能之行。道者,人之所行也。夫大道履之而行,则无不能,故谓之道。故孔子曰:"道之不行也。"言人不能行之。故谓颜渊曰:"用之则行,舍之则藏,惟我与尔有是夫。"言颜渊道施于世而莫之用。由人不能怀仁行义,分别纤微,忖度天地,**乃苦身劳形**,入深山,求神仙,弃二亲,捐骨肉,绝五谷,废《诗》《书》,背天地之宝,求不死之道,非所以通世防非者也。②

[11]由苦身而求得永生,均为常见之论,佛、道均有此主张。

[12]《大智度论》卷第十"释初品中十方诸菩萨来之余"如是言:

【经】白佛言:"宝积如来致问世尊:少恼、少患、兴居轻利,气力安乐不?又以此千叶金色莲华,供养世尊。"

【论】……问曰:何以问少恼、少病不?答曰:有二种病:一者,外因缘病;二者,内因缘病。外者,寒热、饥渴、兵刃、刀杖、堕落、推压,如是等种种外患,名为恼。内者,饮食不节,卧起无常,四百四病,如是等种种,名为内病。如此二病,有身皆苦,是故问少恼、少患不! 问曰:何以不问无恼、无病,而问少恼、少患? 答曰:圣人实知身为苦本,无不病时。何以故? 是四大合而为身,地、水、火、风,性不相宜,各各相害。譬如疽疮,无不痛时,若以药涂,可得少差而不可得愈。人身亦如是,常病常治,治故得活,不治则死。以是故,不得问无恼、无病。外患,常有风雨、寒热为恼。复有身四仪:坐、卧、行、住,久坐则极恼,久卧、久住、久行皆恼。以是故,问少恼、少患。问曰:问少恼、少患则足,何

① 王利器撰:《新语校注》,中华书局 1986 年版,第 93 页。
② 王利器撰:《新语校注》,中华书局 1986 年版,第 93 页。

以复言兴居轻利？答曰：人虽病差，未得平复，以是故，问兴居轻利。问曰：何以故言气力安乐不？答曰：有人病差，虽能行步坐起，气力未足，不能造事施为，携轻举重，故问气力。有人虽病得差，能举重携轻，而未受安乐，是故问安乐不！问曰：若无病有力，何以未受安乐？答曰：有人贫穷、恐怖、忧愁，不得安乐，以是故，问得安乐不。复次，有二种问讯法：问讯身，问讯心。若言少恼、少患，兴居轻利，气力，是问讯身。若言安乐不，是问讯心。种种内、外诸病，名为身病；淫欲、瞋恚、嫉妒、悭贪、忧愁、怖畏等种种烦恼，九十八结，五百缠，种种欲愿等，名为心病。是二病问讯故，言少恼、少病，兴居轻利，气力安乐不。……①

[13]《法苑珠林校注》卷第六，而非第九，引《分别功德论》云：

又《分别功德论》云："有诸沙门行诸禅观，或在冢间，或在树下。时在冢间，观于死尸，夜见饥鬼打一死尸。沙门问曰：何以打此死尸耶？答曰：此尸困我如是，是以打之。道人曰：何以不打汝心，打此死尸？当复何益也。于须臾顷复有一天，以天文陀罗花散一臭尸。沙门问曰：何为散花此臭尸耶？答曰：我由此尸得生天上。此尸即是我之善友，故来散花，报往昔恩。道人答曰：何以不散花汝心中，乃散臭尸？夫为善恶之本，皆心所为，乃舍本求末耶。"②

《法苑珠林校注》卷第六十五，而非第七十一，引《譬喻经》云：

《譬喻经》云："昔外国有人死，魂还自鞭其尸。傍人问曰：是人已死，何以复鞭？报曰：此是我故身，为我作恶，见经戒不读，偷盗欺诈，犯人妇女，不孝父母，兄弟惜财，不肯布施。今死令我堕恶道中，勤苦毒痛，不可复言。"③

[14]《五灯会元》卷二〇载"开善道谦禅师"事：

建宁府开善道谦禅师，本郡人。初之京师依圆悟，无所省发。后随妙喜庵居泉南，及喜领径山，师亦侍行。未几，令师往长沙通紫岩居士张公书，师自谓："我参禅二十年，无入头处。更作此行，决定荒废。"意欲无行。友人宗元者

---

① （印）龙树菩萨著，[晋]鸠摩罗什译，弘学校勘：《大智度论校勘》，社会科学文献出版社2014年版，第128—129页。

② [唐]释道世著，周叔迦、苏晋仁校注：《法苑珠林校注》，中华书局2003年版，第187—188页。

③ [唐]释道世著，周叔迦、苏晋仁校注：《法苑珠林校注》，中华书局2003年版，第1717页。

叱曰:"不可在路便参禅不得也,去,吾与汝俱往。"师不得已而行,在路泣语元曰:"我一生参禅,殊无得力处。今又途路奔波,如何得相应去?"元告之曰:"你但将诸方参得底,悟得底,圆悟妙喜为你说得底,都不要理会。途中可替底事,我尽替你。只有五件事替你不得,你须自家支当。"师曰:"五件者何事,愿闻其要。"元曰:"著衣吃饭,屙屎放尿,驼个死尸路上行。"师于言下领旨,不觉手舞足蹈。元曰:"你此回方可通书。宜前进,吾先归矣。"元即回径山,师半载方返。①

[15]"以身为羞、为患、为累",诸多思想流派均持此主张,但是,采取极端手段来摧毁身体的,并不多见,毕竟,摧残身体,除却信仰邪恶之宗教者,少有人能真正下得了手。

[16]《四十二章经》有曰:

佛言:"有人患淫不止,欲自断阴。佛谓之曰:'若断其阴,不如断心。心如功曹,功曹若止,从者都息。邪心不止,断阴何益?'"佛为说偈:

欲生于汝意,意以思想生;

二心各寂静,非色亦非行。

佛言:"此偈是迦叶佛说。"②

《法句譬喻经》卷第一"教学品第二"曰:

昔佛在舍卫国祇树给孤独园,与诸天人、四辈说法。时有一年少比丘,为人顽愚、质直疏野,未解道要。情意兴盛思想于欲,阳气隆盛不能自制。以此为恼,不获度世。坐自思惟:"有根断者。然后清净,可得道迹。"即至檀越家从之借斧,还房闭户脱去衣服,坐木板上欲自斫阴:"正坐此阴令我勤苦,经历生死无央数劫,三涂六趣皆由色欲,不断此者无缘得道。"

佛知其意,愚痴乃尔,道从制心,心是根源。不知当死,自害堕罪,长受苦痛。于是世尊往入其房,即问比丘:"欲作何等?"放斧着衣礼佛自陈:"学道日久,未解法门,每坐禅定垂当得道,为欲所盖,阳气隆盛,意惑目冥,不觉天地。谛自责念:事皆由此,是以借斧欲断制之"。

---

① [宋]普济著,苏渊雷点校:《五灯会元》,中华书局1984年版,第1335—1336页。
② 尚荣译注:《四十二章经》,中华书局2010年版,第62页。

佛告比丘:"卿何愚痴,不解道理? 欲求道者,先断其痴,然后制心。心者善恶之根源,欲断根者,先制其心。心定意解,然后得道。"

于是世尊即说偈言:

学先断母,率君二臣。

废诸营从,是上道人。

佛告比丘:"十二因缘,以痴为本。痴者众罪之源,智者众行之本。先当断痴,然后意定。"佛说是已,比丘惭愧,即自责言:"我为愚痴,迷惑来久,不解古典,使如此耳。今佛所说,甚为妙哉。"内思正定,安般守意,制心伏情,杜闭诸欲,即得定意。在于佛前,逮得应真。①

[17]《高僧传》二集即《续高僧传》,共三十一卷,并无三十七卷。钱锺书所说"遗身篇"为第二十九卷,中有"论曰"这一部分,有言:

又有未明教迹,淫恼缠封,恐漏初篇,割从阉隶,矜诞为德,轻侮僧伦。圣教科治必有深旨,良以爱之所起者妄也,知妄则爱无从焉。不晓返检内心,而迷削于外色,故根色虽削,染爱逾增,深为道障,现充戒难,尚须加之摈罪,宁敢依之起福。②

[18]《太平广记》卷九四"异僧八"载仪光禅师为女色所逼迫事:

使君有女,年与禅师侔,见禅师悦之,愿致款曲,师不许。月余,会使君夫人出,女盛服多将使者来逼之。师固拒万端,终不肯。师绐曰,身不洁净,沐浴待命。女许诺,方令沐汤。师候女出,因之噤门。女还排户,不果入。自牖窥之,师方持削发刀,顾而言曰:"以有此根,故为欲逼,今既除此,何逼之为。"女惧,止之不可。遂断其根,弃于地,而师亦气绝。户既闭,不可开,女惶惑不知所出。俄而府君夫人到,女言其情。使君令破户,师已复苏。命良医至,以火烧地既赤,苦酒沃之,坐师于燃地,傅以膏,数月疾愈。③

---

① 荆三隆、邵之茜:《法句譬喻经注译与辨析》,中国社会科学出版社 2013 年版,第 20—21 页。

② [南朝·梁]慧皎等撰:《高僧传合集》,上海古籍出版社 2011 年版,第 360 页。

③ [宋]李昉等编:《太平广记》,中华书局 1961 年版,第 628 页。(注:引用时,引者据文意断句)

《太平广记》卷九七"异僧十一"载"空如禅师"事：

空如禅师者,不知何许人也。少慕修道,父母抑婚,以刀割其势,乃止。后成丁,徵庸课,遂以麻蜡裹臂,以火爇之,成废疾。入陆浑山,坐兰若。虎不暴。山中偶见野猪与虎斗,以藜杖挥之曰："檀越不须相争。"即分散。人皆敬之,无敢媟者。(出《朝野佥载》)①

[19]此处钱锺书所举"仇身"之例,虽然有趣,然仍为常谈,均是"损身息患"的俗套。

[20]《红楼梦》第二十一回"贤袭人娇嗔箴宝玉　俏平儿软语救贾琏"有曰：

因命四儿剪烛烹茶,自己看了一回《南华经》。正看至外篇《胠箧》一则,其文曰：

故绝圣弃智,大盗乃止;擿玉毁珠,小盗不起;焚符破玺,而民朴鄙;掊斗折衡,而民不争;殚残天下之圣法,而民始可与论议。擢乱六律,铄绝竽瑟,塞瞽旷之耳,而天下始人含其聪矣;灭文章,散五彩,胶离朱之目,而天下始人含其明矣;毁绝钩绳而弃规矩,攦工倕之指,而天下始人有其巧矣。

看至此,意趣洋洋,趁着酒兴,不禁提笔续曰：

焚花散麝,而闺阁始人含其劝矣;戕宝钗之仙姿,灰黛玉之灵窍,丧灭情意,而闺阁之美恶始相类矣。彼含其劝,则无参商之虞矣;戕其仙姿,无恋爱之心矣;灰其灵窍,无才思之情矣。彼钗、玉、花、麝者,皆张其罗而穴其隧,所以迷眩缠陷天下者也。

续毕,掷笔就寝。头刚着枕便安然睡去,一夜竟不知所之,直到天明方醒。……

宝玉往上房去后,谁知黛玉走来,见宝玉不在房中,因翻弄案上书看。可巧翻出昨儿的《庄子》来。看至宝玉所续之处,不觉又气又笑,不禁也提笔续了一绝云："无端弄笔是何人? 剿袭《南华》庄子文。不悔自家无见识,却将丑

_____

① [宋]李昉等编:《太平广记》,中华书局1961年版,第648页。(注:引用时,引者据文意断句)

语诋他人!"写毕,也往上房来见贾母,后往王夫人处来。①

[21]此处,钱锺书对身、物为进德入道之障碍的观点,完全否定,以为"不识无见"。

[原文]

三者虽有身而不足为吾患,能为吾患者心也,身亦外物而已。心若常静,身即感物而动,吾奚患焉? 举足下足,长在道场;念生念灭,同归净业。于是扬言:"不断淫、怒、痴,亦不与俱","行于非道,是为通达佛道"(《维摩诘所说经·弟子品》第三、《佛道品》第八)[1];"无事于心,无心于事","愚人除境不忘心,智者忘心不除境"(《五灯会元》卷七宣鉴、卷一七宝觉)[2];"其口虽言,其心未尝言,方且与世违而心不屑与之俱"(《庄子·则阳》)[3];"惑者闻任马之性,乃谓放而不乘;闻无为之教,遂云行不如卧,何其往而不返哉? 斯失乎庄生之旨远矣!"(《庄子·马蹄》郭象注)[4];"好酒好色",皆为"真人",盖"善治内者,物未必乱而性交逸"(《列子·杨朱》)[5];"须知大隐居廛市,何必深山守静孤?""休妻谩道阴阳隔,绝粒徒教肠胃空!"(《悟真篇》卷上《七言四韵》第一一、一五首)[6]不绝物而应物,不禁欲而恣欲;诸如"目中有妓,心中无妓","佛在心头留,酒肉穿肠过",文过口给,更仆难终。[7]

【增订四】《后汉书·逸民传》:"[戴良]母卒,兄伯鸾居庐啜粥,非礼不行,良独食肉饮酒,哀至乃哭,而二人俱有毁容。或问良曰:'子之居丧,礼乎?'良曰:'然! 礼所以制情佚也。情苟不佚,何礼之论? 夫食旨不甘,故致毁容之实;若味厚不存口,食之可也。'"此即"忘心不除境"之说,哀"在心头",而酒肉仅"穿肠"也。[8]

《全唐文》卷九二四司马承祯《坐忘论·收心》篇所谓:"若偏行诸事,言'心无染'者,于言甚美,于行甚非,真学之流,特宜戒此。"[9]西方古说亦有以身心截为两橛,谓犯戒由心不在身(Mentem peccare, non corpus),贞洁乃以

---

① ［清］曹雪芹、［清］高鹗著:《红楼梦》,岳麓书社1987年版,第140—141页。

论心,身遭淫辱固无妨(Si autem animi bonum est[pudicitia],etiam oppresso cor-pore non amittitur)(Livy,I.1 viii.9(Collatinus et al to Lucretia),"Loeb",I,202;St.Au-gustine,The City of God,I.xviii,"Loeb",Vol.I,p.80,cf.XIV.iii:"anima pecca-trix fecit esse corruptibilem carnem".);诗文每以此为诱惑之借口或譬慰之常套(E. g. Machiavelli, La Mandragola, III. xi:"perchè la volontà è quella che

pecca, non el corpo"(Opere, Ricciardi, 1014);Boccaccio, Il Decamerone,III.8:"perciò che ella[la santità]dimora nell'anima e quello che io vi domando è peccato del corpo",x.5:"per questa volta il corpo ma non l'animo gli concedo"(ed.Hoepli,219,619);Montaigne,Essais,II.xii:"l'offense consiste en la volonté,non en la poictrine,aux yeux,aux genitoires"(éd."Bibliothèque de la Pléiade",503);Shake-speare,The Rape of Lucrece,1655-6:"Though my gross blood be stain'd with this abuse,/Immaculate and spotless is my mind";Voltaire,L'Ingénu,ch.20:"Le crime ne peut être que dans le coeur,le vôtre est à la vertu et à moi"(Romans et Contes,"Bib. de la Pléiade",290).)。别见《全唐文》卷论王维《与魏居士书》[10]。

【增订四】莎士比亚《情人怨》中亦道此意(All my offences that abroad you see/ Are errors of the blood,none of the mind.-A Lover's Complaint,183-4)。

[涉典考释与评注]

[1]《维摩诘所说经》"弟子品第三"载:

佛告须菩提:"汝行诣维摩诘问疾。"须菩提白佛言:"世尊,我不堪任诣彼问疾。所以者何?忆念我昔,入其舍从乞食,时维摩诘取我钵,盛满饭,谓我言:'唯,须菩提!若能于食等者,诸法亦等;诸法等者,于食亦等。如是行乞,乃可取食。若须菩提不断淫怒痴,亦不与俱,不坏于身,而随一相,不灭痴爱,起于解脱,以五逆相,而得解脱,亦不解不缚;不见四谛,非不见谛;非得果,非不得果；非凡夫，非离凡夫法；非圣人，非不圣人；虽成就一切法，而离诸法相，乃可取食。若须菩提不见佛、不闻法，彼外道六师：富兰那迦叶、末伽梨拘赊梨子、删阇夜毗罗胝子、阿耆多翅舍钦婆罗、迦罗鸠驮迦旃延、尼犍陀若提子等，是汝之师，因其出家，彼师所堕，汝亦随堕，乃可取食。若须菩提，入诸邪见，不到彼岸，住于八难，不得无难，同于烦恼，离清净法，汝得无诤三昧，一切众生亦得是定；其施汝者，不名福田，供养汝者，堕三恶道，为与众魔共一手，作诸劳侣，汝与众魔及诸尘劳，等无有异，于一切众生而有怨心，谤诸佛，毁于法，不入众数，终不得灭度。汝若如是，乃可取食。'时我，世尊！闻此茫然，不识是何言，不知以何答，便置钵欲出其舍。维摩诘言：'唯，须菩提！取钵勿惧。于意云何？如来所作化人，若以是事诘，宁有惧不？'我言：'不也。'维摩诘言：'一切诸法，如幻化相，汝今不应有所惧也。所以者何？一切言说，不离是相，至于智者，不著文字，故无所惧。何以故？文字性离，无有文字，是则解脱。解脱相者，则诸法也。'维摩诘说是法时，二百天子，得法眼净。故我不任诣彼问疾。"①

《维摩诘所说经》"佛道品第八"载：

尔时，文殊师利问维摩诘言："菩萨云何通达佛道？"

维摩诘言："若菩萨行于非道，是为通达佛道。"

又问："云何菩萨行于非道？"

答曰："若菩萨行五无间，而无恼恚；至于地狱，无诸罪垢；至于畜生，无有无明憍慢等过；至于饿鬼，而具足功德；行色、无色界道，不以为胜；示行贪欲，离诸染著；示行嗔恚，于诸众生无有恚碍；示行愚痴，而以智慧，调伏其心；示行悭贪，而舍内外所有，不惜身命；示行毁禁，而安住净戒，乃至小罪犹怀大惧；示行嗔恚，而常慈忍；示行懈怠，而勤修功德；示行乱意，而常念定；示行愚痴，而通达世间出世间慧；示行谄伪，而善方便随诸经义；示行憍慢，而于众生犹如桥梁；示行诸烦恼，而心常清净；示入于魔，而顺佛智慧，不随他教；示入声闻，而为众生说未闻法；示入辟支佛，而成就大悲，教化众生；示入贫穷，而有宝手功

---

① 赖永海、高永旺译注：《维摩诘经》，中华书局 2010 年版，第 42—43 页。

德无尽;示入形残,而具诸相好,以自庄严;示入下贱,而生佛种性中,具诸功德;示入赢劣丑陋,而得那罗延身,一切众生之所乐见;示入老病,而永断病根,超越死畏;示有资生,而恒观无常,实无所贪;示有妻妾婇女,而常远离五欲淤泥;现于讷钝,而成就辩才,总持无失;示入邪济,而以正济度诸众生;现遍入诸道,而断其因缘;现于涅槃,而不断生死。文殊师利,**菩萨能如是行于非道,是为通达佛道**。"①

[2]《五灯会元》卷七载"鼎州德山宣鉴禅师"事:

大中初,武陵太守薛廷望再崇德山精舍,号古德禅院。将访求哲匠住持,聆师道行,屡请不下山。廷望乃设诡计,遣吏以茶盐诬之,言犯禁法,取师入州。瞻礼,坚请居之,大阐宗风。上堂:"若也于己无事,则勿妄求。妄求而得,亦非得也。**汝但无事于心,无心于事**,则虚而灵,空而妙。若毛端许,言之本末者,皆为自欺。何故? 毫牦系念,三涂业因。瞥尔情生,万劫羁锁。圣名凡号,尽是虚声。殊相劣形,皆为幻色。汝欲求之,得无累乎? 及其厌之,又成大患,终而无益。"②

《五灯会元》卷第十七载"黄龙祖心宝觉禅师"事:

隆兴府黄龙祖心宝觉禅师,南雄邬氏子。参雪峰悦禅师,三年无所得,辞去。悦曰:"必往依黄檗南禅师。"师至黄檗,四年不大发明。又辞,再上云峰。会悦谢世,就止石霜。因阅《传灯》,至"僧问多福:'如何是多福一丛竹?'福曰:'一茎两茎斜。'曰:'不会。'福曰:'三茎四茎曲。'"师于此开悟,彻见二师用处,径回黄檗。方展坐具,檗曰:"子已入吾室矣。"师踊跃曰:"大事本来如是,和尚何得教人看话,百计搜寻?"檗曰:"若不教你如此究寻,到无心处自见自肯,即吾埋没汝也。"住后,僧问:"达磨九年面壁,意旨如何?"师曰:"身贫无被盖。"曰:"莫孤负他先圣也无?"师曰:"阇黎见处又作么生?"僧画一圆相,师曰:"燕雀不离窠。"僧礼拜。师曰:"更深犹自可,午后始愁人。"问:"未登此座时如何?"师曰:"一事全无。"曰:"登后如何?"师曰:"仰面观天不见天。"上

---

① 赖永海、高永旺译注:《维摩诘经》,中华书局 2010 年版,第 125—126 页。
② [宋]普济著,苏渊雷点校:《五灯会元》,中华书局 1984 年版,第 372—373 页。

堂:"愚人除境不忘心,智者忘心不除境。不知心境本如如,触目遇缘无障碍。"遂举拂子曰:"看!拂子走过西天,却来新罗国里。知我者谓我拖泥带水,不知我者赢得一场怪诞。"①

[3]《庄子·则阳》曰:

孔子之楚,舍于蚁丘之浆。其邻有夫妻臣妾登极者,子路曰:"是稯稯何为者邪?"

仲尼曰:"是圣人仆也。是自埋于民,自藏于畔。其声销,其志无穷,其口虽言,其心未尝言,方且与世违而心不屑与之俱。是陆沉者也,是其市南宜僚邪?"

子路请往召之。

孔子曰:"已矣!彼知丘之著于己也,知丘之适楚也,以丘为必使楚王之召己也,彼且以丘为佞人也。夫若然者,其于佞人也羞闻其言,而况亲见其身乎!而何以为存!"子路往视之,其室虚矣。②

[4]《庄子·马蹄》曰:

饥之,渴之,驰之,骤之,整之,齐之,前有橛饰之患,而后有鞭策之威,而马之死者已过半矣。

郭象注此句为:

夫善御者,将以尽其能也。尽能在于自任。而乃走作驰步,求其过能之用,故有不堪而多死焉。若乃任驾骤之力,适迟疾之分,虽则足迹接乎八荒之表,而众马之性全矣。而惑者闻任马之性,乃谓放而不乘;闻无为之风,遂云行不如卧;何其往而不返哉!斯失乎庄生之旨远矣。③

[5]《列子·杨朱》曰:

子产相郑,专国之政,三年,善者服其化,恶者畏其禁,郑国以治,诸侯惮之。而有兄曰公孙朝,有弟曰公孙穆。朝好酒,穆好色。朝之室也聚酒千钟,积麹成封,望门百步,糟浆之气逆于人鼻。方其荒于酒也,不知世道之安危,人

---

① [宋]普济著,苏渊雷点校:《五灯会元》,中华书局1984年版,第1109页。
② 陈鼓应注译:《庄子今注今译》,中华书局1983年版,第726页。
③ [清]郭庆藩撰,王孝鱼点校:《庄子集释》,中华书局1961年版,第333页。

理之悔吝,室内之有亡,九族之亲疏,存亡之哀乐也。虽水火兵刃交于前,弗知也。穆之后庭比房数十,皆择稚齿婑媠者以盈之。方其耽于色也,屏亲昵,绝交游,逃于后庭,以昼足夜;三月一出,意犹未惬。乡有处子之娥姣者,必贿而招之,媒而挑之,弗获而后已。子产日夜以为戚,密造邓析而谋之,曰:"侨闻治身以及家,治家以及国,此言自于近至于远也。侨为国则治矣,而家则乱矣。其道逆邪?将奚方以救二子?子其诏之!"邓析曰:"吾怪之久矣!未敢先言。子奚不时其治也,喻以性命之重,诱以礼义之尊乎?"子产用邓析之言,因间以谒其兄弟,而告之曰:"人之所以贵于禽兽者,智虑。智虑之所将者,礼义。礼义成,则名位至矣。若触情而动,耽于嗜欲,则性命危矣。子纳侨之言,则朝自悔而夕食禄矣。"朝、穆曰:"吾知之久矣,择之亦久矣,岂待若言而后识之哉?凡生之难遇而死之易及。以难遇之生,俟易及之死,可孰念哉?而欲尊礼义以夸人,矫情性以招名,吾以此为弗若死矣。为欲尽一生之欢,穷当年之乐。唯患腹溢而不得恣口之饮,力惫而不得肆情于色;不遑忧名声之丑,性命之危也。且若以治国之能夸物,欲以说辞乱我之心,荣禄喜我之意,不亦鄙而可怜哉!我又欲与若别之。夫善治外者,物未必治,而身交苦;<u>善治内者,物未必乱,而性交逸</u>。以若之治外,其法可暂行于一国,未合于人心;以我之治内,可推之于天下,君臣之道息矣。吾常欲以此术而喻之,若反以彼术而教我哉?"

子产忙然无以应之。他日以告邓析。邓析曰:"子与真人居而不知也,孰谓子智者乎?郑国之治偶耳,非子之功也。"①

[6]《悟真篇注疏》卷上第五首为:

虎跃龙腾风浪粗,中央正位产玄珠。果生枝上终期熟,子在胞中岂有殊。

南北宗源翻卦象,晨昏火候合天枢。<u>须知大隐居廛市,何必深山守静孤</u>。②

《悟真篇注疏》卷上第十五首为:

不识真铅正祖宗,万般作用枉施功。<u>休妻谩遣阴阳隔,绝粒徒教肠胃空</u>。

① [清]郭庆藩撰,王孝鱼点校:《列子集释》,中华书局 1981 年版,第 224—227 页。
② [宋]张伯端撰,[元]翁葆光注、[元]戴起宗疏:《影印文渊阁四库全书·子部·道家类·悟真篇注疏》(第 1061 册),台湾商务印书馆 1983 年版,第 447 页。

草木阴阳皆滓质，云霞日月属朦胧。更饶吐纳并存想，总与金丹事不同。①

[7]"目中有妓，心中无妓"与"佛在心头留，酒肉穿肠过"这样的说法，确实是文过之论，拘囿于物者、纵欲者，都以此说为自己开脱。

[8]《后汉书·逸民传》载戴良事：

戴良字叔鸾，汝南慎阳人也。曾祖父遵，字子高，平帝时，为侍御史。王莽篡位，称病归乡里。家富，好给施，尚侠气，食客常三四百人。时人为之语曰："关东大豪戴子高。"

良少诞节，母憙驴鸣，良常学之以娱乐焉。及母卒，兄伯鸾居庐啜粥，非礼不行，良独食肉饮酒，哀至乃哭，而二人俱有毁容。或问良曰："子之居丧，礼乎？"良曰："然。礼所以制情佚也。情苟不佚，何礼之论！夫食旨不甘，故致毁容之实。若味不存口，食之可也。"论者不能夺之。

良才既高达，而论议尚奇，多骇流俗。同郡谢季孝问曰："子自视天下孰可为比？"良曰："我若仲尼长东鲁，大禹出西羌，独步天下，谁与为偶！"

举孝廉，不就。再辟司空府，弥年不到，州郡迫之，乃遁辞诣府，悉将妻子，既行在道，因逃入江夏山中。优游不仕，以寿终。

初，良五女并贤，每有求姻，辄便许嫁，疏裳布被、竹笥屐以遣之。五女能遵其训，皆有隐者之风焉。②

[9]《全唐文》卷九二四前有司马承祯小传：

承祯，字子微，河内温人。为道士，事潘师正，传其符箓及辟谷导引服饵之术，止天台山。武后闻其名，召至都，降手敕赞美之。景云二年，睿宗复召之，固辞还山。开元九年、十五年，元宗两召之，敕于王屋山建阳台观以居。卒年八十九，赠银青光禄大夫，谥"贞一先生"。③

《坐忘论》是道家坐忘理论之作，分"信敬"、"断缘"、"收心"、"简事"、

---

① ［宋］张伯端撰，［元］翁葆光注，［元］戴起宗疏：《影印文渊阁四库全书·子部·道家类·悟真篇注疏》（第1061册），台湾商务印书馆1983年版，第459页。

② ［南朝·宋］范晔撰，［唐］李贤等注：《后汉书》，中华书局1999年版，第1873页。

③ ［清］董浩等编：《全唐文》，中华书局1983年版，第9625页。

"真观"、"泰定"、"得道"七个部分。"收心"有曰:

> 是故法道安心,贵无所著。故经云:"夫物芸芸,各归其根。"归根曰"静",静曰"复命",复命曰"常",知常曰"明"。若执心住空,还是有所,非谓无所。凡住有所,则自令人心劳气发,既不合理,又反成疾。但心不著物,又得不动,此是真定。正基用此为定,心气调和,久益轻爽。以此为验,则邪正可知。若心起皆灭,不简是非,永断知觉,入于盲定;若任心所起,一无收制,则与凡人元来不别。若唯断善恶,心无指归,肆意浮游,待自定者,徒自误耳。<u>若遍行诸事,言"心无染"者,于言甚美,于行甚非,真学之流,特宜戒此。</u>今则息乱而不灭照,守静而不著空,行之有常,自得真见。如有时事或法有要疑者,且任思量。今事得济,所疑复悟,此亦生慧正根。事讫则止,实莫多思,多思则以知害恬,为子伤本,虽骋一时之俊,终亏万代之业。若烦邪乱想,随觉则除,若闻毁誉之名,善恶等事,皆即拨去,莫将心受。若心受之即心满,心满则道无所居,所有闻见,如不闻见,则是非美恶,不入于心。心不受外,名曰"虚心",心不逐外,名曰"安心"。心安而虚,则道自来止。故经云:"人能虚心无为,非欲于道,道自归之。"内心既无所著,外行亦无所为,非静非秽,故毁誉无从生;非智非愚,故利害无由至。实则顺中为常,权可与时消息,苟免诸累,是其智也。若非时非事,役思强为者,自云不著,终非真觉。何邪?心法如眼也。纤毫入眼,眼则不安,小事关心,心必动乱,既有动病,难入定门。①

[10]《全唐文》卷三百二十五载王维"与魏居士书",其文不长,全录如下:

> 足下太师之后,世有明德,宜其四代五公,克复旧业。而伯仲诸昆,顷或早世,唯有寿光,复遭播越。幼生弱侄,藐然诸孤,布衣徒步,降在早隶。足下不忍其亲,杖策入关,降志屈体,托于所知。身不衣帛,而于六亲孝慈;终日一饭,而以百口为累。攻苦食淡,流汗霡霂,为之驱驰。仆见足下裂裳毁冕,二十余年,山栖谷饮,高居深视,造次不违于仁,举止必由于道。高世之德,欲盖而彰。又属圣主搜扬仄陋,束帛加璧,被于岩穴;相国急贤,以副旁求,朝闻夕拜。片

---

① [清]董浩等编:《全唐文》,中华书局1983年版,第9627页。

善一能，垂章拖组，况足下崇德茂绪，清节冠世，风高于黔娄善卷，行独于石门荷蓧。朝廷所以超拜右史，思其入践赤墀，执牍珥笔，羽仪当朝，为天子文明。且又禄及其室养，昆弟免于负薪，樵苏晚爨，柴门闭于积雪，藜床穿而未起。若有称职，上有致君之盛，下有厚俗之化，亦何顾影踽步，行歌采薇？是怀宝迷邦、爱身贱物也。岂谓足下利锺釜之禄，荣数尺之绶？虽方丈盈前，而蔬食菜羹；虽高门甲第，而毕竟空寂。人莫不相爱，而观身如聚沫；人莫不自厚，而视财若浮云。于足下实何有哉？圣人知身不足有也，故曰欲洁其身而乱大伦；知名无所著也，故曰欲使如来名声普闻，故离身而返屈其身，知名空而返不避其名也。古之高者曰："许由，挂瓢于树，风吹瓢，恶而去之；闻尧让，临水而洗其耳。耳非驻声之地，声无染耳之迹，恶外者垢内，病物者自我。此尚不能至于旷士，岂入道者之门欤？降及嵇康，亦云'顿缨狂顾，逾思长林而忆丰草'。顿缨狂顾，岂与俛受维絷有异乎？长林丰草，岂与官署门阑有异乎？异见起而正性隐，色事碍而慧用微，岂等同虚空、无所不遍、光明遍照、知见独存之旨邪？此又足下之所知也。近有陶潜，不肯把板屈腰见督邮，解印绶，弃官去。后贫，《乞食诗》云'叩门拙言辞'，是屡乞而多惭也。尝一见督邮，安食公田数顷。一惭之不忍，而终身惭乎？此亦人我攻中、忘大守小、不（阙）其后之累也。孔宣父云：'我则异于是，无可无不可。'可者适意，不可者不适意也。君子以布仁施义、活国济人为适意，纵其道不行，亦无意为不适意也。<u>苟身心相离，理事俱如，则何往而不适？</u>此近于不易，愿足下思可不可之旨，以种类俱生，无行作以为大依，无守嘿以为绝尘，以不动为出世也。仆年且六十，足力不强，上不能原本理体，裨补国朝；下不能殖货聚谷，博施穷窭。偷禄苟活，诚罪人也。然才不出众，德在人下，存亡去就，如九牛一毛耳。实非欲引尸祝以自助，求分谤于高贤也。略陈起予，惟审图之。维白。"①

　　王维"与魏居士书"中，有"身心相离"之句，与钱锺书所论"身心截为两橛"相契合。

---

①　［清］董浩等编：《全唐文》，中华书局 1983 年版，第 3293—3294 页。

八 一四章

"惚恍"

[原文]

　　"是谓无状之状,无物之象,是谓惚恍"。[1]按二一章:"道之为物,惟恍唯惚。惚兮恍兮,其中有象,恍兮惚兮,其中有物。"[2]苏辙《老子解》说一四章云:"状、其著也,象、其微也;'无状之状,无物之象',皆非无也";[3]吕惠卿《道德经传》说二一章云:"象者疑于有物而非物也,物者疑于无物而有物者也。"[4]作者注者皆工于语言,能形容似无如有之境。游艺观物,此境每遭。形下之迹虽不足比伦老子所谓"道",而未尝不可借以效韩非之"喻老";"夫唯不可识,故强为之容",一五章已告我矣。[5]韩愈《早春呈水部张十八员外》之一:"天街小雨润如酥,草色遥看近却无"[6](参观李华《仙游寺》:"听声静复喧,望色无更有")[7];司空图《诗品·冲淡》:"遇之匪深,即之愈稀",又《飘逸》:"如不可执,如将有闻"[8];曹元宠《卜算子·咏兰》:"着意闻时不肯香,香在无心处"[9];辛弃疾《鹧鸪天·石门道中》:"似有人声听却无"[10];梅曾亮《游小盘谷记》:"寂寥无声而耳听常满",又《钵山余霞阁记》:"市声近寂而远闻"[11](Cf. Wordsworth, The Prelude, Bk. VI, 3-4, ed. E. de Selincourt and Helen Darbishire, 265: "as if distance had the power/To make the sounds more audible.");罗斯金(Ruskin)描摹名画(Turner: "Babylon")中风物有云:"天际片云,其轮廓始则不可见,渐乃差许意会,然后不注目时才觉宛在,稍一注目又消失无痕"(the cloud, with its edge first invisible, then all but imaginary, then just felt when the eye is not fixed on it, and lost when it is, at last rises）（Modern Painters，Pt I，Sect.iii，ch.3，George Routledge，I，253.）；近人论"自由诗"（vers libre）所蕴节奏（the ghost of some simple metre）云："不经心读时，则逼人而不可忽视；经心读时，又退藏于密"（to advance menacingly as we doze，and withdraw as we rouse）（T.S.Eliot，To Criticize the Critic，187.）。立言各有攸为，而百虑一致，皆示惟恍惟惚。[12]《文子·精诚》篇所谓"远之即近，近之即疏"，是矣。[13]

［涉典考释与评注］

[1]《老子》第 14 章王弼注的全部内容如下。

其一，王注"视之不见，名曰夷，听之不闻，名曰希，搏之不得，名曰微。此三者，不可致诘，故混而为一"为：

无状无象，无声无响，故能无所不通，无所不往，不得而知，更以我耳目体，不知为名，故不可致诘，混而为一也。

其二，王注"其上不曒，其下不昧。绳绳不可名，复归于无物。是谓无状之状，无物之象"为：

欲言无耶，而物由以成。欲言有耶，而不见其形，故曰，无状之状，无物之象也。

其三，王注"是谓惚恍"为：

不可得而定也。

其四，王注"迎之不见其首，随之不见其后。执古之道，以御今之有"为：

有，有其事。

其五，王注"能知古始，是谓道纪"为：

无形无名者，万物之宗也。虽今古不同，时移俗易，故莫不由乎此，以成其治者也。故可执古之道，以御今之有，上古虽远，其道存焉，故虽在今，可以知古始也。①

---

① ［魏］王弼：《影印文渊阁四库全书·子部·道家类·老子道德经》（第 1055 册），台湾商务印书馆 1983 年版，第 144—145 页。

[2]《老子》第二十一章：

孔德之容，惟道是从。

道之为物，惟恍惟惚。惚兮恍兮，其中有象；恍兮惚兮，其中有物。窈兮冥兮，其中有精；其精甚真，其中有信。

自今及古，其名不去，以阅众甫。吾何以知众甫之状哉！以此。①

[3]苏辙《老子解》说一四章"是谓无状之状，无物之象，是谓惚恍"云：

状、其著也，象、其微也；"无状之状，无物之象"，皆非无也。有无不可名，故谓之"惚恍"。②

[4]吕惠卿《老子吕惠卿注》"孔德之容章第二十一"云：

传曰：其遗物离形至于若遗，其去智忘心至于若鄙，则其容之甚德者也。夫将何从哉？唯道之从而已。道之为物，唯恍唯惚。方惚而恍，恍则不昧，不昧则明，明则疑于有物也，然其中有象，象者，疑于有物而非物也，故曰无物之象，又曰大象无形。方恍而惚，惚则不皦，不皦则晦，晦则疑于无物也。然其中有物，物者，疑于无物而有物者也，故曰无状之状，又曰有物混成。恍惚则不测，不测则神矣。窈冥者，神之又神者也。神之又神而能精焉，故曰窈兮冥兮，其中有精。精者，得道之一而不杂者也。天下之物，真而不伪，信而不忒，常而不变，未有加于此，而天下之始，吾于是乎阅之，故曰其精甚真，其中有信，自古及今，其名不去，以阅众甫。故为道者不皦不昧，存其恍惚；无视无听，致其窈冥。有象此有物，有物此有精，有精此有信。为道至于有信，则与吾心符而至物得矣。欲知天地万物之所以为天地万物者，莫不始于此而已，故曰吾何以知众甫之然哉？以此。③

[5]语言，可以载道，却不可以尽道，所以，用"夫唯不可识，故强为之容"来形容这种困境，正恰当。

---

① 陈鼓应：《老子注译及评介》，中华书局1984年版，第145页。
② ［宋］苏辙：《影印文渊阁四库全书·子部·道家类·老子解》（第1055册），台湾商务印书馆1983年版，第196页。
③ 吕惠卿著，张钰翰点校：《老子吕惠卿注》，华东师范大学出版社2015年版，第24—25页。

［6］韩愈《早春呈水部张十八员外二首》，其一为：

天街小雨润如酥，草色遥看近却无。最是一年春好处，绝胜烟柳满皇都。①

其二为：

莫道官忙身老大，即无年少逐春心。凭君先到江头看，柳色如今深未深。②

［7］据《四库提要》载：

华字遐叔，赵州赞皇人。……华遭践危乱污辱贼庭，晚而自伤，每托之文章以见意，如《权皋铭》云"渎而不渝，瑜而不瑕"，《元德秀铭》云"贞玉白华，不缁不磷"，《四皓铭》云"道不可屈，南山采芝"，悚慕元风，徘徊古词史，并以为称道微婉。然其志虽可悯，而失节之恕终不能以自盖，论者又未尝不深惜之。至其文词绵丽，精彩焕发，实可追配古之作者。萧颖士见所著《含元殿赋》而以为在《景福》之上，《灵光》之下。其品评庶几无愧当时，因其才名逊于颖士，遂谓其少宏杰气，其实殊未尽然也。③

《提要》对李华其人关心世事、其文宏博有气势，均表称道。李华的咏史诗，即有如此特征，如《咏史》十一首之二：

汉皇修雅乐，乘舆临太学。三老与五更，天王亲割牲。一人调风俗，万国和且平。单于骤款塞，武库欲销兵。文物此朝盛，君臣何穆清。至今墙坛下，如有箫韶声。④

李华《仙游寺（有龙潭穴、弄玉祠）》诗为：

舍事入樵径，云木深谷口。万壑移晦明，千峰转前后。巍然龙潭上，石势

---

① ［唐］韩愈著，钱仲联集释：《韩昌黎诗系年集释》，上海古籍出版社1984年版，第1257页。

② ［唐］韩愈著，钱仲联集释：《韩昌黎诗系年集释》，上海古籍出版社1984年版，第1258页。

③ ［唐］李华撰：《影印文渊阁四库全书·集部·别集类·李遐叔文集》（第1072册），台湾商务印书馆1983年版，第345—346页。

④ ［唐］李华撰：《影印文渊阁四库全书·集部·别集类·李遐叔文集》（第1072册），台湾商务印书馆1983年版，第438页。

若奔走。开拆秋天光,崩腾夏雷吼。灵溪自兹去,纡直互纷纠。<u>听声静复喧,望色无更有</u>。冥冥翠微下,高殿映杉柳。滴滴洞穴中,悬泉响相扣。昔时秦王女,羽化年代久。日暮松风来,箫声生左右。早窥神仙箓,愿结芝木友。安得羡门方,青囊系吾肘。①

[8]司空图《二十四诗品·冲淡》:

素处以默,妙机其微。饮之太和,独鹤与飞。犹之惠风,荏苒在衣。
阅音修篁,美曰载归。<u>遇之匪深,即之愈希</u>。脱有形似,握手已违。②

《二十四诗品·飘逸》:

落落欲往,矫矫不群。缑山之鹤,华顶之云。高人惠中,令色氤氲。
御风蓬叶,泛彼无垠。<u>如不可执,如将有闻</u>。识者期之,欲得愈分。③

[9]宋人曹组,名元宠,北宋后期词人。《宋史》无传,仅在卷三百七十九"列传第一百三十八"的"曹勋传"中得以提及:"曹勋字公显,阳翟人。父组,宣和中,以阁门宣赞舍人为睿思殿应制,以占对开敏得幸。勋用恩补承信郎,特命赴进士廷试,赐甲科,为武吏如故。"④词名与柳永齐,有"不学柳耆卿,则学曹元宠"之说,其集《箕颍集》二十卷,已佚。

《全宋词》载曹元宠《卜算子·兰》:

松竹翠萝寒,迟日江山暮。幽径无人独自芳,此恨凭谁诉?似共梅花语,尚有寻芳侣。<u>着意闻时不肯香,香在无心处</u>。

[10]辛弃疾《鹧鸪天·石门道中》:

山上飞泉万斛珠,悬崖千丈落鼪鼯。已通樵径行还碍,<u>似有人声听却无</u>。
闲略彴,远浮屠。溪南修竹有茅庐。莫嫌杖屦频来往,此地偏宜著老夫。⑤

[11]梅曾亮(公元1786年—公元1856年),字伯言,江苏上元(今南京)

①　[唐]李华撰:《影印文渊阁四库全书·集部·别集类·李遐叔文集》(第1072册),台湾商务印书馆1983年版,第438页。
②　[唐]司空图著,郭绍虞集解:《诗品集解》,人民文学出版社2005年版,第5—6页。
③　[唐]司空图著,郭绍虞集解:《诗品集解》,人民文学出版社2005年版,第39页。
④　[元]脱脱等撰:《宋史》,中华书局2000年版,第9251页。
⑤　邓广铭笺注:《稼轩词编年笺注》,中华书局1962年版,第437页。

人。清代古文名家,师出姚鼐,有乃师之风,文名颇盛,《续修四库全书》收其文集《柏枧山房全集三十一卷》。

梅曾亮有经世情怀,与清代学人同其概,其读史之文,亦有见地,其《平准书书后》曰:

甚哉,利之为祸烈也。当武帝之世,可谓大无道之政,而民不聊生者欤!如是而国不亡者,盖昭帝之善持其后欤!而当其身何以免焉,其文景之遗泽长欤!抑迁甚言之以戒后世欤!且天下惟明主能好名,而中主之所畏者,祸也。使知武帝之政,未至如是而已。盗贼数起,父子搆兵,则人将惕然而为戒。使知如武帝之政,乱民贫而犹不失为晏然之主,子孙相继为帝,陕隘酷烈何施而不可何者,名不过如武帝,而武帝固非其所讳也。唐之必其甚言之也,然武帝时商贾及中家以上,大抵皆破,而农民及无业者独受其委输,此其乱而不至于亡者欤? 不然,则迁于是乎有谤辞矣![1]

梅氏散文,确有超拔之处,如钱锺书所言及之《游小盘谷记》:

江宁府城,其西北包卢龙山而止。余尝求小盘谷,至其地,土人或曰无有。唯大竹蔽天,多歧路,曲折广狭如一,探之不可穷。闻犬声,乃急赴之,卒不见人。熟五斗米顷行,抵寺,曰归云堂。土田宽舒,居民以桂为业。寺傍有草径甚微,南出之,乃坠大谷。四山皆大桂树,随山陂陀。其状若仰大盂,空响内贮,謦咳不得他逸;寂寥无声,而耳听常满。渊水积焉,尽山麓而止。由寺北行,至卢龙山,其中坑谷窊隆,若井灶龈腭之状。或曰:“遗老避兵者,三十六茅庵,七十二团瓢,皆当其地。”日且暮,乃登山循城而归。暝色下积,月光布其上。俯视万影摩荡,若鱼龙起伏波浪中。诸人皆曰:“此万竹蔽天处也。所谓小盘谷,殆近之矣。”同游者,侯振廷舅氏,管君异之、马君湘帆,欧生岳庵,弟念勤,凡六人。[2]

之中“暝色下积,月光布其上。俯视万影摩荡,若鱼龙起伏波浪中”之句,

---

① ［清］梅曾亮撰,《续修四库全书》编纂委员会编:《续修四库全书·集部·文集类·柏枧山房全集三十一卷》(第1513册),上海古籍出版社2002年版,第636页。
② ［清］梅曾亮撰,《续修四库全书》编纂委员会编:《续修四库全书·集部·文集类·柏枧山房全集三十一卷》(第1514册),上海古籍出版社2002年版,第41页。

极巧极妙!

又如钱锺书言及之《钵山余霞阁记》:

江宁城,山得其半。便于人而适于野者,惟西城钵山,吾友陶子静偕群弟读书所也。因山之高下为屋,而阁于其岭。曰"余霞",因所见而名之也。俯视,花木皆环拱升降;草径曲折可念;行人若飞鸟度柯叶上。西面城,淮水萦之。江自南而东,青黄分明,界画天地。又若大圆镜,平置林表,莫愁湖也。其东南万屋沉沉,炊烟如人立,各有所企,微风绕之,左引右挹,绵绵缗缗,<u>上浮市声</u>,近寂而远闻。甲戌春,子静觞同人于其上,众景毕观,高言愈张。子静曰:"文章之事,如山出云,江河之下水,非凿石而引之,决版而导之者也,故善为文者有所待。"曾亮曰:"文在天地,如云物烟景焉,一瞬存之间,而遁乎万里之外,故善为文者,无失其机。"管君异之曰:"陶子之论高矣,后说者,如斯阁亦有当焉。"遂之为书记。①

文中"行人若飞鸟度柯叶上"之句形容人行林中,极富意趣,而视莫愁湖为大圆镜"平置林表","炊烟如人立",均有超拔于前人处。

[12]钱锺书举罗斯金之语与论"自由诗"之句,均归之于"恍惚",亦是对《老子》句义有启发的解释。

[13]《文子·精诚》曰:

老子〔文子〕曰:夫道之与德,若韦之与革,<u>远之即近,近之即疏</u>,稽之不得,察之不虚。是故,圣人若镜,不将不迎,应而不藏,万物而不伤。其得之也,乃失之也;其失之也,乃得之也,故通于大和者,暗若醇醉而甘卧以游其中,若未始出其宗,是谓大通,此假不用能成其用也。②

---

① [清]梅曾亮撰,《续修四库全书》编纂委员会编:《续修四库全书·集部·文集类·柏枧山房全集三十一卷》(第1514册),上海古籍出版社2002年版,第41页。
② [周]辛銒撰:《影印文渊阁四库全书·子部·道家类·文子》(第1058册),台湾商务印书馆1983年版,第313页。

九　一七章

"法自然"

[原文]

　　"功成事遂,百姓皆谓我自然"。[1]按二五章:"人法地,地法天,天法道,道法自然";五一章:"道生之,德畜之。……是以万物莫不尊道而贵德。道之尊,德之贵,夫莫之命而常自然";[2]六四章:"是以圣人……学不学,复众人之所过,以辅万物之自然而不敢为。"[3]可以合观。一七章乃言"太上",《注》:"谓大人也";"大人"亦即"圣人"。[4]

[涉典考释与评注]

　　[1]《老子》第17章王弼注的全部内容如下。

　　其一,王注"大上,下知有之"为:

　　大上,谓大人也。大人在上,故曰大上。大人在上,居无为之事,行不言之教,万物作焉而不为始,故下知有之而已,言从上也。

　　其二,王注"其次亲而誉之"为:

　　不能以无为居事,不言为教,立善行施,使下得亲而誉之也。

　　其三,王注"其次畏之"为:

　　不复能以恩仁令物,而赖威权也。

其四,王注"其次侮之"为:

不能法以正齐民,而以智治国,下知避之,其令不从,故曰,侮之也。

其五,王注"信不足焉,有不信焉"为:

夫御体失性则疾病生,辅物失真则疵衅作。信不足焉,则有不信,此自然之道也。已处不足,非智之所齐也。

其六,王注"悠兮其贵言,功成事遂,百姓皆谓我自然"为:

自然,其端兆不可得而见也,其意趣不可得而睹也,无物可以易其言,言必有应,故曰,悠兮其贵言也。居无为之事,行不言之教,不以形立物,故功成事遂,而百姓不知其所以然也。①

[2]《老子》第51章全文为:

<u>道生之,德畜之,物形之,势成之。</u>

<u>是以万物莫不尊道而贵德。</u>

<u>道之尊,德之贵,夫莫之命而常自然。</u>

故道生之,德畜之;长之育之;亭之毒之;养之覆之。生而不有,为而不恃,长而不宰,是谓"玄德"。②

[3]《老子》第64章全文为:

其安易持,其未兆易谋。其脆易泮,其微易散。为之于未有,治之于未乱。

合抱之木,生于毫末;九层之台,起于累土;千里之行,始于足下。

为者败之,执者失之。<u>是以圣人无为故无败,无执故无失。</u>

民之从事,常于几成而败之。慎终如始,则无败事。

<u>是以圣人欲不欲,不贵难得之货;学不学,复众人之所过,以辅万物之自然而不敢为。</u>③

[4]参见第【1】条。

---

① [魏]王弼:《影印文渊阁四库全书·子部·道家类·老子道德经》(第1055册),台湾商务印书馆1983年版,第147页。

② 陈鼓应:《老子注译及评介》,中华书局1984年版,第254页。

③ 陈鼓应:《老子注译及评介》,中华书局1984年版,第296页。

[原文]

　　"我自然"而曰"百姓谓"者,大人自知非已之本然,而缮性养知使然,不"顺"而"逆",即"法"与"学",四二章所谓"吾将以为教父"也;大人或愚百姓而固不自欺也。[1]"自然"而然,即"莫之命而常",盖未尝别有所"法"或舍已而"学",亦不自觉为"教父"而供人之"法"与"学"也。故天地"万物自然",黑格尔所谓"自在"(an sich);大人"我自然",则习成自然,妙造自然,出人入天,黑格尔所谓"是一是三"(Triplizität)、"端末回环"(Kreis)(Wissenschaft der Logik, op.cit., III, 367, 374.),关捩已转、公案平添矣。[2]人、地、天、道四者累迭而取法乎上,足见自然之不可几及。一、五、六、七、一六、二三章等以天地并称或举天以概地,此则以"法地"为"法天"之阶焉;[3]一、一六、二五、三二、四二章等以"道"为究竟,此则以"法自然"为"法道"之归极焉。[4]浑者画,简者繁,所以示人为"圣"为"大"之须工夫,明"我自然"之谈何容易,非谓地、天、道亦如职官之按班分等、更迭仰承而不容超资越序以上达也。[5]尝试论之。恶"天地"之尚属分别法也,乃标"混成先天地"之"道"。然道隐而无迹、朴而无名,不可得而法也;无已,仍法天地。然天地又寥廓苍茫,不知何所法也;无已,法天地间习见常闻之事物。[6]八章之"上善若水",一五章之"旷兮其若谷",二八章之"为天下溪",三二章之"犹川谷之于江海",三九章之"不欲琭琭如玉,珞珞如石",四一章之"上德若谷",六六章之"江海所以能为百谷王者,以其善下之",七六章之"万物草木之生也柔脆",七八章之"天下莫柔弱于水";皆取则不远也。[7]非无山也,高山仰止,亦可法也;老以其贡高,舍而法谷。亦有火也,若火燎原,亦可法也;老以其炎上,舍而法水。水自多方矣,孔见其昼夜不舍,孟见其东西无分,皆匪老所思存也,而独法其柔弱。然则天地自然固有不堪取法者,道德非无乎不在也。此无他,泯分别法,除拣择见,则天地自然无从法耳。[8]

[涉典考释与评注]

　　[1]《老子》第42章曰:

道生一,一生二,二生三,三生万物。万物负阴而抱阳,冲气以为和。

人之所恶,唯孤、寡、不穀,而王公以为称。故物或损之而益,或益之而损。人之所教,我亦教之。强梁者不得其死,吾将以为教父。①

此处,钱锺书指出"自然"出于"教"、"法"、"学",不是顺人之性,而是逆,陈鼓应《老子注译及评介》译"吾将以为教父"为"我把它当作施教的张本",②正合此意。所以,所谓"自然",背后的"逆",也非人人可体认出。

当然,钱锺书更指出了所谓的"大人"、"圣人"愚弄百姓,但从不欺骗自己的内质,这在《管锥编·老子王弼注》中,反复提及。

[2]挒:音liè,转折点之意。钱锺书此长段文字,在中外比较中揭示,所谓"天"、"地"、"教父"、"圣人"、"大人"等,均在"自然"这一借口下,实现着以愚民为目的的"法"与"学"。

[3]《老子》第1章:

道可道,非常"道";名可名,非常"名"。

"无",名天地之始也;"有",名万物之母。

故常"无",欲以观其妙;常"有",欲以观其徼。

此两者,同出而异名,同谓之玄。玄之又玄,众妙之门。③

《老子》第5章:

天地不仁,以万物为刍狗;圣人不仁,以百姓为刍狗。

天地之间,其犹橐籥乎?虚而不屈,动而俞出。

多闻数穷,不若守于中。④

《老子》第6章:

谷神不死,是谓玄牝。玄牝之门,是谓天地之根。绵绵若存,用之不勤。⑤

《老子》第7章:

---

① 陈鼓应:《老子注译及评介》,中华书局1984年版,第225页。
② 陈鼓应:《老子注译及评介》,中华书局1984年版,第230页。
③ 陈鼓应:《老子注译及评介》,中华书局1984年版,第53页。
④ 陈鼓应:《老子注译及评介》,中华书局1984年版,第74页。
⑤ 陈鼓应:《老子注译及评介》,中华书局1984年版,第80页。

天长地久。天地之所以能长且久者,以其不自生也,故能长生。是以圣人后其身而身先,外其身而身存,非以其无私邪? 故能成其私。①

《老子》第 16 章:

致虚极,守静笃。

万物并作,吾以观复。

夫物芸芸,各复归其根。归根曰静,静曰复命。复命曰常,知常曰明。不知常,妄作凶。

知常容,容乃公,公乃全,全乃天,天乃道,道乃久,没身不殆。②

《老子》第 23 章:

希言自然。

故飘风不终朝,骤雨不终日,孰为此者? 天地。天地尚不能久,而况于人乎? 故从事于道者,同于道;德者,同于德;失者,同于失。

同于德者,道亦德之;同于失者,道亦失之。

信不足焉,有不信焉!③

钱锺书列举《老子》1、5、6、7、16、23 章,意在说明:其一,人、地、天、道的取法,逐级向上,人是最低端的一极,而道、自然作为最顶端的一极,不可企及;其二,"法天"以"法地"为台阶,又是钱氏新见。

[4]《老子》第 1、16、42 诸章,本节已引,第 25 章为:

有物混成,先天地生。寂兮寥兮,独立而不改,周行而不殆,可以为天地母。吾不知其名,强字之曰"道",强为之名曰"大"。大曰逝,逝曰远,远曰反。

故道大,天大,地大,人亦大。域中有四大,而人居其一焉。

人法地,地法天,天法道,道法自然。④

《老子》第 32 章为:

道常无名、朴。虽小,天下莫能臣。候王若能守之,万物将自宾。

————————

① 陈鼓应:《老子注译及评介》,中华书局 1984 年版,第 83 页。
② 陈鼓应:《老子注译及评介》,中华书局 1984 年版,第 121 页。
③ 陈鼓应:《老子注译及评介》,中华书局 1984 年版,第 153 页。
④ 陈鼓应:《老子注译及评介》,中华书局 1984 年版,第 159 页。

天地相合，以降甘露，民莫之令而自均。

始制有名，名亦既有，夫亦将知止，知止可以不殆。

譬道之在天下，犹川谷之于江海。①

钱锺书指出的道，为"究竟"，与"法自然"为"法道"之归极，这种细腻的区分，都建基于钱氏对《老子》文本的精细理解，当代人读《老子》，若能师法钱锺书这种独到的思维，则经典常读常新才会成为可能。

[5]"浑者画"，即使混乱变得清晰。钱锺书此处指出，成"圣"成"大"得长假时日，但并非如官场之论资排辈，非得法地、法天、法道，按部就班，不能越级。

[6]钱锺书此处还是指出，所谓的法道、法天、法地，均不可琢磨，最终还是只能法习见之事，法人间规则。

[7]《老子》第8章为：

上善若水。水善利万物而不争，处众人之所恶，故几于道。

居善地；心善渊；与善仁；言善信；政善治；事善能；动善时。夫唯不争，故无尤。②

《老子》第15章为：

古之善为士者，微妙玄通，深不可识。夫不唯不可识，故强为之容：

豫兮若冬涉川；

犹兮若畏四邻；

俨兮其若客；

涣兮其若释；

敦兮其若朴；

旷兮其若谷；

混兮其若浊；

孰能浊以静之徐清，孰能安以静之徐生。

---

① 陈鼓应：《老子注译及评介》，中华书局1984年版，第188页。
② 陈鼓应：《老子注译及评介》，中华书局1984年版，第86页。

保此道者,不欲盈。夫唯不盈,故能蔽而新成。①

《老子》第 28 章为:

知其雄,守其雌,为天下谿。为天下谿,常德不离,复归于婴儿。

知其白,守其黑,为天下式。为天下式,常德不忒,复归于无极。知其荣,守其辱,为天下谷。为天下谷,常德乃足,复归于朴。

朴散则为器,圣人用之,则为官长,故大制不割。②

《老子》第 39 章为:

昔之得一者:天得一以清;地得一以宁;神得一以灵;谷得一以盈;万物得一以生;侯王得一以为天一正。

其致之也,谓天无以清,将恐裂;地无以宁,将恐废;神无以灵,将恐歇;谷无以盈,将恐竭;万物无以生,将恐灭;侯王无以正,将恐蹶。

故贵以贱为本,高以下为基。是以侯王自称孤、寡、不穀。此非以贱为本邪?非乎?故至誉无誉。是故不欲琭琭如玉,珞珞如石。③

《老子》第 41 章为:

上士闻道,勤而行之;中士闻道,若存若亡;下士闻道,大笑之。不笑不足以为道。

故建言有之:

明道若昧;

进道若退;

夷道若纇;

上德若谷;

大白若辱;

广德若不足;

建德若偷;

质真若渝;

---

① 陈鼓应:《老子注译及评介》,中华书局 1984 年版,第 116 页。
② 陈鼓应:《老子注译及评介》,中华书局 1984 年版,第 173 页。
③ 陈鼓应:《老子注译及评介》,中华书局 1984 年版,第 212 页。

201

大方无隅；

大器晚成；

大音希声；

大象无形；

道隐无名。

夫唯道，善贷且成。①

《老子》第 66 章为：

<u>江海之所以能为百谷王者，以其善下之</u>，故能为百谷王。

是以圣人欲上民，必以言下之；欲先民，必以身后之。是以圣人处上而民不重，处前而民不害。是以天下乐推而不厌。以其不争，故天下莫能与之争。②

《老子》第 76 章为：

人之生也柔弱，其死也坚强。

<u>草木之生也柔脆</u>，其死也枯槁。

故坚强者死之徒，柔弱者生之徒。

是以兵强则灭，木强则折。

强大处下，柔弱处上。③

《老子》第 78 章为：

<u>天下莫柔弱于水</u>，而攻坚强者莫之能胜，以其无以易之。

弱之胜强，柔之胜刚，天下莫不知，莫能行。

是以圣人云："受国之垢，是谓社稷主；受国不祥，是为天下王。"正言若反。④

上引《老子》诸章，因为第 32 章已经引述，故不再重引。第 76 章钱锺书引为"万物草木之生也柔脆"，当是误引。

---

① 陈鼓应：《老子注译及评介》，中华书局 1984 年版，第 221—222 页。
② 陈鼓应：《老子注译及评介》，中华书局 1984 年版，第 303 页。
③ 陈鼓应：《老子注译及评介》，中华书局 1984 年版，第 330 页。
④ 陈鼓应：《老子注译及评介》，中华书局 1984 年版，第 337 页。

[8]此处,钱锺书指出老子独见水之柔弱,师法造化,各家所宜。孔子与孟子事,均有出处。《论语·子罕》言:

子在川上,曰:"逝者如斯夫! 不舍昼夜。"①

《孟子·告子上》言:

告子曰:"性犹湍水也,决诸东方则东流,决诸西方则西流。人性之无分于善不善也,犹水之无分于东西也。"

孟子曰:"水信无分于东西,无分于上下乎? 人性之善也,犹水之就下也。人无有不善,水无有不下。今天水,搏而跃之,可使过颡;激而行之,可使在山。是岂水之性哉? 其势则然也。人之可使为不善,其性亦犹也。"②

[原文]

治人摄生,有所知见,驱使宇宙间事物之足相发明者,资其缘饰,以为津逮。所谓法天地自然者,不过假天地自然立喻耳,岂果师承为"教父"哉。[1]观水而得水之性,推而可以通焉塞焉,观谷而得谷之势,推而可以酌焉注焉;格物则知物理之宜,素位本分也。若夫因水而悟人之宜弱其志,因谷而悟人之宜虚其心,因物态而悟人事,此出位之异想、旁通之歧径,于词章为"寓言",于名学为"比论"(analogy),可以晓喻,不能证实,勿足供思辨之依据也[2](H.W. B. Joseph, An Introduction to Logic, 2nd ed., 533 - 4; J. Passmore, Philosophical Thinking,50-1(the spelling out of analogies).)。凡昌言师法自然者,每以借譬为即真,初非止老子;其得失利钝,亦初不由于果否师法自然。故自然一也,人推为"教父"而法之,同也,而立说则纷然为天下裂矣。[3]《中庸》称"君子之道,察乎天地",称圣人"赞天地之化育",然而儒家之君子、圣人与道家之大人、圣人区以别焉,盖各有其"天地","道"其所"道"而已。[4]即就老子之例论之。禽虫亦"万物"也,老子舍而取"草木"以示范。余读鲍照

---

① 杨伯峻译注:《论语译注》,中华书局 2006 年版,第 105 页。
② 杨伯峻译注:《孟子译注》,中华书局 2008 年版,第 196 页。

《登大雷岸与妹书》:"栖波之鸟,水化之虫,智吞愚,强捕小,号噪惊聒,纷矵乎其中";[5]又杜甫《独立》:"空外一鸷鸟,河间双白鸥。飘飖搏击便,容易往来游。草露亦多湿,蛛丝仍未收。天机近人事,独立万端忧。"[6]高天大地,皆伏杀机,鱼跃鸢飞,莫非强食;《中庸》曰:"万物并育而不相害",此则有见于"万物并育而相害",庶几稍窥"达尔文新理"者乎!苟以此为天地自然而法之,则"圣人"之立身操术必大异乎师草木之"柔脆"矣。[7]《左传》襄公二十九年郑行人子羽曰:"松柏之下,其草不殖";[8]陶潜《归田园居》曰:"种豆南山下,草盛豆苗稀。"[9]是草木之竞存相害,不减禽虫(Cf. Joseph de Maistre, Les Soirées de Saint-Pétersbourg, 7e Entretien, "Les Classiques Garnier", II, 25: "In mutua funera, Déjà, dans le règne végétal, on com-mence à sentir la loi", etc.; Leopardi, Il Zibaldone, a cura di F. Flora, II, 1005−6: "Entrate in un giardino di piante, d'erbe, di fiori" etc.; Hardy: "In a Wood": "Combat-ants all!" etc.; Heinrich Lerch: "Im Schützengraben": "Zwei gleiche Bäume stehn Zusammen nicht" etc..)。苟"圣人"亦有会心,则其法草木也殆将舍"柔脆"而别有取则欤。《墨子·天志》下曰:"顺天之意者兼也,反天之意者别也"[10];顺天者"义正",大不攻小,强不侮弱,"圣知"也,逆天者"力正",攻小侮弱之"盗贼"也。此墨子"立为仪法"之"天"也。然而严复所乐道之斯宾塞,非以人群之强凌弱、众暴寡、贫富不均、上下交征为即物竞天演当然之理(B. Dunham, Man against Myth, 62 ff., 72 ff..)乎?是则垄断强梁、营私逐利而无忌讳,墨子所斥为"反天"之"盗贼"者,正亦"顺帝之则"、法天行道之"圣人"、"大人"已。

[涉典考释与评注]

[1]钱锺书此处指出,人只是借自然以表达人之所感、所想、所识,天地自然只是这种表达的桥梁、手段。钱氏"假天地自然立喻"之说,极为尖新。

[2]观物悟理,亦是寻常之论。

[3]人与自然造化,各有取法,因人而异,故立说纷纭,亦是极正常事。

[4]《礼记·中庸》言：

君子之道，费而隐。夫妇之愚，可以与知焉，及其至也，虽圣人亦有所不知焉；夫妇之不肖，可以能行焉，及其至也，虽圣人亦有所所不能焉。天地之大也，人犹有所憾。故君子语大，天下莫能载焉；语小，天下莫能破焉。诗云，"鸢飞戾天，鱼跃于渊。"言其上下察也。君子之道，造端乎夫妇，及其至也，察乎天地。①

《礼记·中庸》又言：

唯天下至诚，为能尽其性；能尽其性，则能尽人之性；能尽人之性，则能尽物之性；能尽物之性，则可以赞天地之化育。可以赞天地之化育，则可以与天地参矣。②

儒、道两家，所言君子、大人，各师造化，其所法自然为一，赋义则完全不同。

[5]鲍照（公元414年—公元466年），字明远，南朝宋杰出的诗人，稍晚于著名诗人陶渊明。鲍照与颜延之、谢灵运同为元嘉时著名诗人，合称"元嘉三大家"，有《鲍参军集》。

鲍照《登大雷岸与妹书》全文为：

吾自发寒雨，全行日少，加秋潦浩汗，山溪猥至，渡沂无边，险径游历，栈石星饭，结荷水宿，旅客贫辛，波路壮阔，始以今日食时，仅及大雷。涂登千里，日逾十晨，严霜惨节，悲风断肌，去亲为客，如何如何！向因涉顿，凭观川陆；遨神清渚，流睇方曛；东顾五州之隔，西眺九派之分；窥地门之绝景，望天际之孤云。长图大念，隐心者久矣。南则积山万状，负气争高，含霞饮景，参差代雄，凌跨长陇，前后相属，带天有匝，横地无穷。东则砥原远隰，亡端靡际。寒蓬夕卷，古树云平，旋风四起，思鸟群归，静听无闻，极视不见。北则陂池潜演，湖脉通连，苎蒻攸积，菰芦所繁。栖波之鸟，水化之虫，智吞愚，强捕小，号噪惊聒，纷乎其中。西则回江永指，长波天合。滔滔何穷，漫漫安竭！创古迄今，舳舻相

---

① 杨天宇撰：《礼记译注》，上海古籍出版社2007年版，第694页。
② 杨天宇撰：《礼记译注》，上海古籍出版社2007年版，第705页。

接。思尽波涛,悲满潭壑。烟归八表,终为野尘。而是注集,长写不测,修灵浩荡,知其何故哉！西南望庐山,又特惊异。基压江潮,峰与辰汉相接。上常积云霞,雕锦缛。若华夕曜,岩泽气通,传明散彩,赫似绛天。左右青霭,表里紫霄。从岭而上,气尽金光,半山以下,纯为黛色。信可以神居帝郊,镇控湘、汉者也。若湻洞所积,溪壑所射,鼓怒之所豗击,涌濆之所宕涤,则上穷获浦,下至狶洲;南薄燕𡊨,北极雷淀,削长埤短,可数百里。其中腾波触天,高浪灌日,吞吐百川,写泄万壑。轻烟不流,华鼎振淰。弱草朱靡,洪涟陇蹙。散涣长惊,电透箭疾。穹溢崩聚,坻飞岭复。回沫冠山,奔涛空谷。礛石为之摧碎,碕岸为之鐾落。仰视大火,俯听波声,愁魄胁息,心惊慓矣！至于繁化殊育,诡质怪章,则有江鹅、海鸭、鱼鲛、水虎之类,豚首、象鼻、芒须、针尾之族,石蟹、土蚌、燕箕、雀蛤之俦,折甲、曲牙、逆鳞、返舌之属。掩沙涨,被草渚,浴雨排风,吹涝弄翻。夕景欲沈,晓雾将合,孤鹤寒啸,游鸿远吟,樵苏一叹,舟子再泣。诚足悲忧,不可说也。风吹雷飙,夜戒前路。下弦内外,望达所届。寒暑难适,汝专自慎,夙夜戒护,勿我为念。恐欲知之,聊书所睹。临涂草蹙,辞意不周。①

[6]杜甫《独立》:

空外一鸷鸟,河间双白鸥。飘飘搏击便,容易往来游。草露亦多湿,蛛丝仍未收。天机近人事,独立万端忧。②

[7]《礼记·中庸》言:

仲尼祖述尧、舜,宪章文、武,上律天时,下袭水土。辟如天地之无不持载、无不覆帱,辟如四时之错行,如日月之代明。万物并育而不相害,道并行而不相悖,小德川流,大德敦化,此天地之这所以为大也。③

钱锺书从"万物并育而不相害"的反面出发,即"万物并育而相害",指出这种适者生存的自然法则若为圣人所发,则圣人有可能人人均是持刀屠夫,不

---

① [南朝宋]鲍照著,钱仲联增补集说校:《鲍参军集注》,上海古籍出版社1980年版,第83—85页。
② [唐]杜甫著,[清]杨伦笺注:《杜诗镜铨》,上海古籍出版社1962年版,第214页。
③ 杨天宇撰:《礼记译注》,上海古籍出版社2007年版,第710页。

可能如草木之"柔脆"。

[8]《左传》襄公二十九年载：

夏四月，葬楚康王。公及陈侯、郑伯、许男送葬，至于西门之外。诸侯之大夫皆至于墓。楚郏敖即位。王子围为令尹。郑行人子羽曰："是谓不宜，必代之昌。松柏之下，其草不殖。"①

[9]陶渊明《归园田居》五首，为人熟知，其三为：

种豆南山下，草盛豆苗稀。晨兴理荒秽，带月荷锄归。道狭草木长，夕露沾我衣。衣沾不足惜，但使愿无违。

[10]《墨子·天志》下曰：

曰：顺天之意者，兼也；反天之意者，别也。兼之为道也，义正；别之为道也，力正。曰：义正者何若？曰：大不攻小也，强不侮弱也，众不贼寡也，诈不欺愚也，贵不傲贱也，富不骄贫也，壮不夺老也。是以天下之庶国，莫以水火、毒药、兵刃以相害也。若事上利天，中利鬼，下利人，三利而无所不利，是谓天德。故凡从事此者，圣知也，仁义也，忠惠也，慈孝也，是故聚敛天下之善名而加之。是其故何也？则顺天之意也。曰：力正者何若？曰：大则攻小也，强则侮弱也，众则贼寡也，诈则欺愚也，贵则傲贱也，富则骄贫也，壮则夺老也。是以天下之庶国，方以水火、毒药、兵刃以相贼害也。若事上不利天，中不利鬼，下不利人，三不利而无所不利，是谓之贼。故凡从事此者，寇乱也，盗贼也，不仁不义，不忠不惠，不慈不孝，是故聚敛天下之恶名而加之。是其故何也？则反天之意也。②

此处，钱锺书认为，墨子取顺天意为"义正"诸准则为取法，与严复所张扬的斯宾塞的营私逐利、强肉弱食为正经，刚好相反。严复评老子之语为：

将亡之国，民无不侮其政府者，英之察理、法之路易是已。（此批在"太上，不知有之；其次亲而誉之；其次畏之；其次侮之"句上。）③

---

① 李梦生撰：《左传译注》，上海古籍出版社2004年版，第863页。

② 方勇译注：《墨子》，中华书局2015年版，第242—243页。

③ 王栻：《严复集》（四），中华书局1986年版，第1082页。

[原文]

充老子之道，虽欲法天地自然而不能得也，五千文之胜义至言亦无从有也。欲以浑沦之心，上师浑成之物，语之自相违牾而事之不可施行者也。[1]韩非"解老"、"喻老"，而《六反》篇斥"学者不察当世之实事"，有曰："老聃有言曰：'知足不辱，知止不殆'，夫以殆辱之故而不求于足之外者，老聃也，今以为足民而可以治，是以民为皆如老聃也"；[2]《忠孝》篇斥"烈士为恬淡之学而理恍惚之言"，有曰："事君养亲，不可以恬淡，……言论忠信法术，不可以恍惚；恍惚之言、恬淡之学，天下之惑术也。"[3]岂非指无为清净之治，坐可言而起不可行欤？已操入室之戈矣。抑匪独老子为然也。哲人之高论玄微、大言汗漫，往往可惊四筵而不能践一步，言其行之所不能而行其言之所不许。[4]《战国策·赵策》二苏子谓秦王曰："夫刑名之家皆曰：'白马非马也'，已如白马实马，乃使有白马之为也"；[5]《韩非子·外储说》左上曰："儿说、宋人之善辩者也，持'白马非马也'，服齐稷下之辩者。乘白马而过关，则顾白马之赋。故藉之虚词，则能胜一国，考实按形，不能谩于一人"；[6]桓谭《新论》亦曰："公孙龙谓'白马非马'，人不能屈。后乘白马，无符传，欲出关，关吏不听。此虚言难以夺实也"（《全后汉文》卷一五）[7]。

【增订二】虚言"非马"而不能"夺"实乘白马，可参观康德驳"本体论证"所谓一百元之概念终不如一百元之实币能增财富也（Aber in meinem Vermögenszustande ist mehr bei hun-dert wirklichen Thalern, als bei dem blossen Begriffe derselben [d. i. ihrer Möglichkeit] – Krit. d. rein. Vernun-ft, hrsg.Benno Erdmann, 6.Aufl., 462.）。

休谟逞其博辩，于"因果"、"自我"等无不献疑，扫空而廓清之，顾曲终奏雅，乃曰："吾既尽破世间法，空诸所有，孑然无依，悄然自伤（that forlorn solitude, in which I am plac'd in my philosophy），不知我何在抑何为我矣（Where am I, or what）。吾乃进食，食毕博戏（I dine, I play a game of back-gammon），与友人闲话，游息二、三小时后，重理吾业，遂觉吾持论之肃杀无温、牵强可笑也"（these speculations appear so cold, and strained, and ridiculous)(Hume, Treatise of Human Nature, Bk.Ⅰ, Pt.ⅳ, Sect.7, "Everyman's Li-brary",Ⅰ, 249, 254.)。肯以躬行自破心匠,不打诳语,哲人所罕。若夫高睨大言,乃所谓蓄备两副哲学,一为索居之适,一供羣居之便(deux philoso-phies, l'une de cabinet, l'autre de sociéte),亦所谓哲学家每如营建渠渠夏屋,却不能栖幪入处,而衹以一把茅盖顶(Most systematisers are like a man who builds an enormous castle and lives in a shack close by)(Diderot: "Phi-losophie pyrrhonienne", Oeuvres complètes, éd. J. Assézat, ⅩⅦ, 491; Ki-erkegaard, Journals, tr. A. Dru, 156. Cf. L. Nelson, Socratic Method and Critical Philosophy, tr.T.K.Brown Ⅲ, 9, 101.)。莫里哀剧中一角色,外饰道貌而中蕴淫心,自白:"世间诸乐洵犯上天禁忌,然无事不可设法与彼苍通融"(Le ciel défend, de vrai, certains contentements;/Mais on trouve avec lui des accommode-ments)(Molière, Tartuffe, Ⅳ.5.)。宗教与神秘家言歧舌二心,以为方便妙用,无异乎此尔。《庄子·齐物论》:"圣人和之以是非而休乎天钧,是之谓两行",成玄英疏:"不离是非,而得无是非,故谓之'两行'。"[8]《华严经·离世间品》第三八之六:"能作如是权实双行法是佛业",即"依二谛","真谛"与"俗谛",如"一双孤雁掠地高飞,两个鸳鸯池边独立"[9](《翻译名义集·统论二谛篇》第六四,[10]参观《魏书·释老志》[11]、《华严疏钞悬谈》卷一六[12]、《宗镜录》卷五论"权"、"实"[13])。"二谛"、"两行",一致同归。

【增订三】《淮南子·要略》:"故言道而不言事,则无以与世浮沉;言事而不言道,则无以与化游息。"[14]以"与世浮沉"及"与化游息"兼行并用;魏晋以前古籍诠"两行"、"二谛",似莫章明于此者。

【增订四】《翻译名义集》喻"二谛"语亦即禅人话头。如《五灯会元》卷一二华严普孜章次:"故句中无意,意在句中。于斯明得,一双孤雁,扑地高飞;于斯未明,一对鸳鸯,池边独立。"[15]

洞山良价云:"说取行不得底,行取说不得底"(《五灯会元》卷四寰中章次[16]),虽曰机锋,不啻供状。胡寅《斐然集》卷一七《寄秦会之》斥佛说"判心迹,二言行",至以"中原板荡"归罪之,谈言微中,未可尽目为儒生门户迂见也。[17]释慧皎《高僧传》卷五记道安曰:"不依国主,则法事难举";[18]海涅嘲中世纪基督教乃精神与物质之协议（ein Konkordat zwischen dem Geist und der Materie），前者居虚位（de jure herrscht），后者掌实权（de facto herrscht）（Heine，Zur Geschichte der Religion und Philosophie in Deutschland，I，Sämtliche Werke，Weichert，VIII，24-6.），一皇而一帝；亦殊途同归于"依二谛"而已。

[涉典考释与评注]

[1]钱锺书开启的另一个议题，就是"语之自相违牾而事之不可施行者也"，特别是哲人之玄论，可能更具此种特征。

[2]《韩非子·六反》曰：

今学者皆道书策之颂语，不察当世之实事，曰："上不爱民，赋敛常重，则用不足而下恐上，故天下大乱。"此以为足其财用以加爱焉，虽轻刑罚，可以治也。此言不然矣。凡人之取重赏罚，固已足之之后也；虽财用足而后厚爱之，然而轻刑，犹之乱也。夫当家之爱子，财货足用，货财足用；则轻用；轻用，则侈泰。亲爱之，则不忍；不忍，则骄恣。侈泰，则家贫；骄恣，则行暴。此虽财用足而爱厚，轻利之患也。凡人之生也，财用足则骢于用力，上懦则肆于为非。财用足而力作者，神农也；上治懦而行修者，曾、史也。夫民之不及神农、曾、史亦明矣。老聃有言曰："知足不辱，知止不殆。"夫以殆辱之故而不求于足之外者，老聃也。今以为足民而可以治，是以民为皆如老聃也。故桀贵在天子而不足于尊，富有四海之内而不足于宝。君人者虽足民，不能足使为君天子，而桀未必为天子为足也，则虽足民，何可以为治也？故明主之治国也，适其时事以致财物，论其税赋以均贫富，厚其爵禄以尽贤能，重其刑罚以禁奸邪，使民以力得富，以事致贵，以过受罪，以功致赏，而不念慈惠之赐，此帝王之政也。①

钱锺书从韩非子"以民为皆如老聃"的言论引申，将可言不可行的特质慢慢揭示出来，从而过渡到后文的"哲人之高论玄微、大言汗漫，往往可惊四筵

---

① 张觉等撰：《韩非子译注》，上海古籍出版社 2007 年版，第 642—643 页。

而不能践一步,言其行之所不能而行其言之所不许"。

[3]《韩非子·忠孝》曰:

世之所为"烈士"者,虽众独行,取异于人,为恬淡之学而理恍惚之言。臣以为:恬淡,无用之教也;恍惚,无法之言也。言出于无法、教出于无用者,天下谓之察。臣以为:人生必事君、养亲,事君、养亲不可以恬淡;之人必以言论忠信法术,言论忠信法术不可以恍惚。恍惚之言,恬淡之学,天下之惑术也。孝子之事父也,非竞取父之家也;忠臣之事君也,非竞取君之国也。夫为人子而常誉他人之亲,曰:"某子之亲,夜寝早起,强力生财以养子孙臣妾。"是诽谤其亲者也。为人臣常誉先王之德厚而愿之,诽谤其君者也。非其亲者,知谓不孝,而非其君者,天下贤之;此所以乱也。故人臣毋称尧舜之贤,毋誉汤、武之伐,毋言烈士之高,尽力守法、专心于事主者为忠臣。①

此处,引韩非子之言,也是为了说明"可言不可行"这一点。

[4]参见前面注【1】、【2】、【3】。

[5]《战国策·赵策》二"秦攻赵"曰:

今富非有齐威、宣之余也,精兵非有逼韩、劲魏之军也,而将非有田单、司马之虑也。收破齐、罢楚、弊魏、不可知之赵,欲以穷秦、折韩,臣以为至误。臣以从一不可成也。客有难者,今臣有患于世。夫刑名之家,皆曰"白马非马"也,已如白马实马,乃使有白马之为也。此臣之所患也。②

[6]《韩非子·外储说》左上曰:

儿说,宋人之善辩者也,持"白马非马也",服齐稷下之辩者。乘白马而过关,则顾白马之赋。故藉之虚词,则能胜一国,考实按形,不能谩于一人。③

此处虽参阅张觉《韩非子译注》,但《韩非子译注》断句却多有问题,据文意作必要更改。

[7]桓谭(约公元前23年—公元56年),字君山,沛国相(今安徽濉溪县西北)人,东汉哲学家、经学家。

---

① 张觉等撰:《韩非子译注》,上海古籍出版社2007年版,第721—722页。
② 缪文远等译注:《战国策》,中华书局2012年版,第542页。
③ 张觉等撰:《韩非子译注》,上海古籍出版社2007年版,第398页。

《后汉书·桓谭传》记载，"谭著书言当世行事二十九篇，号曰《新论》，上书献之，世祖善焉"，是原书当为二十九篇。《隋书·经籍志》、《旧唐书·经籍志》及《新唐书·艺文志》皆著录为十七卷，并题《桓子新论》，入儒家类。据学者考定，原本当亡于唐、宋之间，今本四卷为清人严可均从《群书治要》、《意林》诸书中辑出。此书主要以儒家思想为宗旨，探讨治国安邦之策。作为一位以无神论著称于世的经学家，桓谭在书中批判了谶纬迷信，指出"灾异变怪者，天下所有，无世而不然"，强调只有通过人事，才能使"咎殃消亡而祸转为福"。

《全后汉文》卷十五曰：

公孙龙，六国时辩士也。为《坚白》之论，假物取譬，谓白马为非马。非马者，言白所以名色，马所以名形也。色非形，形非色。人不能屈。后乘白马，无符传，欲出关；关吏不听。此虚言难以夺实也。(《六帖》九，《御览》四百六十四)①

[8]《庄子·齐物论》曰：

其分也，成也；其成也，毁也。凡物无成与毁，复通为一。唯达者知通为一，为是不用，而寓诸庸。——庸也者，用也；用也者，通也；通也者，得也。适得而几矣。

因是已已，而不知其然，谓之道。

劳神明为一，而不知其同也，谓之"朝三"。

何谓"朝三"？

狙公赋芧曰："朝三而暮四。"众狙皆怒。曰："然则朝四而暮三。"众狙皆悦。——名实未亏，而喜怒为用，亦因是也。

是以圣人和之以是非，而休乎天钧，是之谓两行。②

[9]《华严经·离世间品》第三八之六：

佛子！菩萨摩诃萨有十种佛业。何等为十？所谓随时开导是佛业，令正修行故。梦中令见是佛业，觉昔善根故。

---

① ［清］严可均辑：《全后汉文》（上册），商务印书馆1999年版，第138页。
② 杨柳桥撰：《庄子译注》，上海古籍出版社2006年版，第26页。

为他演说所未闻经是佛业,令生智断疑故。为悔缠所缠者说出离法是佛业,令离疑心故。

若有众生起悭吝心,乃至恶慧心、二乘心、损害心、疑惑心、散动心、骄慢心,为现如来众相庄严身是佛业,生长过去善根故。于正法难遇时,广为说法,令其闻已得陀罗尼智、神通智,普能利益无量众生是佛业,胜解清净故。

若有魔事起,能以方便现虚空界等声,说不损恼他法以为对治,令其开悟,众魔闻已威光歇灭,是佛业,志乐殊胜威德大故。其心无间常自守护不令证入二乘正位,若有众生根性未熟,终不为说解脱境界,是佛业,本愿所作故。

生死结漏一切皆离,修菩萨行相续不断,以大悲心摄取众生,令其起行究竟解脱,是佛业,不断修行菩萨行故。菩萨摩诃萨了达自身及以众生本来寂灭,不惊不怖而勤修福智无有厌足,虽知一切法无有造作而亦不舍诸法自相,虽于诸境界永离贪欲而常乐瞻奉诸佛色身,虽知不由他悟入于法而种种方便求一切智,虽知诸国土皆如虚空而常乐庄严一切佛刹,虽恒观察无人无我而教化众生无有疲厌,虽于法界本来不动而以神通智力现众变化,虽已成就一切智智而修菩萨行无有休息,虽知诸法不可言说而转净法轮令众心喜,虽能示现诸佛神力而不厌舍菩萨之身,虽现入于大般涅槃而一切处示现受生,能作如是权实双行法,是佛业,是为十。

若诸菩萨安住其中,则得不由他教无上无师广大业。①

[10]四部丛刊子部收录上海涵芬楼刻宋刊《翻译名义集》载"姑苏景德寺普润大师法云编",宋唯心居士周敦义所作"序"言:"余闻大藏,尝有意效崇文总目,撮取诸经要义,以为内典总目,见诸经中每用梵语,必搜检经教,具所译音义表而出之。"而法云所编《翻译名义集》,正具此用。《翻译名义集》7卷,64篇,约收音译梵语二千零四十余条。《翻译名义集》第六十四为"统论二谛篇",有曰:

四示体者。二谛之法。明所诠体。如昭明云。世人所知生法为体。圣人所知不生为体。从人虽异其体不殊。故荆溪云。只点一法二谛宛然。俗则百

---

① [唐]澄观撰,于德隆点校:《大方广佛华严经疏》(下),线装书局2016年版,第291页。

界千如。真则同居一念。又起信云。摩诃衍者。总说有二种。云何为二。一者法。二者义。此以一法。而分二义。谈实相不坏于假名。论差别不破于平等。昭明云。真即有是空。俗指空为有。宗镜云。俗谛不得不有。有常自空。真谛不得不空。空但彻有。故十疑论注云。说相而万法森罗实无所得。谈性而一如寂灭不碍随缘。真是俗家之真。万法自泯。俗是真家之俗。一性恒殊。以不坏假名故。则彼此生灭差别。以说诸法实相故。则彼此生灭自亡。只于不一而明不二。故仁王云。于解常自一(智照融通法性常一)。于谛常自二(圣人见真凡夫见俗)。了达此一二真入圣义谛。故古德云。二谛并非双。恒乖未曾各。二双显泯中。谓非真非俗。一双孤雁掠地高飞。两个鸳鸯池边独立。又先德云。真俗双泯。二谛恒存。空有两亡一昧常现。是知各执则失。互融则得。各执则失者。如云有为虽伪舍之则大业不成。无为虽空住之则慧心不朗。互融则得者。如云虽知诸佛国及以众生空而常修净土教化诸众生。故十疑论注云。圣人得其意也于随缘处而谈不变。于成事处而说体空。故荆溪云。应知万法是真如。由不变故。真如是万法。由随缘故。此等明文。皆论真俗之体一也。

[11]《魏书》卷一百一十四"释老志十第二十"曰:

诸佛法身有二种义,一者真实,二者权应。真实身,谓至极之体,妙绝拘累,不得以方处期,不可以形量限,有感斯应,体常湛然。权应身者,谓和光六道,同尘万类,生灭随时,修短应物,形由感生,体非实有。权形虽谢,真体不迁,但时无妙感,故莫得常见耳。明佛生非实生,灭非实灭也。佛既谢世,香木焚尸。灵骨分碎,大小如粒,击之不坏,焚亦不焦,或有光明神验,胡言谓之"舍利"。弟子收奉,置之宝瓶,竭香花,致敬慕,建宫宇,谓为"塔"。塔亦胡言,犹宗庙也,故世称塔庙。于后百年,有王阿育,以神力分佛舍利,役诸鬼神,造八万四千塔,布于世界,皆同日而就。今洛阳、彭城、姑臧、临淄皆有阿育王寺,盖成其遗迹焉。释迦虽般涅槃,而留影迹爪齿于天竺,于今犹在。中土来往,并称见之。①

---

① [北齐]魏收撰:《魏书》,中华书局 2000 年版,第 2012—2013 页。

[12]《华严疏钞悬谈》的原始文献,难于检索获取,故暂缺。

[13]五代释延寿所撰《宗镜录》,南怀瑾在《〈宗镜录〉略讲》中指出:"宋代有两部名著在文化上具有卓越的贡献。一部属于史学方面的,即司马光历经十九年时间所编撰的《资治通鉴》,另一部为哲学的著作,即永明延寿禅师(704~775)所撰写的《宗镜录》。"对《宗镜录》极为推崇。

《宗镜录》讲述了中国佛教在五代宋初演变的基本轨迹,南怀瑾的《〈宗镜录〉略讲》认为:"智者大师的《摩诃止观》、永明寿禅师的《宗镜录》和宗喀巴大师的《菩提道次第广论》,无论在学术思想或修持方面,这些古典论著,才是真正的《佛学概论》。"所以,《宗镜录》是一本《佛学概论》式的典籍。

遍检《宗镜录》卷五,并无"权"、"实"之论,可能钱锺书引用有误。《宗镜录》卷六有曰:

问。真谛不谬。本觉非虚。云何同妄。一时俱遣。

答。因迷立觉。说妄标真。皆徇机宜。各无自体。约世俗有。依实谛无。但除相待之名。非灭一灵之性。性唯绝待。事有对治。遣荡为破执情。建立为除断见。苦行伏诸外道。神通化彼愚痴。三昧降众天魔。空观祛其相缚。见苦断集。为对增上慢人。证灭修真。皆成戏论之者。尽是权智。引入斯宗。则无一法可兴。无一法可遣。四魔不能减。大觉不能增。旋心而义理全消。会旨而名言自绝。①

此处倒有"实谛"之说,与钱锺书所论能稍做关联。

[14]《淮南子·要略》起首即言:

夫作为书论者,所以纪纲道德,经纬人事,上考之天,下揆之地,中通诸理,虽未能抽引玄妙之中才,繁然足以观终始矣。总要举凡,而语不剖判纯朴,靡散大宗,惧为人之惛惛然弗能知也;故多为之辞,博为之说。又恐人之离本就末也,故言道而不言事,则无以与世浮沉;言事而不言道,则无以与化游息。故著二十篇,有《原道》,有《俶真》,有《天文》,有《坠形》,有《时则》,有《览冥》,有《精神》,有《本经》,有《主术》,有《缪称》,有《齐俗》,有《道应》,有《泛论》,

---

① ［宋］释延寿集:《宗镜录》,三秦出版社1994年版,第71页。

有《诠言》,有《兵略》,有《说山》,有《说林》,有《人间》,有《修务》,有《泰族》也。①

[15]《五灯会元》卷一二华严普孜禅师:

东京华严普孜禅师,僧问:"如何是宾中宾?"师曰:"客路如天远。"曰:"如何是宾中主?"师曰:"侯门似海深。"曰:"如何是主中主?"师曰:"寰中天子勅。"曰:"如何是主中宾?"师曰:"塞外将军令。"乃曰:"宾中问主,互换机锋。主中问宾,同生同死。主中辨主,饮气吞声。宾中觅宾,白云万里。故句中无意,意在句中。于斯明得,一双孤雁扑地高飞。于斯未明,一对鸳鸯池边独立。知音禅客,相共证明。影响异流,切须子细。"良久曰:"若是陶渊明,攒眉便归去。"②

[16]《五灯会元》卷四"大慈寰中禅师":

杭州大慈山寰中禅师,蒲阪卢氏子。顶骨圆耸,其声如钟。少丁母忧,庐于墓所。服阕思报罔极,乃于并州童子寺出家,嵩岳登戒,习诸律学。后参百丈,受心印。辞往南岳常乐寺,结茅于山顶。一日,南泉至。问:"如何是庵中主?"师曰:"苍天! 苍天!"泉曰:"苍天且置,如何是庵中主?"师曰:"会即便会,莫忉忉。"泉拂袖而去。后住大慈,上堂:"山僧不解答话,秖能识病。"时有僧出,师便归方丈。

赵州问:"般若以何为体?"师曰:"般若以何为体。"州大笑而出。明日,州扫地次,师曰:"般若以何为体?"州置帚,拊掌大笑,师便归方丈。僧辞,师问:"甚么处去?"曰:"江西去。"师曰:"我劳汝一段事得否?"曰:"和尚有甚么事?"师曰:"将取老僧去得么?"曰:"更有过于和尚者,亦不能将去。"师便休。僧后举似洞山,山曰:"阇黎争合恁么道。"曰:"和尚作么生?"山曰:"得。"山又问其僧:"大慈别有甚么言句?"曰:"有时示众曰:'说得一丈,不如行取一尺。说得一尺,不如行取一寸。'"山曰:"我不恁么道。"曰:"和尚作么生?"山曰:"说取行不得底,行取说不得底。"〔云居云:"行时无说路,说时无行路。

---

① 陈广忠译注:《淮南子》,中华书局 2012 年版,第 1239—1240 页。
② [宋]普济著,苏渊雷点校:《五灯会元》,中华书局 1984 年版,第 749—750 页。

不说不行时,合行甚么路?"洛浦云:"行说俱到,即本分事无,行说俱不到,即本分事在。"〕后属武宗废教,师短褐隐居。大中岁重剃染,大扬宗旨。成通三年不疾而逝。僖宗谥性空大师。①

[17]胡寅(公元 1098 年—公元 1156 年),字明仲,学者称致堂先生,宋建州崇安(今福建武夷山市)人,后迁居衡阳。胡安国弟胡淳子,湖湘学派的奠基人之一。

《斐然集》卷一七第一文即《寄秦会之》:

某顷于丙午之冬,屡欲进谒,既而不果。前年侍家君东行,每蒙相公存问,而某时有母丧,非惟不敢趋伏屏著,亦不敢辄具书尺,惟是向慕感激之诚,至今何尝不在左右也。自相公均逸于外,而谋奉亲闲处,迨此暇日,可以曳裾斋阁,少聆道义之诲,以自警策,而吴楚相望,缅焉数千里,有志未遂,增以驰结,是用伸布竿牍,少见区区。近世以来,邪说暴行横骛于天下,三纲九法浸以湮灭,相公见危授命,于二圣北征之日,事君以道,于群枉连茹之时,主张斯文,领袖当世,真得古者大臣之义矣。其于放淫诇诐,正人心,息邪说,使斯民不沦于异端曲学,乃天下所以傒望于相公者也。侧闻闭户读书,讨论大业,动心忍性以承大任之降,德誉日新,有识钦叹,而某窃有疑焉。盖谓相公微信佛说,手抄《华严经》八十卷,终岁而后毕,则未知钧意之所存也。佛之为道,盖以大伦为假合,以人世为梦幻,其辞善遁而不稽实理,从其教者必弃绝君亲,扫除人事,独以一身处乎山林之下,皇皇然以死为一大事。凡慈孝忠顺之属,杀身成仁、舍生取义、扶持人纪、为生民之大经者,自彼观之,犹露电泡影空花之过目耳,其为世害,盖甚于庄、老之弊清谈之晋也。自临川王氏以二教之似,乱周孔之实,天下靡然化之,判心迹,二言行,临难忘义,见得忘耻,高言大论,诋誉名教,谓剧秦美新为达权,以历事五代为知道,其效至于风俗大坏,戎马长驱,国君远行,宗庙荒圮,中原板荡,逆贼乱常,学士大夫拱手圜视,不以概于心,以为是固然耳。②

---

① [宋]普济著,苏渊雷点校:《五灯会元》,中华书局 1984 年版,第 192—193 页。
② [宋]胡寅撰:《影印文渊阁四库全书·集部·别集类·斐然集》(第 1137 册),台湾商务印书馆 1983 年版,第 502 页。

[18]释慧皎《高僧传》卷五：

安后于太行恒山创立寺塔，改服从化者中分河北。时武邑太守卢歆，闻安清秀，使沙门敏见苦要之。安辞不获免，乃受请开讲，名实既符，道俗欣慕。

至年四十五，复还冀部住受都寺，徒众数百，常宣法化。石虎死，彭城王嗣立，遣中使竺昌蒲请安入华林园，广修房舍。安以石氏之末，国运将危，乃西适牵口山。逆冉闵之乱，人情萧素，安乃谓其众曰："今天灾旱蝗，寇贼纵横，聚则不立，散则不可。"遂复率众入王屋、女林山。顷之，复渡河依陆浑，山栖木食，修学。俄而慕容俊逼陆浑，遂南投襄阳。行至新野，谓从众曰："今遭凶年，<u>不依国主，则法事难立</u>。又教化之体，宜令广布。"咸曰："随法师教。"①

---

① ［梁］释慧皎著，朱恒夫、王学钧、赵益注译：《高僧传》，陕西人民出版社 2009 年版，第240—241 页。

一〇　二六章

"重为轻根"

[原文]

　　"重为轻根，静为躁君"；《注》："不行者使行，不动者制动，是以重必为轻根，静必为躁君也。"[1] 按《易·复》："复其见天地之心乎"；王弼注："复者、反本之谓也。天地以本为心者也。凡动息则静，静非对动者也；语息则默，默非对语者也。然则天地虽大，富有万物，雷动风行，运化万变，寂然至无，是其本矣。"[2] 若相近而不妨移注者，实则另明一义，祇可解一六章之"各归其根，归根曰静"耳。[3] "归根"之"根"与"为根"之"根"，着眼不同，王注曰"使"曰"制"而不曰"本"，甚精当。此章盖言轻与重、躁与静孰先；先乃优先之先（ontologically superior），非先前之先（chronologically anterior），较量作用，非溯列程序。[4] 如《文子·道原》："人生而静，天之性也，感物而动，性之害也"，[5] 或《乐记》："人生而静，天之性也，感于物而动，性之欲也"；[6] 亦言静为动本，而与《老子》此章比勘，语意迥异，乃指序之初始，非显用之主要。[7] 曰"君"，以其能制使臣下；曰"根"，以其能牵动枝干。静如处女，以逸待劳，静可以制躁也；末大必折，根朽叶危，根不重而失也。苟以"重为轻根"、"轻则失本"与"各归其根"混为一谈，说作根柢、本来，则此二句费解难通。何则，累轻然后能重，积羽折轴，是轻为重根、轻始得本矣；且重由轻成，而静为躁破，二事初不相类，故积轻则渐近重，积躁则愈违静，减轻则更远于重，减躁则稍邻于静矣。[8] 杜甫《别李秘书始兴寺所居》："安为动主理信然"，是"静为躁君"之的解，其用字又掎摭一五章之"孰能安，以久动之徐生"；[9] 注杜者见"重闻西方

《止观经》"句,遂仅知抱佛脚耳。[10]

[涉典考释与评注]

[1]《老子》第 26 章王弼注的全部内容如下。

其一,王注"重为轻根,静为躁君"为:

凡物轻不能载重,小不能镇大。不行者使行,不动者制动,是以重必为轻根,静必为躁君也。

其二,王注"是以圣人终日行不离辎重"为:

以重为本,故不离。

其三,王注"虽有荣观,燕处超然"为:

不以经心也。

其四,王注"奈何万乘之主,而以身轻天下?轻则失本,躁则失君"为:

轻不镇重也,失本为丧身也,失君为失君位也。①

[2]《易·复》之《彖》曰:"复,亨,刚反动而以顺行,是以出入无疾,朋来无咎,反复其道,七日来复,天行也。利有攸往,刚长也。复,其见天地之心乎?"

王弼注"复,其见天地之心乎"曰:

复者,反本之谓也,天地以本为心者也。凡动息则静,静非对动者也。语息则默,默非对语者也。然则天地虽大,富有万物,雷动风行,运化万变,寂然至无,是其本矣。故动息地中,乃天地之心见也。若其以有为心,则异类未获具存矣。②

[3]《老子》第 16 章:

致虚极,守静笃。

万物并作,吾以观复。

---

① [魏]王弼:《影印文渊阁四库全书·子部·道家类·老子道德经》(第 1055 册),台湾商务印书馆 1983 年版,第 153 页。

② [魏]王弼、[晋]韩康伯注:《影印文渊阁四库全书·经部·易类·周易注》(第 7 册),台湾商务印书馆 1983 年版,第 223 页。

夫物芸芸,各复归其根。归根曰静,静曰复命。复命曰常,知常曰明。不知常,妄作凶。

知常容,容乃公,公乃全,全乃天,天乃道,道乃久,没身不殆。①

[4]钱锺书解老、释老时的细腻眼光,于此完全可以见出,特别是"优先"与"先前"之分,更有说服力。

[5]《文子·道原》曰:

老子[文子]曰:夫事生者,应变而动。变生于时,知时者,无常之行。故"道可道,非常道;名可名,非常名。"书者,言之所生也,言出于智,智者不知,非常道也;名可名,非藏书者也。"多闻数穷,不如守中;绝学无忧,绝圣弃智,民利百倍。"人生而静,天之性也;感物而动,性之欲也;物至而应,智之动也;智与物接,而好憎生焉;好憎成形,而智出于外,不能反己,而天理灭矣。是故,圣人不以人易天,外与物化而内不失情,故通于道者,反于清静,究于物者,终于无为。以恬养智,以漠合神,即乎无门,循天者,与道游也;随人者,与俗交也:故圣人不以事滑天,不以欲乱情,不谋而当,不言而信,不虑而得,不为而成。是以,处上而民不重,居前而人不害,天下归之,奸邪畏之,以其无争于万物也,故莫敢与之争。②

[6]《礼记·乐记》曰:

人生而静,天之性也;感于物而动,性之欲也。物至知知,然后好恶形焉。好恶无节于内,知诱于外,不能反躬,天理灭矣。夫物之感人无穷,而人之好恶无节,则是物至而人化物也。人化物也者,灭天理而穷人欲者也。于是有悖逆诈伪之心,有淫泆作乱之事。是故,强者胁弱,众者暴寡,知者诈愚,勇者苦怯,疾病不养,老幼孤独不得其所,此大乱之道也。③

[7]《乐记》等指出的"人生而静,天之性也",指"静为动本",与《老子》的

---

① 陈鼓应:《老子注译及评介》,中华书局 1984 年版,第 121 页。

② [周]辛钘撰:《影印文渊阁四库全书·子部·道家类·文子》(第 1058 册),台湾商务印书馆 1983 年版,第 309 页。

③ [清]阮元校刻:《十三经注疏·礼记正义》(清嘉庆刊本),中华书局 2009 年版,第 3314 页。

"重为轻根,静为躁君"指孰先孰后,实不相同。

[8]此处,钱锺书继续论述,"重为轻根,静为躁君"当指孰先孰后,而非"根本",并以依据事理逻辑,指出应该是"轻为重根"、"静为躁破",很有说服力。

[9]杜甫《别李秘书始兴寺所居》:

不见秘书心若失,及见秘书失心疾。<u>安为动主理信然,我独觉子神充实。</u>
<u>重闻西方止观经</u>,老身古寺风泠泠。妻儿待米且归去,他日杖藜来细听。①

《老子》第15章:

古之善为士者,微妙玄通,深不可识。夫不唯不可识,故强为之容:

豫兮若冬涉川;

犹兮若畏四邻;

俨兮其若客;

涣兮其若释;

敦兮其若朴;

旷兮其若谷;

混兮其若浊;

<u>孰能浊以静之徐清,孰能安以静之徐生。</u>

保此道者,不欲盈。夫唯不盈,故能蔽而新成。②

一般情况下,"孰能安以静之徐生"文理更顺,钱锺书引为"孰能安,以久动之徐生",稍异。

[10]钱锺书所言"注杜者见'重闻西方《止观经》'句,遂仅知抱佛脚耳",可参阅明杨慎《升庵诗话》,如王仲镛笺证之《升庵诗话笺证》卷八"止观之义"条:

杜诗:"白首重闻《止观经》",佛经云:"止能舍乐,观能离苦。"又云:"止能修心,能断贪爱。观能修慧,能断无明。"止如"定而后能静",观则"虑而后能得"也。③

---

① [唐]杜甫著,[清]杨伦笺注:《杜诗镜铨》,上海古籍出版社1962年版,第790页。
② 陈鼓应:《老子注译及评介》,中华书局1984年版,第116页。
③ [明]杨慎著:《升庵诗话笺证》,上海古籍出版社1987年版,第240页。

一一 二八章

契合与接受

[原文]

"知其雄,守其雌,为天下溪。……知其荣,守其辱,为天下谷。"[1]按六一章:"大国者下流",[2]六六章:"江海所以能为百谷王者,以其善下之",[3]七八章:"受国之垢,是谓社稷主",均同斯旨。[4]即《左传》宣公十五年伯宗谏晋侯所云:"谚曰:'高下在心,川泽纳污,山薮藏疾,瑾瑜匿瑕';国君含垢,天之道也";[5]使伯宗不言为"谚",说者殆将以伯宗为老氏之徒欤。七七章:"天之道其犹张弓欤!高者抑之,下者举之",[6]而《左传》昭公三十二年晋史墨曰:"社稷无常奉,君臣无常位,自古以然,故《诗》[《十月之交》]曰:'高岸为谷,深谷为陵'";[7]谷为高者之抑而陵为下者之举也,说者又可以史墨为秉老氏之遗教矣。[8]五八章:"祸兮福之所倚,福兮祸之所伏",[9]而《荀子·大略》曰:"祸与福邻,莫知其门",[10]《战国策·楚策》四或谓楚王曰:"祸与福相贯,生与亡为邻";[11]苟说《老子》者留意及此,将谓韩非之解老、喻老,盖演其师荀卿之绪,且纵横之学亦出道德,不独刑名耳。[12]三六章:"将欲废之,必固兴之;将欲夺之,必固与之",[13]而《魏策》一任章教魏桓子割地与知伯曰:"《周书》曰:'将欲败之,必故辅之;将欲取之,必故与之'",[14]《吕氏春秋·行论》:"《诗》曰:'将欲毁之,必重累之;将欲踣之,必高举之'";[15]倘未言《周书》与《诗》,说者或溯《短长书》之源自《道德经》也。[16]六○章:"治大国若烹小鲜",[17]而《诗·桧风·匪风》:"谁能烹鱼,溉之釜鬵",《毛传》:

"溉、涤也;烹鱼烦则碎,治民烦则散,知烹鱼则知治民矣";陈启源《毛诗稽古编》谓"周道"以"优柔宽简为治","《老子》意与《毛传》正同",亦其例焉。[18] 故考论学风道统不可以若是其几也。一家学术开宗明义以前,每有暗与其理合,隐导其说先者,特散钱未串,引弓不满,乏条贯统纪耳。群言歧出,彼此是非,各挟争心而执己见,然亦每有事理同,思路同,所见遂复不期而同者,又未必出于蹈迹承响也。若疑似而不可遽必,毋宁观其会通,识章水之交贡水,不径为之谱牒,强瓜皮以搭李皮。故学说有相契合而非相受授者,如老、庄之于释氏是已;有扬言相攻而阴相师承者,如王浮以后道家伪经之于佛典是已。[19] 倘以归趣偶同,便谓渊源所自,则类《魏书·释老志》载世祖诏[20]、《新唐书·李蔚传·赞》[21]等谓佛经乃窃老、庄之余绪而附益,或清季学者谓西洋之宗教、科学胥本诸《墨子》而其政典国制尽出于《周官》。乍睹形貌之肖,武断骨肉之亲,与以猫为虎舅、象为豕甥、而鸵鸟为骆驼苗裔,何以异乎?[22]

[涉典考释与评注]

[1]《老子》第28章王弼注的全部内容如下。

其一,王注"知其雄,守其雌,为天下谿。为天下谿,常德不离,复归于婴儿":

雄,先之属;雌,后之属也。知为天下之先也,必后也,是以圣人后其身而身先也。谿不求物而物自归之,婴儿不用智而合自然之智。

其二,王注"知其白,守其黑,为天下式"为:

式,模则也。

其三,王注"为天下式,常德不忒"为:

忒,差也。

其四,王注"复归于无极"为:

不可穷也。

其五,王注"知其荣,守其辱,为天下谷,常德乃足,复归于朴":

此三者,言常反终,后乃德,全其所处也。下章云,反者道之动也。功不可取,常处其母也。

其六,王注"朴散则为器,圣人用之,则为官长"为:

朴,真也。真散则百行出,殊类生,若器也。圣人因其分散,故为之立官长。以善为师,不善为资,移风易俗,复使归于一也。

其七,王注"故大制不割"为:

大制者,以天下之心为心,故无割也。①

[2]《老子》第 61 章:

大邦者下流,天下之交,天下之牝。牝常以静胜牡,以静为下。

故大邦以下小邦,则取小邦;小邦以下大邦,则取大邦。故或下以取,或下而取。大邦不过欲兼畜人,小邦不过欲入事人。夫两者各得所欲,大者宜为下。②

[3]《老子》第 66 章:

江海之所以能为百谷王者,以其善下之,故能为百谷王。

是以圣人欲上民,必以言下之;欲先民,必以身后之。是以圣人处上而民不重,处前而民不害。是以天下乐推而不厌。以其不争,故天下莫能与之争。③

[4]《老子》第 78 章:

天下莫柔弱于水,而攻坚强者莫之能胜,以其无以易之。

弱之胜强,柔之胜刚,天下莫不知,莫能行。

是以圣人云:"受国之垢,是谓社稷主;受国不祥,是为天下王。"正言若反。④

[5]《左传》宣公十五年载:

宋人使乐婴齐告急于晋。晋侯欲救之,伯宗曰:"不可。古人有言曰:'虽

---

① [魏]王弼:《影印文渊阁四库全书·子部·道家类·老子道德经》(第 1055 册),台湾商务印书馆 1983 年版,第 154—155 页。

② 陈鼓应:《老子注译及评介》,中华书局 1984 年版,第 288 页。

③ 陈鼓应:《老子注译及评介》,中华书局 1984 年版,第 303 页。

④ 陈鼓应:《老子注译及评介》,中华书局 1984 年版,第 337 页。

鞭之长,不及马腹。'天方授楚,未可与争。虽晋之强,能违天乎? 谚曰:'高下在心。'川泽纳污,山薮藏疾,瑾瑜匿瑕,国君含垢,天之道也,君其待之。"乃止。使解扬如宋,使无降楚,曰:"晋师悉起,将至矣。"郑人囚而献诸楚,楚子厚赂之,使反其言,不许,三而许之。登诸楼车,使呼宋人而告之。遂致其君命。楚子将杀之,使与之言曰:"尔既许不谷而反之,何故? 非我无信,女则弃之,速即尔刑。"对曰:"臣闻之,君能制命为义,臣能承命为信,信载义而行之为利。谋不失利,以卫社稷,民之主也。义无二信,信无二命。君之赂臣,不知命也。受命以出,有死无霣,又可赂乎? 臣之许君,以成命也。死而成命,臣之禄也。寡君有信臣,下臣获考死,又何求?"楚子舍之以归。①

[6]《老子》第77章:

天之道,其犹张弓与? 高者抑下,下者举之;有余者损之,不足者补之。

天之道,损有余而补不足。人之道,则不然,损不足以奉有余。

孰能有余以奉天下,唯有道者。

是以圣人为而不恃,功成而不处,其不欲见贤。②

[7]《左传》昭公三十二年载:

赵简子问于史墨曰:"季氏出其君,而民服焉,诸侯与之,君死于外,而莫之或罪也。"对曰:"物生有两,有三,有五,有陪贰。故天有三辰,地有五行,体有左右,各有妃耦。王有公,诸侯有卿,皆有贰也。天生季氏,以贰鲁侯,为日久矣。民之服焉,不亦宜乎? 鲁君世从其失,季氏世修其勤,民忘君矣。虽死于外,其谁矜之? 社稷无常奉,君臣无常位,自古以然。故《诗》曰:'高岸为谷,深谷为陵。'三后之姓,于今为庶,王所知也。在《易》卦,雷乘《乾》曰《大壮》,天之道也。昔成季友,桓之季也,文姜之爱子也,始震而卜。卜人谒之,曰:'生有嘉闻,其名曰友,为公室辅。'及生,如卜人之言,有文在其手曰'友',遂以名之。既而有大功于鲁,受费以为上卿。至于文子、武子,世增其业,不废旧绩。鲁文公薨,而东门遂杀适立庶,鲁君于是乎失国,政在季氏,于此君也,

---

① [清]阮元校刻:《十三经注疏·春秋左传正义》(清嘉庆刊本),中华书局 2009 年版,第4096—4097 页。

② 陈鼓应:《老子注译及评介》,中华书局 1984 年版,第 334 页。

四公矣。民不知君,何以得国?是以为君,慎器与名,不可以假人。"①

[8]此处,也是表明了钱锺书释老、解老时的机智。经钱锺书的引领,《老子》包容广大的思想张力,立即显现。

[9]《老子》第58章:

其政闷闷,其民淳淳;其政察察,其民缺缺。

祸兮,福之所倚;福兮,祸之所伏。孰知其极?其无正。正复为奇,善复为妖。人之迷,其日固久。

是以圣人方而不割,廉而不刿,直而不肆,光而不耀。②

[10]《荀子·大略》曰:

礼者,政之挽也。为政不以礼,政不行矣。

天子即位,上卿进曰:"如之何忧之长也!能除患则为福,不能除患则为贼。"授天子一策。中卿进曰:"配天而有下土者,先事虑事,先患虑患。先事虑事谓之接,接则事优成。先患虑患谓之豫,豫则祸不生。事至而后虑者谓之后,后则事不举;患至而后虑者谓之困,困则祸不可御。"授天子二策。下卿进曰:"敬戒无怠。庆者在堂,吊者在闾。祸与福邻,莫知其门。豫哉!豫哉!万民望之!"授天子三策。③

[11]《战国策》楚策四"或谓楚王"曰:

或谓楚王曰:"臣闻从者欲合天下以朝大王,臣愿大王听之也。夫因诎为信,旧患有成,勇者义之。摄祸为福,裁少为多,知者官之。夫报报之反,墨墨之化,唯大君能之。祸与福相贯,生与亡为邻,不偏于死,不偏于生,不足以载大名。无所寇艾,不足以横世。夫秦捐德绝命之日久矣,而天下不知。今夫横人嚅口利机,上干主心,下牟百姓,公举而私取利,是以国权轻于鸿毛,而积祸重于丘山。"④

---

① [清]阮元校刻:《十三经注疏·春秋左传正义》(清嘉庆刊本),中华书局2009年版,第4621—4622页。

② 陈鼓应:《老子注译及评介》,中华书局1984年版,第279页。

③ [清]王先谦撰:《荀子集解》,沈啸寰、王星贤点校,中华书局2010年版,第492-493页。

④ [汉]刘向集录:《战国策》,上海古籍出版社1998年版,第551页。

[12]此处,也说明了《老子》一书,影响广大,能启发不同的思想流派。

[13]《老子》第36章:

将欲歙之,必固张之;将欲弱之,必固强之;<u>将欲废之,必固举之;将欲取之,必固与之</u>,是谓微明。

柔弱胜刚强。<u>鱼不可脱于渊,国之利器不可以示人。</u>①

[14]《战国策》魏策一"知伯索地于魏桓子":

知伯索地于魏桓子,魏桓子弗予。任章曰:"何故弗予?"桓子曰:"无故索地,故弗予。"任章曰:"无故索地,邻国必恐;重欲无厌,天下必惧。君予之地,知伯必憍。憍而轻敌,邻国惧而相亲。以相亲之兵,待轻敌之国,知氏之命不长矣!《周书》曰:'将欲败之,必姑辅之;将欲取之,必姑与之。'君不如与之,以骄知伯。君何释以天下图知氏,而独以吾国为知氏质乎?"君曰:"善。"乃与之万家之邑一。知伯大说,因索蔡、皋梁于赵,赵弗与,因围晋阳。韩、魏反于外,赵氏应之于内,知氏遂亡。②

[15]《吕氏春秋》恃君览第八之六"行论"曰:

人主之行与布衣异,势不便,时不利,事雠以求存。执民之命。执民之命,重任也,不得以快志为故。故布衣行此指于国,不容乡曲。

尧以天下让舜,鲧为诸侯,怒于尧曰:"得天之道者为帝,得地之道者为三公。今我得地之道,而不以我为三公。"以尧为失论,欲得三公,怒甚猛兽,欲以为乱。比兽之角能以为城,举其尾能以为旌,召之不来,仿佯于野以患帝。舜于是殛之于羽山,副之以吴刀。禹不敢怨而反事之,官为司空,以通水潦,颜色黎黑,步不相过,窍气不通,以中帝心。

昔者,纣为无道,杀梅伯而醢之,杀鬼侯而脯之,以礼诸侯于庙。文王流涕而咨之。纣恐其畔,欲杀文王而灭周。文王曰:"父虽无道,子敢不事父乎?君虽不惠,臣敢不事君乎?孰王而可畔也?"纣乃赦之。天下闻之,以文王为畏上而哀下也。《诗》曰:"惟此文王,小心翼翼,昭事上帝,聿怀多福。"

---

① 陈鼓应:《老子注译及评介》,中华书局1984年版,第198页。
② [汉]刘向集录:《战国策》,上海古籍出版社1998年版,第775页。

　　齐攻宋,燕王使张魁将燕兵以从焉,齐王杀之。燕王闻之,泣数行而下,召有司而告之曰:"余兴事而齐杀我使,请令举兵以攻齐也。"使受命矣。凡繇进见,争之曰:"贤主故愿为臣,今王非贤主也,愿辞不为臣。"昭王曰:"是何也?"对曰:"松下乱,先君以不安,弃群臣也。王苦痛之而事齐者,力不足也。今魁死而王攻齐,是视魁而贤于先君。"王曰:"诺。""请王止兵。"王曰:"然则若何?"凡繇对曰:"请王缟素辟舍于郊,遣使于齐,客而谢焉,曰:'此尽寡人之罪也。大王贤主也,岂尽杀诸侯之使者哉!然而燕之使者独死,此弊邑之择人不谨也,愿得变更请罪。'"使者行至齐,齐王方大饮,左右官实,御者甚众,因令使者进报。使者报,言燕王之甚恐惧而请罪也。毕,又复之,以矜左右官实。因乃发小使以反令燕王复舍。此济上之所以败,齐国以虚也。七十城,微田单,固几不反。湣王以大齐骄而残,田单以即墨城而立功。**诗曰:"将欲毁之,必重累之。将欲踣之,必高举之。"**其此之谓乎!累矣而不毁,举矣而不踣,其唯有道者乎![①]

　　[16]所谓"短长书",司马贞《史记》"索引"中言及《世本》、《战国策》时指出:"刘向云:《世本》,古史官明于古事者之所记也,录黄帝已来帝王诸侯,及卿大夫系谥名号,凡十五篇也。《战国策》,高诱云:六国时纵横之说也,一曰短长书,亦曰《国事》。刘向撰为三十三篇,名曰《战国策》。案此是班固取其后名而书之,非迁时已名《战国策》也。"[②]所以,《短长书》指《战国策》。

　　[17]《老子》第60章:

　　治大国,若烹小鲜。

　　以道莅天下,其鬼不神;非其鬼不神,其神不伤人;非其神不伤人,圣人亦不伤人。夫两不相伤,故德交归焉。[③]

　　[18]《诗·桧风·匪风》:

　　匪风发兮,匪车偈兮。

---

　　① 许维遹:《吕氏春秋集释》(上、下),中华书局2009年版,第568—571页。
　　② [汉]司马迁撰,[宋]裴骃集解,[唐]司马贞索隐,张守节正义:《影印文渊阁四库全书·史部·正史类·史记》(第243册),台湾商务印书馆1983年版,第14页。
　　③ 陈鼓应:《老子注译及评介》,中华书局1984年版,第286页。

顾瞻周道,中心怛兮。

匪风飘兮,匪车嘌兮。

顾瞻周道,中心吊兮。

谁能亨鱼? 溉之釜鬵。

谁将西归? 怀之好音。①

《毛传》:

溉、涤也;鬵,金属。烹鱼烦则碎,治民烦则散,知烹鱼则知治民矣。《笺》云:"谁能者,言人偶能割亨者。"②

陈启源《毛诗稽古编》卷七言:

郑《谱》谓夷厉时,桧之变风始作,"匪风"篇其作于厉王世乎? 周自文武以来,专以优柔宽简为治,此周道也。厉变为严急,监谤专利,民焦然不安生矣。③

[19]钱锺书前文的长段论述,最终就是为了说明此处的观点,即:学风道统,有个性化特征,更有普遍原理,对人类普遍性问题的关注,是思想者共同的目标,这也可视为对学术为天下公器的另一重理解。

[20]遍检《魏书·释老志》,并未见世祖诏书中有佛经乃窃老、庄之余绪而附益的论点。

[21]《新唐书》卷一百八十一列传第一百六"陈夷行、李绅、李让夷、曹确、刘瞻(助)、李蔚"之"赞"曰:

人之惑怪神也,甚哉! 若佛者,特西域一槁人耳。裸颠露足,以乞食自资,瘝辱其身,屏营山樊,行一概之苦,本无求于人,徒属稍稍从之。然其言荒茫漫靡,夷幻变现,善推不验无实之事,以鬼神死生贯为一条,据之不疑。培嗜欲,弃亲属,大抵与黄老相出入。至汉十四叶,书入中国。迹夫生人之情,以耳目

---

① [清]阮元校刻:《十三经注疏·毛诗正义》(清嘉庆刊本),中华书局 2009 年版,第815 页。

② [清]阮元校刻:《十三经注疏·毛诗正义》(清嘉庆刊本),中华书局 2009 年版,第815 页。

③ [清]陈启源撰:《影印文渊阁四库全书·经部·诗类·毛诗稽古编》(第 85 册),台湾商务印书馆 1983 年版,第 438 页。

不际为奇,以不可知为神,以物理之外为畏,以变化无方为圣,以生而死、死复生、回复偿报、歆艳其间为或然,以贱近贵远为惠。鞮译差殊,不可研诘。华人之谲诞者,又攘庄周、列御寇之说佐其高,层累架腾,直出其表,以无上不可加为胜,妄相夸胁而倡其风。于是,自天子逮庶人,皆震动而祠奉之。

初,宰相王缙以缘业事佐代宗,于是始作内道场,昼夜梵呗,冀禳寇戎,大作盂兰,肖祖宗像,分供塔庙,为贼臣嘻笑。至宪宗世,遂迎佛骨于凤翔,内之宫中。韩愈指言其弊,帝怒,窜愈濒死,宪亦弗获天年。幸福而祸,无亦左乎!懿宗不君,精爽夺迷,复蹈前车而覆之。兴衰无知之场,丐庇百解之鄙,以死自誓,无有顾藉,流泪拜伏,虽事宗庙上帝,无以进焉。屈万乘之贵,自等太古胡,数千载而远,以身为徇。呜呼,运瘵祚殚,天告之矣!懿不三月而徂,唐德之不竞,厥有来哉,悲夫!①

应该指出,此"赞"为"陈夷行、李绅、李让夷、曹确、刘瞻(助)、李蔚"之"赞",而非李蔚一传主之"赞"。

[22]钱锺书此处的论述,实是对流俗学风的反拨。思想之传承,学术之发展,有着自己的节律与内在谱系,"乍睹形貌之肖,武断骨肉之亲",随意比附,画虎难类,终成笑柄。

---

① [宋]欧阳修、宋祁撰:《新唐书》,中华书局 2000 年版,第 4135—4136 页。

一二 三九章

分散智论

[原文]

　　"故致数與无舆";《注》:"故致数舆乃无舆也。"按王注一如未注,倘以为语意晓然,无须赘说耶?[1]严复评曰:"'数舆'者,'一'之反对",以上文有"昔之得一者,天得一以清,地得一以宁,神得一以灵"云云也,已识其旨。[2]宋人如苏辙《老子解》云:"轮、辐、盖、轸、衡、轭、毂、辖会而为车,物物可数,而车不可数";[3]林希逸《竹溪鬳斋十一稿》续集卷二《再和除字韵》云:"失马塞翁云得马,数车柱史论无车";[4]皆得此句之解。元李道纯《道德会元》引唐成玄英《老子义疏》:"舆,车也。箱、辐、毂、辋,假合而成,徒有车名,数即无实;五物四大,为幻亦然。所以身既浮处,贵将焉寄?";复为申说曰:"数车之各件,无一名车者,喻我是一身,无一名我也。"[5]其解"数舆无舆"一句甚确,而去老子设喻之旨,大相径庭,可谓得"语"之"意"矣,犹未得"意"之"随"也(《庄子·天道》篇)[6]。《庄子·则阳》云:"丘里者,合十姓百名而以为风俗也。合异以为同,散同以为异。今指马之百体而不得马,而马系于前者,立其百体而谓之马也。"[7]

　　【增订四】美国民歌嘲村人赴市镇买裤,空手而归,云只睹房屋无数,市镇不得见也(Yankee Doodle went to town/To buy a pair of trousers,/He swore he could not see the town/For so many houses.－"Yankee Doodle",G.Grigson,ed.,The Faber Book of Popular Verse,1974,p.166)。此即昧于庄子言

"十姓百名"可"合"以为"丘里"之义,而犯当世哲学家所谓"范畴错误"(category mistake)矣(G.Ryle,The Concept of Mind,1949,pp.16−7:"But where is the University?"etc.)。老之"数舆乃无舆",即庄之"指马不得马",亦即《墨子·经说》下之"二与一亡,不与一在。"[8]二有一乎?曰:有。则一可谓之二也?借曰不然,二复安在?盖老、庄摧破名学所谓"分散智论"(fallacia divisionis)耳。[9]以辐若毂之不可称舆也,遂谓无舆;以蹄若尾之不可称马也,遂谓无马;执散而为各一(units)以破合而成同一(unity)。似是而非,故老、庄辞而辟之。[10]各别而指数之,则合成"丘里"者散为"十姓百名","一"亦分"裂"散"发"而无从"得"矣。《齐物论》不云乎:"故分也者,有不分也?"[11]嵇康《答〈难养生论〉》曰:"凡此数者,合而为用,不可相无,犹辕、轴、轮、辖,不可一乏于舆也",[12]足申老子之旨。吕惠卿注《老子》见陆德明《释文》"舆"作"誉",释为"誉出于无誉";[13]后人亦置本句之"数"字以上文之"一"字于度外,牵合《庄子·至乐》与《淮南子·说山训》高诱注,释为"求美名则不得美名"。[14]修身行己,强聒不舍,而于名理思辨,如以水投石,莫之受焉。[15]或又见释氏《那先比丘经》论轴、辋、辐、辕等"不合聚是诸材木不为车","合聚是诸材木用为车,因得车,人亦如是",乃谓成玄英本此附会,佛学流入以前,吾国无其说。[16]则是唐之道士尚能傍通内典,而近世学人并不知《庄子》矣。比喻两柄多边,故指(denote)同而旨(signify)不必同;成氏睹佛、老皆以舆为譬,因谓老子此章亦如佛之欲晓示五蕴聚幻,毫厘千里,其谬失盖在斯耳。[17]澄观《华严经疏钞悬谈》卷二四云:"今时成英尊师作庄、老疏,广引释教,以参彼典,但见言有小同,岂知义有大异",[18]可以为例矣。

[涉典考释与评注]

[1]《老子》第39章王弼注的全部内容如下。

其一,王注"昔之得一者"为:

昔,始也。一,数之始而物之极也。各是一物之生,所以为主也。物皆各得此一以成,既成而舍以居成,居成则失其母,故皆裂发歇竭灭蹶也。

其二,王注"天得一以清,地得一以宁,神得一以灵,谷得一以盈,万物得一以生,侯王得一以为天下贞。其致之"为:

各以其一致此清、宁、灵、盈、生、贞。

其三,王注"天无以清将恐裂"为:

用一以致清耳,非用清以清也。守一则清不失,用清则恐裂也。故为功之母,不可舍也。是以皆无用其功,恐丧其本也。

其四,王注"地无以宁将恐发,神无以灵将恐歇,谷无以盈将恐竭,万物无以生将恐灭,侯王无以贵高将恐蹶。故贵以贱为本,高以下为基。是以侯王自称孤、寡、不谷。此非以贱为本邪?非乎?故致数舆无舆,不欲琭琭如玉,珞珞如石"为:

清不能为清,盈不能为盈,皆有其母以存其形,故清不足贵,盈不足多,贵在其母,而母无贵形。贵乃以贱为本,高乃以下为基,<u>故致数舆乃无舆也</u>,玉石琭琭珞珞,体尽于形,故不欲也。①

"故致数舆无舆",今人陈鼓应据《庄子·至乐》改定为"故致誉无誉",并译之为"最高的称誉是无须夸誉的",②陈鼓应所改,似更有说服力。钱锺书说王弼所注如无注,是批评王弼注是从"有"与"无"出发,并未得老子本旨,所以下文引严复所从"一"与"数"之释,认为"已识其旨",就可说明这个原因。

[2]严复《老子》第39章释:

是各得之一,即道之散见也,即德也。(此批在"昔之得一者,天得一以清;地得一以宁;神得一以灵;谷得一以盈,万物得一以生,侯王得一以为天一贞"句上。)

以贱为本,以下为基,亦民主之说。(此批在"贵以贱为本,高以下为基"句上。)

<u>数舆者,一之反对。</u>(此批在"故致数舆无舆"句上。)③

---

① [魏]王弼:《影印文渊阁四库全书·子部·道家类·老子道德经》(第1055册),台湾商务印书馆1983年版,第162—163页。
② 陈鼓应:《老子注译及评介》,中华书局1984年版,第215页。
③ 王栻:《严复集》(四),中华书局1986年版,第1092页。

[3]苏辙《老子解》释"故致数车无车。不欲琭琭如玉,落落如石"(注:苏辙《老子解》原文如此)为:

轮、辐、盖、轸、衡、轭、毂、辖,会而为车,物物可数,而车不可数,然后知无有之为车,所谓无之以为用者也。然则天地将以大为天地邪?侯王将以贵为侯王邪?大与贵之中,有一存焉,此其所以为天地侯王者,而人莫或知之耳。故一,处贵而非贵,处贱而非贱。非若玉之琭琭,贵而不能贱;石之落落,贱而不能贵也。①

虽然,苏辙《老子解》之释,还是提及了"有"、"无"的解释,但是,苏辙的解释,主题还是沿着"一"与"数"这个主题进行生发。

[4]林希逸《竹溪鬳斋十一稿》续集卷二《再和除字韵》诗云:

洛下玄功须究意,人间杂念早消除。才情向老无多许,梦觉何时解一如。失马塞翁云得马,数车柱史论无车。浮生宠辱浑闲事,胜负真如射揄鱼。②

[5]元李道纯撰《道德会元》,二卷,现收入《正统道藏》洞神部玉诀类。李道纯解释《老子》,以儒家释道家,如起首释"故常无欲以观其妙"即言:"或以常无点作一句,或云无欲者常存,有欲者亡身。若有欲者果亡身,何必曰同谓之玄乎?亡身为玄可乎?予谓无欲者,无心作为自然也。有欲者,有心运用工夫也。无为则能见无名之妙,全其性也。有为则能见有名之彻,全其命也。有与无,性与命,同出而异名,同谓之玄,玄之又玄。有无交入,性命双全也。《记》云:喜怒哀乐之未发谓之中。中也者,天下之大本也,即无欲观妙之义也。发而皆中节谓之和。和也者,天下之达道也,即有欲观其徼之义也。致中和,天地位,万物育,即玄之又玄之义也。所谓欲者,欲人之不欲之谓。"

但是《正统道藏》所收《道德会元》并无引成玄英《老子义疏》句,只有对"数车无车"一句之释:

诸家解不通。予谓数车之名件,无一名车者,喻我之一身无一名我者也。

---

① [宋]苏辙:《影印文渊阁四库全书·子部·道家类·老子解》(第1055册),台湾商务印书馆1983年版,第215页。

② [宋]林希逸:《影印文渊阁四库全书·集部·别集类·竹溪鬳斋十一稿续集》(第1185册),台湾商务印书馆1983年版,第568页。

钱锺书引为"数车之各件",似不通,而"数车之名件",则符合逻辑,应取此。

[6]《庄子·天道》篇有言:

世之所贵道者书也,书不过语,语有贵也。<u>语之所贵者意也,意有所随。意之所随者,不可言传也,而世因贵言传书。</u>世虽贵之,我犹不足贵也,为其贵非其贵也。故视而可见者,形与色也;听而可闻者,名与声也。悲夫,世人以形色名声为足以得彼之情!夫形色名声果不足以得彼之情,则知者不言,言者不知,而世岂识之哉?①

[7]《庄子·则阳》曰:

少知问于大公调曰:"何谓丘里之言?"

大公调曰:"<u>丘里者,合十姓百名而以为风俗也,合异以为同,散同以为异。今指马之百体而不得马,而马系于前者,立其百体而谓之马也。</u>是故丘山积卑而为高,江河合小而为大,大人合并而为公。是以自外入者,有主而不执;由中出者,有正而不距。四时殊气,天不赐,故岁成;五官殊职,君不私,故国治;文武殊能,大人不赐,故德备;万物殊理,道不私,故无名。无名故无为,无为而无不为。时有终始,世有变化。祸福淳淳,至有所拂者而有所宜;自殉殊面,有所正者有所差。比于大泽,百材皆度;观于大山,木石同坛。此之谓丘里之言。"

少知曰:"然则谓之道,足乎?"

大公调曰:"不然。今计物之数,不止于万,而期曰万物者,以数之多者号而读之也。是故天地者,形之大者也;阴阳者,气之大者也;道者为之公。因其大而号以读之,则可也,已有之矣,乃将得比哉?则若以斯辩,譬犹狗马,其不及远矣。"②

[8]《墨子·经说下》曰:

<u>二与一亡,不与一在,偏去未。</u>

---

① 陈鼓应注译:《庄子今注今译》,中华书局1983年版,第385页。
② 陈鼓应注译:《庄子今注今译》,中华书局1983年版,第737—738页。

有论者引孙诒让之说,指出"未"字为衍字,整句可译为:"一个整体一旦分割为二,原先作为整体的'一'就消失了。既然一体已分为二,则其中一偏可弃去。"①"一"与"二",也就是"一"与"数"的关系。

[9]瞽:音 yuān,《说文》曰:"瞽,目无明也。"有论者指出:"'分散瞽论',是钱钟书对拉丁文 fallacia divisionada(分解谬见)的翻译:整体并不是部分的聚加:一个个数车辐,看不出车轮;一条条指出马腿,指出的并不是马。"②

所以,钱锺书此处指出,"二",即分散的部分,合起来可以为整体"一",但整体则不可反过来命名部分,所以,钱锺书说"借曰不然"。

[10]此处进一步指出,分散即"无",不会成为整体。

[11]《庄子·齐物论》有曰:

夫道未始有封,言未始有常,为是而有畛也,请言其畛:有左,有右,有伦,有义,有分,有辩,有竞,有争,此之谓八德。六合之外,圣人存而不论;六合之内,圣人论而不议。春秋经世先王之志,圣人议而不辩。<u>故分也者,有不分也</u>;辩也者,有不辩也。曰:何也? 圣人怀之,众人辩之以相示也。故曰辩也者有不见也。

夫大道不称,大辩不言,大仁不仁,大廉不嗛,大勇不忮。道昭而不道,言辩而不及,仁常而不周,廉清而不信,勇忮而不成。五者无弃而几向方矣。

故知止其所不知,至矣。孰知不言之辩,不道之道? 若有能知,此之谓天府。注焉而不满,酌焉而不竭,而不知其所由来,此之谓葆光。③

[12]嵇康《答向子期难养生论》曰:

养生有五难:名利不灭,此一难也;喜怒不除,此二难也;声色不去,此三难也;滋味不绝,此四难也;神虑消散,此五难也。五者必存,虽心希难老,口诵至言,咀嚼英华,呼吸太阳,不能不回其操,不夭其年也。五者无于胸中,则信顺日济,玄德日全,不祈喜而有福,不求寿而自延,此养生大理之所效也。然或有行逾曾闵,服膺仁义,动由中和,无甚大之累,便谓仁理已毕,以此自臧,而不荡

---

① 方勇译注:《墨子》,中华书局 2015 年版,第 350—352 页。
② 赵毅衡:《"全文本"与普遍隐含作者》,《甘肃社会科学》2012 年第 6 期。
③ 陈鼓应注译:《庄子今注今译》,中华书局 1983 年版,第 83—84 页。

喜怒、平神气，而欲却老延年者，未之闻也。或抗志希古，不荣名位，因自高于驰骛；或运智御世，不婴祸，故以此自贵。此于用身，甫与乡党（左齿+右儿之繁体）齿耆年同耳。以言存生，盖阙如也。或弃世不群，志气和粹，不绝谷茹芝，无益于短期矣。或琼糇既储，六气并御，而能含光内观，凝神复璞，栖心于玄冥之崖，含气于莫大之涘者，则有老可却，有年可延也。<u>凡此数者，合而为用，不可相无，犹辕轴轮辕，不可一乏于舆也。</u>然人若偏见，各备所患，单豹以营内致毙，张毅以趣外失中，齐以诚济西取败，秦以备戎狄自穷。此皆不兼之祸也。积善履信，世屡闻之；慎言语，节饮食，学者识之。过此以往，莫之或知。请以先觉，语将来之觉者。①

此为嵇康《答向子期难养生论》一文的结尾，陈述之义理，均是合则有用，分散则成怨侣。

[13]陆德明《经典释文》卷二十五为"老子道经音义"、"老子德经音义"，之中似无见引吕惠卿《老子》注，只有"誉"："毁誉也。"②

[14]《淮南子·说山训》高诱注"求美则不得美，不求美则美矣；求丑则不得丑，求不丑则有丑矣；不求美又不求丑，则无美无丑矣，是谓玄同"中的"求美则不得美，不求美则美矣"时言及：

<u>心自求美名，则不得美名也</u>，而自损，则有美名矣。故老子曰"致数舆无舆"也。③

而《庄子·至乐》中，仅只有"至乐无乐，至誉无誉"与《老子》相关外，并无其他内容与之相关，所谓"牵合"之说，不知何所本。

[15]只强调于修身有用，而于是否符合客观事物之存在，则不相究，此亦为中国古代常见的思想方式。

[16]《那先比丘经》，据梁启超《饮冰室专集》之六十六"那先比丘经书"之介绍："《那先比丘经》二卷，失译人名，附东晋录。此经今巴利文有之，名曰

---

① 韩格平注译：《竹林七贤诗文全集译注》，吉林文史出版社 1997 年版，第 410—411 页。

② ［唐］陆德明：《影印文渊阁四库全书·经部·五经总义类·经典释文》（第 182 册），台湾商务印书馆 1983 年版，第 821 页。

③ 刘文典撰，冯逸、乔华点校：《淮南鸿烈集解》，中华书局 1989 年版，第 531 页。

《弥兰问经》,盖全经皆记弥兰王与那先问答语。巴利本从问者得名,汉译本从答者得名也。弥兰王亦译毕邻陀王(真谛译《俱舍论》)、旻邻陁王(玄奘译《俱舍论》)、难陀王(《杂宝藏经》)。其时代盖介于阿育与迦腻色迦两王之间,为佛法有力之外护。然彼王乃希腊人,非印度人也。"《那先比丘经》记录的是印度比丘那先与弥兰陀论难,而使之皈依佛教的经过,其内容主要是阐明缘起、无我、业报、轮回等佛教基本教义。

《那先比丘经》有言:

王复问何所为那先者。那先问王言名车何所为车者。轴为车耶。王言轴不为车。那先言輈为车耶。王言輈不为车。那先言辐为车耶。王言辐不为车。那先言毂为车耶。王言毂不为车。那先言辕为车耶。王言辕不为车。那先言轭为车耶。王言轭不为车。那先言舆为车耶。王言舆不为车。那先言杠为车耶。王言杠不为车。那先言盖为车耶。王言盖不为车。那先言合聚是诸材木着一面宁为车耶。王言合聚是诸材木着一面不为车也。那先言假令不合聚是诸材木宁为车耶。王言不合聚是诸材木不为车。那先言音声为车耶。王言音声不为车。那先言何所为车者。王便默然不语。那先言佛经说之如合聚。是诸材木用作车因得车。人亦如是。合聚头面耳鼻口颈项肩臂骨肉手足肝肺心脾肾肠胃颜色声响喘息苦乐善恶合聚名为人。王言善哉善哉。

[17]对"近世学人并不知《庄子》"之批评,亦可移用于当世。钱锺书阅读极博,视野开阔,于不学无术、浅陋庸俗之"学人"痛加批挞,为其一贯之做法。钱锺书此举虽时近刻薄,然正中学界学风之弊,实是惊警。

[18]澄观《华严经疏钞悬谈》文献难于获取,故暂缺。

[原文]

老子喻,言有舆也,不持分散智论,可以得"一";佛喻,言无车也,正持分散智论,所以破"聚"。二者用意相背。[1]分散以明本无,释氏之惯技。如《大般涅槃经·狮子吼菩萨品》第一一之三亦即云:"离五阴已,无别众生,善男子,如离箱、毂、轮、轴、辐、辋,更无别车。"[2]龙树菩萨《大智度论·缘起义释论》第一云:"譬如车,辕、辐、轴、辋等和合故有,无别车也。人亦如是,五众和合故有,无别人也";[3]

【增订三】《大智度论》卷三〇《释初品中十八空》:"如车以辐、辋、辕、毂众合为车,若离散各在一处,则失车名。五众和合因缘,故名为人,若别离五众,人不可得。"[4]其《中论·观如来品》第二二云:"因五指有五拳,是拳无有自体;因五阴名我,是我即无自体",与车喻正出一辙。[5]《楞严经》卷二、卷三之破五阴、六入、七大、十界"因缘和合",[6]或圭峰宗密《原人论》之节节支解"色心和合",[7]清辩滔滔,无异分举一则不成二,指百体则不得马、数件则无舆,盖恃此法为显真理惑之利器而不自知其为誖论也。[8]复举一则,以资轩渠。《优婆塞经》教人弃离"嗔恚盖"云:"有智之人,若遇恶骂,当作是念。是骂詈字,不一时生;初字生时,后字未生,后字生已,初字复灭。若不一时,云何是骂? 直是风声,我云何瞋!"[9]佛书每忘己事之未工,而笑他人之已拙,如《百喻经》之四四:"有人因饥,食七枚煎饼"食六枚半已,便得饱满。其人患悔,以手自打,言:"我今饱足,由此半饼,前六饼唐自捐弃,设知半饼能充足者,应先食之";[10]或如《长阿含经》之七《弊宿经》中婆罗门缚贼,剥皮,脔肉,截筋,打骨以求"识神",小儿吹灰、捣薪以求火,村人以为声在贝中,触贝命作声,不知须以口吹贝。[11]夫聚诸材方得车、因五指有拳,正如积六枚饼乃能饱、合贝与口气而作声。即以子矛攻子盾也可。历来文士,不识此故,以分散之誖谬为剖析之精微,纷纷祖构。[12]韦应物《听嘉陵江水声》:"水性自云静,石中本无声,云何两相激,雷转空山惊?"语尚含浑。[13]欧阳修《钟莛说》:"甲问于乙曰:'铸铜为钟,削木为莛,以莛叩钟,则铿然而鸣。然则声在木乎? 在铜乎?'乙曰:'以莛叩垣则不鸣,叩钟则鸣,是声在铜。'甲曰:'以莛叩钱积则不鸣,声果在铜乎?'乙曰:'钱积实,钟虚中,是声在虚器之中。'甲曰:'以木若泥为钟则无声,声果在虚器之中乎?'"[14]苏轼《为沈君〈十二琴说〉作诗》:"若言琴上有琴声,放在匣中何不鸣? 若言声在指头上,何不于君指上听?"[15]皆拾《楞严经》"非于根出,不于空生"之牙慧,[16]知肝胆为胡越,而不省齐楚为眉目(语本严遵《道德指归》)[17],无以过于触贝之村人、捣薪之小儿焉。

【增订二】《大般涅槃经·圣行品》第七之三举燧火、酪酥等喻以明"众缘和合",有曰:"譬如因鼓、因空、因皮、因人、因桴,和合出声。鼓不念言:'我能出声';乃至桴亦如是。声亦不言:'我能自生。'"[18] 可以解欧阳修、苏轼之难矣。

【增订三】《大智度论》卷九九《释昙无竭品第八十九上》:"譬如箜篌声,⋯⋯众缘和合故生。有槽,有颈,有皮,有弦,有柱,有棍,有人以手鼓之,众缘和合而有声。是声亦不从槽出,不从颈出,不从皮出,不从弦出,不从棍出,亦不从人手出;众缘和合,乃尔有声。⋯⋯诸佛身亦如是。⋯⋯离五指更无有拳,⋯⋯离五众则无有佛。"[19]

《吕氏春秋·别类》篇:"夫草有莘有藟,独食之则杀人,合而食之则益寿。万堇不杀。漆淖、水淖,合两淖则为蹇,湿之则为干。金柔、锡柔,合两柔则为刚,燔之则为淖";[20] 盖有见于分而亦不可无见于合,吕不韦之喻堪助老、庄数舆、指马之喻张目也。

[涉典考释与评注]

[1]钱锺书此处实可视为对上文引证的一个总结,道家不主分散,故得"一",而佛家主人散,即"破聚",道与佛两家,出发点不同。

[2]南朝宋竺道生所撰《大般涅槃经集解》,为佛典重要注疏,计七十一卷,汇辑了道生、僧亮、法瑶、昙济、僧宗、宝亮、智秀、法智、法安、昙准等南朝"十法师"及昙爱、昙谶、道慧、慧朗、慧诞、智藏、明骏等"七师"等人对《涅槃经》经义的解说,为研习《涅槃经》经义的重要典籍。

《大般涅槃经集解》卷第五十七"狮子吼品之第四"有曰:

善男子! 凡所引喻,不必尽取,或取少分,或取多分,或复全取。如言如来面如满月,是名少分。善男子! 譬如有人初不见乳,转问他言:"乳为何类?"彼人答言:"如水、蜜、贝。"水则湿相,蜜则甜相,贝则色相。虽引三喻,未即乳实。善男子! 我言灯喻喻于众生亦复如是。善男子! 离水无河,众生亦尔,离五阴已无别众生。善男子！如离箱舆轮轴辐辋更无别车，众生亦尔。①

[3]《大智度论》卷第一"缘起论"曰：

复次，佛欲说第一义悉檀相故，说是般若波罗蜜经。有四种悉檀：一者，世界悉檀；二者，各各为人悉檀；三者，对治悉檀；四者，第一义悉檀。四悉檀中，总摄一切十二部经，八万四千法藏，皆是实，无相违背。佛法中实，有以世界悉檀故实，有以各各为人悉檀故实，有以对治悉檀故实，有以第一义悉檀故实。有云何名世界悉檀？有法从因缘和合故有，无别性。譬如车，辕、辐、轴、辋等和合故有，无别车也。人亦如是，五众和合故有，无别人也。②

[4]《大智度论》卷第三十一为"释初品中十八空"，之中有：

散空者，散名别离相，如诸法和合故有：如车以辐、辋、辕、毂众合为车，若离散各在一处，则失车名。五众和合因缘，故名为人，若别离五众，人不可得。③

[5]《中论》卷第四"观如来品第二十二"云：

法若因他生，是即为非我。若法非我者，云何是如来。

若法因众缘生即无有我，如因五指有拳，是拳无有自体，如是因五阴名我，是我即无自体，我有种种名或名众生人天如来等，若如来因五阴有即无自性，无自性故无我，若无我云何说名如来？是故偈中说：法若因他生，是即为非我。若法非我者，云何是如来。④

钱锺书引为"因五指有五拳"，与原文异，当为误引。

[6]《楞严经》卷二有曰：

阿难，汝犹未明一切浮尘，诸幻化相，当处出生，随处灭尽。幻妄称相，其性真为妙觉明体。如是乃至五阴、六入，从十二处至十八界，因缘和合，虚妄有

---

① [南朝·宋]道生等撰，于德隆点校：《大般涅槃经集解》（下），线装书局 2016 年版，第 372 页。

② （印）龙树菩萨著，[晋]鸠摩罗什译，弘学校勘：《大智度论校勘》，社会科学文献出版社 2014 年版，第 4 页。

③ （印）龙树菩萨著，[晋]鸠摩罗什译，弘学校勘：《大智度论校勘》，社会科学文献出版社 2014 年版，第 415 页。

④ （印）龙树菩萨著：《中论·十二门论》（卷第四），释迦佛印经会刊印，2007 年，第 4 页。

生,因缘别离,虚妄名灭。殊不能知生灭去来,本如来藏常住妙明,不动周圆妙真如性。性真常中,求于去来、迷悟、生死,了无所得。①

《楞严经》卷三有曰:

"阿难,识性无源,因于六种根尘妄出。汝今遍观此会圣众,用目循历。其目周视,但如镜中,无别分析;汝识于中,次第标指,此是文殊,此富楼那,此目犍连,此须菩提,此舍利弗。此识了知,为生于见? 为生于相? 为生虚空? 为无所因,突然而出? 阿难。若汝识性生于见中,如无明暗及与色空,四种必无,元无汝见;见性尚无,从何发识? 若汝识性生于相中,不从见生,既不见明,亦不见暗,明暗不瞩,即无色空;彼相尚无,识从何发? 若生于空,非相非见。非见无辨,自不能知明暗色空;非相灭缘,见闻觉知无处安立。处此二非,空则同无,有非同物,纵发汝识,欲何分别? 若无所因,突然而出,何不日中别识明月? 汝更细详,微细详审:见托汝睛,相推前境,可状成有,不相成无,如是识缘因何所出? 识动、见澄,非和非合;闻、听、觉、知,亦复如是。不应识缘,无从自出。若此识心本无所从,当知了别,见闻觉知,圆满湛然,性非从所。兼彼虚、空、地、水、火、风,均名七大,性真圆融,皆如来藏,本无生灭。阿难。汝心粗浮,不悟见、闻、发明、了知,本如来藏。汝应观此六处识心为同为异? 为空为有? 为非同异? 为非空有? 汝元不知,如来藏中,性识明知,觉明真识。妙觉湛然,遍周法界,含吐十虚,宁有方所? 循业发现。世间无知,惑为因缘及自然性,皆是识心分别计度,但有言说,都无实义。"②

卷三之中,有"十虚"之说,但无"十界"之名。

[7]圭峰宗密(公元 780 年—公元 841 年),唐代名僧,佛教华严五祖,主张"佛儒一源",认为"顿悟资于渐修"、"师说符于佛意"。

宗密在《原人论》的"斥偏浅第二"当中把佛教诸宗按浅深分为五种。这五种是:(1)人天教;(2)小乘教;(3)大乘法相教;(4)大乘破相教;(5)一乘显性教。在小乘教一节指出:

---

① 赖永海主编,刘鹿鸣译注:《楞严经》,中华书局 2012 年版,第 98 页。
② 赖永海主编,刘鹿鸣译注:《楞严经》,中华书局 2012 年版,第 148—149 页。

小乘教者,说形骸之色、思虑之心,从无始来,因缘力故,念念生灭,相续无穷,如水涓涓,如灯焰焰,身心假合,似一似常。凡愚不觉,执之为我,宝此我故,即起贪、嗔、痴等三毒,三毒击意,发动身口,造一切业。业成难逃,故受五道苦乐等身,感三界胜劣等处。于所受身,还执为我,还起贪等,造业受报。身则生老病死,死而复生,界则成住坏空,空而复成。劫劫生生,轮回不绝,无终无始,如汲井轮。都由不了此身,本不是我,不是我者,<u>谓此身本因色、心和合为相</u>,今推寻分析,色有地、水、火、风之四大,心有受、想、行、识之四蕴,若皆是我,即成八我。况地大中复有众多,谓三百六十段骨,一一各别,皮毛筋肉、肝心脾肾,各不相是,诸心数等,亦各不同,见不是闻,喜不是怒,展转乃至八万四千尘劳。既有此众多之物,不知定取何者为我?若皆是我,我即百千,一身之中,多主纷乱,离此之外,复无别法。翻覆推我,皆不可得,便悟此身但是众缘,似和合相,元无我人,为谁贪嗔,为谁杀盗施戒?遂不滞心于三界有漏善恶,但修无我观智,以断贪等,止息诸业,证得我空真如,乃至得阿罗汉果,灰身灭智,方断诸苦。据此教中,以色心二法及贪、嗔、痴为根身器界之本也,过去、未来,更无别法为本。今诘之曰:夫经生累世为身本者,自体须无间断,今五识阙缘不起,意识有时不行,无色界天无此四大,如何持得此身,世世不绝?是知专此教者,亦未原身。①

〔8〕此处,钱锺书所持论,亦平常习见。

〔9〕优婆塞,即在家信佛的男子,我们所说的"居士"。《优婆塞戒经》,即为居士的行动准则。

《优婆塞戒经》"羼提波罗蜜品第二十五"言:

"善男子,若欲修忍,是人应当破骄慢、嗔心、痴心,不观及我所相、种姓常相。若人能作如是等观,当知是人,能修忍辱。如是修已,心得欢喜。<u>有智之人,若遇恶骂,当作是念:是骂詈字,不一时生,初字出时,后字未生,后字生已,初字复灭,若不一时,云何是骂?直是风声,我云何嗔?</u>我今此身,五阴和合,四阴不现,则不可骂,色阴十分和合而有,如是和合,念念不停,若不停住,谁当

---

① 董群译著:《原人论全译》,巴蜀书社 2008 年版,第 104—117 页。

受骂？然彼骂者，即是风气。风亦二种：有内、有外，我于外风，都不生嗔，云何于内，而生嗔耶？世间骂者，亦有二种：一者实，二者虚，若说实者，实何所嗔？若说虚者，虚自得骂，无予我事，我何缘嗔？若我嗔者，我自作恶。何以故？因嗔恚故，生三恶道。若我于彼三恶道中，受苦恼者，则为自作自受苦报。是故说言：一切善恶，皆因我身。

[10]古天竺僧伽斯那撰《百喻经》，全名《百句譬喻经》，全书由九十八篇故事构成，采取的结构一般是先讲故事，再述佛理。钱锺书所引为《百喻经》第四四则故事，名为"欲食半饼喻"，其文曰：

譬如有人，因其饥故，食七枚煎饼。食六枚半已，便得饱满。其人恚悔，以手自打而作是言："我今饱足，由此半饼。然前六饼，唐自捐弃。设知半饼能充足者，应先食之。"

世间之人，亦复如是。从本以来，常无有乐，然其痴倒，横生乐想；如彼痴人，于半番饼，生于饱想。世人无知，以富贵为乐。夫富贵者，求时甚苦；既获得已，守护亦苦；后还失之，忧念复苦。于三时中，都无有乐。犹如衣食，遮故名乐，于辛苦中横生乐想。诸佛说言："三界无安，皆是大苦，凡夫倒惑，横生乐想。"①

[11]《长阿含经》为后秦佛陀耶舍、竺佛念译，是北传佛教四部阿含之一，因所集各经篇幅较长，所以命名为《长阿含经》。《长阿含经》之七《弊宿经》曰：

迦叶又言："汝颇更有因缘，知无他世耶？"

波罗门言："有。"

迦叶言："以何缘知？"

婆罗门言："我所封村人有作贼者，伺察所得，将诣我所，语我言：'此人为贼。唯愿治之！'我勅左右收缚此人，生剥其皮，求其识神，而都不见；又勅左右脔割其肉，以求识神，又复不见；又勅左右截其筋脉、骨间求神，又复不见；又勅左右打骨出髓，髓中求神，又复不见。迦叶！我以此缘，知无他世。"

---

① 史念林注：《百喻经》，华夏出版社 2005 年版，第 60 页。

迦叶复言:"诸有智者,以譬喻得解,我今复当为汝引喻。乃往过去久远世时,有一国坏,荒毁未复。时,有商贾五百乘车经过其土,有一梵志奉事火神,常止一林。时,诸商人皆往投宿,清旦别去。时,事火梵志作是念言:向诸商人宿此林中,今者已去,傥有遗漏,可试往看。寻诣彼所,都无所见,唯有一小儿,始年一岁,独在彼坐。梵志复念:我今何忍见此小儿于我前死?今者宁可将此小儿至吾所止、养活之耶?即抱小儿往所住处而养育之。其儿转大。至十余岁。

"时,此梵志以少因缘欲游人间,语小儿曰:'我有少缘,欲暂出行,汝善守护此火。慎勿使灭。若火灭者,当以钻钻木,取火燃之。'具诚敕已,出林游行。梵志去后,小儿贪戏,不数视火,火遂便灭。小儿戏还,见火已灭。懊恼而言:'我所为非。我父去时,具约敕我:守护此火,慎勿令灭!而我贪戏,致使火灭,当如之何?'彼时,小儿吹灰求火,不能得已;便以斧劈薪求火,复不能得;又复斩薪置于臼中,捣以求火,又不能得。

"尔时,梵志于人间还,诣彼林所,问小儿曰:'吾先敕汝使守护火,火不灭耶?'小儿对曰:'我向出戏,不时护视,火今已灭。'复问小儿:'汝以何方便更求火耶?'小儿报曰:'火出于木。我以斧破木求火,不得火;复斩之令碎,<u>置于臼中,杵捣求火,复不能得</u>。'时,彼梵志以钻钻木出火,积薪而燃,告小儿曰:'夫欲求火,法应如此,不应破析杵碎而求。'

……

迦叶复言:"诸有智者,以譬喻得解,今当为汝引喻。昔有一国,不闻贝声。时,有一人善能吹贝,往到彼国,入一村中,执贝三吹,然后置地。时,村人男女闻声惊动,皆就往问:'此是何声,哀和清彻乃如是耶?'彼人指贝曰:'此物声也。'时,彼村人以手触贝曰:'汝可作声!汝可作声!'贝都不鸣,其主即取贝三吹置地。时,<u>村人言:'向者美声非是贝力,有手有口,有气吹之,然后乃鸣。</u>'人亦如是,有寿有识,有息出入,则能屈伸、视瞻、语言;无寿无识,无出入息,则无屈伸、视瞻、语言。"①

---

① 恒强校注:《长阿含经》,线装书局 2012 年版,第 146—148 页。

从上引可以看出,小儿捣薪吹灰,村人吹贝,是迦叶讲的两个事例,而非一事,需加以区分。

[12]"以分散之詝谬为剖析之精微",其实,钱锺书的思维方式,亦有此趣。

[13]韦应物《听嘉陵江水声寄深上人》:

凿崖泄奔湍,古称神禹迹。夜喧山门店,独宿不安席。<u>水性自云静,石中本无声。如何两相激,雷转空山惊。</u>贻之道门旧,了此物我情。①

此诗标题应为《听嘉陵江水声寄深上人》,非《听嘉陵江水声》。

[14]《欧阳修全集》卷二百二十九录《笔说》一卷,有"老氏说"、"富贵贫贱说"等计十九条,第三条为"钟莛说",全文为:

甲问于乙曰:"铸铜为钟,削木为莛,以莛叩钟,则铿然而鸣,然则<u>声在木乎? 在铜乎?</u>"乙曰:"以莛叩垣则不鸣,叩钟则鸣,是声在铜。"甲曰:"以莛叩钱,积则不鸣,声果在铜乎?"乙曰:"钱积实,钟虚中,是声在虚器之中。"甲曰:"以木若泥为钟则无声,声果在虚器之中乎?"②

[15]苏轼《武昌主簿吴亮君采,携其友人沈君〈十二琴之说〉,与高斋先生空同子之文〈太平之颂〉以示予。予不识沈君,而读其书如见其人,如闻其十二琴之声。予昔从高斋先生游,尝见其宝一琴,无铭无识,不知其何代物也。请以告二子,使从先生求观之。此十二琴者,待其琴而后和。元丰六年闰六月》曰:

<u>若言琴上有琴声,放在匣中何不鸣。若言声在指头上,何不于君指上听。</u>③

[16]《大佛顶首楞严经》卷三多次言及"非于根出,不于空生",如起首即言:

"复次,阿难,云何六入本如来藏妙真如性?"

"阿难,即彼目睛瞪发劳者,兼目与劳同是菩提瞪发劳相。因于明、暗二

① [唐]韦应物著,陈敏、王友胜校注:《韦应物集校注》,上海古籍出版社1998年版,第65页。

② [宋]欧阳修:《欧阳修全集》,中华书局2001年版,第1966页。

③ [宋]苏轼著,[清]冯应榴辑注,黄任轲、朱怀春校点:《苏轼诗集合注》,上海古籍出版社2001年版,第1103页。

种妄尘,发见居中,吸此尘象,名为见性。此见离彼明、暗二尘,毕竟无体。如是,阿难,当知是见,非明、暗来,非于根出,不于空生。何以故? 若从明来,暗即随灭,应非见暗。若从暗来,明即随灭,应无见明。若从根生,必无明、暗。如是见精,本无自性。若于空出,前瞩尘象,归当见根。又空自观,何关汝入? 是故当知,眼入虚妄,本非因缘,非自然性。①

又如第二段:

阿难。譬如有人以两手指急塞其耳,耳根劳故,头中作声。兼耳与劳同是菩提瞪发劳相。因于动、静二种妄尘,发闻居中,吸此尘象,名听闻性。此闻离彼动、静二尘,毕竟无体。如是,阿难,当知是闻,非动、静来,非于根出,不于空生。何以故? 若从静来,动即随灭,应非闻动。若从动来,静即随灭,应无觉静。若从根生,必无动、静。如是闻体,本无自性。若于空出,有闻成性,即非虚空。又空自闻,何关汝入? 是故当知,耳入虚妄,本非因缘,非自然性。②

[17]《道德指归论》卷之二"不出户篇"曰:

道德变化,陶冶元首,禀授性命乎太虚之域、玄冥之中,而万物混沌始焉。神明交,清浊分,太和行乎荡荡之野、纤妙之中,而万物生焉。天圆地方,人纵兽横,草木种根,鱼沉鸟翔,物以族别,类以群分,尊卑定矣,而吉凶生焉。由此观之,天地人物,皆同元始,共一宗祖。六合之内,宇宙之表,连属一体。气化分离,纵横上下,剖而为二,判而为五。或为白黑,或为水火,或为酸醎,或为微羽,人物同类,或为牝牡。凡此数者,亲为兄弟,殊形别乡,利害相背,万物不同,不可胜道。合于喜怒,反于死生,情性同生,心意同理。何以言之? 庄子曰:一人之身,俱生父母,四支九窍,其职不同,五脏六腑,各有所受。上下不相知,中外不相睹。头足为天地,肘膝为四海,肝胆为胡越,眉目为齐楚。若不同生,异躯殊体,动不相因,静不相待,九天之上,黄泉之下,未足以喻之。然而头有疾则足不能行,胸中有病则口不能言,心得所安则耳目聪明、屈伸调利、百节轻便者,以同形也。人生动于迩,则人物应于远;人物动于此,则天地应于彼。

---

① 赖永海主编,刘鹿鸣译注:《楞严经》,中华书局 2012 年版,第 106 页。
② 赖永海主编,刘鹿鸣译注:《楞严经》,中华书局 2012 年版,第 107 页。

彼我相应，出入无门，往来无户。天地之间，虚廓之中，辽远广大，物类相应，不失毫厘者，同体故也。是以圣人不出户，上原父母，下揆子孙，危宁利害，反于死生之说，察于是非之理，通于利害之元，达于治乱之本。以己知家，以家知彼，事得其纲，物得其纪。动知所之，静知所守，道德为父，神明为母，清静为师，太和为友，天下为家，万物为体。视彼如己，视己如彼，心不敢生，志不敢举。捐弃知故，绝灭三五，因而不作，岩居穴处。不杀群类，不食生草，未成不服，未终不采，天地人物，各保其有。

　　夫原我未兆之时，性命所以，精神所由，血气所始，身体所基，以知实生于虚，有生于无，小无不入，大无不包也。本我之生，在于道德。孕而未育，所以成形。至于出冥，以知深微纤妙和弱润滑之大通也，无知无识无为无事之有大功也。视我之为婴儿，至于壮大有知，以睹柔之生刚，弱之生强，小之生大，短之生长，愚之生智，晦之生明也。察我呼吸屈伸，以知损为益首，益为损元，进为退本，退为进根，福为祸始，祸为福先也。上陵仰阪，历阻过险，形疲喘悸，劳而静处，则神平气和，中外相保，以知清静虚无、无为变化之大功也。四肢九窍，趋务殊驰，异能殊形，皆元一心，以知百方万物之害之变皆生于主。稽之天地，验之古今，动不相违，以知天地之道毕于我也。故，家者，知人之本根也；身者，知天之渊泉也。观天不由身，观人不由家，小近大远，小知大迷。去家出户，不见天下；去身窥牖，不知天道；其出踰远，其知益少；周流四海，其迷益甚；求之益大，功名益小。不视不听，求知于己，天人之际，大道毕矣。故圣人不见一家之好恶而命万家之事，无有千里之行而命九洲之变。足不上天而知九天之心，身不入地而知九地之变。阴阳进退，四时变化，深微隐匿，宵冥之事，无所遁之。何则？审内以知外，原小以知大，因我以然彼，明近以喻远也。故圣人之为君也，犹心之于我、我之于身也。不知以因道，不欲以应天，无为以道世，无事以养民。玄玄默默，使化自得，上与神明同意，下与万物同心。动与之反，静与之存，空虚寂泊，使物自然。①

---

　　①　[汉]严遵:《影印文渊阁四库全书·子部·道家类·道德指归论》(第1055册)，台湾商务印书馆1983年版，第95—97页。

［18］北凉天竺三藏昙无谶译《大般涅槃经》，又名《大涅槃经》，简称《涅槃经》，共40卷。《大般涅槃经》分寿命、金刚身、名字功德、如来性、一切大众所问、现病、圣行、梵行、婴儿行、光明遍照高贵德王菩萨、狮子吼菩萨、迦叶菩萨、憍陈如等13品，阐述了佛身常住不灭、涅槃常乐我净、一切众生悉有佛性等大乘佛教思想。

《大般涅槃经集解》卷第三十四"圣行品之第八"有曰：

善男子，譬如因燧、因钻、因手、因干牛粪而得生火，燧亦不言我能生火，钻手牛粪各不念言我能生火，火亦不言我能自生。如来亦尔，因六波罗蜜乃至憍陈如，名转法轮，如来亦复不生念言我转法轮。善男子！若不生者，是则名为转正法轮，是转法轮即名如来。

善男子！譬如因酪、因水、因攒、因瓶、因绳、因人手提而得出酥。酪不念言我能出酥，乃至人手亦不念言我能出酥，酥亦不言我能自出，众缘和合故得出酥。如来亦尔，终不念言我转法轮。善男子！若不出者，是则名为转正法轮。是转法轮即是如来。

善男子！譬如因子、因地、因水、因火、因风、因粪、因时、因人作业而芽得生。善男子！子亦不言我能生芽，乃至作业亦不念言我能生芽，芽亦不言我能自生。如来亦尔，终不念言我转法轮。善男子！若不作者，是则名为转正法轮。是转法轮即是如来。

善男子，譬如因鼓、因空、因皮、因人、因桴，和合出声。鼓不念言我能出声，乃至桴亦如是，声亦不言我能自生。善男子！如来亦尔，终不念言我转法轮。善男子！转法轮者名为不作，不作者即转法轮，转法轮者即是如来。①

［19］《大智度论》卷九九《释昙无竭品第八十九上》：

善男子！譬如大海水中诸宝，不从东方来，不从南方、西方、北方、四维、上下来，众生善根因缘故，海生此宝，此宝亦不无因缘而生；是宝皆是从因缘和合生，是宝若灭亦不去至十方，诸缘合故有，诸缘离故灭。善男子！诸佛身亦如

---

① ［南朝·宋］道生等撰；于德隆点校：《大般涅槃经集解》（下），线装书局2016年版，第515—516页。

是，从本业因缘果报生，生不从十方来，灭时亦不去至十方，但诸缘合故有，诸缘离故灭。善男子！譬如箜篌声，出时无来处，灭时无去处，众缘和合故生：有槽、有颈、有皮、有弦、有柱、有棍，有人以手鼓之，众缘和合而有声；是声亦不从槽出，不从颈出，不从皮出，不从弦出，不从棍出，亦不从人手出，众缘和合尔乃有声。是因缘离时，亦无去处。善男子！诸佛身亦如是，从无量功德因缘生，不从一因一缘一功德生，亦不无因缘有，众缘和合故有。诸佛身不独从一事成，来无所来，去无所至。善男子！应当如是知诸佛来相去相！善男子！亦当知一切法无来去相，汝若知诸佛及诸法无来无去、无生无灭相，必得阿耨多罗三藐三菩提，亦能行般若波罗蜜及方便力。"①

钱锺书所引，一部发出于"经"，一部分出于"论"：

问曰：何以故无拳法？形亦异，力用亦异；若但是指者，不应异，因五指合故拳法生；是拳法虽无常生灭，不得言无。答曰：是拳法若定有，除五指应更有拳可见，亦不须因五指。如是等因缘，离五指更无有拳；佛亦如是，离五众则无有佛。佛不在五众中，五众不在佛中。何以故？异不可得故。若五众异佛者，佛应在五众中，但是事不然。佛亦不有五众，所以者何？离五众无佛，离佛亦无五众。譬如比丘有三衣钵故，可得言有，但佛与五众不得别异，是故不得言佛有五众。如是五众求佛不可得故，当知无佛，佛无故来无去。②

[20]《吕氏春秋》似顺论第五之二"别类"曰：

知不知，上矣。过者之患，不知而自以为知。物多类然而不然，故亡国僇民无已。夫草有莘有藟，独食之则杀人，合而食之则益寿；万堇不杀。漆淖水淖，合两淖则为蹇，湿之则为干。金柔锡柔，合两柔则为刚，燔之则淖。或湿而干，或燔而淖，类固不必，可推知也？小方，大方之类也。小马，大马之类也。小智，非大智之类也。③

---

①　（印）龙树菩萨著，[晋]鸠摩罗什译，弘学校勘：《大智度论校勘》，社会科学文献出版社2014年版，第1248页。

②　（印）龙树菩萨著，[晋]鸠摩罗什译，弘学校勘：《大智度论校勘》，社会科学文献出版社2014年版，第1250页。

③　许维遹：《吕氏春秋集释》（上、下），中华书局2009年版，第661页。

[原文]

西方哲理名家亦每陷于分别智论而不自知。如休谟之破我、破因果,正用指马百体、数车各件之法(Treatise, Bk I, Pt iii, Sect.2(the idea of cause and effect); Pt iv, Sect.6(personal identity)(op.cit., I, 76 ff., 238 ff.). Cf. M. R. Cohen, The Meaning of Human History, 64: "Hume's argument is analogous to Zeno's argument against motion by resolving time and space into an infinity of disconnected points and instants.")。莱伯尼茨倡"小感觉"(les petites perceptions)说,谓合无量数小声息而成巨响,故闻巨响者即可分聆其每一小声息(Il faut qu'on ait quelque perception de chacun de ces bruits)(Leibniz, Novreaux Essais sur l'Entendement, Préface, Philosophischen Schriften, hrsg. C. J. Gerhardt. V, 47.);盖误以为合而始具有者,散亦仍具体而微(W. James, Principles of Psychology, I, 164–5(an excellent example of the so-called fallacy of division).)。以散则无存而疑合亦不存,以合则有成而信散亦能成(fallacia compositionis);如翻覆手,义各堕边。[1]《列子·杨朱》篇孟孙阳曰:"一毛微于肌肤,肌肤微于一节,省矣。然则积一毛以成肌肤,积肌肤以成一节,一毛固一体万分中之一物,奈何轻之乎?"[2]全身重,故一毛亦不轻,遂弗肯损一毫以济一世;持之有故,而论则陷智。充数车、指马之道,有睹于分,无见于合,则不足以知量之增减可致质之变化(der Sprung aus quantitativer Veränderung in qualitative)(Hegel, Wissenschaft der Logik, op. cit., I, 490. Cf. Leibniz, op. cit. Préface, 49(La nature ne fait jamais de sauts); Liv. IV, ch.16, § 12, S.455.)。老标"得一",庄举"邱里",诚对治之药言哉!莎士比亚赋《二鸟》诗以喻爱情,略如陈子昂所谓"相得如青鸟翡翠之婉娈"(《全唐文》卷二一六《馆陶郭公姬墓志铭》),有云:"可判可别,难解难分"[3](Two distincts, division none)(The Phoenix and the Turtle, st.7.);颇资断章取义,可牵合枯立治论学之语:"辨别非即分散"(Distinction is not division)(Biographia Literaria, ch.14.)。明乎斯理,庶几有一而不亡二、指百体而仍得马、数各件而勿失舆矣。

［涉典考释与评注］

[1]此处,钱锺书指出,中外之思想,其致思之法,总有类同处,休谟与莱布尼茨之论,正明斯旨。

[2]《列子·杨朱》篇有曰:

杨朱曰:"伯成子高不以一毫利物,舍国而隐耕。大禹不以一身自利,一体偏枯。古之人损一毫利天下不与也,悉天下奉一身不取也。人人不损一毫,人人不利天下,天下治矣。"禽子问杨朱曰:"去子体之一毛以济一世,汝为之乎?"杨子曰:"世固非一毛之所济。"禽子曰:"假济,为之乎?"杨子弗应。禽子出语孟孙阳。孟孙阳曰:"子不达夫子之心,吾请言之。有侵若肌肤获万金者,若为之乎?"曰:"为之。"孟孙阳曰:"有断若一节得一国,子为之乎?"禽子默然有间,孟孙阳曰:"一毛微于肌肤,肌肤微于一节,省矣。然则积一毛以成肌肤,积肌肤以成一节。一毛固一体万分中之一物,奈何轻之乎?"禽子曰:"吾不能所以答子。然则以子之言问老聃、关尹,则子言当矣;以吾言问大禹、墨翟,则吾言当矣。"孟孙阳因顾与其徒说他事。①

[3]《全唐文》卷二百十六收录陈子昂所作墓志铭,中有"馆陶郭公姬薛氏墓志铭"一文,其文曰:

姬人姓薛氏,本东明国王金氏之胤也。昔金王有爱子,别食于薛,因为姓焉。世不与金氏为姻,其高、曾皆金王贵臣大人也。父永冲,有唐高宗时,与金仁问归国,帝畴厥庸,拜左武卫大将军。姬人幼有玉色,发于秾华,若彩云朝升,微月宵映也,故家人美之。少号仙子,闻嬴台有孔雀、凤凰之事,瑶情悦之。年十五,大将军薨,遂翦发出家,将学金仙之道,而见宝手菩萨。静心六年,青莲不至,乃谣曰:"化云心兮思淑真,洞寂灭兮不见人。瑶草芳兮思蓋蓝,将奈何兮青春?"遂返初服,而归我郭公。郭公豪荡而好奇者也,杂佩以迎之,宝瑟以友之,其相得如青鸟翡翠之婉娈矣。华繁艳歇,乐极悲来,以长寿二年太岁癸巳二月十七日,遇暴疾而卒于通泉县之官舍。呜呼哀哉!郭公恍然犹若未

---

① 杨伯峻撰:《列子集释》,中华书局 1979 年版,第 230—231 页。

亡也,宝珠以含之,锦衾而举之。故国途遥,言归未迨,留殡于县之惠普寺之南园,不忘真也。铭曰:

　　高邱之白云兮,愿一见之何期?哀淑人之永逝,感绀园之春时。愿作青鸟长比翼,魂魄归来游故国。①

---

①　[清]董浩等编:《全唐文》,中华书局 1983 年版,第 2186 页。

一三　四〇章

反者道之动

［原文］

　　"反者,道之动";《注》:"高以下为基,贵以贱为本,有以无为用,此其反也。"[1]按一六章:"夫物芸芸,各复归其根",《注》:"各返其所始也";[2]二五章:"字之曰道,强为之名曰大,大曰逝,逝曰远,远曰反",《注》:"不随于所适,其体独立,故曰反";[3]三〇章:"其事好还",《注》:"有道者务欲还反无为";[4]六五章:"玄德深矣远矣,与物反矣,然后乃至大顺",《注》:"反其真也。"[5]《文子·道原》虽曰"反者,道之常也",不似《老子》之重言申明。[6]王弼注语皆肤略,未窥微眇。《老子》用"反"字,乃背出分训之同时合训,足与"奥伏赫变"(aufheben)齐功比美,当使黑格尔自惭于吾汉语无知而失言者也(参观《周易正义》卷论《易有三名》)。[7](观其议论,仅略知一二汉字之拼音而已,如谓"po"一音有"玻"(glas)、"擘"(zerspalten)、"泼"(wässern)、"婆"(altes weib)、"仆"(sklave)、"薄"(ein wenig)等十一义(Philosophie der Geschichte, I Teil, ii Abschnitt, Reclam, 191),亦犹法国传教士(Père Bourgeois)叹汉语难学,"chou"一音即有"书"(a book)、"树"(a tree)、"述"(to relate)、"输"(the loss of a wager)等六义也(I.Disraeli, Curiosities of Literature, I, 268.)。)

　　【增订三】法国传教士论汉文难学,见于一七六九年十月十五日渠自北京致某夫人书,书存《宣化述奇汇牍》中(Du Halde, Lettres édifiantes et curieusrs de Chine, ed.I et J.-L.Vissière, 1979, 469)。

"反"有两义。一者、正反之反,违反也;二者、往反(返)之反,回反(返)也("回"亦有逆与还两义,常作还义)[8]。《中庸》:"生于今之世,反古之道,如此者栽及其身者也",郑玄注:"谓不知今王之新政可从";[9]《汉书·文帝纪》诏曰:"今单于反古之道",颜师古注:"反、还也",[10]又《昭帝纪》诏曰:"望王反道自新",师古注:"欲其旋反而归正";[11]谓从古而复其道也。《商君书·更法》篇:"汤、武之王也,不修古而兴;殷、夏之灭也,不易礼而亡。然则反古者未必可非,循礼者未足多是也";[12]谓逆古而弃其道也,"反古"对"修古"言,"修古"之"修"即"循礼"之"循",遵由也(参观王念孙《读书杂志·管子》一举例)[13],此"反"正同《国语·周语》下卫彪傒讥苌弘"违天一也,反道二也"之"反"。[14]前之"反"言遵言合,后之"反"言违言离,此背出之分训。[15]《老子》之"反"融贯两义,即正、反而合,观"逝曰远,远曰反"可知;景龙本四七章:"其出弥远,其知弥近","逝"而"反"之谓也。[16]"远曰反"者,犹"各复归其根","其事好还","深矣远矣,与物反矣",亦犹《易·复》:"反复其道","复其见天地之心乎","不远复"。[17]

[涉典考释与评注]

[1]《老子》第40章王弼注的全部内容如下。

其一,王注"反者道之动"为:

高以下为基,贵以贱为本,有以无为用,此其反也。动皆知其所无,则物通矣。故曰反者道之动也。

其二,王注"弱者道之用"为:

柔弱同通,不可穷极。

其三"天下万物生于有,有生于无"为:

天下之物皆以有为生,有之所始,以无为本,将欲全有,必反于无也。①

---

① [魏]王弼:《影印文渊阁四库全书·子部·道家类·老子道德经》(第1055册),台湾商务印书馆1983年版,第163页。

[2]《老子》第16章王弼注的全部内容如下。

其一,王注"致虚极,守静笃"为:

言致虚,物之极笃;守静,物之真正也。

其二,王注"万物并作"为:

动作生长。

其三,王注"吾以观复":

以虚静观其反复。凡有起于虚,动起于静,故万物虽并动作,卒复归于虚静,是物之极笃也。

其四,王注"夫物芸芸,各复归其根"为:

各反其所始也。

其五,王注"归根曰静,是曰复命。复命曰常"为:

归根则静,故曰静。静则复命,故曰复命也。复命则得性命之常,故曰常也。

其六,王注"知常曰明。不知常,妄作凶"为:

常之为物,不偏不彰,无皦昧之状,温凉之象,故曰知常曰明也。唯此复乃能包通万物,无所不容,失此以往,则邪入乎分,则物离其分,故曰不知常,则妄作凶也。

其七,王注"知常容"为:

无所不包通也。

其八,王注"容乃公"为:

无所不包通,则乃至于荡然公平也。

其九,王注"公乃王"为:

荡然公平,则乃至于无所不周普也。

其十,王注"王乃天"为:

无所不周普,则乃至于同乎天也。

其十一,王注"天乃道"为:

与天合德,体道大通,则乃至于极虚无也。

其十二,王注"道乃久"为:

穷极虚无,得道之常,则乃至于不有极也。

其十二,王注"没身不殆"为:

无之为物,水火不能害,金石不能残。用之于心则虎兕无所投其齿角,兵戈无所容其锋刃,何危殆之有乎。①

[3]《老子》第25章王弼注的全部内容如下。

其一,王注"有物混成,先天地生"为:

混然不可得而知,而万物由之以成,故曰混成也。不知其谁之子,故先天地生。

其二,王注"寂兮寥兮,独立而不改"为:

寂寞,无形体也。无物之匹,故曰独立也。返化终始,不失其常,故曰不改也。

其三,王注"周行而不殆,可以为天下母"为:

周行无所不至而免殆,能生全大形也,故可以为天下母也。

其四,王注"吾不知其名"为:

名以定形,混成无形,不可得而定,故曰,不知其名也。

其五,王注"字之曰道"为:

夫名以定形,字以称可,言道取于无物而不由也。是混成之中,可言之称最大也。

其六,王注"强为之名,曰大"为:

吾所以字之曰道者,取其可言之称最大也。责其字定之所由,则系于大,大有系,则必有分,有分则失其极矣。故曰,强为之名曰大。

其七,王注"大曰逝"为:

逝,行也。不守一大体而已。周行无所不至,故曰逝也。

其八,王注"逝曰远,远曰反"为:

远,极也。周无所不穷极,不偏于一。逝故曰远也,<u>不随于所适,其体独</u>

---

① ［魏］王弼:《影印文渊阁四库全书·子部·道家类·老子道德经》(第1055册),台湾商务印书馆1983年版,第145—146页。

立,故曰反也。

其九,王注"故道大,天大,地大,王亦大"为:

天地之性,人为贵,而王是人之主也。虽不职大亦复为大与三匹,故曰王亦大也。

其十,王注"域中有四大"为:

四大,道、天、地、王也。凡物有称有名则非其极也,言道则有所由,有所由然后谓之为道,然则是道,称中之大也,不若无称之大也。无称不可得而名曰域也,道、天、地、王皆在乎无称之内,故曰,域中有四大者也。

其十一,王注"而王居其一焉"为:

处人主之大也。

其十二,王注"人法地,地法天,天法道,道法自然"为:

法,谓法则也。人不违地,乃得全安,法地也。地不违天,乃得全载,法天也。天不违道,乃得全覆,法道也。道不违自然,乃得其性,法自然者。在方而法方,在圆而法圆,于自然无所违也。自然者,无称之言,穷极之辞也。用智不及无知,而形魄不及精象,精象不及无形,有仪不及无仪,故转相法也。道顺自然,天故资焉。天法于道,地故则焉。地法于天,人故象焉。所以为主其一之者,主也。①

[4]《老子》第30章王弼注的全部内容如下。

其一,王注"以道佐人主者,不以兵强天下"为:

以道佐人主,尚不可以兵强于天下,况人主躬于道者乎。

其二,王注"其事好还"为:

为始者务欲立功生事,而有道者务欲还反无为,故云其事好还也。

其三,王注"师之所处,荆棘生焉。大军之后,必有凶年"为:

言师凶害之物也。无有所济,必有所伤,贼害人民,残荒田亩,故曰荆棘生焉。

① ［魏］王弼:《影印文渊阁四库全书·子部·道家类·老子道德经》(第1055册),台湾商务印书馆1983年版,第151—153页。

其四,王注"善有果而已,不敢以取强"为:

果,犹济也。言善用师者,趣以济难而已矣,不以兵力取强于天下也。

其五,王注"果而勿矜,果而勿伐,果而勿骄"为:

吾不以师道为尚,不得已而用,何矜骄之有也。

其六,王注"果而不得已,果而勿强"为:

言用兵虽趣功,果济难,然时故不得已当复用者,但当以除暴乱,不遂用果以为强也。

其七,王注"物壮则老,是谓不道,不道早已"为:

壮,武力暴兴,喻以兵强于天下者也。飘风不终朝,骤雨不终日,故暴兴必不道早已也。①

[5]《老子》第 65 章王弼注的全部内容如下。

其一,王注"古之善为道者,非以明民,将以愚之"为:

明,谓多见巧诈,蔽其朴也。愚谓无知守真,顺自然也。

其二,王注"民之难治,以其智多"为:

多智巧诈,故难治也。

其三,王注"故以智治国,国之贼"为:

智,犹治也,以智而治国,所以谓之贼者,故谓之智也。民之难治,以其多智也,当务塞兑闭门,令无知无欲,而以智术动民。邪心既动,复以巧术防民之伪,民知其术,防随而避之,思惟密巧,奸伪益滋,故曰:以智治国,国之贼也。

其四,王注"不以智治国,国之福。知此两者亦稽式。常知稽式,是谓玄德。玄德深矣,远矣"为:

稽,同也。今古之所同则而不可废,能知稽式,是谓玄德,玄德深矣,远矣。

其五,王注"与物反矣"为:

反其真也。

---

① [魏]王弼:《影印文渊阁四库全书·子部·道家类·老子道德经》(第 1055 册),台湾商务印书馆 1983 年版,第 155—156 页。

然后乃至大顺。①

[6]《文子·道原》曰：

执道以御民者，事来而循之，物动而因之；万物之化无不应也，百事之变无不耦也。故道者，虚无、平易、清静、柔弱、纯粹素朴，此五者，道之形象也。虚无者道之舍也，平易者道之素也，清静者道之鉴也，柔弱者道之用也。反者道之常也，柔者道之刚也，弱者道之强也。纯粹素朴者道之干也。虚者中无载也，平者心无累也，嗜欲不载，虚之至也，无所好憎，平之至也，一而不变，静之至也，不与物杂，粹之至也，不忧不乐，德之至也。夫至人之治也，弃其聪明，灭其文章，依道废智，与民同出乎公。约其所守，寡其所求，去其诱慕，除其贪欲，捐其思虑。约其所守即察，寡其所求即得，故以中制外，百事不废，中能得之则外能牧之。中之得也，五藏宁，思虑平，筋骨劲强，耳目聪明。大道坦坦，去身不远，求之远者，往而复返。②

[7]《管锥编·周易正义》的第一则即为"易有三名"，之中指出：

黑格尔尝鄙薄吾国语文，以为不宜思辩；又自夸德语能冥契道妙，举"奥伏赫变"（Aufheben）为例，以相反两意融会于一字（ein und dassel-be Wort für zwei entgegengesetzte Bestimmungen），拉丁文中亦无义蕴深富尔许者。其不知汉语，不必责也；无知而掉以轻心，发为高论，又老师巨子之常态惯技，无足怪也；然而遂使东西海之名理同者如南北海之马牛风，则不得不为承学之士惜之。③

钱锺书此处指出，王弼所注，并未对老子内涵的阐释有太多推进，批评王弼，也并非钱锺书的主要意图。钱锺书主要是为了说明传统训诂中的"背出分训之同时合训"这一方法。

[8]"反"之两义，极常见，不赘论。

---

① [魏]王弼：《影印文渊阁四库全书·子部·道家类·老子道德经》（第1055册），台湾商务印书馆1983年版，第178页。

② [周]辛钘撰：《影印文渊阁四库全书·子部·道家类·文子》（第1058册），台湾商务印书馆1983年版，第308页。

③ 钱锺书：《管锥编》，三联书店2007年版，第3—4页。

[9]《礼记·中庸》曰：

子曰："愚而好自用；贱而好自专；<u>生乎今之世，反古之道；如此者，灾及其身者也。</u>"非天子不议礼，不制度，不考文。今天下，车同轨，书同文，行同伦。虽有其位，苟无其德，不敢作礼乐焉；虽有其德，苟无其位，亦不敢作礼乐焉。①

郑玄《注》：

"反古之道"，谓晓一孔之人，<u>不知今王之新政可从</u>。②

[10]《汉书·文帝纪》载十八年事：

六月，代王参薨。匈奴和亲。诏曰："朕既不明，不能远德，使方外之国或不宁息。夫四荒之外不安其生，封圻之内勤劳不处，二者之咎，皆自于朕之德薄而不能达远也。间者累年，匈奴并暴边境，多杀吏民，边臣兵吏又不能谕其内志，以重吾不德。夫久结难连兵，中外之国将何以自宁？今朕夙兴夜寐，勤劳天下，忧苦万民，为之恻怛不安，未尝一日忘于心，故遣使者冠盖相望，结徹于道，以谕朕志于单于。<u>今单于反古之道</u>，计社稷之安，便万民之利，新与朕俱弃细过，偕之大道，结兄弟之义，以全天下元元之民。和亲以定，始于今年。"③

颜师古注：

(返)【反】，还也。④

[11]《汉书·昭帝纪》昭帝六年载：

冬十月，诏曰："左将军安阳侯桀、骠骑将军桑乐侯安、御史大夫弘羊皆数以邪枉干辅政，大将军不听，而怀怨望，与燕王通谋，置驿往来相约结。燕王遣寿西长、孙纵之等赂遗长公主、丁外人、谒者杜延年、大将军长史公孙遗等，交通私书，共谋令长公主置酒，伏兵杀大将军光，征立燕王为天子，大逆毋道。故稻田使者燕仓先发觉，以告大司农敞，敞告谏大夫延年，延年以闻。丞相征事任宫手捕斩桀，丞相少史王寿诱将安入府门，皆已伏诛，吏民得以安。封延年、

---

① [清]阮元校刻：《十三经注疏·礼记正义》(清嘉庆刊本)，中华书局2009年版，第3546页。
② [清]阮元校刻：《十三经注疏·礼记正义》(清嘉庆刊本)，中华书局2009年版，第3546页。
③ [汉]班固撰，[唐]颜师古注：《汉书》，中华书局1999年版，第93页。
④ [汉]班固撰，[唐]颜师古注：《汉书》，中华书局1999年版，第94页。

仓、宫、寿皆为列侯。"又曰:"燕王迷惑失道,前与齐王子刘泽等为逆,抑而不扬,<u>望王反道自新</u>,今乃与长公主及左将军桀等谋危宗庙。王及公主皆自伏辜。其赦王太子建、公主子文信及宗室子与燕王、上官桀等谋反父母同产当坐者,皆免为庶人。其吏为桀等所诖误,未发觉在吏者,除其罪。"①

师古注:

所为邪僻,违失正道,欲其旋反而归正,故云反道。②

[12]《商君书·更法》篇第一,其文不长,全录如下:

孝公平画,公孙鞅、甘龙、杜挚三大夫御于君。虑世事之变,讨正法之本求使民之道。

君曰:"代立不忘社稷,君之道也;错法务明主长,臣之行也。今吾欲变法以治,更礼以教百姓,恐天下之议我也。"

公孙鞅曰:"臣闻之:'疑行无成,疑事无功。'君亟定变法之虑,殆无顾天下之议之也。且夫有高人之行者,固见负于世;有独知之虑者,必见訾于民。语曰:'愚者暗于成事,知者见于未萌。''民不可与虑始,而可与乐成。'郭偃之法曰:'论至德者不和于俗,成大功者不谋于众。'法者,所以爱民也;礼者,所以便事也。是以圣人苟可以强国,不法其故;苟可以利民,不循其礼。"

孝公曰:"善!"

甘龙曰:"不然。臣闻之:'圣人不易民而教,知者不变法而治。'因民而教者,不劳而功成;据法而治者,吏习而民安。今若变法,不循秦国之故,更礼以教民,臣恐天下之议君,愿孰察之。"

公孙鞅曰:"子之所言,世俗之言也。夫常人安于故习,学者溺于所闻。此两者,所以居官而守法,非所与论于法之外也。三代不同礼而王,五霸不同法而霸。故知者作法,而愚者制焉;贤者更礼,而不肖者拘焉。拘礼之人不足与言事,制法之人不足与论变。君无疑矣。"

杜挚曰:"臣闻之:'利不百,不变法;功不十,不易器。'臣闻:'法古无过,

① [汉]班固撰,[唐]颜师古注:《汉书》,中华书局1999年版,第159页。
② [汉]班固撰,[唐]颜师古注:《汉书》,中华书局1999年版,第160页。

循礼无邪。'君其图之！"

公孙鞅曰："前世不同教，何古之法？帝王不相复，何礼之循？伏羲、神农教而不诛，黄帝、尧、舜诛而不怒，及至文、武，各当时而立法，因事而制礼。礼、法以时而定，制、令各顺其宜，兵甲器备各便其用。臣故曰：治世不一道，便国不必法古。汤、武之王也，不循古而兴；殷、夏之灭也，不易礼而亡。然则反古者未必可非，循礼者未足多是也。君无疑矣。"

孝公曰："善！吾闻'穷巷多怪，曲学多辩'。愚者笑之，智者哀焉；狂夫之乐，贤者丧焉。拘世以议，寡人不之疑矣。"于是遂出垦草令。①

[13]王念孙《读书杂志·管子》管子第一"形势"中，有"循误为修"一则，其文曰：

"上无事，则民自试。抱蜀不言，而庙堂即修。"尹知章注曰："蜀，祠器也。君人者，但抱祠器，以身率道，虽复静然不言，庙堂之政，既以修理矣。"朱曰："'蜀'乃'器'字之误书耳。"念孙案：朱以"蜀"为"器"之误，是也。后形势解作"蜀"，亦误。"修"当为"循"，亦字之误也。②

王念孙后文有一长段例证，说明"循"、"修"二字往往混淆。

隶书"循"、"修"二字传写往往伪溷，《系辞传》"损，德之修也"，释文："修，马本作循。"《庄子·大宗师篇》"以德为循"，释文："循，本亦作修。"《晋语》"矇矇修声"，《王制》正义引作"循声"。《史记·商君传》"汤武不循古而王"，索隐曰："《商君书》作'修古'。"《荀子·仪兵篇》"循上之法"，《吕氏春秋·尽数篇》"射而不中，反循于招，何益于中"，《韩子·五蠹篇》"圣人不期循古"，《赵策》"循礼无邪"，今本"循"字并伪作"修"。③

王念孙并举《管子·宙合篇》"明墨章画，道德有常，则后世人人修理而不迷"曰：

"修"亦当为"循"，言君子道德有常，如工人之明墨章画，则后世皆循其理

---

① 石磊译注：《商君书》，中华书局2011年版，第1—8页。
② [清]王念孙著，徐炜君等校：《读书杂志》，上海古籍出版社2014年版，第1041页。
③ [清]王念孙著，徐炜君等校：《读书杂志》，上海古籍出版社2014年版，第1041页。

而不迷也。①

[14]《国语·周语》下载：

敬王十年，刘文公与苌弘欲城周，为之告晋。魏献子为政，说苌弘而与之。将合诸侯。

卫彪傒适周，闻之，见单穆公曰："苌、刘其不殁乎？周诗有之曰：'天之所支，不可坏也。其所坏，亦不可支也。'昔武王克殷，而作此诗也，以为饫歌，名之曰'支'，以遗后之人，使永监焉。夫礼之立成者为饫，昭明大节而已，少典与焉。是以为之日惕，其欲教民戒也。然则夫'支'之所道者，必尽知天地之为也。不然，不足以遗后之人。今苌、刘欲支天之所坏，不亦难乎？自幽王而天夺之明，使迷乱弃德，而即慆淫，以亡其百姓，其坏之也久矣。而又将补之，殆不可矣！水火之所犯，犹不可救，而况天乎？谚曰：'从善如登，从恶如崩。'昔孔甲乱夏，四世而陨；玄王勤商，十有四世而兴。帝甲乱之，七世而陨。后稷勤周，十有五世而兴；幽王乱之，十有四世矣。守府之谓多，胡可兴也？夫周，高山、广川、大薮也，故能生是良材，而幽王荡以为魁陵、粪土、沟渎，其有悛乎？"

单子曰："其咎孰多？"曰："苌叔必速及，将天以道补者也。夫天道导可而省否？苌叔反是，以诳刘子，必有三殛：违天，一也；反道，二也；诳人，三也。周若无咎，苌弘必为戮。虽晋魏子亦将及焉。若得天福，其当身乎？若刘氏，则必子孙实有祸。夫子而弃常法，以从其私欲，用巧变以崇天灾，勤百姓以为己名，其殛大矣。"

是岁也，魏献子合诸侯之大夫于狄泉，遂田于大陆，焚而死。及范、中行之难，苌弘与之，晋人以为讨，二十八年，杀苌弘。及定王，刘氏亡。②

[15]"背出之分训"为训诂常见现象，钱锺书在《管锥编·周易正义》中有专门论及，可参阅。

[16]"逝"有"反"之义，正由"逝曰远，远曰反"得出，景龙本四七章之"其

---

① ［清］王念孙著，徐炜君等校：《读书杂志》，上海古籍出版社 2014 年版，第 1042 页。

② 上海师范大学古籍整理研究所校点：《国语》，上海世纪出版股份有限公司、上海古籍出版社 1998 年版，第 144—148 页。

出弥远,其知弥近"句,依"逝"而"反"的解释,似可理解,即"出而反"故"知弥近",是以与原句"其出弥远,其知弥少"相较,又有新貌。

[17]《易·复》曰:

复。亨。出入无疾,朋来无咎。反复其道,七日来复,利有攸往。

《彖》曰:复,亨。刚反,动而以顺行,是以出入无疾,朋来无咎。<u>反复其道,七日来复,天行也。利有攸往,刚长也。复其见天地之心乎?</u>

《象》曰:雷在地中,复。先王以至日闭关,商旅不行,后不省方。

初九:<u>不远复</u>,无祗悔,元吉。

六二:休复,吉。

六三:频复,厉,无咎。

六四:中行独复。

六五:敦复,无悔。

上六:迷复,凶,有灾眚。用行师,终有大败。以其国,君凶,至于十年不克征。①

[原文]

【增订四】黑格尔《哲学史》论"精神"之运展为"离于己"而即"归于己","异于己"以"复于己"(**Die Entwicklung des Geistes ist Auseinandergehen, sichauseinanderlegen, und darin zugleich ein Zusichkommen…aber es ist die Na-tur des Geistes, der Idee, sich zu entfremden, um sich wied-erzufinden.— System und Geschichte der Philosophie, ed. J. Hoffmeister, 1944, Vol. I, pp. 109, 110**)。词意甚类老子之"逝曰远,远曰反"。

试以通用术语诠之。"大"为正;"逝"者、离去也,违大而自异,即"反";"远"乃去之甚、反之极;而"反(返)"者、远而复,即反之反(**dé-négation**),"至顺"即"合"于正。故"反(返)"、于反为违反,于正为回反(返);黑格尔所谓

---

① [清]阮元校刻:《十三经注疏·周易正义》(清嘉庆刊本),中华书局2009年版,第77—79页。

"否定之否定"（Das zweite Negative，das Negative des Negation，ist jenes Aufheben des Widerspruchs）（Wissenschaft der Logik，op.cit.，III，365.），理无二致也。[1]"反者道之动"之"反"字兼"反"意与"返"亦即反之反意，一语中包赅反正之动为反与夫反反之动而合于正为返。[2]窃谓吾国古籍中《老子》此五言约辩证之理，《孟子·尽心》"无耻之耻，无耻矣"七言示辩证之例，皆简括弘深；[3]焦循《孟子正义》据洪迈、惠栋语解"之"字义为"适"、为"变"（洪、惠乃说《后汉书·光武帝纪》上"讳秀"句下章怀注，王先谦《集解》引），"变"即"反"、"适"即"逝"矣。[4]黑格尔曰矛盾乃一切事物之究竟动力与生机（die Wurzel aller Bewegung und Lebendigkeit），曰辩证法可象以圆形，端末衔接（als einen in sich geschlungen Kreis），其往（ein Vorwärts）亦即其还（ein Rückwärts），曰道真（das Wahre）见诸反复而返复（die entgegensetzende Verdopplung）。曰思惟运行如圆之旋（ein Kreis，der in sich zurückgeht）（Ib.，II，80；III，373，375；Aesthetik，Aufbau，69；Phänomenologie des Geistes，op.cit.，20；Geschichte der Philosophie，Felix Meiner，I，118，cf.109.），数十百言均《老子》一句之衍义，亦如但丁诗所谓"转浊成灵，自身回旋"（e fassi un' alma sola，／che vive e sente，e sè in sè rigira）（Purgatorio，XXV.74–5.）。诗人勃莱克（Blake）曰："无反则无动：引与拒、智与力、爱与憎，无之人不能生存"（Without contraries is no progression. Attraction and Repulsion, Reason and Energy, Love and Hate, are necessary to Human existence）（"The Marriage of Heaven and Hell"，Poetical Works，Oxford，248.）；祇道正反，未道反反之返。《易·泰》卦："无往不复"；[5]《礼记·乐记》："乐盈而反，以反为文"；[6]《史记·春申君列传》黄歇上书："臣闻物至必反"，[7]又《货殖列传》："贵上极则反贱，贱下极则反贵"；[8]《文子·自然》："天道默默，……智不能得，轮转无端。……惟道无胜，……轮转无穷"；[9]《鹖冠子·环流》："物极必反，命曰环流"；[10]《列子·天瑞》："不化者往复，往复其际不可终"，[11]又《仲尼》："故物不至者则不反"；[12]《庄子·则阳》："得其环中以随成。……桥运之相使，穷则反，终则始"，[13]又《寓言》："始卒若环，莫得其伦"；[14]《荀子·王制》："始则终，终则始，若环之无端也"；[15]《吕氏春秋·大乐》：

"天地车轮,终则复始,极则复反",[16]又《圆道》:"圆周复杂,无所稽留",[17]又《博志》:"全则必缺,极则必反,盈则必亏",[18]又《似顺论》:"事多似倒而顺,多似顺而倒,有知顺为倒、倒之为顺者,则可与言化矣。至长反短,至短反长,天之道也";[19]《淮南子·原道训》:"轮转而无废,水流而不止,钧旋毂转,周而复匝",[20]又《主术训》:"智欲圆者,环复转运,终始无端。"[21]诸节之"复"字"反"字皆兼示"回复(复)"与"反复(覆)"、"回反(返)"与"违反",即老子语意;"输转"、"环流"又如黑格尔之以圆形拟状也。柏拉图早谓理智之运转(la révolution de l' Intellect)作圆相(une image des cercles)(Platon, Les Lois, 898 a, Oeuvres complètes, "Bib.de la Pléiade", II, 1024.)。神秘宗师泼洛丁纳斯引而申之,谓证道乃往而复(un mouvement qui revient sur luimême),其动也圆(le mouvement circulaire),如荡子背土迷方而终反故里(Enfuyons-nous donc dans notre chère patrie; comme des hommes revenus d' une longue course erran-te)(Plotin, Ennéades, I.vi.8, II.ii, 1, IV.iv.16, V.ix.1, tr.É.Bréhier, I, 104, II, 21, IV, 117, V, 161~2.)。犹老子之言"逝曰远,远曰反"或《妙法莲华经·信解品》第四所喻"有人舍父逃走,驰骋四方,以求衣食,五十余年,渐渐游行,遇到父舍"[22](Cf. St. Luke, 14:11-22(the prodigal son).)。泼洛克勒斯书中义旨粲备;以反(épistrophe)为道之动(Every effect remains in its cause, proceeds from it, and reverts upon it),故动以圆为态(All that pro-ceeds from any principle and reverts upon it has a cyclic activity),而合以分为体(All that participates unity is both one and not-one)(Proclus, Elements of Theology, tr. E. R.Dodds, Prop. 35, 33, 2 (pp.39, 37, 3); cf. Prop. 15, 17, 31-2, 37, 42, 146(pp. 17, 19, 35, 37, 41, 45, 129).)。盖为黑格尔之先者千余年。返为反之反亦即"否定之否定",十四世纪德国神秘宗巨子讲道集中已言之(unity is a negation of negation and denial of denial)(Meister Eckhart, Sermons, tr. J. M. Clark, Sermon XXI, p.230; cf.p.27.)。《庄子·知北游》:"余能有无矣,而未能无无也",[23]又《齐物论》"类与不类"云云节郭象注:"既遣是非,又遣其遣,遣之又遣";[24]《韩非子·解老》:"夫故以'无为'、'无思'为虚者,其意常不忘虚,是制于为虚

也。虚者,谓其意无所制也,今制于为虚,是不虚也"[25](参观《朱子语类》卷九六:"司马子微《坐忘论》……但只管要得忘,便不忘,是坐驰也";[26]卷一一四:"才要闲,便不闲,才要静,便不静";[27]卷一一八:"才着个要静底意,便是添了无数思虑"[28]);龙树菩萨《中论·观法品》第一八:"非实非非实",[29]又《观涅槃品》第二五:"涅槃无有有,何处当有无?";[30]《维摩诘所说经·文殊师利问疾品》第五:"又问:'以何为空?'答曰:'空空'";[31]《圆觉经》卷上:"远离为幻,亦复远离";[32]《肇论·般若无知论》第三:"无知非谓知无";[33]《五灯会元》卷一僧璨《信心铭》:"止动归止,止更弥动;……止动无动,动止无止。"[34]并无而无之,并空而空之,忘虚息止,遣其遣而非其非,皆否之否、反之反,所以破理之为障,免见之成蔽(Cf. Diogenes Laertius, IX. 58: "Metrodorus used to declare that he knew nothing, not even the fact that he knew nothing". ("Loeb", II, 471; cf. 102 and 104, pp. 513, 515))。西方神秘家言所谓"抛撇得下"(Gelassenheit)(Angellus Silesius: "Gott aber selbst zu lassen"(L. Forster, The Penguin Book of German Verse, 144); Mme Guyon: "Les âmes en Dieu perdues,/Ne voient plus même leur rien". (A. J. Steele, Three Centuries of French Verse, 221).)。诗咏如白居易《重酬钱员外》:"本立空名缘破妄,若能无妄亦无空";[35]而杜荀鹤《题着禅师》:"说空空说得,空得到空么?"[36]十字纂言提要,可当一偈。第一"空"、名词,第二"空"、副词,谩也、浪也,第三"空"、动词,破也、除也,第四"空"、又名词;若曰:"任汝空谈'空',汝能空'空'否?"语虽拈弄,意在提撕也。

[涉典考释与评注]

[1]以黑格尔之"否定之否定"来类比"逝曰远,远曰反",极新颖、贴切。

[2]"反者道之动",陈鼓应等人就认为是"返"之意,所以译此句为"道的运动是循环的"。① 而钱锺书认为"反"字兼"反"意与"返"意,似更为公允。

---

① 陈鼓应:《老子注译及评介》,中华书局 1984 年版,第 219 页。

[3]《孟子·尽心章句上》有曰：

孟子曰："人不可以无耻，无耻之耻，无耻矣。"①

将《老子》与《孟子》对读，一示辩证之理，一示辩证之例，钱锺书阅读之智慧尽显。

[4]焦循《孟子正义》卷二十六疏"无耻之耻，无耻矣"曰：

正义曰：无耻二字，承上无耻，则无耻即谓无所羞耻也。无所羞耻而之于耻，是改无耻为耻。惠氏栋《后汉书补注》云："《光武纪》注'秀之字曰茂'，洪迈曰：'汉高祖讳邦，荀悦曰：之字曰国。惠帝讳盈，之字曰满。谓臣下所避以相代也。盖之字义训变，《左传》周史以《周易》见陈侯者，陈侯使筮之，遇观之否。谓观六四变为否也。'栋谓：之犹适也，适则变矣。《系辞传》云：'惟变所适'，京房论卦有通变是也。避讳改文，与卦变同，故云之。"按此无耻之耻，谓由无耻改变而适于耻。赵氏以改行解之，正以之为之字、之卦之之也。"②

王先谦《后汉书集解》释"世祖光武皇帝讳秀，字文叔"曰：

励宗万曰：按后汉以光武讳改秀才为茂材，即前汉诏举秀才异等，史官亦追改之。前书武纪元封五年诏注应劭曰：旧言秀才，避光武讳是也。惠栋曰："洪迈云：'汉高祖讳邦，荀悦曰：之字曰国。惠帝讳盈，之字曰满。谓臣下所避以相代也。盖之字义训变，《左传》周史以《周易》见陈侯者，陈侯使筮之，遇观之否。谓观六四变为否也。'栋谓：之犹适也，适则变矣。《易·系辞》曰：'惟变所适'，京房论卦有适变是也。避讳改文，与卦变同，故云之。"③

[5]《易·泰》曰：

《泰》：小往大来，吉亨。

《彖》曰：泰，小往大来，吉亨。则是天地交而万物通也，上下交而其志同也。内阳而外阴，内健而外顺，内君子而外小人。君子道长，小人道消也。

《象》曰：天地交，泰。后以财成天地之道，辅相天地之宜，以左右民。

初九：拔茅，茹以其汇，征吉。

---

① 杨伯峻译注：《孟子译注》，中华书局2008年版，第235页。
② [清]焦循撰，沈文倬点校：《孟子正义》，中华书局1987年版，第885页。
③ [清]王先谦：《后汉书集解》，中华书局1984年版，第1页。

九二：包荒，用冯河，不遐遗。朋亡，得尚于中行。

九三：无平不陂，无往不复。艰贞无咎。勿恤其孚，于食有福。

六四：翩翩不富以其邻，不戒以孚。

六五：帝乙归妹，以祉元吉。

上六：城复于隍，勿用师。自邑告命。贞吝。①

[6]《礼记·乐记》曰：

君子曰："礼乐不可斯须去身。"致乐以治心，则易直子谅之心油然生矣。易直子谅之心生则乐，乐则安，安则久，久则天，天则神。天则不言而信，神则不怒而威。致乐以治心者也。致礼以治躬则庄敬，庄敬则严威。心中斯须不和不乐，而鄙诈之心入之矣；外貌斯须不庄不敬，而易慢之心入之矣。故乐也者，动于内者也；礼也者，动于外者也。乐极和，礼极顺。内和而外顺，则民瞻其颜色而弗与争也，望其容貌而民不生易僈焉。故德辉动于内，而民莫不承听；理发诸外，而民莫不承顺。故曰："致礼乐之道，举而错之天下无难矣！"乐也者，动于内者也；礼也者，动于外者也。故礼主其减，乐主其盈。礼减而进，以进为文；乐盈而反，以反为文。礼减而不进则销，乐盈而不反则放。故礼有报而乐有反。礼得其报则乐，乐得其反则安。礼之报，乐之反，其义一也。②

[7]《史记》卷七十八"春申君列传第十八"：

春申君者，楚人也，名歇，姓黄氏。游学博闻，事楚顷襄王。顷襄王以歇为辩，使于秦。秦昭王使白起攻韩、魏，败之于华阳，禽魏将芒卯，韩、魏服而事秦。秦昭王方令白起与韩、魏共伐楚，未行，而楚使黄歇适至于秦，闻秦之计。当是之时，秦已前使白起攻楚，取巫、黔中之郡，拔鄢郢，东至竟陵，楚顷襄王东徙治于陈县。黄歇见楚怀王之为秦所诱而入朝，遂见欺，留死于秦。顷襄王，其子也，秦轻之，恐壹举兵而灭楚。歇乃上书说秦昭王曰：

天下莫强于秦、楚。今闻大王欲伐楚，此犹两虎相与斗。两虎相与斗而驽

① ［清］阮元校刻：《十三经注疏·周易正义》（清嘉庆刊本），中华书局 2009 年版，第 54—56 页。

② ［清］阮元校刻：《十三经注疏·礼记正义》（清嘉庆刊本），中华书局 2009 年版，第 3346—3347 页。

犬受其獘,不如善楚。臣请言其说:臣闻物至则反,冬夏是也;致至则危,累棋是也。今大国之地,遍天下有其二垂,此从生民已来,万乘之地未尝有也。先帝文王、庄王之身,三世不妄接地于齐,以绝从亲之要。今王使盛桥守事于韩,盛桥以其地入秦,是王不用甲,不信威,而得百里之地。王可谓能矣。王又举甲而攻魏,杜大梁之门,举河内,拔燕、酸枣、虚、桃,入邢,魏之兵云翔而不敢救。王之功亦多矣。王休甲息众,二年而后复之;又并蒲、衍、首、垣,以临仁、平丘、黄、济阳婴城而魏氏服;王又割濮历之北,注齐秦之要,绝楚赵之脊,天下五合六聚而不敢救。王之威亦单矣。①

[8]《史记》卷一百二十九"货殖列传第六十九"曰:

昔者越王勾践困于会稽之上,乃用范蠡、计然。计然曰:"知斗则修备,时用则知物,二者形则万货之情可得而观已。故岁在金,穰;水,毁;木,饥;火,旱。旱则资舟,水则资车,物之理也。六岁穰,六岁旱,十二岁一大饥。夫粜,二十病农,九十病末。末病则财不出,农病则草不辟矣。上不过八十,下不减三十,则农末俱利,平粜齐物,关市不乏,治国之道也。积著之理,务完物,无息币。以物相贸易,腐败而食之货勿留,无敢居贵。论其有余不足,则知贵贱。贵上极则反贱,贱下极则反贵。贵出如粪土,贱取如珠玉。财币欲其行如流水。"修之十年,国富,厚赂战士,士赴矢石,如渴得饮,遂报强吴,观兵中国,称号"五霸"。②

[9]《文子》"自然篇"其文较长,钱锺书引文所及,来自之中的如下两段,其一为:

帝者有名,莫知其情。帝者贵其德,王者尚其义,霸者通于理。圣人之道,于物无有,道狭然后任智,德薄然后任刑,明浅然后任察。任智者中心乱,任刑者上下怨,任察者下求善以事上即弊。是以,圣人因天地以变化,其德乃天覆而地载,道之以时,其养乃厚,厚养即治;虽有神圣,夫何以易之。去心智,省刑

---

① [汉]司马迁撰,[宋]裴骃集解,[唐]司马贞索隐,[唐]张守节正义:《史记》,中华书局2000年版,第1869—1870页。

② [汉]司马迁撰,[宋]裴骃集解,[唐]司马贞索隐,[唐]张守节正义:《史记》,中华书局2000年版,第2463页。

罚,反清静,物将自正。道之为君如尸,俨然玄默,而天下受其福,一人被之不褒,万人被之不祸。是故,重为慧,重为暴,即道忤矣。为惠者布施也,无功而厚赏,无劳而高爵,即守职者懈于官,而游居者亟于进矣。夫暴者妄诛,无罪而死亡,行道者而被刑,即修身不劝善,而为邪行者轻犯上矣。故为惠者即生奸,为暴者即生乱,奸乱之俗,亡国之风也。故国有诛者,而主无怒也;朝有赏者,而君无与也。诛者不怨君,罪之当也;赏者不德上,功之致也。民之诛赏之来,皆生于身,故务功修业,不受赐于人。是以,朝廷芜而无迹,田壄辟而无秽。故"太上,下知而有之"。王道者,"处无为之事,行不言之教",清静而不动,一度而不摇,因循任下,责成而不劳,谋无失策,举无过事,言无文章,行无仪表,进贵应时,动静循理,美丑不好憎,赏罚不喜怒。名各自命,类各自以,事由自然,莫出于己。若欲挟之,乃是离之;若欲饰之,乃是贼之。天气为魂,地气为魄,反之玄妙,各处其宅,守之勿失,上通太一,太一之精,通合于天。<u>天道嘿嘿,无容无则,大不可极,深不可测,常与人化,智不能得;轮转无端,化遂如神,虚无因循,常后而不先。</u>其听治也,虚心弱志,清明不暗。是故,群臣辐辏并进,无愚智贤不肖,莫不尽其能。君得所以制臣,臣得所以事君,即治国之所以明矣。①

其二为:

夫道者,体圆而法方,背阴而抱阳,左柔而右刚,履幽而戴明,变化无常,得一之原,以应无方,是谓神明。天圆而无端,故不得观其形;地方而无涯,故莫窥其门。天化遂无形状,地生长无计量。夫物有胜,<u>唯道无胜。所以无胜者,以其无常形势也。</u>转轮无穷,象日月之运行,若春秋之代谢,日月之昼夜,终而复始,明而复晦,制形而无形,故功可成;物物而不物,故胜而不屈。庙战者帝,神化者王。庙战者法天道,神化者明四时。修正于境内,而远方怀德;制胜于未战,而诸侯宾服也。古之得道者,静而法天地,动而顺日月,喜怒合四时,号令比雷霆,音气不戾八风,诎伸不违五度。因民之欲,乘民之力,为之去残除

---

①　[周]辛钘撰:《影印文渊阁四库全书·子部·道家类·文子》(第1058册),台湾商务印书馆1983年版,第347—348页。

害。夫同利者相死,同情者相成,同行者相助,循己而动,天下为斗。故善用兵者,用其自为用;不能用兵者,用其为己用。用其自为用,天下莫不可用;用其为己用,无一人之可用也。①

[10]《鹖冠子·环流第五》全文为:

有一而有气,有气而有意,有意而有图,有图而有名,有名而有形,有形而有事,有事而有约。约决而时生,时立而物生。故气相加而为时,约相加而为期,期相加而为功,功相加而为得失,得失相加而为吉凶,万物相加而为胜败。莫不发于气,通于道,约于事,正于时,离于名,成于法者也。法之在此者谓之近,其出化彼谓之远。近而至故谓之神,远而反故谓之明。明者在此,其光照彼,其事形此,其功成彼。从此化彼者法也,生法者我也,成法者彼也。生法者,日在而不厌者也。生成在己,谓之圣人。惟圣人究道之情,唯道之法,公政以明。斗柄东指,天下皆春,斗柄南指,天下皆夏,斗柄西指,天下皆秋,斗柄北指,天下皆冬。斗柄运于上,事立于下,斗柄指一方,四塞俱成。此道之用法也。故日月不足以言明,四时不足以言功。一为之法,以成其业,故莫不道。一之法立,而万物皆来属。法贵如言,言者万物之宗也。是者,法之所与亲也,非者,法之所与离也。是与法亲故强,非与法离故亡,法不如言故乱其宗。故生法者命也,生于法者亦命也。命者自然者也。命之所立,贤不必得,不肖不必失。命者,挈己之文者也。故有一日之命,有一年之命,有一时之命,有终身之命。终身之命,无时成者也,故命无所不在,无所不施,无所不及。时或后而得之命也,既有时有命,引其声合之名,其得时者成命日调,引其声合之名,其失时者精神俱亡命日乖。时命者,唯圣人而后能决之。夫先王之道备然,而世有困君,其失之谓者也。故所谓道者,无己者也,所谓德者,能得人者也。道德之法,万物取业。无形有分,名日大孰。故东西南北之道踹然,其为分等也。阴阳不同气,然其为和同也;酸咸甘苦之味相反,然其为善均也;五色不同采,然其为好齐也;五声不同均,然其可喜一也。故物无非类者,动静无非气者,是

---

① [周]辛鈃撰:《影印文渊阁四库全书·子部·道家类·文子》(第1058册),台湾商务印书馆1983年版,第349—350页。

故有人将,得一人气吉,有家将,得一家气吉,有国将,得一国气吉。其将凶者反此。故同之谓一,异之谓道。相胜之谓势,吉凶之谓成败。贤者万举而一失,不肖者万举而一得,其冀善一也,然则其所以为者不可一也。知一之不可一也,故贵道。空之谓一,无不备之谓道,立之谓气,通之谓类。气之害人者谓之不适,味之害人者谓之毒。夫社不刻,则不成雾。气故相利相害也,类故相成相败也。积往生跂,工以为师,积毒成药,工以为医。美恶相饰,命曰复周,物极则反,命曰环流。①

[11]《列子·天瑞》曰:

子列子居郑圃,四十年人无识者。国君卿大夫眎之,犹众庶也。国不足,将嫁于卫。弟子曰:“先生往无反期,弟子敢有所谒;先生将何以教?先生不闻壶丘子林之言乎?”子列子笑曰:“壶子何言哉?虽然,夫子尝语伯昏瞀人。吾侧闻之,试以告女。其言曰:有生不生,有化不化。不生者能生生,不化者能化化。生者不能不生,化者不能不化,故常生常化。常生常化者,无时不生,无时不化。阴阳尔,四时尔,不生者疑独,不化者往复。往复,其际不可终,疑独,其道不可穷。《黄帝书》曰:‘谷神不死,是谓玄牝。玄牝之门,是谓天地之根。绵绵若存,用之不勤。’故生物者不生,化物者不化。自生自化,自形自色,自智自力,自消自息。谓之生化、形色、智力、消息者,非也。”②

[12]《列子·仲尼》曰:

目将眇者,先睹秋毫;耳将聋者,先闻蚋飞;口将爽者,先辨淄渑;鼻将窒者,先觉焦朽;体将僵者,先亟犇佚;心将迷者,先识是非:故物不至者则不反。③

[13]《庄子·则阳》曰:

冉相氏得其环中以随成,与物无终无始,无几无时。日与物化者,一不化者也,阖尝舍之!夫师天而不得师天,与物皆殉,其以为事也若之何?夫圣人

---

① 　[周]不著撰名,[宋]陆佃解:《影印文渊阁四库全书·子部·杂家类·杂学之属·鹖冠子》(第848册),台湾商务印书馆1983年版,第208—210页。
② 　杨伯峻撰:《列子集释》,中华书局1979年版,第1—5页。
③ 　杨伯峻撰:《列子集释》,中华书局1979年版,第132—133页。

未始有天,未始有人,未始有始,未始有物,与世偕行而不替,所行之备而不洫,其合之也若之何? 汤得其司御门尹登恒为之傅之,从师而不囿,得其随成,(为之司其名;之名赢法,得其两见。仲尼之尽虑,为之傅之。)容成氏曰:"除日无岁,无内无外。"①

少知曰:"四方之内,六合之里,万物之所生恶起?"

大公调曰:"阴阳相照,相盖相治;四时相代,相生相杀。欲恶去就,于是桥起;雌雄片合,于是庸有。安危相易,祸福相生,缓急相摩,聚散以成。此名实之可纪,精微之可志也。随序之相理,桥运之相使,穷则反,终则始;此物之所有。言之所尽,知之所至,极物而已。睹道之人,不随其所废,不原其所起,此议之所止。"②

[14]《庄子·寓言》:

卮言日出,和以天倪,因以曼衍,所以穷年。不言则齐,齐与言不齐,言与齐不齐也,故曰言无言。言无言,终身言,未尝言;终身不言,未尝不言。有自也而可,有自也而不可;有自也而然,有自也而不然。恶乎然? 然于然。恶乎不然? 不然于不然。恶乎可? 可于可。恶乎不可? 不可于不可。物固有所然,物固有所可,无物不然,无物不可。非卮言日出,和以天倪,孰得其久! 万物皆种也,以不同形相禅,始卒若环,莫得其伦,是谓天均。天均者天倪也。③

[15]《荀子·王制》曰:

此类行杂,以一行万,始则终,终则始,若环之无端也,舍是而天下以衰矣。天地者,生之始也;礼义者,治之始也;君子者,礼义之始也。为之,贯之,积重之,致好之者,君子之始也。故天地生君子,君子理天地。君子者,天地之参也,万物之总也,民之父母也。无君子则天地不理,礼义无统,上无君师,下无父子,夫是之谓至乱。君臣、父子、兄弟、夫妇,始则终,终则始,与天地同理,与万世同久,夫是之谓大本。故丧祭、朝聘、师旅一也。贵贱、杀生、与夺一也。

---

① 陈鼓应注译:《庄子今注今译》,中华书局1983年版,第718页。
② 陈鼓应注译:《庄子今注今译》,中华书局1983年版,第741—742页。
③ 陈鼓应注译:《庄子今注今译》,中华书局1983年版,第775页。

君君、臣臣、父父、子子、兄兄、弟弟一也。农农、士士、工工、商商一也。①

[16]《吕氏春秋》仲夏纪第五"大乐"第二曰：

音乐之所由来者远矣，生于度量，本于太一。太一出两仪，两仪出阴阳。阴阳变化，一上一下，合而成章。浑浑沌沌，离则复合，合则复离，是谓天常。天地车轮，终则复始，极则复反，莫不咸当。日月星辰，或疾或徐，日月不同，以尽其行。四时代兴，或暑或寒，或短或长，或柔或刚。万物所出，造于太一，化于阴阳。萌芽始震，凝寒以形。形体有处，莫不有声。声出于和，和出于适。和适，先王定乐，由此而生。②

[17]《吕氏春秋》季春纪第三"圆道"第五曰：

天道圆，地道方，圣王法之，所以立上下。何以说天道之圆也？精气一上一下，圆周复杂，无所稽留，故曰天道圆。何以说地道之方也？万物殊类殊形，皆有分职，不能相为，故曰地道方。主执圆，臣处方，方圆不易，其国乃昌。③

[18]《吕氏春秋》不苟论第四"博志"第五曰：

先王有大务，去其害之者，故所欲以必得，所恶以必除，此功名之所以立也。俗主则不然，有大务而不能去其害者，此所以无能成也。夫去害务与不能去害务，此贤不肖之所以分也。使獐疾走，马弗及至，已而得者，其时顾也。骥一日千里，车轻也；以重载则不能数里，任重也。贤者之举事也，不闻无功，然而名不大立、利不及世者，愚不肖为之任也。冬与夏不能两刑，草与稼不能两成，新谷熟而陈谷亏，凡有角者无上齿，果实繁者木必庳，用智褊者无遂功，天之数也。故天子不处全，不处极，不处盈。全则必缺，极则必反，盈则必亏。先王知物之不可两大，故择务，当而处之。④

[19]《吕氏春秋》似顺论第五"似顺论"第一曰：

事多似倒而顺，多似顺而倒。有知顺之为倒、倒之为顺者，则可与言化矣。

① ［清］王先谦撰：《荀子集解》，沈啸寰、王星贤点校，中华书局2010年版，第163—164页。
② 许维遹：《吕氏春秋集释》（上、下），中华书局2009年版，第109页。
③ 许维遹：《吕氏春秋集释》（上、下），中华书局2009年版，第78—79页。
④ 许维遹：《吕氏春秋集释》（上、下），中华书局2009年版，第652—653页。

至长反短，至短反长，天之道也。①

[20]《淮南子·原道训》有曰：

泰古二皇，得道之柄，立于中央，神与化游，以抚四方。是故能天运地滞，轮转而无废，水流而不止，与万物终始。风兴云蒸，事无不应；雷声雨降，并应无穷。鬼出电入，龙兴鸾集；钧旋毂转，周而复匝。已彫已琢，还反于朴，无为为之而合于道，无为言之而通乎德，恬愉无矜而得于和，有万不同而便于性，神托于秋毫之末，而大宇宙之总。其德优天地而和阴阳，节四时而调五行。呴谕覆育，万物群生，润于草木，浸于金石，禽兽硕大，豪毛润泽，羽翼奋也，角觡生也，兽胎不贕，鸟卵不毈，父无丧子之忧，兄无哭弟之哀，童子不孤，妇人不孀；虹蜺不出，贼星不行；含德之所致也。②

[21]《淮南子·主术训》有曰：

凡人之论，心欲小而志欲大，智欲员而行欲方，能欲多而事欲鲜。所以心欲小者，虑患未生，备祸未发，戒过慎微，不敢纵其欲也。志欲大者，兼包万国，一齐殊俗，并覆百姓，若合一族，是非辐凑而为之毂。智欲员者，环复转运，终始无端，旁流四达，渊泉而不竭，万物并兴，莫不响应也。行欲方者，直立而不挠，素白而不污，穷不易操，通不肆志。能欲多者，文武备具，动静中仪，举动废置，曲得其宜，无所击戾，无不毕宜也。事欲鲜者，执柄持术，得要以应众，执约以治广，处静持中，运于璇枢，以一合万，若合符者也。故心小者禁于微也；志大者无不怀也，智员者无不知也，行方者有不为也，能多者无不治也，事鲜者约所持也。③

[22]《妙法莲华经·信解品》有曰：

世尊！我等今者，乐说譬喻以明斯义。譬若有人，年既幼稚，舍父逃逝，久住他国，或十、二十至五十岁。年既长大，加复穷困，驰骋四方以求衣食。渐渐游行，遇向本国。其父先来，求子不得，中止一城。其家大富，财宝无量，金银、琉璃、珊瑚、琥珀、玻璃珠等，其诸仓库悉皆盈溢，多有僮仆、臣佐、吏民，象马车

---

① 许维遹：《吕氏春秋集释》（上、下），中华书局 2009 年版，第 658 页。
② 刘文典撰，冯逸、乔华点校：《淮南鸿烈集解》，中华书局 1989 年版，第 2—3 页。
③ 刘文典撰，冯逸、乔华点校：《淮南鸿烈集解》，中华书局 1989 年版，第 309—310 页。

乘牛羊无数,出入息利,乃遍他国,商估贾客亦甚众多。时贫穷子游诸聚落,经历国邑,遂到其父所止之城。父母念子,与子离别五十余年,而未曾向人说如此事。但自思惟,心怀悔恨,自念老朽,多有财物,金银珍宝仓库盈溢,无有子息,一旦终没,财物散失,无所委付。是以殷勤每忆其子,复作是念:"我若得子,委付财物,坦然快乐,无复忧虑。"

世尊! 尔时穷子佣赁,展转遇到父舍。住立门侧。遥见其父、踞师子床,宝几承足,诸婆罗门、刹利、居士皆恭敬围绕,以真珠璎珞价直千万庄严其身,吏民僮仆手执白拂侍立左右,覆以宝帐,垂诸华幡,香水洒地,散众名华,罗列宝物出内取与。有如是等种种严饰,威德特尊。穷子见父有大力势,即怀恐怖,悔来至此,窃作是念:"此或是王,或是王等,非我佣力得物之处,不如往至贫里,肆力有地,衣食易得。若久住此,或见逼迫强使我作。"作是念已,疾走而去。①

[23]《庄子·知北游》有曰:

光曜问乎无有曰:"夫子有乎? 其无有乎?"无有弗应也。光曜不得问,而孰视其状貌,窅然空然,终日视之而不见,听之而不闻,搏之而不得也。

光曜曰:"至矣! 其孰能至此乎! 予能有无矣,而未能无无也;及为无有矣,何从至此哉!"②

[24]《庄子·齐物论》有曰:

今且有言于此,不知其与是类乎? 其与是不类乎? 类与不类,相与为类,则与彼无以异矣。虽然,请尝言之。有始也者,有未始有始也者,有未始有夫未始有始也者。有有也者,有无也者,有未始有无也者,有未始有夫未始有无也者。俄而有无矣,而未知有无之果孰有孰无也。今我则已有谓矣,而未知吾所谓之其果有谓乎,其果无谓乎? 天下莫大于秋毫之末,而大山为小;莫寿于殇子,而彭祖为夭。天地与我并生,而万物与我为一。既已为一矣,且得有言乎? 既已谓之一矣,且得无言乎? 一与言为二,二与一为三。自此以往,巧历

---

① 王彬译注:《法华经》,中华书局 2010 年版,第 150—151 页。
② 陈鼓应注译:《庄子今注今译》,中华书局 1983 年版,第 621—622 页。

不能得,而况其凡乎! 故自无适有以至于三,而况自有适有乎! 无适焉,因是已。①

郭象注"类与不类"曰:

今以言无是非,则不知其与言有者类乎不类乎? 欲谓之类,则我以无为是,而彼以无为非,斯不类矣。然此虽是非不同,亦固未免于有是非也,则与彼类矣。故曰类与不类又相与为类,则与彼无以异也。然则将大不类,莫若无心,既遣是非,又遣其遣。遣之又遣之以至于无遣,然后无遣无不遣而是非自去矣。②

[25]《韩非子·解老》有曰:

所以贵无为无思为虚者,谓其意所无制也。夫无术者,故以无为无思为虚也。夫故以无为无思为虚者,其意常不忘虚,是制于为虚也。虚者,谓其意无所制也。今制于为虚,是不虚也。虚者之无为也,不以无为为有常。不以无为为有常则虚,虚则德盛,德盛之谓上德。故曰:"上德无为而无不为也。"③

[26]《朱子语类》卷九六"程子之书二"有贺孙之言曰:

明道曰:"虽则心'操之则存,舍之则亡',然而持之太甚,便是必有事焉而正之也。亦须且恁去。其说盖曰,虽是'必有事焉而勿正',亦须且恁地把捉操持,不可便放下了。'敬而勿失',即所以中也。'敬而无失',本不是中,只是'敬而无失'便见得中底气象。此如公不是仁,然公而无私则仁。"又曰:"中是本来底,须是做工夫,此理方著。司马子微《坐亡论》,是所谓坐驰也。他只是要得恁地虚静,都无事。但只管要得忘,便不忘,是驰也。明道说:'张天祺不思量事后,须强把他这心来制缚,亦须寄寓在一个形象,皆非自然。君实又只管念个"中"字,此又为"中"所制缚。且"中"字亦何形象?'他是不思量事,又思量个不思量底,寄寓一个形象在这里。如释氏教人,便有些是这个道理。如曰'如何是佛',云云,胡乱掉一语,教人只管去思量。又不是道理,又别无可思量,心只管在这上行思坐想,久后忽然有悟。'中'字亦有何形象?

---

① [清]郭庆藩撰,王孝鱼点校:《庄子集释》,中华书局1961年版,第79页。
② [清]郭庆藩撰,王孝鱼点校:《庄子集释》,中华书局1961年版,第79页。
③ [清]王先慎、锺哲:《韩非子集解》,中华书局1998年版,第131页。

又去那处讨得个'中'？心本来是错乱了，又添这一个物事在里面，这头讨'中'又不得，那头又讨不得，如何会讨得？天祺虽是硬捉，又且把定得一个物事在这里。温公只管念个'中'字，又更生出头绪多，他所以说终夜睡不得。"又曰："天祺是硬截，温公是死守，旋旋去寻讨个'中'。伊川即曰'持其志'，所以教人且就里面理会。譬如人有个家，不自作主，却倩别人来作主！"①

[27]《朱子语类》卷一百一十四"训门人二"有曰：

问："初学心下恐空闲未得。试验之平日，常常看书，否则便思索义理，其他邪妄不见来。才心下稍空闲，便思量别所在去。这当奈何？"曰："**才要闲便不闲，才要静便不静**，某向来正如此。可将明道《答横渠书》看。"因举其间"**非外是内**"之说。②

[28]《朱子语类》卷一百一十八"训门人六"有曰：

问："每日暇时，略静坐以养心，但觉意自然纷起，要静越不静。"曰："程子谓：'心自是活底物事，如何窒定教他不思？只是不可胡乱思。'**才着个要静底意思，便是添了多少思虑。**且不要恁地拘迫他，须自有宁息时。"又曰："要静，便是先获，便是助长，便是正。"③

[29]《中论》卷三"观法品第一八"：

问曰：若诸法尽毕竟空无生无灭是名诸法实相者，云何入？答曰：灭我我所著故得一切法空无我慧名为入。

问曰：云何知诸法无我？答曰："若我是五阴。我即为生灭。若我异五阴。则非五阴相。若无有我者。何得有我所。灭我我所故。名得无我智。得无我智者。是则名实观。得无我智者。是人为希有。内外我我所。尽灭无有故。诸受即为灭。受灭则身灭。业烦恼灭故。名之为解脱。业烦恼非实。入空戏论灭。诸佛或说我。或说于无我。诸法实相中。无我无非我。诸法实相

---

① 〔宋〕朱熹：《朱子全书·朱子语类》，上海古籍出版社、安徽教育出版社 2010 年版，第 3236—3237 页。

② 〔宋〕朱熹：《朱子全书·朱子语类》，上海古籍出版社、安徽教育出版社 2010 年版，第 3613—3614 页。

③ 〔宋〕朱熹：《朱子全书·朱子语类》，上海古籍出版社、安徽教育出版社 2010 年版，第 3738 页。

者。心行言语断。无生亦无灭。寂灭如涅槃。一切实非实。亦实亦非实。<u>非实非非实。</u>是名诸佛法。自知不随他。寂灭无戏论。无异无分别。是则名实相。若法从缘生。不即不异因。是故名实相。不断亦不常。不一亦不异。不常亦不断。是名诸世尊。教化甘露味。若佛不出世。佛法已灭尽。诸辟支佛智。从于远离生。"①

[30]《中论》卷四"观涅槃品第二十五":

问曰:若有非涅槃者,无应是涅槃耶? 答曰:"有尚非涅槃。何况于无耶。<u>涅槃无有有。何处当有无。</u>"若有非涅槃,无云何是涅槃? 何以故? 因有故有无,若无有云何有无? 如经说先有今无则名无,涅槃则不尔,何以故? 非有法变为无故,是故无亦不作涅槃。②

[31]《维摩诘所说经》"文殊师利问疾品第五"有曰:

文殊师利言:"居士此室,何以空无侍者?"

维摩诘言:"诸佛国土,亦复皆空。"

<u>又问:"以何为空?"</u>

<u>答曰:"以空空。"</u>

又问:"空何用空?"

答曰:"以无分别空故空。"

又问:"空可分别耶?"

答曰:"分别亦空。"

又问:"空当于何求?"

答曰:"当于六十二见中求。"

又问:"六十二见当于何求?"

答曰:"当于诸佛解脱中求。"

又问:"诸佛解脱当于何求?"

---

① (印)龙树菩萨著:《中论·十二门论》(卷第四),释迦佛印经会刊印 2007 年版,第33—34 页。

② (印)龙树菩萨著:《中论·十二门论》(卷第四),释迦佛印经会刊印 2007 年版,第35—36 页。

答曰："当于一切众生心行中求。又仁所问何无侍者,一切众魔及诸外道,皆吾侍也。所以者何? 众魔者乐生死,菩萨于生死而不舍;外道者乐诸见,菩萨于诸见而不动。"①

[32]《圆觉经》卷上曰:

善男子,一切菩萨及末世众生,应当远离一切幻化虚妄境界。由坚执持远离心故,心如幻者,亦复远离。远离为幻,亦复远离。离远离幻,亦复远离。得无所离,即除诸幻。譬如钻火,两木相因,火出木尽,灰飞烟灭。以幻修幻,亦复如是。诸幻虽尽,不入断灭。善男子,知幻即离,不作方便。离幻即觉,亦无渐次。一切菩萨及末世众生,依此修行,如是乃能永离诸幻。②

[33]僧肇,东晋僧人,俗姓张,为鸠摩罗什弟子,有"中华解空第一人"之誉。所著《肇论》,全面系统地发挥佛教般若思想,一卷,由"物不迁论"、"不真空论""般若无知论"、"涅槃无名论"四大部分构成。

《肇论·般若无知论》有曰:

难曰:圣智之无,惑智之无,俱无生灭,何以异之?

答曰:圣智之无者,无知;惑智之无者,知无。其无虽同,所以无者异也。何者? 夫圣心虚静,无知可无,可曰无知,非谓知无。惑智有知,故有知可无,可谓知无,非曰无知也。无知即般若之无也,知无即真谛之无也。是以般若之与真谛,言用即同而异,言寂即异而同。同,故无心于彼此;异,故不失于照功。是以辨同者同于异,辨异者异于同。斯则不可得而异,不可得而同也。何者? 内有独鉴之明,外有万法之实。万法虽实,然非照不得。内外相与,以成其照功。此则圣所不能同,用也。内虽照而无知,外虽实而无相,内外寂然,相与俱无。此则圣所不能异,寂也。是以《经》云"诸法不异"者,岂曰续凫截鹤,夷岳盈壑,然后无异哉? 诚以不异于异,故虽异而不异也。故《经》云:甚奇,世尊,于无异法中而说诸法异。又云:般若与诸法,亦不一相,亦不异相。信矣。③

---

① 赖永海,高永旺译注:《维摩诘经》,中华书局2010年版,第81页。
② 徐敏译注:《圆觉经》,中华书局2010年版,第17页。
③ [东晋]僧肇著,张春波校释:《肇论校释》,中华书局2010年版,第101—103页。

[34]《五灯会元》卷一僧璨《信心铭》已见前引,不再复引。

[35]白居易《重酬钱员外》全诗为:

雪中重寄雪山偈,问答殷勤四句中。**本立空名缘破妄,若能无妄亦无空。**①

白居易有《酬钱员外雪中见寄》:

松雪无尘小院寒,闭门不似住长安。烦君想我看心坐,报道心空无可看。②

[36]杜荀鹤《题著禅师》全诗为:

大道本无幻,常情自有魔。人皆迷著此,师独悟如何。为岳开窗阔,因虫长草多。**说空空说得,空得到维摩。**③

---

① [唐]白居易著,顾学颉校点:《白居易集》,中华书局 1999 年版,第 276 页。
② [唐]白居易著,顾学颉校点:《白居易集》,中华书局 1999 年版,第 276 页。
③ 中华书局编辑部点校:《全唐诗》,中华书局 1999 年版,第 8014 页。

一四 四一章

"大音希声"

"大音希声"。[1] 按《庄子·天地》:"无声之中,独闻和焉",即此意。[2] 脱仿前说一四章之例,强为之容,则陆机《连珠》:"繁会之音,生于绝弦",[3] 白居易《琵琶行》:"此时无声胜有声",其庶几乎。[4] 聆乐时每有听于无声之境。乐中音声之作与止,交织辅佐,相宣互衬,马融《长笛赋》已摹写之:"微风纤妙,若存若亡;……奄忽灭没,哗然复扬。"[5] 寂之于音,或为先声,或为遗响,当声之无,有声之用。是以有绝响或阒响之静(empty silences),亦有蕴响或酝响之静(peopled silences)(Susanne K. Langer, ed., Reflections on Art, 111.)。静故曰"希声",虽"希声"而蕴响酝响,是谓"大音"。乐止响息之时太久,则静之与声若长别远暌,疏阔遗忘,不复相关交接。《琵琶行》"此时"二字最宜着眼,上文亦曰"声暂歇",正谓声与声之间隔必暂而非永,方能蓄孕"大音"也。[6] 此境生于闻根直觉,无待他根。济慈名什《希腊古盎歌》(Ode on a Grecian Urn)云:"可闻曲自佳,无闻曲逾妙"(Heard melo-dies are sweet, but those unheard/Are sweeter),却未许混为一谈。渠自睹盎上绘牧人弄笛(Ye soft pipes, play on;/Pipe to the spirit dittoes of no tone),乃想象笛上之吹,以耳识幻感补益眼识实觉(Cf. J. Volkelt, System der Aesthetik, III, 110(die sinnliche Ergänzung);A. Russo, L'Arte e le Arti, 17-9(lc sensazioni concomitanti immaginate).)。

【增订四】参观《谈艺录》第二"黄山谷诗补注"第五十六及其"补订"。博亚尔多诗中咏壁画尤利西斯与女魅（Circe）故事云："海滨一少女，面色鲜皎犹生，观其容颜如亦闻其言语者"[7]（Era una giovanetta in ripa al mare, / sì vivamente in viso colorita, / che, chi la vede, par che oda parlare. – Orlando innamorato, VI. § 50, op. cit., Vol. I, p. 131; cf. Jean H. Hagstrum, The Sister Arts, 1958, p. 73, Aretino）。亦写眼识实感引起耳识幻觉也。又 2271 页及 2368—2369 页。

李斗《扬州画舫录》卷一一记吴天绪说书云："效张翼德据水断桥，先作欲叱咤之状。众倾耳听之，则唯张口努目，以手作势，不出一声，而满堂中如雷霆喧于耳矣。谓人曰：'桓侯之声，讵吾辈所能效状？其意使声不出于吾口，而出于各人之心，斯可肖也。'"[8]盖以张口努目之态，激发雷吼霆嗔之想，空外之音，本于眼中之状，与济慈诗之心行道同；均非如音乐中声之与静相反相资，同在闻听之域，不乞诸邻识也。别详《杜少陵诗集》卷论《奉观严郑公厅事岷山沲江画图》。[9]

[涉典考释与评注]

[1]《老子》第 41 章王弼注的全部内容如下。

其一，王注"上士闻道，勤而行之"为：

有志也。

其二，王注"中士闻道，若存若亡；下士闻道，大笑之。不笑，不足以为道。故建言有之"为：

建，犹立也。

其三，王注"明道若昧"为：

光而不耀。

其四，王注"进道若退"为：

后其身而身先，外其身而身存。

其五，王注"夷道若纇"为：

纇,坳也。大夷之道,因物之性,不执平以割物,其平不见,乃更反若纇坳也。

其六,王注"上德若谷"为:

不德其德,无所怀也。

其七,王注"大白若辱"为:

知其白,守其黑,大白然后乃得。

其八,王注"广德若不足"为:

广德不盈,廓然无形,不可满也。

其九,王注"建德若偷"为:

偷,匹也。建德者,因物自然,不立不施,故若偷匹。

其十,王注"质真若渝"为:

质真者,不矜其真,故渝。

其十一,王注"大方无隅"为:

方而不割,故无隅也。

其十一,王注"大器晚成"为:

大器成天下不持全别,故必晚成也。

其十二,王注"大音希声"为:

听之不闻,名曰希,不可得闻之音也。有声则有分,有分则不宫而商矣,分则不能统众,故有声者非大音也。

其十二,王注"大象无形"为:

有形则有分,有分者不温则炎,不炎则寒。故象而形者,非大象。

其十三,王注"道隐无名。夫唯道,善贷且成"为:

凡此诸善,皆是道之所成也。在象则为大象,而大象无形。在音则为大音,而大音希声。物以之成而不见其成形,故隐而无名也。贷之非唯供其乏而已,一贷之则足以永终其德,故曰善贷也。成之不如机匠之裁,无物而不济其形,故曰善成。①

---

① ［魏］王弼:《影印文渊阁四库全书·子部·道家类·老子道德经》(第1055册),台湾商务印书馆1983年版,第163—164页。

［2］《庄子·天地》中有曰：

夫子曰：夫道，渊乎其居也，滰乎其清也。金石不得，无以鸣。故金石有声，不考不鸣。万物孰能定之？

夫王德之人，素逝，而耻通于事，立之本原，而知通于神；故其德广。其心之出，有物采之。

故形非道不生，生非德不明。存形，穷生，立德，明道，非王德者邪？荡荡乎，忽然出，勃然动，而万物从之乎！此谓王德之人。

视乎冥冥，听乎无声。冥冥之中，独见晓焉；无声之中，独闻和焉。故深之又深，而能物焉；神之又神，而能精焉。故其与万物接也，至无而供其求，时骋而要其宿。大小、长短、修远。①

［3］连珠之文，傅玄《连珠序》曰："所谓连珠者，兴于汉章帝之世，班固、贾逵、傅毅三子受诏作之，而蔡邕、张华之徒又广焉。其文体，辞丽而言约，不指说事情，必假喻以达其旨，而贤者微悟，合于古诗劝兴之义。欲使历历如贯珠，易观而可悦，故谓之连珠也。班固喻美辞壮，文章弘丽，最得其体。蔡邕似论，言质而辞碎，然其旨笃矣。贾逵儒而不艳，傅毅文而不典。"②刘勰《文心雕龙·杂文》篇亦谓："扬雄覃思文阁，业深综述，碎文琐语，肇为连珠，其辞虽小而明润矣。"③"辞丽而言约，不指说事情，必假喻以达其旨"、"辞虽小而明润"，生动地说明了连珠的特点。

陆机《演连珠》五十首，中有曰：

臣闻郁烈之芳，出于委灰；繁会之音，生于绝弦。是以贞女要名于没世，烈士赴节于当年。④

［4］白居易《琵琶行》为习见名作，不赘引。

［5］马融《长笛赋》曰：

尔乃听声类形，状似流水，又象飞鸿。泛滥漙漠，浩浩洋洋。长矕远引，旋

---

① 杨柳桥撰：《庄子译注》，上海古籍出版社2006年版，第172页。
② ［清］严可均辑，何宛屏等审订：《全晋文》，商务印书馆1999年版，第474页。
③ ［南朝·梁］刘勰著，周振甫译：《文心雕龙今注今译》，中华书局1986年版，第124页。
④ ［梁］萧统编，［唐］李善注：《文选》，岳麓书社2002年版，第1649页。

复回皇。充屈郁律,瞋菌碾抉。鄞琅磊落,骈田磅唐。取予时适,去就有方。
洪杀衰序,希数必当。<u>微风纤妙,若存若亡。茋滞抗绝,中息更装。奋忽灭没,</u>
<u>晔然复扬。</u>或乃聊虑固护,专美擅工。漂凌丝簧,覆冒鼓锺。或乃植持縱緪,
佁儗宽容。箫管备举,金石并隆。无相夺伦,以宣八风。律吕既和,哀声五降。
曲终阕尽,余弦更兴。繁手累发,密栉叠重。踾踧攒仄,蜂聚蚁同。众音猥积,
以送厥终。①

[6]此处,钱锺书阅读的细腻与精致,又得生动体现。不仅对声之有、无
有做了阐述,而且,从白居易《琵琶行》"此时"二字读出,音之有、无是有时间
性因素介入的,时长的控制,更能体现乐音之有、无效果。

[7]《谈艺录》第二"黄山谷诗补注"第五十六则为:

《题阳关图》云:"断肠声里无形影,画出无声亦断肠。"青神注引乐天"一
声肠一断"。按《能改斋漫录》卷七谓用义山《赠歌妓》诗:"断肠声里唱
阳关。"②

钱锺书此处有很长一则"补订":

【补订】按史吴两注,均局束字面。阳关三叠,有声无形,非绘事所能传,
故曰:"断肠声里无形影。"然龙眠画笔,写惜别悲歌情状,惟妙惟肖,观者若于
无声中闻声而肠断,故曰:"画出无声亦断肠。"即听觉补充视觉之理也。(参
观《管锥编》论《老子五弼注》第一四)。但丁诗言石壁上雕刻歌唱队像,人巧
夺天,观赏时自觉眼耳两识相争,一言:"唱声无",一言:"唱声有"(a due miei
sensi / faceva dir I' un "NO," I' altro "Si, canta"),见 Purgatorio, X.59-60。正抉
剖此境。王从之《滹南诗话》卷二云:"东坡题阳关图:'龙眠独识殷勤处,画出
阳关意外声。'予谓可言声外意,不可言意外声也。"东坡语意与山谷同,王氏
未解诗旨。曹子建《七启》所谓"造响于无声",可以断章焉。太白《观元丹丘
坐巫山屏风》云:"寒松萧瑟如有声。"乐天《昼竹歌》云:"举头忽看不似画,低
耳静听疑有声。"介甫《纯甫出释惠崇画要余作诗》云:"暮气沉舟暗鱼罟,欹眠

① [梁]萧统编,[唐]李善注:《文选》,岳麓书社 2002 年版,第 550 页。
② 钱锺书:《谈艺录》,三联书店 2007 年版,第 28 页。

呕轧如闻橹。"东坡《韩干马十四匹》云:"后有八匹饮且行,微流赴吻若有声。"放翁《剑南诗稿》卷八十一《曝旧画》云:"翩翩喜鹊如相语,汹汹惊涛觉有声。"楼大防《攻愧集》卷一《题龙眠画骑射抱球戏》云:"静中似有叱咤声,墨淡犹疑锦绣眩。"汤垕《画鉴·高僧试笔图》云:"一僧攘臂挥翰,傍观数士人咨嗟啧啧之态,如闻有声。"攻愧"墨淡"句别写一境,非听觉补充视觉,而视觉自力补充。张彦远《历代名画记》卷二《论画工用搨写》节云:"是故运墨而五色具,谓之得意。"郑毅夫《郧溪集》卷十八《记画》云:"纯淡墨画竹树黄雀者,虽墨为之,如具五彩。云僧贯休画。"李曾伯《可斋杂稿》卷三十四《满江红·甲午宜兴赋僧舍墨梅》云:"犹赖有墨池老手,草玄能白。"王元美《弇州四部稿》卷一百三十八《题石田写生册》云:"以浅色淡墨作之。吾家三岁儿一一指呼不误,所谓妙而真者也。'意足不求颜色似',语虽俊,似不足为公解嘲。"盖陈简斋《和张规臣水墨梅》第四首云:"意足不求颜色似,前身相马九方皋";弇州进一解,谓意足自能颜色具,即张彦远之说也。荷马史诗描摹一金盾上,雕镂人物众多,或战阵,或耕耘,有曰:"犁田发土,泥色俨如墨。然此盾固纯金铸也,盖艺妙入神矣。"(and the earth looked black behind them,/as though turned up by plows.But it was gold,/all gold-a wonder of the artist's craft.) 见 lli-ad,XVIII,630-32.美学论师赞叹为得未曾有,审美形似(aesthetic semblance)之旨已发于此两句中。参观 B.Bosanquet,History of Aesthetic,2nd ed.,1904,12。窃谓攻愧、可斋等诗词断句,正复同耐玩索;墨梅之"草玄能白",与古希腊人(Philostratus) 言白粉笔能画出黑人肖像(a negro face drawn in white chalk),ib.,110;cf.E.H. Gombrich, Art and Illusion,5th ed.,1977,154-5,尤相映成趣。①

[8]李斗,字北有,又字艾塘,江苏仪征县人。"《扬州画舫录》这部书,是作者家居扬州期间,据'目之所见,耳之所闻',积三十多年的时间陆续写成的,涉及的范围相当广泛,诸如扬州的城市区划、运河沿革、工艺、商业、园林、

---

① 钱锺书:《谈艺录》,三联书店 2007 年版,第 28—30 页。

古迹、风俗、戏曲以及文人轶事等各方面的情况,都有记载;……"①

《扬州画舫录》卷十一有载:

吴天绪效张翼德据水断桥。先作欲叱咤之状。众倾耳听之。则唯张口努目。以手作势。不出一声。而满室中如雷霆喧于耳矣。谓其人曰。桓侯之声。讵吾辈所能效。状其意使声不出于吾口而出于各人之心。斯可肖也。虽小技。造其极,亦非偶然矣。②

[9]杜甫《奉观严郑公厅事岷山沱江画图十韵(得忘字)》:

沱水流中座,岷山到北堂。

白波吹粉壁,青嶂插雕梁。

直讶松杉冷,兼疑菱荇香。

雪云虚点缀,沙草得微茫。

岭雁随毫末,川蜺饮练光。

霏红洲蕊乱,拂黛石萝长。

暗谷非关雨,枫丹不为霜。

秋城玄圃外,景物洞庭旁。

绘事功殊绝,幽襟兴激昂。

从来谢太傅,丘壑道难忘。③

---

① 参阅[清]李斗撰:《扬州画舫录·说明》,中华书局1997年版,第1—2页。
② [清]李斗撰:《扬州画舫录》,中华书局1997年版,第258页。
③ [唐]杜甫著,[清]仇兆鳌注:《杜诗详注》,中华书局1979年版,第1186—1187页。

一五　四七章

在迩求远

[原文]

　　“其出弥远，其知弥少。”[1]按四八章所谓“为道日损”也。[2]“知”、知道也，即上句之“见天道”，非指知识；若夫知识，则“其出愈远”，固当如四八章所谓“为学日益”耳。景龙本“少”作“近”，亦颇达在迩求远、往而复返之旨。[3]《文子·道原》：“大道坦坦，去身不远，求诸远者，往而复返”；[4]《吕氏春秋·论人》：“太上反诸己，其次求诸人；其索之弥远者，推之弥疏，其求之弥强者，失之弥远。”[5]《关尹子·一宇》尤能近取譬：“观道者如观水。以观沼为未止，则之河，之江，之海，曰：‘水至也！’殊不知我之津、液、涎、泪皆水”；[6]陆九渊《象山全集》卷二二《杂说》“道譬则水”条、卷三四《语录》“涓涓之流”条均逊其俯拾即是。[7]方士衹以养生为道，遂若《关尹子》之借喻可坐实者；如《黄庭内景经·口为章》：“漱咽灵液灾不干”，《琼室章》：“寸田尺宅可治生，若当决海百渎倾”，[8]《外景经·上部》：“玉池清水上生肥”。[9]信斯言也，则酷暑行道者喝渴乞浆，可答之曰：“汝自咽津唾，渴即解矣”！释典如《妙法莲华经·信解品》第四[10]、《楞严经》卷四等穷子舍父逃走，衣中有如意珠而行乞诸喻[11]，用意正同《老子》、《文子》。泼洛丁纳斯以浪子归故乡喻远觅方识道之在迩（**Enfuyons-nous donc dans notre chère patrie comme Ulysse etc.; Ils se plaisent en cette région de Vérité qui est la leur, comme des hommes revenus d'une longue course errante, etc.**）（**Ennéades, I vi.8; V.ix.1, op.cit.,**

I‚104 et V‚161-2.）；圣·奥古斯丁曰："汝居吾中‚吾却外觅"（et ecce intus e-ras et ego foris‚et ibi te quaerebam）（Confessions‚X.27；cf.I.2："Quo te invo-co‚cum in te sim?"‚"Loeb"‚I‚4.）；德国神秘宗诗人有句："帝天即在身‚何必叩人门?"（Der Himmel ist in dir/Was suchst du ihn dann bei einer andern Tür?）（Angelus Silesius‚Der Cherubinische Wandersmann‚F.J.Warnke‚Eu-ropean Metaphysical Poetry‚192.）。虽然‚此非释、道等出世者之私言也。儒家教人‚道其所道‚复不谋而合。《论语·述而》即曰："仁远乎哉?"[12]（参观叶适《习学记言序目》卷一三[13]）。《孟子》数申厥旨‚《离娄》："自得之‚取之左右逢其源"；《告子》："夫道若大路然‚岂难知哉? 人病不求耳。子归而求之‚有余师"‚又："道在迩而求之远‚事在易而求之难"；《尽心》："万物皆备于我矣。反身而诚‚……求仁莫近焉"[14]（参观《朱子语类》卷三一论"三月不违仁"、卷一一八论"万物皆备于我"[15]）。见于赋咏而几同谣谚‚则有如杜牧《登池州九峰楼寄张祜》："睫在眼前长不见‚道非身外更何求"；[16]《宋诗纪事》卷九〇夏元鼎诗："崆峒访道至湘湖‚万卷诗书看转愚；踏破铁鞋无觅处‚得来全不费工夫"；[17]《五灯会元》卷六僧本如偈："处处逢归路‚头头达故乡‚本来成现事‚何必待思量"‚卷一三良价本悟偈："切忌从他觅‚迢迢与我疏"；[18]《鹤林玉露》卷一八尼诗："尽日寻春不见春‚芒鞋踏破陇头云；归来拈把梅花嗅‚春在枝头已十分"[19]（陆心源《〈宋诗纪事〉补遗》卷四〇陈丰《寻春》略同[20]）；王守仁《文成全书》卷二〇《咏良知示诸生》："无声无臭独知时‚此是坤干万有基；抛却自家无尽藏‚沿门持钵效贫儿。"[21]文士学者‚每同此感。如《文心雕龙·神思》："或理在方寸‚而求之域表‚或义在咫尺‚而思隔山河"；[22]王国维《静庵文集》续编《文学小言》五："古今之成大事业、大学问者‚不可不历三种之阶级：'昨夜西风凋碧树‚独上高楼‚望尽天涯路'‚此第一阶级也；'衣带渐宽终不悔‚为伊消得人憔悴'‚此第二阶级也；'众里寻他千百度‚回头蓦见‚那人正在‚灯火阑珊处'‚此第三阶级也"；[23]

【增订四】十七世纪法国文家拉布吕耶尔述作文甘苦谓‚惨淡经营‚往往贫于一字‚久觅不得‚及夫终竟得之‚则直白自然‚若当初宜摇笔即来而无待乎含毫力索者（Un bon auteur‚et qui écrit avec soin‚éprouve souvent que l'expression qu'il cherchait depuis longtemps sans la connaître et qu'il a enfin trouvée est celle qui était la plus simple, la plus naturelle, qui semblait devoir se présenter d'abord et sans effort. −La Bruyère, Les Caractères, I, § 17, Classiques Hachette, p.33）。此亦"众里寻他千百度"而"回头蓦见"之境也。龚固《日记》："文人欲创新标异,始则傍搜远绍,终乃天然成现,得于身己,或取之左右"（En littérature, on commence à chercher l'originalité laborieusement chez les autres, et très loin de soi,… plus tard on la trouve naturellement en soi… et tout près de soi）（Journal des Goncourt, 5 Avril 1864, Éd.définitive, II, 149.）。胥足与前论四〇章所谓"逝"、"远"而"反（返）"之境界相参印。词章中言求佳偶（Quel che cercando va, / porta in se stesso, / miser, né può trovar quel ch'ha da presso）（Marino, L'Adone, V. 24, Marino e i Marinisti, Ricciardi, 76.）, 觅至乐（navibus atque/Quadrigis petimus bene vivere; quod pe-tis hic est. Willst du immer weiter schweifen？/Seh, das Gute liegt so nah./Lerne nur das Glück ergreifen, /Denn das Glück ist immer da）（Horace, Epist., I.xi.28−9; Goethe："Sprüche".）, 每叹远寻勿获而在近不知。或咏背弃慈亲, 天涯地角, 乞人爱怜, 废然而返, 始识春晖即在母目中（Ich wollte gehn die ganze Welt zu Ende/Und wollte sehn, ob ich die Liebe fände, /…/Und ach！Was da in deinem Aug' geschwommen, / Das war die süsse, langgesuchte Liebe）（Heine, Romanzen："An meine Mutter B. Heine", ii.）; 与踏破铁鞋、芒鞋之慨无异。人生阅历所证, 固非神秘家言所得而私矣。

［涉典考释与评注］

[1]《老子》第47章王弼注的全部内容如下。

其一, 王注"不出户, 知天下; 不窥牖, 见天道"为:

事有宗而物有主, 途虽殊而同归也, 虑虽百而其致一也。道有大常, 理有大致, 执古之道, 可以御今, 虽处于今, 可以知古始, 故不出户, 窥牖而可知也。

其二,王注"其出弥远,其知弥少"为:

无在于一而求之于众也,道,视之不可见,听之不可闻,搏之不可得,如其知之,不须出户,若其不知,出愈远愈迷也。

其三,王注"是以圣人不行而知,不见而名"为:

得物之致,故虽不行而虑可知也。识物之宗,故虽不见,而是非之理可得而名也。

其四,王注"不为而成"为:

明物之性,因之而已,故虽不为而使之成矣。①

[2]《老子》第48章全文为:

为学日益,为道日损,损之又损,以至于无为。

无为而无不为,取天下常以无事,及其有事,不足以取天下。②

[3]此处,钱锺书正好回答了《管锥编·老子王弼注》第十三则中论及景龙本"其出弥远,其知弥近"时所指出的"'逝'而'反'之谓","在迩求远、往而复返",正明斯意。

[4]《文子·道原》有曰:

执道以御民者,事来而循之,物动而因之。万物之化,无不应也;百事之变,无不耦也。故道者,虚无、平易、清静、柔弱、纯粹素朴,此五者,道之形象也。虚无者,道之舍也;平易者,道之素也;清静者,道之鉴也;柔弱者,道之用也。反者,道之常也;柔者,道之刚也;弱者,道之强也;纯粹素朴者,道之干也。虚者,中无载也;平者,心无累也。嗜欲不载,虚之至也;无所好憎,平之至也;一而不变,静之至也;不与物杂,粹之至也;不忧不乐,德之至也。夫至人之治也,弃其聪明,灭其文章,依道废智,与民同出乎公。约其所守,寡其所求,去其诱慕,除其贪欲,损其思虑。约其所守即察,寡其所求即得,故以中制外,百事不废,中能得之则外能牧之。中之得也,五藏宁,思虑平,筋骨劲强,耳目聪明。

---

① ［魏]王弼:《影印文渊阁四库全书·子部·道家类·老子道德经》(第1055册),台湾商务印书馆1983年版,第166—167页。

② 陈鼓应:《老子注译及评介》(修订增补本),中华书局2009年版,第243页。

大道坦坦，去身不远，求之远者，往而复返。①

[5]《吕氏春秋》季春纪第三"论人第四"曰：

主道约，君守近。太上反诸己，其次求诸人。其索之弥远者，其推之弥疏；其求之弥强者，失之弥远。

何谓反诸己也？适耳目，节嗜欲，释智谋，去巧故，而游意乎无穷之次，事心乎自然之涂，若此则无以害其天矣。无以害其天则知精，知精则知神，知神之谓得一。凡彼万形，得一后成。故知一则应物变化，阔大渊深，不可测也。德行昭美，比于日月，不可息也。豪士时之，远方来宾，不可塞也。意气宣通，无所束缚，不可收也。故知知一则复归于朴，嗜欲易足，取养节薄，不可得也。离世自乐，中情洁白，不可量也。威不能惧，严不能恐，不可服也。故知知一则可动作当务，与时周旋，不可极也。举错以数，取与遵理，不可惑也。言无遗者，集肌肤，不可革也。谗人困穷，贤者遂兴，不可匿也。故知知一则若天地然，则何事之不胜，何物之不应！譬之若御者，反诸己则车轻马利，致远复食而不倦。昔上世之亡主，以罪为在人，故日杀戮而不止，以至于亡而不悟。三代之兴王，以罪为在己，故日功而不衰，以至于王。

何谓求诸人？人同类而智殊，贤不肖异，皆巧言辩辞以自防御，此不肖主之所以乱也。凡论人，通则观其所礼，贵则观其所进，富则观其所养，听则观其所行，止则观其所好，习则观其所言，穷则观其所不受，贱则观其所不为，喜之以验其守，乐之以验其僻，怒之以验其节，惧之以验其特，哀之以验其人，苦之以验其志，八观六验，此贤主之所以论人也。论人者，又必以六戚四隐。何谓六戚？父、母、兄、弟、妻、子。何为四隐？交友、故旧、邑里、门郭。内则用六戚四隐，外则用八观六验，人之情伪贪鄙美恶无所失矣。譬之若逃雨，污无之而非是，此先圣王之所以知人也。②

[6]《关尹子》的第一为"宇篇"，有曰：

观道者如观水，以观沼为未足，则之河之江之海，日水至也，殊不知我之津

① ［周］辛钘撰：《影印文渊阁四库全书·子部·道家类·文子》(第1058册)，台湾商务印书馆1983年版，第308页。

② 许维遹：《吕氏春秋集释》(上、下)，中华书局2009年版，第74—78页。

液涎泪皆水。①

[7]陆九渊《象山全集》卷二二《杂说》"道譬则水"条：

道譬则水，人之于道，譬则蹄涔污沱，百川江海也，海至大矣，而四海之广狭深浅，不必齐也。至其为水，则蹄涔亦水也。②

陆九渊《象山全集》卷三四《语录》"涓涓之流"条：

涓涓之流，积成江河。泉源方动，虽只有涓涓之微，去江河尚远，却有成江河之理。若能混混，不舍昼夜，如今虽未盈科，将来自盈科。如今虽未放乎四海，将来自放乎四海。如今虽未会其有极，归其有极，将来自会其有极，归其有极。然学者不能自信，见夫标末之盛者，便自荒忙，舍其涓涓而趋之，却自坏了。曾不知我之涓涓虽微，却是真，彼之标末虽多却是伪，恰自檐水来相似，其涸可立而待也。故吾尝举俗谚教学者云：一钱做单客，两钱做双客。③

[8]《黄庭内景经》，作者不详，全经 36 章，共 239 句，皆七言，每章各取首句二字为题，讲述养生修炼之理。

《黄庭内景经》"口为章第三"：

口为玉池太和官，漱咽灵液灾不干，体生光华气香兰，却灭百邪玉炼颜，审能修之登广寒。昼夜不寝乃成真，雷鸣电激神泯泯。④

《黄庭内景经》"琼室章第二十一"：

琼室之中八素集，泥丸夫人当中立。长谷玄乡绕郊邑，六龙散飞难分别。长生至慎房中急，何为死作令神泣？忽之祸乡三灵没，但当吸气录子精。寸田尺宅可治生，若当决海百渎倾。叶去树枯失青青，气亡液漏非己形。专闭御景乃长宁，保我泥丸三奇灵，恬淡闭视内自明，物物不干泰而平。忐矣匪事老复丁，思咏玉书入上清。⑤

---

①　[周]关尹子：《影印文渊阁四库全书·子部·道家类·关尹子》(第 1055 册)，台湾商务印书馆 1983 年版，第 553 页。

②　[宋]陆九渊：《陆象山全集》，中国书店 1992 年版，第 174 页。

③　[宋]陆九渊：《陆象山全集》，中国书店 1992 年版，第 254 页。

④　[唐]梁丘子等注：《黄庭经集释》，中央编译出版社 2015 年版，第 4—5 页。

⑤　[唐]梁丘子等注：《黄庭经集释》，中央编译出版社 2015 年版，第 30—32 页。

[9]《黄庭外景经》"上部经第一"有曰：

老君闲居作七言，解说身形及诸神。上有黄庭下关元，后有幽阙前命门，呼吸庐间入丹田。玉池清水灌灵根，审能修之可长存。黄庭中人衣朱衣，关元壮禽阖两扉，幽阙使之高巍巍。丹田之中精气微，玉池清水上生肥，灵根坚固老不衰。……①

[10]《妙法莲华经·信解品》第四有曰：

世尊！我等今者，乐说譬喻以明斯义。譬若有人，年既幼稚，舍父逃逝，久住他国，或十、二十至五十岁。年既长大，加复穷困，驰骋四方以求衣食。渐渐游行，遇向本国。其父先来，求子不得，中止一城。其家大富，财宝无量，金银、琉璃、珊瑚、琥珀、玻璃珠等，其诸仓库悉皆盈溢，多有僮仆、臣佐、吏民，象马车乘牛羊无数，出入息利，乃遍他国，商估贾客亦甚众多。时贫穷子游诸聚落，经历国邑，遂到其父所止之城。父母念子，与子离别五十余年，而未曾向人说如此事。但自思惟，心怀悔恨，自念老朽，多有财物，金银珍宝仓库盈溢，无有子息，一旦终没，财物散失，无所委付。是以殷勤每忆其子，复作是念："我若得子，委付财物，坦然快乐，无复忧虑。"

世尊！尔时穷子佣赁，展转遇到父舍。住立门侧。遥见其父、踞师子床，宝几承足，诸婆罗门、刹利、居士皆恭敬围绕，以真珠璎珞价直千万庄严其身，吏民僮仆手执白拂侍立左右，覆以宝帐，垂诸华幡，香水洒地，散众名华，罗列宝物出内取与。有如是等种种严饰，威德特尊。穷子见父有大力势，即怀恐怖，悔来至此，窃作是念："此或是王，或是王等，非我佣力得物之处，不如往至贫里，肆力有地，衣食易得。若久住此，或见逼迫强使我作。"作是念已，疾走而去。②

[11]《楞严经》卷四有言：

富楼那，妄性如是，因何为在？汝但不随分别世间、业果、众生三种相续，三缘断故，三因不生，则汝心中演若达多狂性自歇，歇即菩提。胜净明心，本周

---

① ［唐］梁丘子等注：《黄庭经集释》，中央编译出版社2015年版，第161—163页。

② 王彬译注：《法华经》，中华书局2010年版，第150—151页。

法界,不从人得,何藉劬劳肯綮修证! 譬如有人于自衣中系如意珠,不自觉知,穷露他方,乞食驰走。虽实贫穷,珠不曾失。忽有智者指示其珠,所愿从心,致大饶富,方悟神珠非从外得。①

[12]《论语·述而篇第七》:

子曰:"仁远乎哉? 我欲仁,斯仁至矣。"②

钱锺书此处,将《老子》、《论语》与圣·奥古斯丁"汝居吾中,吾却外觅"等异域致思进行类比,正说明"思想"平等,思维同揆。

[13]叶适《习学记言序目》卷第十三"述而"中有言:

孔子自见此仁,如耳目鼻口百骸四体之在其身,叩之即应,运之即从,其言捷疾,无所疑贰,自颜渊以下皆未明也。学者能以孔子之告诸子者识仁之体状,拟议深熟,然后以孔子之自言者者知仁之指归,造诣径直;则颠沛造次可以费违,不但日月之至而已。③

[14]《孟子》"离娄章句下":

孟子曰:"君子深造之以道,欲其自得之也。自得之,则居之安;居之安,则资之深;资之深,则取之左右逢其原,故君子欲其自得之也。"④

《孟子》"告子章句下"曰:

曹交问曰:"人皆可以为尧舜,有诸?"

孟子曰:"然。"

"交闻文王十尺,汤九尺,今交九尺四寸以长,食粟而已,如何则可?"

曰:"奚有于是? 亦为之而已矣。有人于此,力不能胜一匹雏,则为无力人矣;今日举百钧,则为有力人矣。然则举乌获之任,是亦为乌获而已矣。夫人岂以不胜为患哉? 弗为耳。徐行后长者谓之弟,疾行先长者谓之不弟。夫徐行者,岂人所不能哉? 所不为也。尧舜之道,孝弟而已矣。子服尧之服,诵尧之言,行尧之行,是尧而已矣。子服桀之服,诵桀之言,行桀之行,是桀而

---

① 赖永海主编,刘鹿鸣译注:《楞严经》,中华书局2012年版,第176页。
② 杨伯峻译注:《论语译注》,中华书局2006年版,第85页。
③ [清]叶适:《习学记言序目》,中华书局1977年版,第187页。
④ 杨伯峻译注:《孟子译注》,中华书局2008年版,第145页。

已矣。"

曰:"交得见于邹君,可以假馆,愿留而受业于门。"

曰:"夫道若大路然,岂难知哉?人病不求耳。子归而求之,有余师。"①

《孟子》"离娄章句上":

孟子曰:"道在迩而求诸远,事在易而求诸难:人人亲其亲、长其长,而天下平。"②

《孟子》"尽心上":

孟子曰:"万物皆备于我矣。反身而诚,乐莫大焉。强恕而行,求仁莫近焉。"③

[15]《朱子语类》卷三一"子曰回也章"论"三月不违仁",就有仁不远人之论,如南升问朱子:

问"三月不违仁"。曰:"仁与心本是一物。被私欲一隔,心便违仁去,却为二物。若私欲既无,则心与仁便不相违,合成一物。心犹镜,仁犹镜之明。镜本来明,被尘垢一蔽,遂不明。若尘垢一去,则镜明矣。颜子三个月之久无尘垢。其余人或日一次无尘垢,少间又暗;或月一次无尘垢,二十九日暗,亦不可知。"④

《朱子语类》卷一百一十八"朱子十五"之"训门人六":

问为学大端。曰:"且如士人应举,是要做官,故其功夫勇猛,念念不忘,竟能有成。若为学,须立个标准,我要如何为学。此志念念不忘,功夫自进。盖人以眇然之身与天地并立而为三,常思我以血气之身如何配得天地?且天地之所以与我者,色色周备,人自污坏了。"因举"万物皆备于我,反身而诚,乐莫大焉"一章:"今之为学,须是求复其初,求全天之所以与我者,始得。若要全天之所以与我者,便须以圣贤为标准,直做到圣贤地位,方是全得本来之物

---

① 杨伯峻译注:《孟子译注》,中华书局 2008 年版,第 214 页。
② 杨伯峻译注:《孟子译注》,中华书局 2008 年版,第 130 页。
③ 杨伯峻译注:《孟子译注》,中华书局 2008 年版,第 234 页。
④ [宋]朱熹:《朱子全书·朱子语类》,上海古籍出版社、安徽教育出版社 2010 年版,第 1109 页。

而不失。如此,则功夫自然勇猛。临事观书常有此意,自然接续。若无求复其初之志,无必为圣贤之心,只见因循荒废了。"①

[16]杜牧《登池州九峰楼寄张祜》:

百感中来不自由,角声孤起夕阳楼。碧山终日思无尽,芳草何年恨即休。睫在眼前长不见,道非身外更何求。谁人得似张公子,千首诗轻万户侯。②

[17]《宋诗纪事》言:"元鼎字宗禹,永嘉人,号云峰散人,又号西城真人。"其《绝句》诗曰:

崆峒访道至湘湖,万卷诗书看转愚。踏破铁鞋无觅处,得来全不费工夫。③

[18]《五灯会元》卷六"神照本如法师"条曰:

神照本如法师,尝以经王请益四明尊者。者震声曰:"汝名本如。"师即领悟。作偈曰:"处处逢归路,头头达故乡。本来成现事,何必待思量。"④

《五灯会元》卷一三"洞山良价禅师":

师辞云岩,岩曰:"甚么处去?"师曰:"虽离和尚,未卜所止。"曰:"莫湖南去?"师曰:"无。"曰:"莫归乡去?"师曰:"无。"曰:"早晚却回。"师曰:"待和尚有住处即来。"曰:"自此一别,难得相见。"师曰:"难得不相见。"临行又问:"百年后忽有人问,还邈得师真否,如何祇对?"岩良久,曰:"祇这是。"师沈吟,岩曰:"价阇黎承当个事,大须审细。"师犹涉疑,后因过水睹影,大悟前旨。有偈曰:"切忌从他觅,迢迢与我疏。我今独自往,处处得逢渠。渠今正是我,我今不是渠。应须恁么会,方得契如如。"⑤

[19]《影印文渊阁四库全书》所录《鹤林玉露》仅十六卷,未有十八卷。

---

① [宋]朱熹:《朱子全书·朱子语类》,上海古籍出版社、安徽教育出版社 2010 年版,第 3722 页。

② [唐]杜牧著,[清]冯集梧注:《樊川诗集注》,上海古籍出版社 1962 年版,第 206—207 页。

③ 钱锺书补订:《宋诗纪事补正》,三联书店 2005 年版,第 2188 页。

④ [宋]普济著,苏渊雷点校:《五灯会元》,中华书局 1984 年版,第 360 页。

⑤ [宋]普济著,苏渊雷点校:《五灯会元》,中华书局 1984 年版,第 778—779 页。

其卷六有曰：

子曰："道不远人。"孟子曰："道在迩而求诸远。"有尼悟道诗云："尽日寻春不见春，芒鞋踏遍陇头云。归来笑撚梅花嗅，春在枝头已十分。"亦脱洒可喜。①

[20]清代陆心源《〈宋诗纪事〉补遗》卷四〇载"陈丰"条："号舫斋，仙游人，建炎十五年进士，侍郎，说之父，官南恩守。"此条仅载陈丰《寻春》诗一首，曰：

尽日寻春不见春，杖藜踏破几山云。归来试把梅花看，春在梅稍已十分。

[21]王守仁《文成全书》卷二〇《咏良知四首示诸生》：

个个人心有仲尼，自将闻见苦遮迷。而今指与真头面，只是良知更莫疑。

问君何事日憧憧？烦恼场中错用功。莫道圣门无口诀，良知两字是参同。

人人自有定盘针，万化根源总在心。却笑从前颠倒见，枝枝叶叶外头寻。

无声无臭独知时，此是乾坤万有基。抛却自家无尽藏，沿门持钵效贫儿。②

[22]《文心雕龙》"神思第二十六"曰：

夫神思方运，万涂竞萌，规矩虚位，刻镂无形。登山则情满于山，观海则意溢于海，我才之多少，将与风云而并驱矣。方其搦翰，气倍辞前，暨乎篇成，半折心始。何则？意翻空而易奇，言征实而难巧也。是以意授于思，言授于意，密则无际，疏则千里。或理在方寸而求之域表，或义在咫尺而思隔山河。是以秉心养术，无务苦虑；含章司契，不必劳情也。③

[23]《人间词话》中有此语，《人间词话》第二十六条曰：

古今之成大事业、大学问者，必经过三种之境界："昨夜西风凋碧树，独上高楼，望尽天涯路。"此第一境也。"衣带渐宽终不悔，为伊消得人憔悴。"此第

---

① ［宋］罗大经撰：《影印文渊阁四库全书·子部·杂家类·杂说之属·鹤林玉露》（第865册），台湾商务印书馆1983年版，第306页。

② ［明］王守仁撰，吴光等编校：《王阳明全集》，上海古籍出版社2012年版，第652—653页。

③ 周振甫：《文心雕龙今译》，中华书局1986年版，第250页。

二境也。"众里寻他千百度,回头蓦见,那人正在,灯火阑珊处。"此第三境也。此等语皆非大词人不能道。然遽以此意解释诸词,恐为晏、欧诸公所不许也。①

---

① [清]王国维著,徐调孚、周振甫注,王幼安校订:《人间词话》,人民文学出版社 1960 年版,第 203 页。

一六　五六章

知者不言

［原文］

"知者不言,言者不知。"[1]按《庄子·天道》及《知北游》亦道此;[2]《知北游》且曰:"辩不如默,道不可闻。……道不可见,见而非也;道不可言,言而非也。……至言去言,至为去为。"[3]皆申说"道可道,非常道",白居易所为反唇也(见前论第一、二章)。[4]《吕氏春秋·精谕》:"圣人相谕不待言,有先言言者也。……故胜书能以不言说,而周公旦能以不言听。……至言去言,至为无为"[5](《淮南子·道应训》[6]、《列子·说符》[7]略同)。虽用庄子语,一若高论玄虚而实与庄貌同心异,盖指观人于微之术。[8]其举例如善察"容貌音声"、"行步气志",正类《战国策·赵策》一记郤疵谓知伯"韩、魏之君必反",知伯以告,"郤疵谓知伯曰:'君又何以疵言告韩、魏之君为?'知伯曰:'子安知之?'对曰:'韩、魏之君视疵端而趋疾。'"[9]《孟子·尽心》所谓:"见面盎背,四体不言而喻",[10]诗人所谓:"片心除是眉头识,万感都从念脚生"[11](胡仲参《竹窗小稿·秋思》),或奸细所谓:"目语心计,不宣唇齿"[12](《三国志·吴书·周鲂传》),亦犹情侣之眼色、瘖哑之手势,不落言诠而传情示意,均是"能交谈之静默"[13](un taire parler)而已(Montaigne, Essais, II. 12, "Bib.de la Pléiade", 431−2.Cf.Proust, Le Côté de Guermantes:"La vérité n'a pas besoin d'être dite pour être manifestée", etc., A la Recherche du Temps perdu, "Bib.de la Pléiade", II, 66; Martin Bu-ber, Between Man and

Man, tr.by R.G.Smith, p.3:"For a conversation (Zwiesprache) no sound is necessary, not even a gesture" etc..）。

　　【增订二】《孟子》论"不言而喻",明曰:"其生色也";即着迹见象。[14]《管子·枢言》论"先王贵周"——即保密——"周者不出于口,不见于色";[15]《吕氏春秋》所说乃"不出于口",而未"不见于色"。[16]《礼记·曲礼》论"为人子之礼",曰:"听于无声,视于无形";[17]宋儒以"先意承志"释之,又正《吕氏春秋》之"先言言"耳。[18]

　　此等不出声而出话,纵即离绝言说——《天道》之"名"与"声",不免依傍迹象——《天道》之"形"与"色"。[19]故吕不韦之"不言",乃可言而不必言;老、庄之"不言",乃欲言而不能言;一则无须乎有言,一则不可得而言。[20]释澄观《华严疏钞悬谈》卷二一:"丝竹可以传心,目击以之存道,既语默视瞬皆说,则见闻觉知尽听,苟能得法契神,何必要因言说? ……漏月传意于秦王,果脱荆轲之手;相如寄声于卓氏,终获文君之随";[21]亦祇足为《精谕》之衍义尔。释典反复丁宁:"心行处灭,言语道断"（《维摩诘所说经·弟子品》第三又《见阿閦佛品》第一二[22]、《中论·观法品》第一六[23]、《大智度论·释天主品》第二七[24]、《肇论·涅槃无名论》第四[25]、《法华玄义》卷一〇上[26]、《法华文句记》卷二六等[27]）,始与老、庄有契。《维摩诘所说经·入不二法门品》第九记文殊问法,"维摩诘默然无言,文殊师利叹曰:'善哉! 善哉! 乃至无有文字语言,是真入不二法门!'";[28]尤后世所传诵乐道。如《世说新语·文学》:"支道林造《即色论》,示王中郎,中郎都无言。支曰:'默而识之乎?'王曰:'既无文殊,谁能见赏!'";[29]《文选》王巾《头陀寺碑》:"是以掩室摩竭,用启息言之津;杜口毗邪,以通得意之路。"[30]所谓"圣默然",亦《五灯会元》卷四赵州从谂说僧灿《信心铭》所谓:"纔有语言,是拣择,是明白。"[31]刘禹锡罕譬而喻,《赠别君素上人诗》并《引》:"夫悟不因人,在心而已。其证也,犹喑人之享太牢,信知其味,而不能形于言,以闻其耳也";[32]《五灯会元》卷一六慧林怀深章次:"僧问:'知有,道不得时如何?'师曰:'哑子吃蜜。'"[33]席勒有句云:"脱灵魂而有言说,言说者已非灵魂"（Spricht die Seele, so spricht, ach! die Seele nicht mehr）（Schiller:"Sprache", Werke, hrsg.L.Bellermann，2.Aufl.I，184.），可以囊括斯旨。不"明"不"白"，即《文子·微明》："冥冥之中，独有晓焉；寂寞之中，独有照焉。其用之乃不用，不用而后能用之也；其知之乃不知，不知而后能知之也"；[34]亦即《庄子·齐物论》："庸讵知吾所谓知之非不知耶？庸讵知吾所谓不知之非知耶？"[35]《人间世》之"以无知知"，[36]《徐无鬼》之"无知而后知之"，[37]《知北游》："论则不至，明见无值"（郭象注："暗至乃值"）[38]。

【增订四】原引《庄子·知北游》，宜增引同篇："媒媒晦晦，无心而不可与谋。"[39]

《天地》："冥冥之中，独见晓焉"，[40]《在宥》："至道之精，窈窈冥冥；至道之极，昏昏默默。"[41]《关尹子·九药》至曰："圣人言蒙蒙，所以使人聋；圣人言冥冥，所以使人盲；圣人言沉沉，所以使人瘖"；[42]《五灯会元》卷三庞蕴居士曰："眼见如盲，口说如哑"；[43]勃鲁诺亦以盲哑人为证道之仪型，示知见易蔽，言语易讹（per tema che difetto di sguardo o di parola non lo avvilisca）（Bruno，Degli eroici furori，II，Dial.iv，Opere di Bruno e di Campanella，Ricciardi，648.）。盲、聋、哑人正"沉冥无知"境界（the Darkness of Unknowing）之寓像耳。

【增订三】古道家言中，《道德指归论》再三以盲聋哑喻至道。《天下有始篇》："为瘖为聋，与天地同；为玄为默，与道穷极"；《知者不言篇》："聪明内作，外若聋盲。……得道之士，损聪弃明，不视不听，若无见闻，闭口结舌，若不知言"；《万物之奥篇》："君子之立身也，如暗如聋，若朴若质，藏言于心，常处玄默"；《上士闻道篇》："简情易性，化为童蒙，无为无事，若痴若聋"；《知不知篇》："处无能之乡，托不知之体。……若盲若聋，无所闻见。"[44]《老子》二〇章重言"我愚人之心也哉！""而我独顽似鄙"，后学遂至此极。[45]世俗流传，文昌帝君有两侍童，一"天聋"、一"地哑"，《后西游记》第二四回[46]、《坚瓠八集》卷四即言之[47]，意亦发于"为瘖为聋，与天地同"耳。

［涉典考释与评注］

[1]《老子》第56章王弼注的全部内容如下。

其一,王注"知者不言"为:

因自然也。

其二,王注"言者不知"为:

造事端也。

其三,王注"塞其兑,闭其门,挫其锐"为:

含守质也。

其四,王注"解其分"为:

除争原也。

其五,王注"和其光"为:

无所特显则物无所偏争也。

其六,王注"同其尘"为:

无所特贱则物无所偏耻也。

其七,王注"是谓玄同。故不可得而亲,不可得而疏"为:

可得而亲,则可得而疏也。

其八,王注"不可得而利,不可得而害"为:

可得而利,则可德而害也。

其九,王注"不可得而贵,不可得而贱"为:

可得而贵,则可得而贱也。

其十,王注"故为天下贵"为:

无物可以加之也。①

[2]《庄子·天道》曰:

世之所贵道者书也,书不过语,语有贵也。语之所贵者意也,意有所随。意之所随者,不可言传也,而世因贵言传书。世虽贵之,我犹不足贵也,为其贵非其贵也。故视而可见者,形与色也;听而可闻者,名与声也。悲夫,世人以形色名声为足以得彼之情!夫形色名声果不足以得彼之情,则知者不言,言者不

---

① ［魏］王弼:《影印文渊阁四库全书·子部·道家类·老子道德经》(第1055册),台湾商务印书馆1983年版,第172页。

知,而世岂识之哉?①

《庄子·知北游》曰:

知问黄帝曰:"我与若知之,彼与彼不知也,其孰是邪?"黄帝曰:"彼无为谓真是也,狂屈似之;我与汝终不近也。夫知者不言,言者不知,故圣人行不言之教。道不可致,德不可至。仁可为也,义可亏也,礼相伪也。故曰:'失道而后德,失德而后仁,失仁而后义,失义而后礼。礼者,道之华而乱之首也。'故曰:'为道者日损,损之又损之以至于无为,无为而无不为也。'今已为物也,欲复归根,不亦难乎!其易也,其唯大人乎!"

"生也死之徒,死也生之始,孰知其纪!人之生,气之聚也;聚则为生,散则为死。若死生为徒,吾又何患!故万物一也,是其所美者为神奇,其所恶者为臭腐;臭腐复化为神奇,神奇复化为臭腐。故曰:'通天下一气耳。'圣人故贵一。"②

正如上引,《庄子》中,两文均言"知者不言,言者不知"。

[3]钱锺书引《庄子·知北游》中的文字,来自于"知北游"中三个不同的部分,其一为:

"人生天地之间,若白驹之过郤,忽然而已。注然勃然,莫不出焉;油然漻然,莫之入焉。已化而生,又化而死,生物哀之,人类悲之。解其天弢,堕其天袠,纷乎宛乎,魂魄将往,乃身从之,乃大归乎!不形之形,形之不形,是人之所同知也,非将至之所务也,此众人之所同论也。彼至则不论,论则不至。明见无值,辩不若默。道不可闻,闻不若塞,此之谓大得。"③

其二为:

于是泰清问乎无穷曰:"子知道乎?"

无穷曰:"吾不知。"

又问乎无为。无为曰:"吾知道。"

曰:"子之知道,亦有数乎?"

---

① 陈鼓应注译:《庄子今注今译》,中华书局 1983 年版,第 385 页。
② 陈鼓应注译:《庄子今注今译》,中华书局 1983 年版,第 597 页。
③ 陈鼓应注译:《庄子今注今译》,中华书局 1983 年版,第 608 页。

曰:"有。"

曰:"其数若何?"

无为曰:"吾知道之可以贵,可以贱,可以约,可以散,此吾所以知道之数也。"

泰清以之言也问乎无始曰:"若是,则无穷之弗知与无为之知,孰是而孰非乎?"

无始曰:"不知深矣,知之浅矣;弗知内矣,知之外矣。"

于是泰清中而叹曰:"弗知乃知乎! 知乃不知乎! 孰知不知之知?"

无始曰:"道不可闻,闻而非也;<u>道不可见,见而非也;道不可言,言而非也。知形形之不形乎! 道不当名。</u>"

无始曰:"有问道而应之者,不知道也。虽问道者,亦未闻道。道无问,问无应。无问问之,是问穷也;无应应之,是无内也。以无内待问穷,若是者,外不观乎宇宙,内不知乎大初。是以不过乎昆仑,不游乎太虚。"①

其三为:

颜渊问乎仲尼曰:"回尝闻诸夫子曰:'无有所将,无有所迎。'回敢问其游。"

仲尼曰:"古之人,外化而内不化,今之人,内化而外不化。与物化者,一不化者也。安化安不化,安与之相靡,必与之莫多。狶韦氏之囿,黄帝之圃,有虞氏之宫,汤武之室。君子之人,若儒墨者师,故以是非相齑也,而况今之人乎! 圣人处物不伤物。不伤物者,物亦不能伤也。唯无所伤者,为能与人相将迎。山林与,皋壤与! 使我欣欣然而乐与! 乐未毕也,哀又继之。哀乐之来,吾不能御,其去弗能止。悲夫,世人直为物逆旅耳! 夫知遇而不知所不遇,知能能而不能所不能。无知无能者,固人之所不免也。夫务免乎人之所不免者,岂不亦悲哉! <u>至言去言,至为去为。</u>齐知之所知,则浅矣。"②

[4]白居易之反唇,如《管锥编·老子王弼注》第三则论《老子》第二章中

---

①　陈鼓应注译:《庄子今注今译》,中华书局 1983 年版,第 619—620 页。

②　陈鼓应注译:《庄子今注今译》,中华书局 1983 年版,第 627—628 页。

所言:

白居易《读〈老子〉》云:“言者不知知者默,此语吾闻于老君;若道老君是知者,缘何自著《五千文》?”①

【增订四】白居易又有《赠苏錬师》:“犹嫌庄子多词句,只读《逍遥》六七篇”,可与其《读〈老子〉》参观。②

但是,第二则论《老子》第一章,似无提及白居易。

[5]《吕氏春秋》审应览第六“精谕”曰:

圣人相谕不待言,有先言言者也。海上之人有好蜻者,每居海上,从蜻游,蜻之至者百数而不止,前后左右尽蜻也,终日玩之而不去。其父告之曰:“闻蜻皆从女居,取而来,吾将玩之。”明日之海上,而蜻无至者矣。

胜书说周公旦曰:“延小人众,徐言则不闻,疾言则人知之。徐言乎?疾言乎?”周公旦曰:“徐言。”胜书曰:“有事于此,而精言之而不明,勿言之而不成。精言乎?勿言乎?”周公旦曰:“勿言。”故胜书能以不言说,而周公旦能以不言听。此之谓不言之听。不言之谋,不闻之事,殷虽恶周,不能疵矣。口嗜不言,以精相告,纣虽多心,弗能知矣。目视于无形,耳听于无声,商闻虽众,弗能窥矣。同恶同好,志皆有欲,虽为天子,弗能离矣。

孔子见温伯雪子,不言而出。子贡曰:“夫子之欲见温伯雪子好矣,今也见之而不言,其故何也?”孔子曰:“若夫人者,目击而道存矣,不可以容声矣。”故未见其人而知其志,见其人而心与志皆见,天符同也。圣人之相知,岂待言哉?

白公问于孔子曰:“人可与微言乎?”孔子不应。白公曰:“若以石投水奚若?”孔子曰:“没人能取之。”白公曰:“若以水投水奚若?”孔子曰:“淄、渑之合者,易牙尝而知之。”白公曰:“然则人不可与微言乎?”孔子曰:“胡为不可?唯知言之谓者为可耳。”白公弗得也。知谓则不以言矣。言者,谓之属也。求鱼者濡,争兽者趋,非乐之也。故至言去言,至为无为。浅智者之所争则末矣,

---

① 钱锺书:《管锥编》,三联书店 2007 年版,第 644 页。

② 钱锺书:《管锥编》,三联书店 2007 年版,第 644 页。

此白公之所以死于法室。①

[6]《淮南子·道应训》言：

太清问于无穷曰："子知道乎？"无穷曰："吾弗知也。"又问于无为曰："子知道乎？"无为曰："吾知道。""子之知道，亦有数乎？"无为曰："吾知道有数。"曰："其数奈何？"无为曰："吾知道之可以弱，可以强；可以柔，可以刚；可以阴，可以阳；可以窈，可以明；可以包裹天地，可以应待无方。此吾所以知道之数也。"太清又问于无始曰："向者，吾问道于无穷，无穷曰：'吾弗知之。'又问于无为，无为曰：'吾知道。'曰：'子之知道亦有数乎？'无为曰：'吾知道有数。'曰：'其数奈何？'无为曰：'吾知道之可以弱，可以强；可以柔，可以刚；可以阴，可以阳；可以窈，可以明；可以包裹天地，可以应待无方，吾所以知道之数也。'若是，则无为知与无穷之弗知，孰是孰非？"无始曰："弗知之深，而知之浅。弗知内，而知之外。弗知精，而知之粗。"太清仰而叹曰："然则不知乃知邪？知乃不知邪？孰知知之为弗知，弗知之为知邪？"无始曰："道不可闻，闻而非也。道不可见，见而非也。道不可言，言而非也。孰知形之不形者乎！"故老子曰："天下皆知善之为善，斯不善也。"故"知者不言，言者不知"也。②

[7]《列子·说符》言：

白公问孔子曰："人可与微言乎？"孔子不应。白公问曰："若以石投水，何如？"孔子曰："吴之善没者能取之。"曰："若以水投水，何如？"孔子曰："淄、渑之合，易牙尝而知之。"白公曰："人固不可与微言乎？"孔子曰："何为不可？唯知言之谓者乎！夫知言之谓者，不以言言也。争鱼者孺，逐兽者趋，非乐之也。故至言去言，至为无为。夫浅知之所争者未矣。"白公不得已，遂死于浴室。③

[8]此处，钱锺书指出《吕氏春秋·精谕》虽用了庄子之语，然《吕氏春秋》所言，实际上是指识人之术，与庄子所言，外表相同，内里则异。

[9]《战国策·赵策》一"知伯从韩魏兵以攻赵"曰：

知伯从韩、魏兵以攻赵，围晋阳而水之，城下不沉者三板。郗疵谓知伯曰：

---

① 许维遹：《吕氏春秋集释》（上、下），中华书局2009年版，第481—484页。
② 许维遹：《吕氏春秋集释》（上、下），中华书局2009年版，第378—379页。
③ [清]郭庆藩撰，王孝鱼点校：《列子集释》，中华书局1981年版，第249—250页。

"韩、魏之君必反矣。"知伯曰："何以知之？"郗疵曰："以其人事知之。夫从韩、魏之兵而攻赵，赵亡，难必及韩、魏矣。今约胜赵而三分其地。今城不没者三板，白灶生蛙，人马相食，城降有日，而韩魏之君无熹志而有忧色，是非反如何也？"

明日，知伯以告韩、魏之君曰："郗疵言君之且反也。"韩、魏之君曰："夫胜赵而三分其地，城今且将拔矣。夫三家虽愚，不弃美利于前，背信盟之约，而为危难不可成之事，其势可见也。是疵为赵计矣，使君疑二主之心，而解于攻赵也。今君听谗臣之言，而离二主之交，为君惜之。"趋而出。郗疵谓知伯曰："君又何以疵言告韩、魏之君为？"知伯曰："子安知之？"对曰："韩、魏之君视疵端而趋疾。"

郗疵知其言之不听，请使于齐，知伯遣之。韩、魏之君果反矣。①

[10]《孟子·尽心章句上》：

孟子曰："广土众民，君子欲之，所乐不存焉；中天下而立，定四海之民，君子乐之，所性不存焉。君子所性，虽大行不加焉，虽穷居不损焉，分定故也。君子所性，仁义礼智根于心，其生色也睟然，见于面，盎于背，施于四体，四体不言而喻。"②

[11]据《四库全书》两宋名贤小集卷二百九十八载：

胡仲参，字希道，清源人，负才游京师，所与交俱一时知名士。嘉定间赴试不售，浪迹数年，终寒遇合，乃寄情山水以自放。有《竹庄小稿》一卷。③

可见，胡仲参只有《竹庄小稿》，而非《竹窗小稿》，之中有"秋意"诗，而非"秋思"，其诗曰：

梧叶飘残客梦惊，拥衾危坐到天明。片心除是眉头识，万感都从念脚生。江上鲈肥销旅况，楼前雁过带边声。挑灯无语闲商略，谋国谋家底计成。④

---

① ［汉］刘向集录：《战国策》，上海古籍出版社1998年版，第585—586页。
② 杨伯峻译注：《孟子译注》，中华书局2008年版，第241页。
③ ［宋］胡仲参：《影印文渊阁四库全书·集部·总集类·两宋名贤小集3》（第1364册），台湾商务印书馆1983年版，第380页。
④ ［宋］胡仲参：《影印文渊阁四库全书·集部·总集类·两宋名贤小集3》（第1364册），台湾商务印书馆1983年版，第385页。

胡仲参诗,有巧致,如"端午":

千年流水去滔滔,此日人来吊汨罗。江上画船无买处,闭门风雨读离骚。①

又如"听雨":

听尽灯前细雨声,声声总是别离情。何时断得闲烦恼,一任芭蕉滴到明。②

[12]《三国志》卷六十吴书十五"贺全吕周钟离传第十五"之"周鲂传"载:

"周鲂字子鱼,吴郡阳羡人也。少好学,举孝廉,为宁国长,转在怀安。钱唐大帅彭式等蚁聚为寇,以鲂为钱唐侯相,旬月之间,斩式首及其支党,迁丹杨西部都尉。黄武中,鄱阳大帅彭绮作乱,攻没属城,乃以鲂为鄱阳太守,与胡综勠力攻讨,遂生禽绮,送诣武昌,加昭义校尉。被命密求山中旧族名帅为北敌所闻知者,令谲挑魏大司马扬州牧曹休。鲂答,恐民帅小丑不足仗任,事或漏泄,不能致休,乞遣亲人赍笺七条以诱休。"③

其中第四条为:

所遣董岑、邵南少长家门,亲之信之,有如儿子,是以特令赍笺,托叛为辞,目语心计,不宣唇齿,骨肉至亲,无有知者。又已敕之,到州当言往降,欲北叛来者得传之也。鲂建此计,任之于天,若其济也,则有生全之福;邂逅泄漏,则受夷灭之祸。常中夜仰天,告誓星辰。精诚之微,岂能上感,然事急孤穷,惟天是诉耳。遣使之日,载生载死,形存气亡,魄爽怳惚。私恐使君未深保明,岑、南二人可留其一,以为后信。一赍教还,教还故当言悔叛还首。东主有常科,悔叛还者,皆自原罪。如是彼此俱塞,永无端原。县命西望,涕笔俱下。④

[13]此处,钱锺书以"能交谈之静默"之语,来形容不需言语而可传情达

---

① [宋]胡仲参:《影印文渊阁四库全书·集部·总集类·两宋名贤小集3》(第1364册),台湾商务印书馆1983年版,第381页。

② [宋]胡仲参:《影印文渊阁四库全书·集部·总集类·两宋名贤小集3》(第1364册),台湾商务印书馆1983年版,第382页。

③ [晋]陈寿撰,[宋]裴松之注:《三国志》,中华书局2000年版,第1023—1024页。

④ [晋]陈寿撰,[宋]裴松之注:《三国志》,中华书局2000年版,第1025页。

意,至为妥帖。

[14]参阅前注【10】。

[15]《管子》"枢言第十二":

爱人甚而不能利也,憎人甚而不能害也,故先王贵当贵周。周者,不出于口,不见于色,一龙一蛇,一日五化之谓周。故先王不以一过二。先王不独举,不擅功。①

[16]《吕氏春秋》所言,可参阅前注【5】。

[17]《礼记·曲礼上》有曰:

为人子者,居不主奥,坐不中席,行不中道,立不中门,食飨不为概,祭祀不为尸,听于无声,视于无形,不登高,不临深,不苟訾,不苟笑。②

[18]此处,钱锺书所言,宋儒以"先意承志"释之,似可从朱熹那里找到理据。《朱子语类》卷第十七"大学四或问上"之"此篇所谓在明明德一段"的讨论中:

仁甫问:"以其义理精微之极,有不可得而名者,故姑以至善目之。"曰:"此是程先生说。至善,便如今人说极是。且如说孝:孟子说'博弈好饮酒,不顾父母之养',此是不孝。到得会奉养其亲,也似煞强得这个,又须着如曾子之养志,而后为能养。这又似好了,又当如所谓'先意承志,谕父母于道,不遗父母恶名',使国人称愿道'幸哉有子如此',方好。"又云:"孝莫大于尊亲,其次能养。直是到这里,方唤做极是处,方唤做至善处。"③

在《礼记·祭义》中,便载有曾子说此者:

曾子曰:"孝有三:大孝尊亲,其次弗辱,其下能养。"公明仪问于曾子曰:"夫子可以为孝乎?"曾子曰:"是何言与?是何言与?君子之所为孝者,先意承志,谕父母于道。参直养者也,安能为孝乎?"

---

① 黎翔凤、梁连华:《管子校注》,中华书局2004年版,第245页。

② [清]阮元校刻:《十三经注疏·礼记正义》(清嘉庆刊本),中华书局2009年版,第2669页。

③ [宋]朱熹:《朱子全书·朱子语类》,上海古籍出版社、安徽教育出版社2010年版,第579—580页。

而在上引朱子问答中,仁甫之问,倒有"不可得而名者",即不可说之"精微义理",以"至善"目之,朱熹亦举"孝"以答此问,顺及"先意承志",比喻能领会父母心意,并顺承之,可以目为朱熹对"先意承志"的解释之例,与《吕氏春秋》审应览第六"精谕"中"先言言",正含义相同。

[19]此处钱锺书所言之《天道》,即《庄子·天道》,之中有言:

世之所贵道者书也,书不过语,语有贵也。语之所贵者意也,意有所随。意之所随者,不可言传也,而世因贵言传书。世虽贵之,我犹不足贵也,为其贵非其贵也。<u>故视而可见者,形与色也;听而可闻者,名与声也。悲夫,世人以形色名声为足以得彼之情! 夫形色名声果不足以得彼之情,则知者不言,言者不知,而世岂识之哉?</u>①

恋人之眼色、手势之类的"静默的交谈",均需要借助外在迹象,如"形"与"色"等,而"说",属"可言而不必言"的范畴,而老子之言,则是"欲言而不能言"。

[20]钱锺书此处区分的"可言而不必言"与"欲言而不能言",是对经典的极细腻的阅读,这是读经典应该有的思维,是对经典的深层体认。

[21]《华严经疏钞悬谈》文献较难获取,暂缺。

[22]《维摩诘经》"弟子品第三"指出:

佛告摩诃迦旃延:"汝行诣维摩诘问疾。"迦旃延白佛言:"世尊! 我不堪任诣彼问疾。所以者何? 忆念昔者,佛为诸比丘略说法要,我即于后敷演其义,谓无常义、苦义、空义、无我义、寂灭义。时维摩诘来谓我言:'唯,迦旃延! 无以<u>生灭心行</u>,说实相法。迦旃延! 诸法毕竟不生不灭,是无常义;五受阴洞达空无所起,是苦义;诸法究竟无所有,是空义;于我无我而不二,是无我义;法本不然,今则无灭,是寂灭义。'说是法时,彼诸比丘心得解脱。故我不任诣彼问疾。"②

《维摩诘经》"见阿閦佛品第一二"指出:

---

① 陈鼓应注译:《庄子今注今译》,中华书局1983年版,第385页。
② 赖永海、高永旺译注:《维摩诘经》,中华书局2010年版,第48页。

尔尔时,世尊问维摩诘:"汝欲见如来,为以何等观如来乎?"

维摩诘言:"如自观身实相,观佛亦然。我观如来:前际不来,后际不去,今则不住。不观色,不观色如,不观色性;不观受、想、行、识,不观识如,不观识性;非四大起,同于虚空;六入无积,眼耳鼻舌身心已过;不在三界,三垢已离;顺三脱门,具足三明,与无明等;不一相,不异相;不自相,不他相;非无相,非取相;不此岸,不彼岸,不中流,而化众生;观于寂灭,亦不永灭。不此不彼;不以此,不以彼。不可以智知,不可以识识;无晦无明;无名无相;无强无弱;非净非秽;不在方,不离方;非有为,非无为;无示无说;不施不悭;不戒不犯;不忍不恚;不进不怠;不定不乱;不智不愚;不诚不欺;不来不去;不出不入;<u>一切言语道断</u>;非福田,非不福田;非应供养,非不应供养;非取非舍;非有相,非无相;同真际,等法性;不可称,不可量,过诸称量。非大非小;非见非闻,非觉非知,离众结缚;等诸智,同众生,于诸法无分别;一切无失,无浊无恼,无作无起,无生无灭,无畏无忧,无喜无厌;无已有,无当有,无今有;不可以一切言说分别显示。世尊,如来身为若此,作如是观。以斯观者,名为正观;若他观者,名为邪观。"①

在《维摩诘经》"弟子品第三"、"见阿閦佛品第一二"中,并无"心行处灭,言语道断"的直接表述。

[23]《中论》为龙树菩萨所撰,后秦鸠摩罗什译,计4卷,又称《中观论》或《正观论》,与《百论》、《十二门论》合为三论宗的"三论"。其主要内容为阐发"八不缘起"和"实相涅槃",以及诸法皆空义理的大乘中观学说。

《中论》第十六为"观缚解品",第十八才为"观法品",其文曰:

问曰。若诸法尽毕竟空无生无灭是名诸法实相者,云何入?答曰:灭我我所著故得一切法空无我慧名为入。

问曰:云何知诸法无我?答曰:"若我是五阴。我即为生灭。若我异五阴,则非五阴相。若无有我者。何得有我所。灭我我所故,名得无我智。得无我智者,是则名实观。得无我智者。是人为希有。内外我我所。尽灭无有故。

---

① 赖永海、高永旺译注:《维摩诘经》,中华书局 2010 年版,第 182—183 页。

诸受即为灭。受灭则身灭。业烦恼灭故。名之为解脱。业烦恼非实。入空戏论灭。诸佛或说我。或说于无我。诸法实相中。无我无非我。诸法实相者。心行言语断。无生亦无灭。寂灭如涅槃。一切实非实。亦实亦非实。非实非非实。是名诸佛法。自知不随他。寂灭无戏论。无异无分别。是则名实相。若法从缘生。不即不异因。是故名实相。不断亦不常。不一亦不异。不常亦不断。是名诸世尊。教化甘露味。若佛不出世。佛法已灭尽。诸辟支佛智。从于远离生。①

[24]《大智度论·释天主品》卷第五十四"释天王品第二十七"有曰：

〔论〕问曰：诸夜叉语虽隐覆不正，而事则鄙近；说深般若波罗蜜，虽用常辞，而幽旨玄远，事异趣乖，何以相况？答曰：诸天适以人所不解，况己未悟，不必事趣皆同以为喻也。有人言：天帝九百九十九门，门皆以六青衣夜叉守之。此诸夜叉，语言浮伪，情趣妖诌，诸天贱之，不以在意，是故不解其言；而其意况，可不须言辩而识之，故言尚可了知。今闻深般若，言似可及，而玄旨幽邃，寻之虽深而失之逾远，故以夜叉言况其巨知。又以夜叉语虽难解，眼见相，传其言，度其心，则皆可知，譬如深渊驶水，得船可度。须菩提所说般若波罗蜜，毕竟空义，无有定相，不可取，不可传译得悟；不得言有，不得言无，不得言有无，不得言非有非无，非非非非无亦无，一切心行处灭，言语道断故，是故诸天子惊疑迷闷。须菩提答诸天子：汝所不解者，法自应尔！是法无所说，乃至不说一字可著可取，无字无语，是诸佛道。何以故？名字皆空，虚诳无实，如破色名字中说。用名字则有语言，若无名字，则无语言。诸天子作是念：若无说、若无听，今日和合聚会，为何所作？须菩提欲解此义故，以譬喻明之。诸天子复作是念：欲以譬喻解悟我等，而此譬喻转更深妙。譬喻以粗喻细，以定事明不定，今此譬喻亦微妙无定相。须菩提知诸天子心，于深般若中迷没不能自出，是故说般若波罗蜜不异五众，五众实相即是般若波罗蜜。今是五众非深非妙，乃至一切种智非深非妙。诸天子尔时深知须菩提口虽说色，心无所说，乃至阿耨多罗三藐三菩提亦如是。须菩提知诸天子心，答言：如是！如是！非我

---

① （印）龙树菩萨：《中论·十二门论》，释迦佛印经会刊印2007年版，第33—34页。

独尔,佛得菩提时亦无说,寂灭相实无说者、听者。是故须陀洹果,乃至佛道,皆因无为法而有,离是法得是忍,则无须陀洹,乃至佛道亦如是。菩萨初发心乃至得佛,于其中间,一切法无说、无闻。诸观灭故、语言断故不可说,不可说故不可听,不可听故不可知,不可知故于一切法无受无着,则入涅槃。①

[25]《肇论·涅槃无名论》九折十演者"开宗第一"有曰:

无名曰:经称有余涅槃、无余涅槃者,秦言无为,亦名灭度。无为者,取乎虚无寂寞,妙绝于有为。灭度者,言其大患永灭,超度四流。斯盖是镜像之所归,绝称之幽宅也。而曰有余、无余者,良是出处之异号,应物之假名耳。

余尝试言之:夫涅槃之为道也,寂寥虚旷,不可以形名得;微妙无相,不可以有心知。超群有以幽升,量太虚而永久。随之弗得其踪,迎之罔眺其首,六趣不能摄其生,力负无以化其体。潢漭惚恍,若存若往。五目不睹其容,二听不闻其响。冥冥窅窅,谁见谁晓? 弥纶靡所不在,而独曳于有无之表。然则言之者失其真,知之者反其愚,有之者乖其性,无之者伤其躯。所以释迦掩室于摩竭,净名杜口于毗耶,须菩提唱无说以显道,释梵绝听而雨华。斯皆理为神御,故口以之而默。岂曰无辩。辩所不能言也。

经云:真解脱者,离于言数,寂灭永安,无始无终,不晦不明,不寒不暑,湛若虚空,无名无说。论曰:涅槃非有,亦复非无,言语道断。心行处灭。寻夫经论之作,岂虚构哉。果有其所以不有,故不可得而有;有其所以不无,故不可得而无耳。

何者? 本之有境,则五阴永灭;推之无乡,而幽灵不竭。幽灵不竭,则抱一湛然;五阴永灭,则万累都捐。万累都捐,故与道通洞;抱一湛然,故神而无功。神而无功,故至功常存;与道通洞,故冲而不改。冲而不改,故不可为有;至功常存,故不可为无。然则有无绝于内,称谓沦于外,视听之所不暨,四空之所昏昧。恬焉而夷,怕焉而泰,九流于是乎交归,众圣于是乎冥会。斯乃希夷之境,太玄之乡,而欲以有无题牓,标其方域,而语其神道者,不亦邈哉。②

---

① (印)龙树菩萨著,[晋]鸠摩罗什译,弘学校勘:《大智度论校勘》,社会科学文献出版社2014年版,第704—705页。

② [东晋]僧肇著,张春波校释:《肇论校释》,中华书局2010年版,第180—181页。

[26]《法华玄义》卷一〇上有言：

四宗既尔。五宗六宗约四开立。皆难信用也。次难有相无相大乘教者。相无相不应单说。何者。本约真论俗还约俗论真。一切智人以无为法而有差别。华严虽论十地何曾不约法身。楞伽思益。虽复论空何曾不说无生忍。若纯用有相有相则无体。教何所诠亦不得道。若纯用无相。无相真寂绝言离相。言语道断心行处灭。则非复是教云何可说。若言是教教即是相。何谓无相。大品须菩提问云。若诸法毕竟无所有。云何说有一地乃至十地。佛答云。以诸法毕竟无所有故。则有菩萨初地至十地。若诸法有决定性者。则无一地乃至十地。故知二种大乘别说乘经（云云）。

[27]《法华文句记》，唐天台沙门湛然（公元711年—公元782年）述，为天台宗之基本典籍，将《法华经》分为更细的科段，并将智顗所作《法华文句》中的不明之意阐述清楚。

《法华文句记》第二十六卷"释安乐行品"曰：

次中道下合也。但有名字即性空。名字亦无即相空。此即所得二空观体。无所有下出二空相。无所有。即性空相。一切言语道断。即绝言思为相空相。性空中云无自等者。应约真妄互论自他及以共等。今真如理正当无因。而云无无因者。无彼外人无因故也。具足二空故不生不出。出者退也。今是观行三不退也。言惑智等不生者。

[28]《维摩诘经》"入不二法门品第九"：

于是，文殊师利问维摩诘："我等各自说已，仁者当说，何等是菩萨入不二法门？"

时，维摩诘默然无言。文殊师利叹曰：'善哉！善哉！乃至无有文字语言，是真入不二法门。'

说是入不二法门品时，于此众中五千菩萨，皆入不二法门，得无生法忍。①

[29]《世说新语·文学》：

支道林造即色论，论成，示王中郎，中郎都无言。支曰："默而识之乎？"王

---

① 赖永海、高永旺译注：《维摩诘经》，中华书局2010年版，第154页。

曰："既无文殊,谁能见赏?"①

[30]《文选》卷五十九"碑文下"之《头陀寺碑》的第一段为:

盖闻挹朝夕之池者,无以测其浅深;仰苍苍之色者,不足知其远近。况视听之外,若存若亡;心行之表,不生不灭者哉!是以掩室摩竭,用启息言之津;杜口毗邪,以通得意之路。然语彝伦者,必求宗于九畴;谈阴阳者,亦研几于六位。是故三才既辨,识妙物之功;万象已陈,悟太极之致。言之不可以已,其在兹乎!然爻系所筌,穷于此域;则称谓所绝,形乎彼岸矣。彼岸者引之于有,则高谢四流;推之于无,则俯弘六度。名言不得其性相,随迎不见其终始。不可以学地知,不可以意生及,其涅槃之蕴也。②

[31]"圣默然"见本书第二则钱锺书阐释老子第一章引《法华玄义》句。

《五灯会元》卷四赵州从谂说僧璨《信心铭》可参见本书第三则钱锺书阐释老子第二章之引文。此处均不再赘引。

[32]卷第二十九送僧二十四首之一的"赠别君素上人诗(并引)":

曩予习礼之《中庸》,至"不勉而中,不思而得",憬然知圣人之德,学以至于无学。然而斯言也,犹示行者以室庐之奥耳,求其径术而布武,未易得也。晚读佛书,见大雄念佛之普,级宝山而梯之,高揭慧火,巧镕恶见;广疏便门,旁束邪径,其所证入,如舟沿川,未始念于前而日远矣,夫何勉而思之耶?是余知奥于《中庸》,启键关于内典,会而归之,犹初心也。不知予者诮予困而后援佛,谓道有二焉。夫悟不因人,在心而已。其证也,犹喑人之享太牢,信知其味而不能形于言以闻于耳也。口耳之间兼寸耳,尚不可使闻。它人之不吾知,宜矣。开士君素,偶得余于所亲,一麻栖草,千里来访。素以道眼视予,予以所视视之。不由陛级,携手智地。居数日,告有得而行,乃为诗以见志云。

穷巷唯秋草,高僧独扣门。相欢如旧识,问法到无言。水为风浪生,珠非尘可昏。悟来皆是道,此别不销魂。③

[33]《五灯会元》卷一六"慧林怀深禅师":

---

① 徐震堮:《世说新语校笺》,中华书局 1984 年版,第 121 页。

② [梁]萧统编,[唐]李善注:《文选》,岳麓书社 2002 年版,第 1752 页。

③ [唐]刘禹锡撰:《刘禹锡集》,中华书局 1990 年版,第 389—390 页。

东京慧林怀深慈受禅师,寿春府夏氏子。生而祥光现舍,文殊坚禅师遥见,疑火也。诘旦,知师始生,往访之。师见坚辄笑,母许出家。十四割爱冠祝发。后四年,访道方外,依净照于嘉禾资圣。照举良遂见麻谷因缘,问曰:"如何是良遂知处?"师即洞明。出住资福,屡满户外。蒋山佛鉴勤禅师行化至,茶退,师引巡寮,至千人街坊,鉴问:"既是千人街坊,为甚么祇有一人?"师曰:"多虚不如少实。"鉴曰:"恁么那!"师赧然。偶朝廷以资福为神霄宫,因弃往蒋山,留西庵陈请益。鉴曰:"资福知是般事便休。"师曰:"某实未稳,望和尚不外。"鉴举倩女离魂话,反覆穷之,大豁疑碍。呈偈曰:"只是旧时行履处,等闲举著便淆讹。夜来一阵狂风起,吹落桃花知几多。"鉴拊几曰:"这底岂不是活祖师意?"未几,被旨住焦山。僧问:"如何是佛?"师曰:"面黄不是真金贴。"曰:"如何是佛向上事?"师曰:"一箭一莲华。"僧作礼,师弹指三下。<u>问:"知有道不得时如何?"师曰:"哑子吃蜜。"</u>曰:"道得不知有时如何?"师曰:"鹦鹉唤人。"僧礼拜,师叱曰:"这传语汉!"问:"甚么人不被无常吞?"师曰:"祇恐他无下口处。"曰:"恁么则一念通玄箭,三尸鬼失奸也。"师曰:"汝有一念,定被他吞了。"曰:"无一念时如何?"师曰:"捉着阇黎。"上堂:"古者道,忍忍! 三世如来从此尽。饶饶! 万祸千殃从此消。默默! 无上菩提从此得。"师曰:"会得此三种语了,好个不快活汉! 山僧只是得人一牛,还人一马。泼水相唾,插觜厮骂。"卓拄杖曰:"平出! 平出!"上堂:"云自何山起,风从甚涧生? 好个人头处,官路少人行。"上堂:"不是境,亦非心,唤作佛时也陆沉。个中本自无阶级,切忌无阶级处寻。总不寻,过犹深。打破云门饭袋子,方知赤土是黄金。咄!"①

[34]《文子·微明》有言:

老子(文子)曰:仁者,人之所慕也;义者,人之所高也。为人所慕,为人所高,或身死国亡者,不周于时也,故知仁义而不知世权者,不达于道也。五帝贵德,三王用义,五伯任力,今取帝王之道,施五伯之世,非其道也。故善否同,非誉在俗;趋行等,逆顺在时。知天之所为,知人之所行,即有以经于世矣;知天而不知人,即无以与俗交;知人而不知天,即无以与道游。直志适情,即坚强贼

---

①　[宋]普济著,苏渊雷点校:《五灯会元》,中华书局1984年版,第1088—1089页。

之;以身役物,即阴阳食之。得道之人,外化而内不化。外化,所以知人也;内不化,所以全身也。故内有一定之操,而外能屈伸,与物推移,万举而不陷,所贵乎道者,贵其龙变也。守一节,推一行,虽以成满犹不易,拘于小好而塞于大道。道者,寂寞以虚无,非有为于物也,不以有为于己也,是故,举事而顺道者,非道者之所为也,道之所施也。天地之所覆载,日月之所照明,阴阳之所煦,雨露之所润,道德之所扶,皆同一和也。是故,能戴大圆者覆大方,镜太清者眎大明,立太平者处大堂,能游于冥冥者,与日月同光,无形而生于有形。是故,真人托期于灵台,而归居于物之初,眎于冥冥,听于无声。<u>冥冥之中,独有晓焉;寂寞之中,独有照焉。其用之乃不用,不用而后能用之也。其知之乃不知,不知而后能知之也</u>。道者,物之所道也;德者,生之之所扶也;仁者,积恩之证也;义者,比于心而合于众适者也。道灭而德兴,德衰而仁义生,故上世道而不德,中世守德而不怀,下世绳绳,唯恐失仁义。故君子非义无以生,失义则失其所以生;小人非利无以活,失利则失其所以活。故君子惧失义,小人惧失利。观其所惧,祸福异矣。①

[35]《庄子·齐物论》有曰:

齧缺问乎王倪曰:"子知物之所同是乎?"

曰:"吾恶乎知之!"

"子知子之所不知邪?"

曰:"吾恶乎知之!"

"然则物无知邪?"

曰:"吾恶乎知之! 虽然,尝试言之。<u>庸讵知吾所谓知之非不知邪? 庸讵知吾所谓不知之非知邪?</u>且吾尝试问乎汝:民湿寝则腰疾偏死,鳅然乎哉? 木处则惴慄恂惧,猨猴然乎哉? 三者孰知正处? 民食刍豢,麋鹿食荐,蝍蛆甘带,鸱鸦耆鼠,四者孰知正味? 猨猵狙以为雌,麋与鹿交,鳅与鱼游。毛嫱、西施,人之所美也;鱼见之深入,鸟见之高飞,麋鹿见之决骤。四者孰知天下之正色

---

① [周]辛钘撰:《影印文渊阁四库全书·子部·道家类·文子》(第1058册),台湾商务印书馆1983年版,第342—343页。

哉？自我观之,仁义之端,是非之塗,樊然殽乱,吾恶能知其辩!"

齧缺曰:"子不知利害,则至人固不知利害乎?"

王倪曰:"至人神矣! 大泽焚而不能热,河汉沍而不能寒,疾雷破山而不能伤,飘风振海而不能惊。若然者,乘云气,骑日月,而游乎四海之外。死生无变于己,而况利害之端乎!"①

[36]《庄子·人间世》有曰:

颜回曰:"吾无以进矣,敢问其方。"

仲尼曰:"斋,吾将语若! 有心而为之,其易邪? 易之者,暤天不宜。"

颜回曰:"回之家贫,唯不饮酒不茹荤者数月矣。如此,则可以为斋乎?"

曰:"是祭祀之斋,非心斋也。"

回曰:"敢问心斋。"

仲尼曰:"若一志,无听之以耳而听之以心,无听之以心而听之以气! 听止于耳,心止于符。气也者,虚而待物者也。唯道集虚。虚者,心斋也。"

颜回曰:"回之未始得使,实自回也;得使之也,未始有回也;可谓虚乎?"

夫子曰:"尽矣。吾语若! 若能入游其樊而无感其名,入则鸣,不入则止。无门无毒,一宅而寓于不得已,则几矣。"

绝迹易,无行地难。为人使易以伪,为天使难以伪。闻以有翼飞者矣,未闻以无翼飞者也;闻以有知知者矣,未闻以无知知者也。瞻彼阒者,虚室生白,吉祥止止。夫且不止,是之谓坐驰,夫徇耳目内通而外于心知,鬼神将来舍,而况人乎! 是万物之化也,禹舜之所纽也,伏戏几蘧之所行终,而况散焉者乎!②

[37]《庄子·徐无鬼》有曰:

故足之于地也践,虽践,恃其所不蹍而后善博也;人之知也少,虽少,恃其所不知而后知天之所谓也。知大一,知大阴,知大目,知大均,知大方,知大信,知大定,至矣! 大一通之,大阴解之,大目视之,大均缘之,大方体之,大信稽之,大定持之。

---

① 陈鼓应注译:《庄子今注今译》,中华书局 1983 年版,第 89—90 页。
② 陈鼓应注译:《庄子今注今译》,中华书局 1983 年版,第 129—130 页。

尽有天,循有照,冥有枢,始有彼。则其解之也似不解之者,其知之也似不知之也,<u>不知而后知之</u>。其问之也,不可以有崖,而不可以无崖。颉滑有实,古今不代,而不可以亏,则可不谓有大扬攉乎!阖不亦问是已,奚惑然为!以不惑解惑,复于不惑,是尚大不惑。①

[38]《庄子·知北游》有曰:

孔子问于老聃曰:"今日晏闲,敢问至道。"

老聃曰:"汝齐戒,疏瀹而心,澡雪而精神,掊击而知!夫道,窅然难言哉!将为汝言其崖略。

"夫昭昭生于冥冥,有伦生于无形,精神生于道,形本生于精,而万物以形相生,故九窍者胎生,八窍者卵生。其来无迹,其往无崖,无门无房,四达之皇皇也。邀于此者,四肢强,思虑恂达,耳目聪明,其用心不劳,其应物无方。天不得不高,地不得不广,日月不得不行,万物不得不昌,此其道与!

"且夫博之不必知,辩之不必慧,圣人以断之矣!若夫益之而不加益,损之而不加损者,圣人之所保也。渊渊乎其若海,巍巍乎其若山,终则复始也,运量万物而不匮。则君子之道,彼其外与!万物皆往资焉而不匮,此其道与!

"中国有人焉,非阴非阳,处于天地之间,直且为人,将反于宗。自本观之,生者,喑噫物也。虽有寿夭,相去几何?须臾之说也。奚足以为尧、桀之是非!果蓏有理,人伦虽难,所以相齿。圣人遭之而不违,过之而不守。调而应之,德也;偶而应之,道也;帝之所兴,王之所起也。

"人生天地之间,若白驹之过郤,忽然而已。注然勃然,莫不出焉;油然漻然,莫之入焉。已化而生,又化而死,生物哀之,人类悲之。解其天弢,堕其天袠,纷乎宛乎,魂魄将往,乃身从之,乃大归乎!不形之形,形之不形,是人之所同知也,非将至之所务也,此众人之所同论也。彼至则不论,<u>论则不至</u>。明见<u>无值</u>,辩不若默。道不可闻,闻不若塞,此之谓大得。"②

《知北游》:"论则不至,明见无值"(郭象注:"暗至乃值"),

---

① 陈鼓应注译:《庄子今注今译》,中华书局1983年版,第707页。
② 陈鼓应注译:《庄子今注今译》,中华书局1983年版,第607—608页。

[39]《庄子·知北游》有曰：

齧缺问道乎被衣，被衣曰："若正汝形，一汝视，天和将至；摄汝知，一汝度，神将来舍。德将为汝美，道将为汝居，汝瞳焉如新生之犊而无求其故！"

言未卒，齧缺睡寐。被衣大说，行歌而去之，曰："形若槁骸，心若死灰，真其实知，不以故自持，媒媒晦晦，无心而不可与谋。彼何人哉！"①

[40]《庄子·天地》有曰：

夫子曰："夫道，渊乎其居也，漻乎其清也。金石不得，无以鸣。故金石有声，不考不鸣。万物孰能定之！

"夫王德之人，素逝而耻通于事，立之本原而知通于神。故其德广，其心之出，有物采之。故形非道不生，生非德不明。存形穷生，立德明道，非王德者邪！荡荡乎！忽然出，勃然动，而万物从之乎！此谓王德之人。

"视乎冥冥！听乎无声。冥冥之中，独见晓焉；无声之中，独闻和焉。故深之又深而能物焉，神之又神而能精焉。故其与万物接也，至无而供其求，时骋而要其宿；大小、长短、修远。"②

[41]《庄子·在宥》有曰：

黄帝立为天子十九年，令行天下，闻广成子在于空同之山，故往见之，曰："我闻吾子达于至道，敢问至道之精。吾欲取天地之精，以佐五谷，以养民人。吾又欲官阴阳，以遂群生，为之奈何？"

广成子曰："而所欲问者，物之质也；而所欲官者，物之残也。自而治天下，云气不待族而雨，草木不待黄而落，日月之光益以荒矣，而佞人之心翦翦者，又奚足以语至道！"

黄帝退，捐天下，筑特室，席白茅，闲居三月，复往邀之。

广成子南首而卧，黄帝顺下风膝行而进，再拜稽首而问曰："闻吾子达于至道，敢问：治身奈何而可以长久？"广成子蹶然而起，曰："善哉问乎！来，吾语女至道：至道之精，窈窈冥冥；至道之极，昏昏默默。无视无听，抱神以静，形

---

① 陈鼓应注译：《庄子今注今译》，中华书局1983年版，第604页。
② 陈鼓应注译：《庄子今注今译》，中华书局1983年版，第325页。

将自正。必静必清，无劳汝形，无摇汝精，乃可以长生。目无所见，耳无所闻，心无所知，汝神将守形，形乃长生。慎汝内，闭汝外，多知为败。我为汝遂于大明之上矣，至彼至阳之原也；为汝入于窈冥之门矣，至彼至阴之原也。天地有官，阴阳有藏，慎守汝身，物将自壮。我守其一以处其和，故我修身千二百岁矣，吾形未常衰。"

黄帝再拜稽首曰："广成子之谓天矣！"

广成子曰："来！余语汝：彼其物无穷，而人皆以为有终；彼其物无测，而人皆以为有极。得吾道者，上为皇而下为王；失吾道者，上见光而下为土。今夫百昌皆生于土而反于土。故余将去汝，入无穷之门，以游无极之野。吾与日月参光，吾与天地为常。当我，缗乎！远我，昏乎！人其尽死，而我独存乎！"①

[42]《关尹子》第九篇"药"：

曰圣人言蒙蒙，所以使人聋，圣人言冥冥，所以使人盲，圣人言沉沉，所以使人瘖。惟聋则不闻声，惟盲则不见色，惟瘖则不音言。不闻声者不闻道，不闻事，不闻我；不见色者不见道，不见事，不见我；不音言者不言道，不言事，不言我。②

[43]《五灯会元》卷三庞蕴居士，在《管锥编·老子王弼注》第六则阐释《老子》第十一章时已经全引，此处仅引与"眼见如盲，口说如哑"关联较紧密的部分：

因辞药山，山命十禅客相送至门首。士乃指空中雪曰："好雪！片片不落别处。"有全禅客曰："落在甚处？"士遂与一掌。全曰："也不得草草。"士曰："恁么称禅客，阎罗老子未放你在。"全曰："居士作么生？"士又掌曰："眼见如盲，口说如哑。"③

[44]《道德指归论》卷三"天下有始篇"严遵"指归"：

夫道之为物，无形无状，无心无意，不忘不念，无知无识，无首无向，无为无事，虚无澹泊，恍惚清静。其为化也，变于不变，动于不动，反以生复，复以生

---

① 陈鼓应注译：《庄子今注今译》，中华书局1983年版，第304—305页。

② ［周］关尹子：《影印文渊阁四库全书·子部·道家类·关尹子》（第1055册），台湾商务印书馆1983年版，第572页。

③ ［宋］普济著，苏渊雷点校：《五灯会元》，中华书局1984年版，第186页。

反,有以生无,无以生有,反复相因,自然是守。无为为之,万物兴矣;无事事之,万物遂矣。是故,无为者,道之身体而天地之始也。无为微妙,周以密矣;滑淖安静,无不制矣;生息聪明,巧利察矣;通达万方,无不溉矣。故曰:有为之元,万事之母也。圣人得之,与物反矣。故能达道之心,通天之理,生为之元,开事之户,因万方之知,穷众口之辩,尽异端之巧,竭百家之伎。王道人事,与时化转,因之修之,终而复始。变化忽然,通神使鬼,形于无形,事无不理。穷于无穷,极乎无有,以能雕琢,复反其母。既覆又反,为天下本,游于玄冥,终身不殆。故能塞其聪明,闭其天门,关之以舌,键之以心。非时不动,非和不然,国家长久,终身无患。夫何故哉? 不听之闻,与天同聪;不视之见,与天同明;不言之化,与天同德;不为之事,与天同功。所守者要,所然者详,道德之明不蔽,而天地之虑达通。故能响应影随,照物不穷。为福元始,为化祖宗。周流蔓延,沦于大中。身存物顺,天下不勤。故力视损明,力听损聪,疾言阻德,巧伪败功。是故,口以大开,耳目急张,知故并起,万物孳蓄。奋心扬虑,显遂功名,名成功遂,祸至福终。动罹天网,静陷地狭,神明不能佑,造化不能生,庶人殁命,国家以丧。是以圣人,退为之为,去事之事,体道之心,履德之意。统无穷之机,秉自然之要,翔于未元,集于玄妙。聪作未闻,明作未见,萌芽未动,朕圻未判,昭然独睹,无形之变。通于无表,达于无境,毫毛之恶不得生,赫赫之患不得至。为之行之,绝言灭虑,积柔体弱,反于无识。诛暴求寡,与神同化,无敌之不胜,无事之不为。知力不得加,天下不能谋,治人理物,与阴阳配。内用其光而外不违衣食,耕获桑织有余,福积祸消,人给家赡,心不载求,贱不望贵,贫不幸富。纤微尊俭,内外不过,奉上养下,人道尽备。复归其内,神明不耗,盘积固畜,不敢以为。智如江海,与天同虑,绝灭三五,害之以事,填而塞之,使不可识。为瘖为聋,与天地同;为玄为默,与道穷极;去凶离咎,违患废贼;浮德载和,无所不克。故人能入道,道亦入人,我道相入,沦而为一。守静致虚,我为道室。与物俱然,浑沌周密。反初归始,道为我袭。①

---

① [汉]严遵:《影印文渊阁四库全书·子部·道家类·道德指归论》(第1055册),台湾商务印书馆1983年版,第104—105页。

《道德指归论》卷四"知者不言篇"严遵"指归"：

道无常术，德无常方，神无常体，和无常容。视之不能见，听之不能闻。既不可望，又不可扪。故达于道者，独见独闻，独为独存。父不能以授子，臣不能以授君。犹母之识其子，婴儿之识其亲也。夫子母相识，有以自然也。其所以然者，知不能陈也。五味在口，五音在耳，如甘非甘，如苦未苦，如商非商，如羽非羽，而易牙师旷有以别之。其所以别之者，口不能言也。故无状之状，可视而不可见也；无象之象，可効而不可宣也；无为之为，可则而不可陈也；无用之用，可行而不可传也。故得道之人，见之如子之识亲，履之如地，戴之如天。被之服之，体之如身。为之行之，与之浮沉，与之卧起，与之屈伸。神与化游，志与德运。聪明内作，外若聋盲，思虑互起，状若痴狂。故口不能言而意不能明也。譬犹梦为君王，履危临深，忧喜相反，中心独然，觉而道之，不能以喻其邻也。失道之人则不然，见其外不睹其内，识其流不获其源，秉其末不穷其根。然其所以然，不然其所不然。故道在于外不在于身。中主不定，守不固坚，心狐志疑，情与物连。聪明炫耀，以伪为真，若是若非，若亡若存。和气易动，若病在人，阳泄神越，恶默好言。方言之时，心有所虑，志有所思，聪明并外，精神去之。音声内竭，外实有余，道德离散，日日远之。言之益疾而己愈不见，造之益众而己愈不知。是故，言者，逆道之要也，而距德之数也，反天之匠，覆地之具也。是故，得道之士，损聪弃明，不视不听，若无见闻；闭口结舌，若不知言。挫其锐，释其所之，意无所守，廓似无身。解其所思，散其所虑，奄若不知，匿若独存。灭祸无首，反于太素，容貌不异，服色不诡。因循天地，与俗变化，深入大道，与德徘徊。无言以言言，无为以为为，清静以治己，平和以应时。与世浑沌，与俗玄同。要物之本，秉事之根，独与众异，天下莫闻。游于亲疏之户，翔翔利害之门。浮于贵贱之野，固守我之精神。遁隐无形之境，放佚荒荡之乡，贫贱不以为辱，富贵不以为荣。欲隐而隐，欲彰而彰，阴阳不能损益，人主不能蔽明。魁然独立，卓尔无双，声色不能悦，五味不能甘。万物不能与之争，知力不能与之讼。无取无与，无得无去，闭门杜户，绝端灭绪。神明为制，道为中主，动与化邻，静与然交。和顺时得，故能长久，佚能长久，佚荡无常，莫能先后。故好之不能近，恶之不能远，赏与不能加，赋税不能取，爵禄不能高，贫贱不能下。无奈万物何,故万物不能役;无以天下为,故天下不能有也。①

《道德指归论》卷五"万物之奥篇"严遵"指归":

木之生也,末因于条,条因于枝,枝因于茎,茎因于本,本因于根,根因于天地,天地受之于无形。华实生于有气,有气生于四时,四时生于阴阳,阴阳生于天地,天地受于无形。吾是以知:道以无有之形、无状之容,开虚无,导神通,天地和,阴阳宁。调四时,决万方,殊形异类,皆得以成。变化终始,以无为为常。无所爱恶,与物大同。群类应之,各得所行。善人得之,以翕以张。清静柔弱,默默沌沌,仁宛和淖,润泽虚平。大小周密,纤微无形。玄达万事,以归无名。终始反复,万福自生。动得所欲,静失所患。在人之上,威德自明。攻坚胜大,莫与为双。凶人得之,以发以张,坚刚以疏,实动以先。骄溢以壮天,盛满以强极。广修大以无疆,照察察以荧荧,显的的以彰彰。强大终小,不祸自生。动失所欲,静得所伤。心忧志削,乃反正常。神气烦促,趋翕去张,郁约而辞卑,拘制而体降。迫险而宾服,惨怛而忠信,改容而易节,与君子同。罪定而言善,临死而爱身,一奉天数,变性易情。安贫乐困,卑贱为常。尊天敬鬼,视人如王。上比牛马,下列犬羊。天网以发,自然不听。吁嗟痛哉! 为戒甚明。二者殊涂,皆由道行,在前在后,或存或亡。故言行者,治身之狱也;时和先后,大命之所属也。是以君子之立身也,如喑如聋,若朴若质。藏言于心,常处玄默。当言深思,发声若哭。和顺时适,成人之福。应对辞让,直而不饰。故言满天下而不多,振动四海而不速,连接万物而不有,辞动天下各得所欲。其经世也,气志宵冥,而形容隐匿,居如惊恐,貌似不足。倥倥滃滃,消如冰释,遇时而伸,遭世而伏。与天同忧,中心恻恻,计划不行,随时反侧。谦虚止足,卑损自牧,乐下如水,久而不忒。下之又下之,至于无极,天下应之,故能有国。夫何故哉? 人之情性,乐尊宠,恶卑耻。损之而怨,益之而喜。下之而悦,止之而鄙。古今之通道而人心之正理也。贤者既然,小人尤甚。是故尊美言行,事无患矣。古之将民,何弃之有? 桀纣之吏,可令顺信;秦楚之卒,可令顺善。故能得

---

① [汉]严遵:《影印文渊阁四库全书·子部·道家类·道德指归论》(第1055册),台湾商务印书馆1983年版,第110—111页。

其心,天下可有;不得其意,妻妾不使。何以效其然也? 夫爵尊天下,富有四海,威势无量,专权檀柄,人之所畏也。去徒步,离卒伍,鸿举龙兴,起佐天子,发道扬德,施行所有,恩流万姓,光显祖考,人之所利也。以人之所畏,求人之所利,言不美,行不敬,虽执大璧、操珍物而进之,安车驷马而载之,则是贤者之心疑惑下否,玄圣深隐,君子不来。言行修于内,则神气踰于外,无有驷马之劳、宝璧之费,海内之士,响应风起。俊雄英豪,辐至蜂止。圣人之下,朝多君子。古之所以贵此道者,夫何故哉? 言顺天地而不以,行合人心而不恃。名成而不显,功遂而不有。情性自然,不以为取。将以顺道,不以为已。万物归之,为天下宰。①

《道德指归论》卷一"上士闻道篇"严遵"指归":

盛德之人,敦敦悾悾,若似不足,无形无容。简情易性,化为童蒙,无为无事,若痴若聋。身体居一,神明千之,变化不可见,喜欲不可闻,若闭若塞,独与道存。②

《道德指归论》卷六"知不知篇"严遵"指归":

道德之教,自然是也。自然之验,影响是也。凡事有形声,取舍有影响,非独万物而已也。夫形动不生,形而生影,声动不生,声而生响,无不生无而生有,覆不生覆而生反,故道者以无为为治,而知者以多事为扰。婴儿以不知益,高年以多事损。由此观之,愚为智巧之形也,智巧为愚之影也。无为遂事之声也,遂事为无之响也,智巧扰乱之罗也,有为败事之纲也,故万物不可和也,天地不可适也,和之则失和,适之则失适,弗和也而后能和之,弗适也而后能适之。故安世不知危,乱世不知治,若影随形,无所逃之也。不动求响,无所得之也,故知而绝知,不因于知,不知用知,亦不因于知,其所以不因则异矣,而于为不因则一。是故圣人操通达之性,游于玄默之野,处无能之乡,托不知之体,寂若虚空,奄忽如死,心无所图,志无所治,聪明运动,光耀四海,涂民耳目,示以

---

① [汉]严遵:《影印文渊阁四库全书·子部·道家类·道德指归论》(第1055册),台湾商务印书馆1983年版,第119—120页。

② [汉]严遵:《影印文渊阁四库全书·子部·道家类·道德指归论》(第1055册),台湾商务印书馆1983年版,第86页。

无有。庖厨不形,声色不起,知故不生,祸乱息矣。不言而宇内治,无为而天下已,民俯而无放,仰而无效,敦慤中正,各守醇性,惆惆洋洋,皆终天命。死者无谧,生者无号,若此相继,亿万无量。其次情无所乐,性无所喜,心无所安,志无所利,疾不知孝,病不知弟,既不睹仁,又不识义,无有典礼,守其真干,一如麋鹿,一如鸿雁,不在忧喜,亦不离乱,若盲若聋,无所闻见。主无宫室,民无城郭,国无制令,世无耻辱,病故不病,与道相托。①

[45]《老子》第二十章曰:

绝学无忧。唯之与阿,相去几何? 美之与恶,相去若何? 人之所畏,不可不畏。

荒兮,其未央哉!

众人熙熙,如享太牢,如春登台。

我独泊兮,其未兆,如婴儿之未孩;

儽儽兮,若无所归。

众人皆有余,而我独若遗。我愚人之心也哉! 沌沌兮!

俗人昭昭,我独昏昏。

俗人察察,我独闷闷。

澹兮其若海,飂兮若无止。

众人皆有以,而我独顽且鄙。

我独异于人,而贵食母。②

[46]《后西游记》为《西游记》三大续书之一,另两书为《续西游记》、《西游补》。《后西游记》共四十回,第二十四回为"走漏出无心 收回因有主",有曰:

小行者伏在殿外,听了这些话,满心欢喜,慌忙走出来对唐长老说道:"师父不消愁烦,有门路了。"唐长老忙说道:"有甚门路?"小行者道:"他自供说,若要拿他文笔,除非天上星辰;我想,天上星辰惟文昌菩萨梓潼帝君是专管文

<hr>

① [汉]严遵:《影印文渊阁四库全书·子部·道家类·道德指归论》(第1055册),台湾商务印书馆1983年版,第130—131页。

② 陈鼓应:《老子注译及评介》,中华书局1984年版,第137页。

章之事。即去求他，自然有个分晓。"唐长老道："既有这条门路，须快去快来。"小行者分付猪一戒、沙弥陪伴师父，就纵云头直上九霄，来至紫微垣外，北斗高头，自下台、中台，直走到上台，方寻着文昌帝主的宫阙，只见祥云缥缈，甚是辉煌。小行者也无心观景，竟至宫门，高声叫唤。早有天聋、地哑出来问道："你是什么人？在此吆喝！"小行者道："快去通报，说齐天小圣孙履真来拜。"天聋、地哑将小行者看了又看道："我帝君乃文章司命，往来出入皆是文章之士，你这人尖嘴缩腮，头上又秃又稀稀有几根短毛，不僧不俗，又非儒士，怎敢来拜我帝君？不便传报。"小行者道："你这两个残疾人，聋的聋，哑的哑，真不晓事。玉帝家里尚凭我直出直入，何况你家！再不通报，我就直走进去了。"天聋、地哑见他说的话大，没奈何只得进去见帝君禀道："外面有一个楂耳朵雷公嘴的和尚，自称孙小圣，要拜见帝君，不敢不禀。"梓潼帝君道："孙小圣想是孙大圣的子孙了？但他是释教，我是儒宗，两不相干，来拜我做甚？莫非要我替他做疏头化缘？"心下疑疑惑惑，只得叫请进来。小行者见请，就走到殿上与帝君相见。见毕，分宾主坐下。帝君先问道："我闻小圣皈依佛教，身心清净，不事语言文字。今不知有何事垂顾？"小行者道："不瞒帝君说，学生做和尚果是身心清净；只是老帝君既为文章司命，取掌天下文枢，自当片纸只字不轻易假人，怎么妄将文笔轻付匪人？以致颠倒是非，压人致死！老帝君未免也有漏失疏虞之罪了。"帝君听了惊讶道："小圣差矣！小星职司笔墨，所有文字，尽可稽查。现今奎璧皆存，璇玑不失，怎说妄将文笔轻付于人？这文笔何在？匪人为谁？小圣既来说是非，这是非毕竟要个明白。"小行者道："老帝君不要着忙，若没有文笔匪人，我也不来了。老帝君可细细思量，曾将文笔与谁便知道了。"帝君道："小星从不以文笔与人，没处去想。小圣必须说明。"小行者道："定要我说，我就说也不妨。玉架山文明天王这枝笔好不利害！若非老星君与他，再有何人？"帝君道："小圣一发差了！我晓得什么玉架山？又认得什么文明天王？我家的朱衣笔、点额笔、研朱笔、生花笔、天山笔、倚马笔，即相如的题桥笔、张敞的画眉笔，并萧何的刀笔，枝枝皆在。我又有什么笔与人？"小行者道："老帝君不必着急，既有簿记，可叫人细细再查。"帝君道："这些笔日日用的，就查也没有。"小行者道："有与无，再查查看何妨？"帝君只得又叫天聋、地哑去查。天聋、地哑查了半晌,回来复道:"有,是还有一支笔失落在外。"帝君大惊道:"还有何笔失落在外?"天聋、地哑道:"还有枝春秋笔,是帝主未管事之先,就被人窃去。因世情反复,一向用他不着,故因循下来不曾找寻。今日孙小圣所见的,想就是他了。"小行者听了笑说道:"老帝君君斩钉截铁说没有,如何又有了?"帝君甚是没趣,叫天聋、地哑再查,是何人遗下,又是何人窃去。天聋、地哑又去查来,说道:"这支笔是列国时大圣人孔仲尼著春秋之笔,著到鲁昭公十四年西狩时,忽生出一个麒麟来,以为孔仲尼著书之瑞,不期樵夫不识,认做怪物竟打死了。孔仲尼看见,大哭了一场,知道生不遇时,遂将这著春秋之笔,止写了'西狩获麟'一句,就投在地下不著了,故至今传以为孔子春秋之绝笔。不料这麒麟死后,阴魂不散,就托生为文明天王。这枝春秋笔,因孔子投在地下无人收拾,他就窃取了,在西方玉架山大兴文明之教。不知何故得罪孙小圣,今日来查。"帝君就向小行者致谢道:"小星失于检点,多有得罪,但其事在小星受职之前,尚有可原,乞小圣谅之。"小行者道:"这都罢了,只是他如今将这枝文笔压在我师父头上,不能移动;我想,牵牛要牧童,这支文笔我们粗人与他不对,还请老帝君替我去拿。"帝君道:"这不打紧。"遂分付天聋、地哑到斗柄上唤魁星。

[47]《坚瓠八集》卷四有"天聋地哑"条,曰:

文昌帝君从者曰天聋地哑,盖帝君不欲人之聪明尽用,故假聋、哑以寓意。夫天地岂可以聋哑哉! 不聪不明,不能为王;不瞽不聋,不能为公。锺伯敬云:上二句大作用,下二句大受用。①

[原文]

白居易之嘲,庄子固逆料而复自解之。《寓言》:"故曰无言,言无言,终身言,未尝言,终身不言,未尝不言";[1]《徐无鬼》:"丘也闻不言之言矣";[2]

---

① ［清］褚人获撰,《续修四库全书》编纂委员会编:《续修四库全书·子部·小说家类·坚瓠集40卷》(第1261册),上海古籍出版社2002年版,第327页。

《则阳》："其口虽言,其心未尝言。"[3]夫既不言即言,则言亦即不言,《在宥》之"渊默而雷声"即《天运》之"雷声而渊默"[4]。绝肖后世嘲"禅机颠倒倒颠",所谓"这打叫做不打,不打乃叫做打"(真复居士《续西游记》第九〇回,[5]参观张耒《明道杂志》丘浚掴珊禅师事[6]、沈廷松《皇明百家小说》第一一三岠潘游龙《笑禅录》经说有我即是非我节[7]),谑而未为虐矣。《列子·仲尼》称南郭子:"亦无所不言,亦无所不知;亦无所言,亦无所知"[8];祇泯正与反而等之,不综正与反而合之,又齐物和光之惯技也。释氏亦然。《维摩诘所说经·观众生品》第七:"舍利弗默然不答,天曰:'如何耆旧大智而默?'答曰:'解脱者无所言说,故吾是不知所云。'天曰:'言说文字皆解脱相。……是故舍利弗无离文字说解脱也。所以者何?一切诸法是解脱相。……'舍利弗言:'善哉!善哉!'"僧肇注:"未能语默齐致,触物无阂。"[9]《华严经·十通品》第二八:"能于一切离文字法中生出文字,与法与义,随顺无违,虽有言说,而无所著";[10]释澄观《华严经疏钞悬谈》卷一〇:"以无言之言,诠言绝之理",[11]又卷一六:"从初得道,乃至涅槃,不说一句,……即寂寞无言门。……斯皆正说之时,心契法理,即不说耳,明非缄口名不说也。"[12]释宗密《禅源诸诠都序》卷下之一:"药之与病,只在执之与通。先德云:'执则字字疮疣,通则文文妙药'"[13](参观《大乘本生心观经·发菩提心品》第一一[14]、《大智度论·我闻一时释论》第二[15]、《中论·观行品》第一三等[16])。释延寿《宗镜录》卷六〇:"说与不说,性无二故。……《思益经》云:'汝等比丘,当行二事:一、圣说法,二、圣默然。'……故昔人云:'幻人说法幻人听,由来两个总无情;说时无说从君说,听处无听一任听。'"[17]《五灯会元》卷三隐峰章次沩山灵佑曰:"莫道无语,其声如雷";[18]卷七玄沙宗一偈:"有语非关舌,无言切要词"[19],又卷一五云门文偃开堂训众:"若是得底人,道火不能烧口;终日说事,未尝挂着唇齿,未尝道着一字;终日着衣吃饭,未尝触着一粒米、挂一缕丝。"[20]盖彼法之常谈,亦文士之口头禅,如王勃《释迦如来成道记》:"或无说而常说,或不闻而恒闻";[21]王维《谒璇上人》诗《序》:"默语无际,不言言也",[22]又《荐福寺光师房花药诗序》:"故歌之咏之者,吾愈见其默也",[23]又《为干和尚进注〈仁王经〉表》:"以无见之见,不言

之言"；[24]

【增订四】原引王维《进注〈仁王经〉表》，宜增同篇："法离言说；了言说即解脱者，终日可言。法无名相；知名相即真如者，何尝坏相。"[25]

陆游《渭南文集》卷一五《〈普灯录〉序》："盖非文之文、非言之言也。"[26]白居易尝学佛参禅，自作《读禅经》诗解道："言下忘言一时了"，[27]却于《老子》少见多怪，何知二五而不晓一十哉？

［涉典考释与评注］

[1]《庄子·寓言》有言：

卮言日出，和以天倪，因以曼衍，所以穷年。不言则齐，齐与言不齐，言与齐不齐也，故曰言无言。言无言，终身言，未尝言；终身不言，未尝不言。有自也而可，有自也而不可；有自也而然，有自也而不然。恶乎然？然于然。恶乎不然？不然于不然。恶乎可？可于可。恶乎不可？不可于不可。物固有所然，物固有所可，无物不然，无物不可。非卮言日出，和以天倪，孰得其久！万物皆种也，以不同形相禅，始卒若环，莫得其伦，是谓天均。天均者天倪也。①

[2]《庄子·徐无鬼》有言：

仲尼之楚，楚王觞之，孙叔敖执爵而立，市南宜僚受酒而祭，曰："古之人乎！于此言已。"

曰："丘也闻不言之言矣，未之尝言，于此乎言之。市南宜僚弄丸而两家之难解，孙叔敖甘寝秉羽而郢人投兵，丘愿有喙三尺！"

彼之谓不道之道，此之谓不言之辩。故德总乎道之所一。而言休乎知之所不知，至矣。道之所一者，德不能同也；知之所不能知者，辩不能举也；名若儒墨而凶矣。故海不辞东流，大之至也；圣人并包天地，泽及天下，而不知其谁氏。是故生无爵，死无谥，实不聚，名不立，此之谓大人。狗不以善吠为良，人不以善言为贤，而况为大乎！夫为大不足以为大，而况为德乎！夫大莫若天

---

① 陈鼓应注译：《庄子今注今译》，中华书局 1983 年版，第 775 页。

地,然奚求焉而大备矣。知不备者,无求,无失,无弃,不以物易己也。反己而不穷,循古而不摩,大人之诚。①

[3]《庄子·则阳》有言:

孔子之楚,舍于蚁丘之浆。其邻有夫妻臣妾登极者,子路曰:"是稷稷何为者邪?"

仲尼曰:"是圣人仆也。是自埋于民,自藏于畔。其声销,其志无穷,其口虽言,其心未尝言,方且与世违而心不屑与之俱。是陆沉者也,是其市南宜僚邪?"

子路请往召之。

孔子曰:"已矣!彼知丘之著于己也,知丘之适楚也,以丘为必使楚王之召己也,彼且以丘为佞人也。夫若然者,其于佞人也羞闻其言,而况亲见其身乎!而何以为存!"子路往视之,其室虚矣。②

[4]《庄子·在宥》有言:

而且说明邪?是淫于色也;说聪邪?是淫于声也;说仁邪?是乱于德也;说义邪?是悖于理也;说礼邪?是相于技也;说乐邪?是相于淫也;说圣邪?是相与艺也;说知邪?是相于疵也。天下将安其性命之情,之八者,存可也,亡可也;天下将不安其性命之情,之八者,乃始脔卷獊囊而乱天下也。而天下乃始尊之惜之,甚矣天下之惑也!岂直过也而去之邪,乃齐戒以言之,跪坐以进之,鼓歌以儛之,吾若是何哉!

故君子不得已而临莅天下,莫若无为。无为也而后安其性命之情。故贵以身于为天下,则可以托天下;爱以身为天下,则可以寄天下。故君子苟能无解其五藏,无擢其聪明;尸居而龙见,渊默而雷声,神动而天随,从容无为而万物炊累焉。吾又何暇治天下哉!③

《庄子·天运》:

孔子见老聃归,三日不谈。弟子问曰:"夫子见老聃,亦将何规哉?"

---

① 陈鼓应注译:《庄子今注今译》,中华书局1983年版,第692页。
② 陈鼓应注译:《庄子今注今译》,中华书局1983年版,第726页。
③ 陈鼓应注译:《庄子今注今译》,中华书局1983年版,第296页。

孔子曰："吾乃今于是乎见龙！龙，合而成体，散而成章，乘云气而养乎阴阳。予口张而不能噏，予又何规老聃哉！"

子贡曰："然则人固有尸居而龙见，<u>渊默而雷声</u>，发动如天地者乎？赐亦可得而观乎？"遂以孔子声见老聃。①

[5]《续西游记》共一百回，明代无名氏作。鲁迅的《中国小说史略》中引明代董说在《西游补》中所引杂记说："《续西游记》摹拟逼真，失于拘滞，添出比丘灵虚，尤为蛇足也。"

《续西游记》第九〇回"唐三藏沐浴朝王　司端甫含嗔问道"有曰：

妖魔个个听了，齐歇下假担，向老和尚道："长老何处来？请再教诲些奥理。"行者道："我老和尚乃宝林寺差来远探取经唐僧的，往来行人个个都传说真唐僧被妖魔一路来假充，他们欺哄这地方僧尼道俗。如今我寺中住持带领些知奥理僧众要盘问，若是对答不来的，便是假。比如问你可是真唐僧，你道是真的，那住持众僧定指你为假；你若说是假的，那住持众僧方信你是真，更把那假充的来历句句说出，那住持众僧越信你是真实不虚，方才香幡迎接到寺，上奏国王，大设斋供，以礼送过境界。若是装模作样，说是真唐僧取了经文回来，这住持反疑是假，礼貌也疏，迎接也懒，就是到他寺中，斋供也没一点。"妖魔听了各相笑道："<u>原来禅机微妙，颠倒倒颠</u>，须要识得。我们只装了唐僧模样，若不是这老和尚教诲，却不被人识破？"乃向行者道："老和尚，你既说是住持差远深的，必须要回复住持，却去说我们是真还是假？"行者道："如今先问了你，我方去报。且问你挑着经担前来是真孙行者，还是假的？"妖魔道："我是假的。"行者又问："这经担却是何物？"妖魔道："总是假的。"行者道："你这唐长老、沙僧、白马却是什么假变的？"妖魔难开口说出本来狮毛怪，乃答乱应道："却是假变假变。"行者听了，把脸一抹，复了本相，掣下妖魔假担子上禅杖，大喝道："我把你这妖魔如何擅自弄假？把我师徒变幻。坏我名色！褒我经文！"抢起禅杖就打，妖魔见是真行者当前，各执了棍棒，劈空就来奔行者。

[6]北宋张耒所撰《明道杂志》，亦是笔记体之作，记当时之事，亦多论诗

---

①　陈鼓应注译：《庄子今注今译》，中华书局1983年版，第412页。

之语。《明道杂志》丘浚捆珊禅师事为：

> 殿中丞丘浚，多言人也。尝在杭谒珊禅师，珊见之殊傲。俄顷，有州将子弟来谒，珊降阶接礼甚恭，浚不能平。子弟退，乃问珊曰："和尚接浚甚傲，而接州将子弟乃尔恭耶？"珊曰："接是不接，不接是接。"浚勃然起，捆珊数下，乃徐曰："和尚莫怪，打是不打，不打是打。"

［7］沈廷松《皇明百家小说》难于找索，故暂缺。

［8］《列子·仲尼》有曰：

> 子列子既师壶丘子林，友伯昏瞀人，乃居南郭。从之处者，日数而不及。虽然，子列子亦微焉。朝朝相与辩，无不闻。而与南郭子连墙二十年，不相谒请；相遇于道，目若不相见者。门之徒役以为子列子与南郭子有敌不疑。有自楚来者，问子列子曰："先生与南郭子奚敌？"子列子曰："南郭子貌充心虚，耳无闻，目无见，口无言，心无知，形无惕，往将奚为？虽然，试与汝偕往。"阅弟子四十人同行。见南郭子，果若欺魄焉，而不可与接。顾视子列子，形神不相偶，而不可与群。南郭子俄而指子列子之弟子末行者与言，衎衎然若专直而在雄者。子列子之徒骇之。反舍，咸有疑色。子列子曰："得意者无言，进知者亦无言。用无言为言亦言，无知为知亦知。无言与不言，无知与不知，亦言亦知，亦无所不言，亦无所不知；亦无所言，亦无所知。如斯而已，汝奚妄骇哉？"①

［9］《维摩诘经》"观众生品第七"曰：

> 舍利弗言："天止此室，其已久如。"

> 答曰："我止此室，如耆年解脱。"

> 舍利弗言："止此久耶？"

> 天曰："耆年解脱，亦何如久？"

> 舍利弗默然不答。

> 天曰："如何耆旧大智而默？"

> 答曰："解脱者无所言说，故吾于是不知所云。"

---

① ［清］郭庆藩撰，王孝鱼点校：《列子集释》，中华书局1981年版，第123—126页。

天曰："言说文字,皆解脱相,所以者何? 解脱者,不内不外,不在两间,文字亦不内不外,不在两间。是故,舍利弗,无离文字说解脱也。所以者何? 一切诸法是解脱相。"

舍利弗言："不复以离淫怒痴为解脱乎?"

天曰："佛为增上慢人,说离淫怒痴为解脱耳;若无增上慢者,佛说淫怒痴性,即是解脱。"

舍利弗言："善哉! 善哉! 天女,汝何所得? 以何为证? 辩乃如是。"

天曰："我无得无证,故辩如是,所以者何? 若有得有证者,则于佛法为增上慢。"①

[10]《华严经》卷第四十四"十通品第二十八"有曰:

"佛子! 菩萨摩诃萨以一切法智通,知一切法无有名字、无有种性,无来无去,非异非不异,非种种非不种种,非二非不二,无我、无比,不生、不灭,不动、不坏,无实、无虚,一相、无相,非无、非有,非法、非非法,不随于俗、非不随俗,非业、非非业,非报、非非报,非有为、非无为,非第一义、非不第一义,非道、非非道,非出离、非不出离,非量、非无量,非世间、非出世间,非从因生、非不从因生,非决定、非不决定,非成就、非不成就,非出、非不出,非分别、非不分别,非如理、非不如理。此菩萨不取世俗谛,不住第一义,不分别诸法,不建立文字,随顺寂灭性,不舍一切愿,见义知法,兴布法云,降霪法雨。虽知实相不可言说,而以方便无尽辩才,随法、随义次第开演,以于诸法言辞辩说皆得善巧,大慈大悲悉已清净,能于一切离文字法中出生文字,与法、与义随顺无违,为说诸法悉从缘起;虽有言说而无所著,演一切法,辩才无尽,分别安立,开发示导,令诸法性具足明显,断众疑网悉得清净。虽摄众生,不舍真实;于不二法而无退转,常能演说无碍法门,以众妙音,随众生心,普雨法雨而不失时。是名菩萨摩诃萨第九一切法智神通。②

[11]《华严经疏钞悬谈》文献较难获取,暂缺。

---

① 赖永海、高永旺译注:《维摩诘经》,中华书局2010年版,第116页。
② [唐]澄观撰,于德隆点校:《大方广佛华严经疏》,线装书局2016年版,第734—735页。

[12]《华严经疏钞悬谈》文献较难获取,暂缺。

[13]唐代宗密,"既是禅宗荷泽系的第五代传人,又是华严的五祖"。①宗密所撰《禅源诸诠集》,又称《禅藏》,其目的是:"禅源诸诠集者,写录诸家所述,诠表禅门根源道理、文字句偈,集为一藏,以贻后代,故都题此名也。禅是天竺之语,具云禅那,中华翻为思惟修,亦名静虑,皆定慧之通称也。源者,是一切众生本觉真性,亦名佛性,亦名心地。悟之名慧,修之名定,定慧通称为禅那。此性是禅之本源,故云禅源,亦名禅那理行者。此之本源是禅理,忘情契之是禅行,故云理行。然今所集诸家述作,多谈禅理,少谈禅行,故且以禅源题之。"②《禅藏》早佚,今仅存《禅源诸诠集都序》二卷,"原夫佛说顿教、渐教,禅开顿门、渐门,二教二门,各相符契。"③阐述教、禅一致之旨。

《禅源诸诠集都序》卷下之一有曰:

十异历然,二门焕矣。虽分教相,亦勿滞情。三教三宗是一味法,故须先约三种佛教,证三宗禅心,然后禅教双忘,心佛俱寂。俱寂即念念皆佛,无一念而非佛心;双忘即句句皆禅,无一句而非禅教。如此则自然闻泯绝无寄之说,知是破我执情。闻息妄修心之言,知是断我习气。执情破而真性显,即泯绝是显性之宗。习气尽而佛道成,即修心是成佛之行。顿渐空有,既无所乖,荷泽江西秀能岂不相契。若能如是通达,则为他人说无非妙方,闻他人说无非妙药。药之与病,只在执之与通。故先德云:执则字字疮疣,通则文文妙药。通者,了三宗不相违也。④

上引文段,正说明宗密禅、教相通之理。

[14]唐般若所译《大乘本生心地观经》,计八卷,分为序品、报恩品、厌舍

① [唐]宗密撰,邱高兴校释:《禅源诸诠集都序》,中州古籍出版社 2008 年版,"序言"第1 页。

② [唐]宗密撰,邱高兴校释:《禅源诸诠集都序》,中州古籍出版社 2008 年版,"序言"第13 页。

③ [唐]宗密撰,邱高兴校释:《禅源诸诠集都序》,中州古籍出版社 2008 年版,"序言"第17 页。

④ [唐]宗密撰,邱高兴校释:《禅源诸诠集都序》,中州古籍出版社 2008 年版,"序言"第64 页。

品、无垢性品、阿兰若品、离世间品、厌身品、波罗蜜多品、功德庄严品、观心品、发菩提心品、成佛品、嘱累品等十三品，主要内容是佛陀为文殊诸大菩萨开示成佛道之事。

《大乘本生心观经·发菩提心品》第一一有曰：

佛告文殊师利。善男子。诸心法中起众邪见。为欲除断六十二见种种见故。心心所法我说为空。如是诸见无依止故。譬如丛林蒙密茂盛。师子白象虎狼恶兽潜住其中。毒发害人。迥绝行迹。时有智者以火烧林。因林空故诸大恶兽无复遗余。心空见灭亦复如是。又善男子。以何因缘立空义邪。为灭烦恼从妄心生。而说是空。善男子。若执空理为究竟者。空性亦空。执空作病亦应除遣。何以故。若执空义为究竟者。诸法皆空无因无果。路伽邪陀有何差别。善男子。如阿伽陀药能疗诸病。若有病者服之必差。其病既愈药随病除。无病服药药还成病。善男子。本设空药为除有病。执有成病执空亦然。谁有智者服药取病。善男子。若起有见胜起空见。空治有病无药治空。善男子。以是因缘。服于空药除邪见已。自觉悟心能发菩提。此觉悟心即菩提心。无有二相。善男子。自觉悟心有四种义。云何为四。谓诸凡夫有二种心。诸佛菩萨有二种心。善男子。凡夫二心其相云何。一者眼识乃至意识。同缘自境名自悟心。二者离于五根心心所法。和合缘境名自悟心。善男子。如是二心能发菩提。善男子。贤圣二心其相云何。一者观真实理智。二者观一切境智。善男子。如是四种名自悟心。

[15]《大智度论》卷第一"释初品中如是我闻一时"，解释如是、我闻、一时三种概念，如解释"如是"：

问曰：诸佛经何以故初称如是语？ 答曰：佛法大海，信为能入，智为能度。如是者，即是信。若人心中有信清净，是人能入佛法；若无信，是人不能入佛法。不信者言是事不如是，信者言是事如是。譬如牛皮未柔，不可屈折，无信人亦如是。譬如牛皮已柔，随用可作，有信人亦如是。复次，经中说信为手，如人有手，入宝山中，自在能取；若无手，不能有所取。有信人亦如是，入佛法无漏根、力、觉、道、禅定宝山中，自在所取。无信如无手，无手人入宝山中，则不能有所取。无信亦如是，入佛法宝山，都无所得。佛自念言：若人有信，是人能入我大法海中,能得沙门果,不空剃头染衣。若无信,是人不能入我法海中,如枯树不生华实,不得沙门果,虽剃头染衣,读种种经,能难能答,于佛法中空无所得。以是故,如是义在佛法初,善信相故。复次,佛法深远,更有佛乃能知。人有信,虽未作佛,以信力故能入佛法。①

但是,遍检释初品中,似无有与"药之与病,只在执之与通"诸语意义相近之述,不知钱锺书何所本。

[16]《中论·观行品》第一三中,似无此等观点。

[17]《宗镜录》卷六〇(戊申岁分司大藏都监开板《宗镜录》卷第六十一)有曰:

问。心法不可思议。离言自性。云何广兴问答。横剖义宗。答。然理唯一心。事收万法。若不初穷旨趣。何以得至觉原。今时不到之者。皆是谬解粗浮。正信力薄。玄关绵密。岂情识之能通。大旨希夷。非一期之所入。若乃未到如来之地。焉能顿悟众生之心。今因自力未到之人。少为开示。全凭佛语。以印凡心。凭佛语以契同。湛然无际。印凡心而不异。豁尔归宗。又有二义须说。一。若不言说。则不能为他说一切法离言自性。二。即说无说。说与不说。性无二故。又此宗但论见性亲证。非在文诠。为破情尘。助生正信。若随语生见。执解依通。则实语是虚妄。生语见故。若因教照心。唯在得意。则虚妄是实语。除邪执故。起信论云。当知一切诸法。从本已来。非色非心。非智非识。非无非有。毕竟皆是不可说相。所有言说示教之者。皆是如来善巧方便。假以言语。引导众生。令舍文字。入于真实。若随言执义。增妄分别。不生实智。不得涅槃。又若文字显总持。因言而悟道。但依义而不依语。得意而不徇文。则与正理不违。何关语默。故大般若经云。若顺文字。不违正理。常无诤论。名护正法。问。楞伽经偈云。从其所立宗。则有众杂义。等观自心量。言说不可得。既达唯心。何须演说。如大般若经云。佛告善现。如是如是。诸菩萨摩诃萨。虽多处学。而无所学。所

---

① (印)龙树菩萨著,[晋]鸠摩罗什译,弘学校勘:《大智度论校勘》,社会科学文献出版社2014年版,第10页。

以者何。实无有法。可令菩萨摩诃萨众于中修学。又云无句义。是菩萨句义。譬如空中。实无鸟迹。答。若了自心。则成佛慧。终不心外有法可说。有事可立。只为不回光自省之人。一向但徇文诠。着其外境。以无名相中。假名相说。即彼虚妄。以显真实。既不著文字。亦不离文字。所以天王般若经偈云。总持无文字。文字显总持。大悲方便力。离言文字说。楞伽经云。佛告大慧。我等诸佛。及诸菩萨。不说一字。所以者何。法离文字故。非不饶益义。说言说者。众生妄想故。大慧。若不说一切法者。教法则坏。教法坏者。则无诸佛菩萨。缘觉声闻。若无者。谁说为谁。是故大慧。菩萨摩诃萨。莫著言说。随宜方便。广说经法。净名经云。夫说法者。当如法说。乃至法顺空。随无相。应无作。法离好丑。法无增损。法无生灭。法无所归。法过眼耳鼻舌身心。法无高下。法常住不动。法离一切观行。唯。大目连。法相如是。岂可说乎。夫说法者。无说无示。其听法者。无闻无得。譬如幻士。为幻人说法。当建是意而为说法。当了众生根有利钝。善于知见。无所挂碍。以大悲心。赞于大乘。念报佛恩。不断三宝。然后说法。故知非是不许说法。但说时无著。说即无咎。如思益经云。汝等比丘。当行二事。一。圣说法。二。圣默然。但正说时。了不可得。即是默然。不是杜口无说。故昔人云。幻人说法幻人听。由来两个总无情。说时无说从君说。听处无听一任听。又若以四实性。自得法。本住法。约真谛中。即不可说。若以四悉檀。随他意语。断深疑。生正信。有因缘故。则亦可得说。又不可说即可说。真理普遍故。可说即不可说。缘修无性故。如楞伽经云。大慧复白佛言。如世尊所说。我从某夜得最正觉。乃至某夜入般涅槃。于其中间不说一字。亦不已说。当说。不说是佛说。大慧白佛言。世尊。如来应正等觉。何因说言。不说是佛说。佛告大慧。我因二法。故作是说。云何二法。谓缘自得法。及本住法。是名二法。因此二法故。我作如是说。云何缘自得法。若彼如来所得。我亦得之。无增无减。缘自得法究竟境界。离言说妄想。离文字二趣。云何本住法。谓古先圣道。如金银等性。法界常住。若如来出世。若不出世。法界常住。如趣彼城道。譬如士夫。行旷野中。见向古城。平坦正道。即随入城。受如意乐。偈云。我某夜得道。至某夜涅槃。于此二中间。我都无所说。缘自本住故。我作如是说。彼佛及与我。悉无有差别。释云。此有二因。一即缘自得法。自所得法。即是证道。证法在己。离过显德。二即缘本住法。本住。即古先圣道。传古非作。此上是据理约证云不说。若但是自心闻。则佛常不说。如宝性论偈云。譬如诸响声。依地而得起。自然无分别。非内非外住。如来声亦尔。依心地而起。自然无分别。非内非外住。是以既非内外所生。亦不从四句而起。此约实智。应须玄会。若约权门。亦不绝方便。如止观云。若言智由心生。自能照境。谛智不相由藉。若言智不言智。由境故智。境不自境。由智故境。如长短相待。若言境智因缘故有。此是共合得名。若言皆不如上三种。但自然尔。即无因。皆有四取之过。皆不可说。随四悉因缘。亦可得说。但有名字。名字无性。无性之字。是字不住。亦不不住。是为不可思议。经云。不可思议智境。不可思议智照。即此义也。若彼四性境智。此名实慧。若四悉赴缘。说四境智。此名权慧。则权实双行。自他兼利。方冥佛旨。免堕己愚。①

[18]《五灯会元》卷四百丈海禅师法嗣有"沩山灵佑禅师",但注为"语具别卷",别卷为卷第三"五台山隐峰禅师"中提及：

五台山隐峰禅师，邵武军邓氏子。（时称邓隐峰）幼若不慧，父母听其出家。初游马祖之门，而未能睹奥。复来往石头，虽两番不捷，（语见马祖章。）而后于马祖言下相契。师问石头："如何得合道去?"头曰："我亦不合道。"师曰："毕竟如何?"头曰："汝被这个得多少时邪?"石头铲草次，师在左侧，叉手而立。头飞铲子，向师前铲一株草。师曰："和尚祇铲得这个，不铲得那个。"头提起铲子，师接得，便作铲草势。头曰："汝祇铲得那个，不解铲得这个。"师无对。（洞山云："还有堆阜么?"）

师一日推车次，马祖展脚在路上坐。师曰："请师收足。"祖曰："已展不缩。"师曰："已进不退。"乃推车碾损祖脚。祖归法堂，执斧子曰："适来碾损老僧脚底出来!"师便出于祖前，引颈，祖乃置斧。师到南泉，睹众僧参次，泉指净瓶曰："铜瓶是境。瓶中有水，不得动著境，与老僧将水来。"师拈起净瓶，向

---

① ［宋］释延寿集：《宗镜录》，三秦出版社1994年版，第673—675页。

泉面前泻,泉便休。师后到沩山,便入堂于上板头解放衣钵。沩闻师叔到,先具威仪,下堂内相看。师见来,便作卧势。沩便归方丈,师乃发去。少间,沩山问侍者:"师叔在否?"曰:"已去。"沩曰:"去时有甚么语?"曰:"无语。"沩曰:"莫道无语,其声如雷。"

师冬居衡岳,夏止清凉。唐元和中荐登五台,路出淮西,属吴元济阻兵,违拒王命,官军与贼军交锋,未决胜负。师曰:"吾当去解其患。"乃掷锡空中,飞身而过。两军将士仰观,事符预梦,斗心顿息。师既显神异,虑成惑众,遂入五台。于金刚窟前将示灭,先问众曰:"诸方迁化,坐去卧去,吾尝见之,还有立化也无?"曰:"有。"师曰:"还有倒立者否?"曰:"未尝见有。"师乃倒立而化,亭亭然其衣顺体。时众议异就茶毗,屹然不动,远近瞻睹,惊叹无已。师有妹为尼,时亦在彼,乃拊而咄曰:"老兄,畴昔不循法律,死更荧惑于人?"于是以手推之,偾然而踣,遂就阇维,收舍利建塔。①

[19]《五灯会元》卷七"雪峰存禅师法嗣玄沙师备禅师"有曰:

师有偈曰:"万里神光顶后相,没顶之时何处望? 事已成,意亦休,此个来踪触处周。智者撩著便提取,莫待须臾失却头。"又曰:"玄沙游迳别,时人切须知。三冬阳气盛,六月降霜时。有语非关舌,无言切要词。会我最后句,出世少人知。"问:"四威仪外如何奉王?"师曰:"汝是王法罪人,争会问事?"问:"古人拈槌竖拂,还当宗乘也无?"师曰:"不当。"曰:"古人意作么生?"师举拂子。僧曰:"宗乘中事如何?"师曰:"待汝悟始得。"问:"如何是金刚力士?"师吹一吹。闽王送师上船,师扣船召曰:"大王争能出得这里去?"王曰:"在里许得多少时也?"〔归宗柔别云:"不因和尚,不得到这里。"〕师问文桶头:"下山几时归?"曰:"三五日。"师曰:"归时,有无底桶子将一担归。"文无对。〔归宗柔代云:"和尚用作甚么。"〕师垂语曰:"诸方老宿尽道接物利生,祇如三种病人,汝作么生接? 患盲者,拈槌竖拂他又不见;患聋者,语言三昧他又不闻;患哑者,教伊说又说不得。若接不得,佛法无灵验。"②

---

① 〔宋〕普济著,苏渊雷点校:《五灯会元》,中华书局1984年版,第169—170页。

② 〔宋〕普济著,苏渊雷点校:《五灯会元》,中华书局1984年版,第398页。

[20]《五灯会元》卷一五"雪峰存禅师法嗣云门文偃禅师"开堂训众有曰：

上堂："我事不获已，向你诸人道，直下无事，早是相埋没了也。更欲踏步向前，寻言逐句，求觅解会。千差万别，广设问难。赢得一场口滑，去道转远，有甚么休歇时？此事若在言语上，三乘十二分教岂是无言语？因甚么更道教外别传？若从学解机智得，祇如十地圣人，说法如云如雨，犹被呵责，见性如隔罗縠。以此故知一切有心，天地悬殊。<u>虽然如此，若是得底人，道火不能烧口，终日说事，未尝挂著唇齿，未尝道著一字。终日著衣吃饭，未尝触着一粒米，挂一缕丝。</u>虽然如此，犹是门庭之说也。须是实得恁么，始得。若约衲僧门下，句里呈机，徒劳伫思。直饶一句下承当得，犹是瞌睡汉。"①

[21]四库全书《集部·别集类·王子安集》并未载录王勃《释迦如来成道记》，何林天《重订新校王子安集》收录"灵光寺释迦如来成道记"，文中有曰：

由是，起道树，诣鹿园，三月调根。五人得度。憍陈如，悟慈尊之首唱，初解标名。舍利佛，逢马胜以传言，于途见谛。采菽氏，继踵以师事，率门属以同归。迦叶氏，汇迹以降心，领火徒而回席。莫不甘露洪澍，末尾普应。天界人界，鹦林尸林。或鹭池，或鹫岭，或海殿，或庵园。或猕猴池，或火龙窟。或住波罗奈，或居摩碣提。或依坚固林，或止音乐树，或海滨楞伽顶，或山际普陀岩，或迦兰陀竹园。或舍卫国金地，或应念而空现。或没山而出宫，或说法假于六方。或化身变为三尺，或掌覆而指变。或光流而佛来，或一身普集于多身。或此界便明于陀界，或变净而以净覆秽。或随俗而即俗明真，若空谷之答响，洪钟之待扣矣。其间所说，阿含四有，般若八空。密严华严，佛藏地藏，思盖天之请问，楞伽山之语心，万行首楞严，一乘无量义。大悲于陀利，法炬陀罗尼，无垢称之说经，须达拏之瑞应。本事本生之别，讽颂重颂之殊。象马兔之三兽渡河，羊鹿牛之三车出宅。或谓之有空守中也，或谓之无转照持也，或谓之顿也、渐也，或谓之半也、满也，<u>或无说而常说，或不闻而恒闻；</u>或保任而可凭，或加被而不忘。无大而不大，无边而不中。三乘同入一佛乘，三性同归一

---

① ［宋］普济著，苏渊雷点校：《五灯会元》，中华书局1984年版，第923—924页。

法性。真可谓父母孩孺,导师险夷,悬日月于幽宵,布舟航于幻海。为云为雨,使枯槁以还滋,为救为归,指穷途于寿域。①

[22]王维《谒璿上人》(并序):

(上人外人内天。不定不乱。舍法而渊泊。无心而云动。色空无碍。不物物也。默语无际。不言言也。故吾徒得神交焉。玄关大启。德海群泳。时雨既降。春物具美。序于诗者。人百其言。)

少年不足言。识道年已长。事往安可悔。余生幸能养。誓从断臂血。不复婴世网。浮名寄缨佩。空性无羁鞅。夙从大导师。焚香此瞻仰。颓然居一室。覆载纷万象。高柳早莺啼。长廊春雨响。床下阮家屐。窗前筇竹杖。方将见身云,陋彼示天壤。一心再法要。愿以无生奖。②

[23]王维《荐福寺光师房花药诗序》曰:

心舍于有无。眼界于色空。皆幻也。离亦幻也。至人者不舍幻。而过于色空有无之际。故目可尘也。而心未始同。心不世也。而身未尝物。物方酌我于无垠之域。亦已殆矣。上人顺阴阳之动。与劳侣而作。在双树之道场。以众花为佛事。天上海外。异卉奇药。《齐谐》未识。伯益未知者。地始载于兹。人始闻于我。琼蕤滋蔓。侵回阶而欲上。宝庭尽芜。当露井而不合。群艳耀日。众香同风。开敷次第。连九冬之月。种类若干。多四天所雨。至用杨枝。已开贝叶。高阁闻钟。升堂觐佛。右绕七匝。却坐一面。则流芳忽起。杂英乱飞。焚香不俟于旃檀。散花奚取于优钵。漆园傲吏。著书以稊稗为言。莲座大仙。说法开《药草》之品。道无不在。物何足忘。故歌之咏之者。吾愈见其嘿也。③

[24]《为干和尚进注〈仁王经〉表》全文为:

沙门惠幹言。法离言说。了言说即解脱者。终日可言。法无名相。知名

---

① 参阅何林天:《重订新校王子安集》,山西人民出版社1990年版,第265—266页。引用部分句读有改动。

② [唐]王维撰,[清]赵殿成笺注:《王右丞集笺注》,上海古籍出版社1961年版,第39—40页。

③ [唐]王维撰,[清]赵殿成笺注:《王右丞集笺注》,上海古籍出版社1961年版,第358—359页。

相即真如者。何尝坏相。实际以无际可示。无生以不生相传。非夫自得性空。密印心地。见闻自在。宗说皆通者。何以证玉毫之光。辨金口之义。伏惟乾元光天皇帝陛下。高登十地。降抚九天。宏济群生。濡莲花之足。示行世法。屈金粟之身。心净超禅。顶法悬解。广释门之六度。包儒行之五常。老僧空空。复何语语。以无见之见。不言之言。浅智胜疑冰之虫。微戒愈溺泥之象。以自觉离念。注先圣微言。如人何足尽思。食木偶然成字。岂堪上尘慧眼。仰称圣心。有命自天。藏拙无地。伏以《集解仁王般若经》十卷。谨随表奉进。无任惭惶。然本注经。先发大愿。释第一义。开不二门。与四十九僧。离一百八句。六时禅诵。三载恳祈。俾廓妖氛。得瞻慧日。三千世界。悉奉仁王。五千善神。常卫乐土。令果荡定。无量安宁。缁服苍生。不胜庆跃。①

[25]见上引画线部分。

[26]陆游《渭南文集》卷一五《〈普灯录〉序》：

粤自旷大劫来，至神应迹开示天人，未有不以文字语言相授者。今七佛偈，是其一也。至于中夏，则三十万年之前，包牺氏作，已画八卦造书契矣。释迦之兴，固亦无异。今一大藏教，可谓富矣，乃独于最后举华示其上足弟子迦叶，迦叶欣然一笑，不立文字，不形言语，谓之正法眼藏。师举华而传，弟子一笑而受，既书之木叶旁行之间矣，亦未见其与古圣异也。岂谓之文而非文，谓之言而非言邪！昔有《景德传灯》三十卷者，盖非文之文，非言之言也。此门一开，继者相望，其尤杰立者，《续灯》、《广灯》二书也。然皆草创简略，自为区别，虽圣君贤臣之事，有不能具载者。独旁见间出于诸祖章中，识者以为恨。吴僧正受始著《普灯》，凡十有七年，成三十卷，前日之恨，毫发无遗矣。而尤为光明崇显者，我祖宗之明诏睿藻，裒集周悉，一一皆有据依，足以传示万世，宝为大训，其有功于释门最大。方且上之御府，副在名山，而又以其副示某，俾得纪述梗概于后。某自隆兴距嘉泰，五备史官，今虽告老，待尽山泽，犹于祖宗

---

① ［唐］王维撰，［清］赵殿成笺注：《王右丞集笺注》，上海古籍出版社1961年版，第308—309页。

遗事,思以尘露之微,仰足山海,不自知其力之不逮也。①

[27]白居易《读禅经》诗:

须知诸相皆非相,若住无余却有余。言下忘言一时了,梦中说梦两重虚。空花岂得兼求果,杨焰如何更觅鱼。摄动是禅禅是动,不禅不动即如如。②

[原文]

神秘宗别有一解嘲之法,则借口于以言去言、随立随破是也(参观《周易》卷论《乾》)[1]。《金刚经》:"所言一切法,即非一切法,是名一切法"[2];《关尹子·三极》:"蝍蛆食蛇,蛇食蟊,蟊食蝍蛆,互相食也。圣人之言亦然:言有无之弊,又言非有非无之弊,又言去非有非无之弊。言之如引锯然,唯善圣者不留一言"[3];祝世禄《环碧斋小言》:"禅那才下一语,便恐一语为尘,连忙下一语扫之;又恐扫尘复为尘,连忙又下一语扫之。"[4]前论四〇章引《庄子》郭象注之"无无"、"遣遣";[5]《中论·观涅槃品》第二五之"亦边亦无边,非有非无边;亦常亦无常,非常非无常";[6]以及禅宗之"下转语",即引锯、扫尘、吐言自食之例,复如服药以治病而更用药以解药焉。[7]西方一善赏析文体者亦谓神秘家言,词旨纷沓若狂舞然,后语抵销前语(**Mystics have sur-rounded God with a wild dance of words,where each negates the one before**)(**K. Vossler,The Spirit of Language in Civilization,tr.O.Oeser,33-4(Rilke,Das Stundenbuch,II;"und sich den andern immer anders zeigt"**);**cf.G.Marcel, Homo Viator,312:"A chaque instant Rilke brise les images qu'il vient de former et leur en Substitue d'autres qui peuvent paraître inverses".**),可资参证。《商君书》有"以言去言"之语,命意悬殊。《垦令》:"此谓以法去法,以言去言,……以刑去刑,刑去事成";[8]《去强》:"以刑去刑,国治";[9]《画

---

① [宋]陆游撰:《影印文渊阁四库全书·集部·别集类·渭南文集》(第1163册),台湾商务印书馆1983年版,第421页。

② [唐]白居易著,顾学颉校点:《白居易集》,中华书局1999年版,第716页。

策》："故以战去战，虽战可也；以杀去杀，虽杀可也；以刑去刑，虽重刑可也"；[10]《赏刑》："明赏之犹至于无赏也，明刑之犹至于无刑也，明教之犹至于无教也。"[11] 盖谓出一令可以止横议、杀一犯可以儆百众。《书·大禹谟》："刑期于无刑"；[12]《鹖冠子·王鈇》："以死遂生"，陆佃注："以杀止杀"；[13] 同归一揆。固非神秘宗随立随破、不留一言之旨，而自有当于相反相成、轮转环流之理。神秘宗不妨假借商君语曰：以言去言，虽多言可也。

[涉典考释与评注]

[1]《管锥编·周易正义》第二则论乾卦时，在"《易》象与《诗》象之别"这个部分，提及"以言去言"这一观点：

穷理析义，须资象喻，然而慎思明辨者有戒心焉。游词足以埋理，绮文足以夺义，韩非所为叹秦女之媵、楚珠之椟也（《外储说》左上）。王弼之惇惇告说，盖非获已。《大智度论》卷九五《释七喻品》言，诸佛以种种语言、名字、譬喻为说，钝根处处生着。不能得意忘言，则将以词害意，以权为实，假喻也而认作真质（converting Metaphors into Properties；l'image masque l'objet et l'on fait de l'ombre un corps）（Thomas Browne, Pseudodoxia Epidemica, Bk I, ch. 4, Works, ed. J. Grant, I, 142；Joubert, Pensées, "Librairie Académique", Perrin, Tit. XXII, § 110.），斯亦学道致知者之常弊。古之哲人有鉴于词之足以害意也，或乃以言破言，即用文字消除文字之执，每下一语，辄反其语以破之。《关尹子·三极》篇云："蝍蛆食蛇，蛇食蛙，蛙食蝍蛆，互相食也。圣人之言亦然。……唯善圣者不留一言"；……①

[2]《金刚经》第十七品"究竟无我分"曰：

尔时，须菩提白佛言："世尊，善男子、善女人，发阿耨多罗三藐三菩提心，云何应住？云何降伏其心？"

佛告须菩提："善男子、善女人，发阿耨多罗三藐三菩提心者，当生如是

---

① 钱锺书：《管锥编》，三联书店 2007 年版，第 21—22 页。

心。我应灭度一切众生。灭度一切众生已,而无有一众生实灭度者。何以故?须菩提,若菩萨有我相、人相、众生相、寿者相,即非菩萨。所以者何?须菩提,实无有法发阿耨多罗三藐三菩提心者。须菩提,于意云何?如来于燃灯佛所,有法得阿耨多罗三藐三菩提不?"

"不也,世尊。如我解佛所说义,佛于燃灯佛所,无有法得阿耨多罗三藐三菩提。"

佛言:"如是如是。须菩提,实无有法如来得阿耨多罗三藐三菩提。须菩提,若有法如来得阿耨多罗三藐三菩提者,燃灯佛则不与我授记,汝于来世当得作佛,号释迦牟尼。以实无有法得阿耨多罗三藐三菩提,是故燃灯佛与我授记,作是言:'汝于来世,当得作佛,号释迦牟尼。'何以故?如来者,即诸法如义。若有人言如来得阿耨多罗三藐三菩提,须菩提!实无有法佛得阿耨多罗三藐三菩提。

须菩提,如来所得阿耨多罗三藐三菩提,于是中无实无虚。是故如来说一切法皆是佛法。须菩提,所言一切法者,即非一切法,是故名一切法。须菩提,譬如人身长大。"

须菩提言:"世尊,如来说人身长大则为非大身,是名大身。"

"须菩提,菩萨亦如是。若作是言,我当灭度无量众生,则不名菩萨。何以故?须菩提,实无有法名为菩萨。是故佛说一切法无我、无人、无众生、无寿者。须菩提,若菩萨作是言,我当庄严佛土,是不名菩萨。何以故?如来说庄严佛土者,即非庄严,是名庄严。须菩提,若菩萨通达无我法者,如来说名真是菩萨。"①

[3]《关尹子·三极》曰:

曰:蝍蛆食蛇,蛇食蛙,蛙食蝍蛆,互相食也。圣人之言亦然,言有无之弊,又言非有非无之弊,又言去非有非无之弊。言之如引锯然,惟善圣者不留一言。②

---

①　陈秋平译注:《金刚经》,中华书局 2010 年版,第 77—78 页。

②　[周]关尹子:《影印文渊阁四库全书·子部·道家类·关尹子》(第 1055 册),台湾商务印书馆 1983 年版,第 558 页。

[4]明祝世禄撰《环碧斋小言》,因文献较难获取,故暂缺。

[5]论四〇章为《管锥编·老子王弼注》的第13则,可参阅。

[6]《中论》"观涅槃品第二十五":

一切法空故。何有边无边。亦边亦无边。非有非无边。何者为一异。何有常无常。亦常亦无常。非常非无常。诸法不可得。灭一切戏论。无人亦无处。佛亦无所说。①

[7]"服药以治病而更用药以解药",来形容老子"下转语"式的表述,极形象。

[8]《商君书·垦令》中,并无钱锺书所引之句,《商君书·靳令》中,则有此言:

靳令,则治不留;法平,则吏无奸。法已定矣,不以善言害法。任功,则民少言;任善,则民多言。行治曲断,以五里断者王,以十里断者强,宿治者削。以刑治,以赏战,求过不求善。故法立而不革,则显。民变诛,计变诛止。贵齐殊使,百都之尊爵厚禄以自伐。国无奸民,则都无奸市。物多末众,农弛奸胜,则国必削。民有余粮,使民以粟出官爵,官爵必以其力,则农不怠。四寸之管无当,必不满也。授官、予爵、出禄不以功,是无当也。

国贫而务战,毒生于敌,无六虱,必强;国富而不战,偷生于内,有六虱,必弱。国以功授官予爵,此谓以盛知谋,以盛勇战。以盛知谋,以盛勇战,其国必无敌。国以功授官予爵,则治省言寡,此谓以治去治,以言去言。国以六虱授官予爵,则治烦言生,此谓以治致治,以言致言。则君务于说言,官乱于治邪,邪臣有得志,有功者日退,此谓失。守十者乱,守壹者治。汉已定矣,而好用六虱者亡。民泽毕农,则国富。六虱不用,则兵民毕竞劝而乐为主用,其竟内之民争以为荣,莫以为辱。其次,为赏劝罚沮。其下,民恶之,忧之,羞之。修容而以言,耻食以上交,以避农战,外交以备,国之危也。有饥寒死亡,不为利禄之故战,此亡国之俗也。

六虱:曰礼、乐,曰《诗》、《书》,曰修善,曰孝弟,曰诚信,曰贞廉,曰仁、义,

---

① (印)龙树菩萨著:《中论·十二门论》,释迦佛印经会刊印2007年版,第42页。

曰非兵,曰羞战。国有十二者,上无使农战,必贫至削。十二者成群,此谓君之治不胜其臣,官之治不胜其民,此谓六虱胜其政也。十二者成朴,必削。是故兴国不用十二者,故其国多力,而天下莫能犯也。兵出,必取;取,必能有之。按兵而不攻,必富。朝廷之吏,少者不埤也,多者不损也,效功而取官爵,虽有辩言,不能以相先也,此谓以数治。以力攻者,出一取十;以言攻者,出十亡百。国好力,此谓以难攻;国好言,此谓以易攻。

重刑少赏,上爱民,民死赏。多赏轻刑,上不爱民,民不死赏。利出一空者其国无敌,利出二空者国半利,利出十空者其国不守。重刑,明大制;不明者,六虱也。六虱成群,则民不用。是故,兴国罚行则民亲;赏行则民利。行罚,重其轻者,轻者不至,重者不来。此谓以刑去刑,刑去事成。罪重刑轻,刑至事生。此谓以刑致刑,其国必削。

圣君知物之要,故其治民有至要,故执赏罚以壹教。仁者,必之续也。圣君之治人也,必得其心,故能用力。力生强,强生威,威生德,德生于力。圣君独有之,故能述仁义于天下。①

[9]《商君书·去强》曰:

以刑去刑,国治;以刑致刑,国乱。故曰:行刑重轻,刑去事成,国强;重重而轻轻,刑至事生,国削。刑生力,力生强,强生威,威生惠。惠生于力。举力以成勇战,战以成知谋。②

[10]《商君书·画策》曰:

昔者昊英之世,以代木杀兽,人民少而木兽多。黄帝之世,不麑不卵,官无供备之民,死不得用椁。事不同皆王者,时异也。神农之世,男耕而食,妇织而衣,刑政不用而治,甲兵不起而王。神农既没,以强胜弱,以众暴寡。故黄帝作为君臣上下之义,父子兄弟之礼,夫妇妃匹之合。内行刀锯,外用甲兵,故时变也。由此观之,神农非高于黄帝也,然其名尊者,以适于时也。故以战去战,虽战可也;以杀去杀,虽杀可也;以刑去刑,虽重刑可也。③

---

① 石磊译注:《商君书》,中华书局 2011 年版,第 98—103 页。
② 石磊译注:《商君书》,中华书局 2011 年版,第 44 页。
③ 石磊译注:《商君书》,中华书局 2011 年版,第 130—131 页。

[11]《商君书·赏刑》曰：

圣人之为国也，壹赏，壹刑，壹教。壹赏，则兵无敌；壹刑，则令行；壹教，则下听上。夫明赏不费，明刑不戮，明教不变，而民知于民务，国无异俗。明赏之尤至于无赏也，明刑之尤至于无刑也，明教之尤至于无教也。①

[12]《书·大禹谟》有曰：

帝曰："皋陶，惟兹臣庶，罔或干予正。汝作士，明于五刑，以弼五教，期于予治。刑期于无刑，民协于中，时乃功，懋哉！"

皋陶曰："帝德罔愆，临下以简，御众以宽；罚弗及嗣，赏延于世。宥过无大，刑故无小；罪疑惟轻，功疑惟重；与其杀不辜，宁失不经；好生之德，洽于民心，兹用不犯于有司。"②

[13]《鹖冠子》"王鈇第九"言：

庞子曰："愿闻所以不改更始逾新之道。"鹖冠子曰："成鸠所谓得王鈇之传者也。"庞子曰："何谓王鈇？"鹖冠子曰："王鈇者，非一世之器也。以死遂生，从中制外之教也。后世成至孙一灵羽理符日循，功弗敢败，奉业究制，执正守内，拙弗敢废，楼削与旱，以新续故，四时执效，应锢不骏，后得入庙，惑爽不嗣谓之楚，祖命冒世，礼嗣弗引，奉常弗内，灵不食祀，家王不举祭，天将降咎，皇神不享，此所以不改更始逾新之道也。故主无异意，民心不徙，与天合则，万年一范，则近者亲其善，远者慕其德而无已。是以其教不厌，其用不弊。故能畴合四海以为一家，而夷貉万国，皆以时朝服致绩，而莫敢效增免，闻者传译，来归其义，莫能易其俗移其教。故共威立而不犯，流远而不废，此素皇内帝之法。成鸠之所枋以超等，世世不可夺者也。功日益月长，故能与天地存久，此所以与神明体正之术也，不待士史仓颉作书，故后世莫能云其咎。未闻不与道德究而能以为善者也。"③

---

①　石磊译注：《商君书》，中华书局 2011 年版，第 120 页。

②　[清]阮元校刻：《十三经注疏·尚书正义》（清嘉庆刊本），中华书局 2009 年版，第 285 页。

③　[周]不著撰名，[宋]陆佃解：《影印文渊阁四库全书·子部·杂家类·杂学之属·鹖冠子》（第 848 册），台湾商务印书馆 1983 年版，第 223 页。

陆佃注仅一句,即:

以杀止杀。①

[原文]

神秘宗尚可以权宜方便自解。如《大智度论·我闻一时释论》第二所谓"于无我法中而说'我'",[1]又《释七喻品》第八五所谓诸佛欲晓钝根,故"以种种语言譬喻为说"。[2]慧皎《高僧传》卷八《论》:"夫至理无言,玄致幽寂。幽寂故心行处断,无言故言语路绝。言语路绝,则有言伤其旨;心行处断,则作意失其真。所以净名杜口于方丈,释迦缄默于双树。故曰:'兵者不祥之器,不获已而用之';言者不真之物,不获已而陈之。"[3]王绩《东皋子集》卷下《答陈道士书》:"昔孔子曰'无可无不可',而欲居九夷;老子曰'同谓之玄',而乘关西出;释迦曰'色即是空',而建立诸法。此皆圣人通方之玄致,岂可以言行诘之哉!"[4]白居易之诗,正"以言行诘"老子者也。[5]白尝学佛,乃未闻《华严经·离世间品》第三八之六所谓"权实双行法"[6]或《魏书·释老志》所谓"权应",[7]何软?

[涉典考释与评注]

[1]《大智度论》卷第一"释初品中如是我闻一时"有曰:

我者,今当说。问曰:若佛法中言一切法空,一切无有吾我,云何佛经初言如是我闻?答曰:佛弟子辈等虽知无我,随俗法说我,非实我也。譬如以金钱买铜钱,人无笑者。何以故?卖买法应尔故。言我者亦如是,于无我法中而说我,随世俗故不应难。如天问经中偈说:

阿罗汉比丘,诸漏已永尽,于最后边身,能言吾我不?

① [周]不著撰名,[宋]陆佃解:《影印文渊阁四库全书·子部·杂家类·杂学之属·鹖冠子》(第848册),台湾商务印书馆1983年版,第223页。

佛答曰：

阿罗汉比丘，诸漏已永尽，于最后边身，能言有吾我。①

[2]《大智度论》卷九十五释七比品第八十五（经作七喻品）有曰：

问曰：佛已处处答是事，今须菩提何以复问？答曰：义虽一，所因事异，所谓一切法，若有佛、若无佛诸法性常住，空无所有，非贤圣所作。般若波罗蜜甚深微妙，难解难量。不可以有量能知；诸佛贤圣怜愍众生故，以种种语言名字、譬喻为说。利根者解圣人意，钝根者处处生著，著于语言名字：若闻说空则著空，闻说空亦空亦复生著，若闻一切法寂灭相，语言道断而亦复著。自心不清净故，闻圣人法为不清净；如人目瞖，视清净珠，见其目影，便谓珠不净。佛种种因缘说，见有过罪而生于疑，作是言：若一切法空，空亦空，云何分别有六道？常生如是等疑难故，须菩提以经将讫，为众生处处问是事。是故重问。佛可须菩提意。②

[3]《高僧传》卷八《论》：

论曰：夫至理无言，玄致幽寂。幽寂故心行处断，无言故言语路绝。言语路绝，则有言伤其旨；心行处断，则作意失其真。所以净名杜口于方丈，释迦缄嘿于双树。将知理致渊寂，故为无言。但悠悠梦境，去理殊隔；蠢蠢之徒，非教孰启？是以圣人资灵妙以应物，体冥寂以通神，借微言以津道，托形像以传真。故曰：兵者不祥之器，不获已而用之；言者不真之物，不获已而陈之。故始自鹿苑，以四谛为言初；终至鹤林，以三点为圆极。其间散说流文，数过八亿。象驮负而弗穷，龙宫溢而未尽，将令乘蹄以得兔，藉指以知月。知月则废指。得兔则忘蹄。经云："依义莫依语。"此之谓也。而滞教者谓至道极于篇章，存形者谓法身定于丈六。故须穷达幽旨，妙得言外，四辩庄严，为人广说，示教利喜，其在法师乎！③

---

① （印）龙树菩萨著，[晋]鸠摩罗什译，弘学校勘：《大智度论校勘》，社会科学文献出版社2014年版，第12页。

② （印）龙树菩萨著，[晋]鸠摩罗什译，弘学校勘：《大智度论校勘》，社会科学文献出版社2014年版，第1207页。

③ [梁]释慧皎著，朱恒夫、王学钧、赵益注译：《高僧传》，陕西人民出版社2009年版，第530—531页。

钱锺书之引文,与原文亦稍异。

[4]《四库全书》载王绩《东皋子集》卷下中,有《答程道士书》,而非《答陈道士书》,书曰:

徐道士至,获书,词义恳切,具受之也。吾尝读书,观览数千年事久矣。有以见天下之通趋,识人情之大方,语默分离,是非淆乱,夸者死权,烈士殉名,贪夫溺财,品庶每生,各是其所同,非其所异焉,可胜校哉。故吾师曰:"莫若俱任而两忘。"仲尼所以无可否于其间,庄周所以齐大小于自适,是谓神而化之,使人宜之,百姓日用而不知也。夫君子所思不出其位,道有不同不相为谋,盖为此也。足下欲使吾适人之适,而吾欲自适其适。非敢非足下之义也,且欲明吾之心,一为足下陈之。昔孔子曰:"无可无不可。"而欲居九夷。老子曰:"同谓之玄。"而乘关西出。释迦曰:"色即是空。"而建立大法。此皆圣人通方之玄致,弘济之秘藏。实冀冲鉴,君子相期于事外,岂可以言行诘之哉? 故仲尼曰:"善人之道不践迹。"老子曰:"夫无为者,无不为也。"释迦曰:"三灾弥纶,行业湛然。"夫一气常凝,事吹成万,万殊虽异,道通为一。故各宁其分,则何异而不通? 苟违其适,则何为而不阂? 故夫圣人者非他也,顺适无阂之名,即分皆通之谓,即分皆通,故能立不易方,顺适无阂,故能游不择地。其有越分而求皆通,违适而求无阂,虽有神禹,将独奈何? 故曰:"凫胫虽短,续之则悲;鹤胫虽长,截之则忧。"言分之不可越也。梦为鸟唳于天,梦为鱼没于泉,言适之不可违也。吾受性潦倒,不经世务,屏居独处,则萧然自得,接对宾客,则蔺然思寝。加性又嗜酒,形骸所资,河中黍田,足供岁酿,闭门独饮,不必须偶,每一甚醉,便觉神情安和,血脉通利,既无忤于物,而有乐于身,故常纵心以自适也。而同方者不过一二人,时相往来,并弃礼数,箕踞散发,玄谈虚论,兀然同醉,悠然便归,都不知聚散之所由也。昔者吾家三兄,命世特起,先宅一德,续明六经。吾尝好其遗文,以为匡扶之要略尽矣,然峄阳之桐,以俟伯牙,乌号之弓,必资由基,苟非其人,道不虚行。吾自揆审矣,必不能自致台辅,恭宣大道。夫不涉江汉,何用方舟? 不思云霄,何事羽翮? 故顷以来,都复散弃,虽周孔制述,未尝复窥,何况百家悠悠哉? 去矣程生,非吾徒也。若足下可谓身处江海之上,心游魏阙之下,虽欲行志,不觉坐驰,若以此见,轻议大道,将恐北辕适越，所背弥远矣。吾顷者加有风疾，尜尜不能佳，但欲乘化独往，任所遇耳。不能复使离娄役目，契后劳精怵心，蔽用以物为事也。勖哉夫子，勉建良图。因山僧还，略此达意也。王君白。①

钱锺书之引文，与原文也略有异。

[5]白居易之诗，即为上文所列《读〈老子〉》诗：

白居易《读〈老子〉》云："言者不知知者默，此语吾闻于老君；若道老君是知者，缘何自著《五千文》？"②

[6]《大方广佛华严经》卷第五十八"离世间品第三十八之六"有曰：

佛子！菩萨摩诃萨有十种佛业。何等为十？所谓随时开导是佛业，令正修行故。梦中令见是佛业，觉昔善根故。

为他演说所未闻经是佛业，令生智断疑故。为悔缠所缠者说出离法是佛业，令离疑心故。

若有众生起悭吝心，乃至恶慧心、二乘心、损害心、疑惑心、散动心、骄慢心，为现如来众相庄严身是佛业，生长过去善根故。于正法难遇时，广为说法，令其闻已得陀罗尼智、神通智，普能利益无量众生是佛业，胜解清净故。

若有魔事起，能以方便现虚空界等声，说不损恼他法以为对治，令其开悟，众魔闻已威光歇灭，是佛业，志乐殊胜威德大故。其心无间常自守护不令证入二乘正位，若有众生根性未熟，终不为说解脱境界，是佛业，本愿所作故。

生死结漏一切皆离，修菩萨行相续不断，以大悲心摄取众生，令其起行究竟解脱，是佛业，不断修行菩萨行故。菩萨摩诃萨了达自身及以众生本来寂灭，不惊不怖而勤修福智无有厌足，虽知一切法无有造作而亦不舍诸法自相，虽于诸境界永离贪欲而常乐瞻奉诸佛色身，虽知不由他悟入于法而种种方便求一切智，虽知诸国土皆如虚空而常乐庄严一切佛刹，虽恒观察无人无我而教化众生无有疲厌，虽于法界本来不动而以神通智力现众变化，虽已成就一切智智而修菩萨行无有休息，虽知诸法不可言说而转净法鑗令众心喜，虽能示现诸

---

① ［唐］王绩撰：《影印文渊阁四库全书·集部·别集类·东皋子集》（第1065册），台湾商务印书馆1983年版，第19—20页。

② 钱锺书：《管锥编》，三联书店2007年版，第644页。

佛神力而不厌舍菩萨之身,虽现入于大般涅槃而一切处示现受生,能作如是<u>权实双行法</u>,是佛业,是为十。

若诸菩萨安住其中,则得不由他教无上无师广大业。①

[7]《魏书》卷一百一十四"释老志十第二十"曰:

诸佛法身有二种义,<u>一者真实,二者权应</u>。真实身,谓至极之体,妙绝拘累,不得以方处期,不可以形量限,有感斯应,体常湛然。权应身者,谓和光六道,同尘万类,生灭随时,修短应物,形由感生,体非实有。权形虽谢,真体不迁,但时无妙感,故莫得常见耳。明佛生非实生,灭非实灭也。佛既谢世,香木焚尸。灵骨分碎,大小如粒,击之不坏,焚亦不焦,或有光明神验,胡言谓之"舍利"。弟子收奉,置之宝瓶,竭香花,致敬慕,建宫宇,谓为"塔"。塔亦胡言,犹宗庙也,故世称塔庙。于后百年,有王阿育,以神力分佛舍利,役诸鬼神,造八万四千塔,布于世界,皆同日而就。今洛阳、彭城、姑臧、临淄皆有阿育王寺,盖成其遗迹焉。释迦虽般涅槃,而留影迹爪齿于天竺,于今犹在。中土来往,并称见之。②

[原文]

《易·系辞》上曰:"书不尽言,言不尽意",最切事入情。道、释二氏以书与言之不能尽,乃欲并书与言而俱废之,似斩首以疗头风矣。[1]《圆觉经》云:"有照有觉,俱名障碍。……照与照者,同时寂灭;譬如有人,自断其首,首已断故,无能断者";[2] 盖彼法方且沾沾以下策为快捷方式焉!晁迥《法藏碎金录》卷四:"孔子曰:'余欲无言',有似维摩诘默然之意";[3] 沈作喆《寓简》卷七亦谓维摩诘默然似颜回之"终日不违如愚"。[4] 援儒入释,如水与油,非若释之于道,如水与乳也。陆九渊《象山全集》卷三四《语录》:"如曰:'予欲无言',即是言了",[5] 意亦欲区别孔子于维摩诘耳。

---

① [唐]澄观撰,于德隆点校:《大方广结严经疏》,线装书局2016年版,第291页。
② [北齐]魏收撰:《魏书》,中华书局2000年版,第2012—2013页。

【增订四】《庄子·知北游》:"天地有大美而不言,四时有明法而不议,万物有成理而不说";郭象注:"此孔子之所以云:'予欲无言'。"[6]援孔入道,如晁迥之援孔入释也。

[涉典考释与评注]

[1]《易·系辞上》曰:

子曰:"书不尽言,言不尽意;然则圣人之意,其不可见乎?"①

钱锺书将道、释二家"斩首以疗头风"之做法,与儒家之主张相较并论,亦见出钱氏思致之妙。

[2]《圆觉经》为唐时佛陀多罗译,为大乘经典。"《圆觉经》,全称为《大方广圆觉修多罗了义经》,此经名具有丰富的内涵。大方广,又名'大方等','方'是义理方正的意思,'广'是广大的意思;'大方广'是各种大乘经的通名,意为佛说方正广大真理的经文,也指十二部经(经教的十二种类,即长行、重颂、孤起、譬喻、因缘、自说、本生、本事、未曾有、方广、论议、授记)中的'方广部'。'圆'即圆满,'觉'即菩提;'圆觉'就是圆满菩提,即指佛果,是对世间一切事理无不彻底了知其事实真相。圆觉为人人本具的真心,也是万法的平等真如性。"②

善男子,有照有觉,俱名障碍,是故菩萨常觉不住,照与照者同时寂灭。譬如有人自断其首,首已断故,无能断者,则以碍心自灭诸碍,碍已断灭,无灭碍者。修多罗教,如标月指,若复见月,了知所标毕竟非月。一切如来种种言说开示菩萨,亦复如是。此名菩萨已入地者随顺觉性。③

[3]《四库提要》言:

《法藏碎金录》十卷,宋晁迥撰。迥字明远,澶州清丰人。……迥受学

---

① [清]阮元校刻:《十三经注疏·周易正义》(清嘉庆刊本),中华书局 2009 年版,第170 页。
② 徐敏译注:《圆觉经》,中华书局 2010 年版,第 1 页。
③ 徐敏译注:《圆觉经》,中华书局 2010 年版,第 55 页。

于王禹偁,以文章典赡擅名,而性耽禅悦,喜究心内典,是编乃天圣五年退居昭德里所作,皆融会禅理,随笔记载,盖亦宗门语录之类。其曰"碎金",取《世说新语》谢安碎金义也。孙觌谓其宗向佛乘,以庄、老、儒书汇而为一。盖嘉祐治平以前,濂、洛之说未盛,儒者沿唐代余风,大抵归心释教。①

孔子曰:"予欲无言。"子贡曰:"子如不言,则小子何述焉!"子曰:"天何言哉,四时行焉,百物生焉,天何言哉!"予详此意,有似维摩诘默然之义,因拟之别作四句语云:"佛何言哉!""一乘行焉,万物生焉,佛何言哉!"予又详孔子自比于天,亦如佛之真实语,不同人之饰让情也。②

古圣经典大意颇同,自是后人妄分彼此,因看《论语》一科,其有语句联贯,正是佛之智行矣。孔子曰:"默而识之,学而不厌,诲人不倦,何有于我哉!"予以为"默而识之",顿悟之理也,"学而不厌",渐修之理也,"诲人不倦",自觉觉他、自利利他之理也,"何有于我哉",亦如佛之真实语,不以饰情而妄谦也。③

[4]《四库提要》言:

《寓简》十卷,宋沈作喆撰,作喆字明远,号寓山,湖州人,绍兴五年进士,以左奉议郎为江西漕司干官。据书中所叙,当和议初成之时,赐诸将田宅,作喆为岳飞作谢表忤秦桧,则似尝在飞幕中。又自称尝官维扬,亦不知为何官。……作喆与叶梦得相善,然梦得之学宗王安石,作喆之学则出于苏轼,非惟才辨纵横与轼相似,即菲薄王安石,牴牾伊川程子,以及谈养生,耽禅悦,亦一一皆轼之绪余。④

———————————

① [宋]晁迥撰:《影印文渊阁四库全书·子部·释家类·法藏碎金录》(第1052册),台湾商务印书馆1983年版,第425页。

② [宋]晁迥撰:《影印文渊阁四库全书·子部·释家类·法藏碎金录》(第1052册),台湾商务印书馆1983年版,第487—488页。

③ [宋]晁迥撰:《影印文渊阁四库全书·子部·释家类·法藏碎金录》(第1052册),台湾商务印书馆1983年版,第485页。

④ [宋]沈作喆撰:《影印文渊阁四库全书·子部·杂家类·杂说之属·寓简》(第864册),台湾商务印书馆1983年版,第103—104页。

沈作喆《寓简·自序》亦谓：

庄周氏疾夫世之沉浊，不可与庄语也，则托意于荒唐谬悠之说，以玩世滑稽，而其文瑰玮连犿，諔诡可观。盖实无心于言也，寓焉而已尔。予屏居山中，无与晤语，有所记忆，辄寓诸简牍。纷纶丛脞，虽诙谐俚语无所不有，而至言妙道间有存焉。已而诵言之，则欣然如见平生，故人抵掌剧谈，一笑相乐也。因名之曰"寓简"，聊以自娱，庶几漆园之无心，抑有如惠子者，或知其为无用之用乎？①

《寓简》卷七：

庄子言知北游玄水，问无为谓曰："何思何虑则知道？何处何服则安道？何从何道则得道？"无为谓不答也。又问狂屈，狂屈曰："唉！予将语若而忘之矣。"又问于黄帝，帝曰："无思无虑、无处无服、无从无道，始得之矣。彼无为谓真是也，狂屈似之，我与汝终不近也，以其知之也。"此与少林之门人皆言所得而慧可独无言，初祖以为得吾髓，三十一菩萨各说不二法门，至文殊独曰无言说，离答问，而净名独默然者，盖一道也。古今之妙理，岂有二哉？欲涉拟议，则已去道远矣。仲尼曰："吾与回言，终日不违，如愚。"此无言之言，非复问答也。呜呼！非天下之至神，孰能与此？②

但是，卷七中，并未提及维摩诘似颜回之处，钱锺书此语应该为误。

[5]陆九渊《象山全集》卷三四"语录上"：

子贡言"性与天道不可得而闻"，此是子贡后来有所见处。然谓之"不可得而闻"，非实见也，如曰："予欲无言"，即是言了。③

此处，钱锺书还是继续讨论儒、释与道、释之间的关系，言其不可融与可融。这种细腻的区分，实是对思想史上重大问题的独特理解。

---

① ［宋］沈作喆撰：《影印文渊阁四库全书·子部·杂家类·杂说之属·寓简》（第864册），台湾商务印书馆1983年版，第105页。
② ［宋］沈作喆撰：《影印文渊阁四库全书·子部·杂家类·杂说之属·寓简》（第864册），台湾商务印书馆1983年版，第150页。
③ ［宋］陆九渊著，钟哲点校：《陆九渊集》，中华书局1980年版，第397页。

[6]《庄子·知北游》：

天地有大美而不言，四时有明法而不议，万物有成理而不说。圣人者，原天地之美而达万物之理，是故至人无为，大圣不作，观于天地之谓也。①

郭象注："此孔子之所以云：'予欲无言'。"②

---

① ［清］郭庆藩撰，王孝鱼点校：《庄子集释》，中华书局 1961 年版，第 735 页。
② ［清］郭庆藩撰，王孝鱼点校：《庄子集释》，中华书局 1961 年版，第 735 页。

一七 五八章

祸福倚伏

[原文]

"祸兮,福之所倚;福兮,祸之所伏。"[1] 按《淮南子·人间训》论"祸福之转而相生",举塞翁得马失马为例,[2] 而班固《幽通赋》云:"北叟颇识其倚伏","北叟"者、"塞翁","倚伏"本《老子》,正以《淮南》喻《老》也。[3]《文子·符言》:"惟圣人知病之为利,利之为病";又《微明》:"祸与福同门,利与害同邻,

是非至精,莫之能分。……利与害同门,祸与福同邻,非神圣莫之能分";曰"同门"、"同邻",犹"倚"、"伏"耳。[4] "祸兮福倚"即西语所谓"化装之赐福"(blessings in disguise),自慰亦以慰人之常谈;"福兮祸伏"则不特可自惕惕人,更足以快餍妒羡者幸灾乐祸之心。阅世观化,每同此感,初不必读《老子》、《文子》而后恍然。[5] 如《战国策·楚策》四或谓楚王曰:"祸与福相贯,生与亡为邻";《燕策》一齐王"按戈而却曰:'一何庆吊相随之速也!'";《韩策》三或谓韩公仲曰:"夫李子之相似者,唯其母知之而已;利害之相似者,唯智者知之而已";[6] 十七世纪法国政治家(Richelieu)常语人:"时事转换反复,似得却失,似失却得"(Il y a si grandes révolutions dans les choses et dans les temps, que ce qui paraît gagné est perdu et ce qui semble perdu est gagné)(La Rochefoucauld, Oeuvres, "Les Grands Écrivains de la France", I, 151, note.)。"李子"之喻视"同门"、"同邻"更新切。《大般涅槃经·圣行品》第七

之二："如有女人入于他舍,是女端正,颜貌琰丽。……主人见已,即便问言:'汝字何等? 系属于谁?'女人答言:'我身即是功德大天。……我所至处,能与种种金、银、瑠璃、颇梨、真珠。……'主人闻已,……即便烧香散花,供养礼拜。复于门外,更见一女,其形丑陋,衣裳弊坏,……女人答言:'我字黑闇。……我所行处,能令其家所有财宝一切衰耗。'主人闻已,即持利刀,作如是言:'汝若不去,当断汝命!'女人答言:'汝甚愚痴! ……汝家中者,即是我姊。我常与姊,进止共俱;汝若驱我,亦当驱彼。'主人还入,问功德大天。……言:'实是我妹;我与此妹,行住共俱,未曾相离。'"[7] "行住不离"与"倚伏"、"姊妹"与"李子",命意一揆,而美丑显殊则不如"伏"与"相似"之造微矣。古希腊诗人亦叹:"上天锡世人一喜,必朕以二忧"(The immortals apportion to man two sorrows for every boon they grant)(Pindar, Pythian Odes, III.81-2, "Loeb", 193.)。前论第二章引王安石《字说》解《老子》"美斯为恶",以羊肥则"有死之道"为例,足相发明。[8]《晋书》卷七五《王湛等传·论》:"亦犹犬豦腴肥,不知祸之将及";[9] 孙之騄《蟹录》载徐渭自题画蟹诗:"欲拈俗语恐伤时:西施秋水盼南威,樊哙十万匈奴师,陆羽茶锹三五枝"——即隐"看汝横行到几时!";[10] 美俗谚有云:"猪肥即其厄运"(Fattenin' hogs ain't in luck);口腹小故,不妨继安石为解《老》也。

【增订二】《逸周书·周祝辞》已云:"肥豕必烹。"[11]

【增订三】齐己《野鸭》:"长生缘甚瘦,近死为伤肥",[12] 即王安石释"美"之旨。张君观教曰:"徐渭自题昼蟹诗第二句寓'看'字,第三句寓'横行'字,皆易识。第四句非申说不解:'茶锹'即茶匙,匙者、搯取之具;'茶锹三五枝'即'搯几匙',谐音为'到几时'也。""祸福转而相生"又同"命运车轮"(the Wheel of Fortune)之说,参观《全汉文》卷论董仲舒《士不遇赋》。[13]

[涉典考释与评注]

[1]《老子》第58章王弼注的全部内容如下。

其一,王注"其政闷闷,其民淳淳"为:

言善治政者,无形无名,无事无政可举,闷闷然,卒至于大治,故曰其政闷闷也。其民无所争竞,宽大淳淳,故曰其民淳淳也。

其二,王注"其政察察,其民缺缺"为:

立刑名,明赏罚,以检奸伪,故曰察察也。殊类分析,民怀争竞,故曰,其民缺缺也。

其三,王注"祸兮福之所倚,福兮祸之所伏。孰知其极?其无正"为:

言谁知善治之极乎!唯无可正举,无可形名,闷闷然而天下大化,是其极也。

其四,王注"正复为奇"为:

以正治国,则便复以奇用兵矣。故曰正复为奇。

其五,王注"善复为妖"为:

立善以和万物,则便复有妖之患也。

其六,王注"人之迷,其日固久"为:

言人之迷惑失道,固久矣,不可便正善治以责。

其七,王注"是以圣人方而不割"为:

以方导物,舍去其邪,不以方割物,所谓大方无隅。

其八,王注"廉而不刿"为:

廉,清廉也;刿,伤也。以清廉清民,令去其邪,令去其污,不以清廉刿伤于物也。

其九,王注"直而不肆"为:

以直导物,令去其僻,而不以直激沸于物也。所谓大直若屈也。

其十,王注"光而不耀"为:

以光鉴其所以迷,不以光照求其隐匿也,所谓明道若昧也,此皆崇本以息末,不攻而使复之也。①

---

① 〔魏〕王弼:《影印文渊阁四库全书·子部·道家类·老子道德经》(第1055册),台湾商务印书馆1983年版,第173—174页。

[2]《淮南子·人间训》曰：

昔者，宋人好善者，三世不解。家无故而黑牛生白犊，以问先生，先生曰："此吉祥，以飨鬼神。"居一年，其父无故而盲，牛又复生白犊，其父又复使其子以问先生。其子曰："前听先生言而失明，今又复问之，奈何？"其父曰："圣人之言，先忤而后合。其事未究，固试往复问之。"其子又复问先生，先生曰："此吉祥也，复以飨鬼神。"归致命其父。其父曰："行先生之言也。"居一年，其子又无故而盲。其后楚攻宋，围其城。当此之时，易子而食，析骸而炊，丁壮者死，老病童儿皆上城，牢守而不下。楚王大怒，城已破，诸城守者皆屠之。此独以父子盲之故，得无乘城。军罢围解，则父子俱视。夫祸福之转而相生，其变难见也。①

[3]班固《幽通赋》云：

承灵训其虚徐兮，竛盘桓而且俟。惟天地之无穷兮，鲜生民之晦在。纷屯邅与蹇连兮，何艰多而智寡。上圣迕而后拔兮，虽群黎之所御。昔卫叔之御昆兮，昆为寇而丧予。管弯弧欲毙仇兮，仇作后而成己。变化故而相诡兮，孰云预其终始！雍造怨而先赏兮，丁繇惠而被戮。栗取吊于逌吉兮，王膺庆于所感。叛回穴其若兹兮，北叟颇识其倚伏。单治里而外凋兮，张修襮而内逼。聿中和庶几兮，颜与冉又不得。溺招路以从己兮，谓孔氏犹未可。安恬恬而不范兮，卒陨身乎世祸。游圣门而靡救兮，虽覆醢其何补。固行行其必凶兮，免盗乱为赖道。形气发于根柢兮，柯叶汇而零茂。恐魍魉之责景兮，羌未得其云已。②

[4]《文子·符言》曰：

德少而宠多者讥，才下而位高者危，无大功而有厚禄者微，故"物或益之而损，或损之而益"。众人皆知利利，而不知病病；唯圣人知病之为利，利之为病。故再实之木其根必伤，多藏之家其后必殃。夫大利者反为害，天之道也。③

---

① 刘文典撰，冯逸、乔华点校：《淮南鸿烈集解》，中华书局 1989 年版，第 597 页。

② ［梁］萧统编，［唐］李善注：《文选》，岳麓书社 2002 年版，第 447 页。

③ ［周］辛钘撰：《影印文渊阁四库全书·子部·道家类·文子》（第 1058 册），台湾商务印书馆 1983 年版，第 327 页。

引《文子·微明》中语,为文子两段不同的话,其一为:

清静恬和,人之性也;仪表规矩,事之制也。知人之性,则自养不悖;知事之制,则其举措不乱。发一号,散无竟,总一管,谓之心。见本而知末,执一而应万,谓之述;居知所以,行知所之,事知所乘,动知所止,谓之道。使人高贤称誉己者,心之力也;使人卑下诽谤己者,心之过也。言出于口,不可禁于人;行发于近,不可禁于远。事者,难成易败;名者,难立易废。凡人皆轻小害,易微事,以至于大患。夫祸之至也,人自生之;福之来也,人自成之。<u>祸与福同门,利与害同邻,自非至精,莫之能分</u>。是故,智者虑者,祸福之门户也;动静者,利<u>害之枢机也,不可不慎察也</u>。①

其二为:

以不义而得之,又不布施,患及其身,不能为人,又无以自为,可谓愚人。无以异于枭爱其子也。故"持而盈之,不如其已;揣而锐之,不可长保"。德之中有道,道之中有德。其化不可极,阳中有阴,阴中有阳,万事尽然,不可胜明。福至祥存,祸至祥先。见祥而不为善,则福不来;见不祥而行善,则祸不至。<u>利与害同门,祸与福同邻,非神圣莫之能分</u>,故曰:"祸兮福所倚,福兮祸所伏,孰知其极。"人之将疾也,必先甘鱼肉之味;国之将亡也,必先恶忠臣之语。故疾之将死者,不可为良医;国之将亡者,不可为忠谋。修之身,然后可以治民;居家理治,然后可移官长。故曰:"修之身,其德乃真;修之家,其德乃余;修之国,其德乃丰。"民之所以生活,衣与食也。事周于衣食则有功,不周于衣食则无功,事无功德不长。故随时而不成,无更其刑;顺时而不成,无更其理。时将复起,是谓道纪。②

[5]钱锺书的著作,若粗略而读,总会为繁博的文献征引所惑,其实,钱氏征引文献之重要目标之一,便是"阅世观化",以学术体悟世变时变,体察民情民俗,钱氏治学的这种追求,正是学术的初衷与本旨,亦即司马迁所谓"究天

---

① [周]辛銒撰:《影印文渊阁四库全书·子部·道家类·文子》(第1058册),台湾商务印书馆1983年版,第340—341页。

② [周]辛銒撰:《影印文渊阁四库全书·子部·道家类·文子》(第1058册),台湾商务印书馆1983年版,第343—344页。

人之际,通古今之变",更是学术为天下公器之内在要求。所以,钱锺书的学术问思,总是在适当的时刻,便会回到这个学术原点。

[6]《战国策》楚策四"或谓楚王"曰:

或谓楚王曰:"臣闻从者欲合天下以朝大王,臣愿大王听之也。夫因讪为信,旧患有成,勇者义之。摄祸为福,裁少为多,知者官之。夫报报之反,墨墨之化,唯大君能之。祸与福相贯,生与亡为邻,不偏于死,不偏于生,不足以载大名。无所寇艾,不足以横世。夫秦捐德绝命之日久矣,而天下不知。今夫横人嗑口利机,上干主心,下牟百姓,公举而私取利,是以国权轻于鸿毛,而积祸重于丘山。"①

《战国策》燕策一"燕文公时"曰:

燕文公时,秦惠王以其女为燕太子妇。文公卒,易王立。齐宣王因燕丧攻之,取十城。

武安君苏秦为燕说齐王,再拜而贺,因仰而吊。齐王案戈而却曰:"此一何庆吊相随之速也?"

对曰:"人之饥所以不食乌喙者,以为虽偷充腹,而与死同患也。今燕虽弱小,强秦之少婿也。王利其十城,而深与强秦为仇。今使弱燕为雁行,而强秦制其后,以招天下之精兵,此食乌喙之类也。"

齐王曰:"然则奈何?"

对曰:"圣人之制事也。转祸而为福,因败而为功。故桓公负妇人而名益尊,韩献开罪而交愈固,此皆转祸而为福,因败而为功者也。王能听臣,莫如归燕之十城,卑辞以谢秦。秦知王以己之故归燕城也,秦必德王。燕无故而得十城,燕亦德王。是弃强仇而立厚交也。且夫燕、秦之俱事齐,则大王号令天下皆从。是王以虚辞附秦,而以十城取天下也。此霸王之业矣。所谓转祸为福,因败成功者也。"

齐王大说,乃归燕城。以金千斤谢其后,顿首途中,愿为兄弟而请罪于秦。②

---

① [汉]刘向集录:《战国策》,上海古籍出版社1998年版,第551页。
② [汉]刘向集录:《战国策》,上海古籍出版社1998年版,第1044—1046页。

《战国策》燕策三"或谓韩公仲"曰：

或谓韩公仲曰："夫孪子之相似者，唯其母知之而已；利害之相似者，唯智者知之而已。今公国，其利害之相似，正如孪子之相似也。得以其道为之，则主尊而身安；不得其道，则主卑而身危。今秦、魏之和成，而非公适束之，则韩必谋矣。若韩随魏以善秦，是为魏从也，则韩轻矣，主卑矣。秦已善韩，必将欲置其所爱信者，令用事于韩以完之，是公危矣。今公与安成君为秦、魏之和，成固为福，不成亦为福。秦、魏之和成，而公适束之，是韩为秦、魏之门户也，是韩重而主尊矣。安成君东重于魏，而西贵于秦，操右契而为公责德于秦、魏之主，裂地而为诸侯，公之事也。若夫安韩、魏而终身相，公之下服，此主尊而身安矣。秦、魏不终相听者也。齐怒于不得魏，必欲善韩以塞魏；魏不听秦，必务善韩以备秦，是公择布而割也。秦、魏和，则两国德公；不和，则两国争事公。所谓成为福，不成亦为福者也。愿公之无疑也。"①

[7]《大般涅槃经集解》卷第二十九"圣行品之第三"有曰：

迦叶，如有女人，入于他舍。是女端正，颜貌瑰丽，以好璎珞庄严其身。主人见已，即便问言："汝字何等，系属于谁？"女人答言："我身即是功德大天。"主人问言："汝所至处，为何所作？"女人答言："我所至处，能与种种金银琉璃、颇梨真珠、珊瑚琥珀、砗磲玛瑙、象马车乘、奴婢仆使。"主人闻已，心生欢喜，踊跃无量："我今福德，故令汝来至我舍宅。"即便烧香散花、供养恭敬礼拜。

复于门外更见一女，其形丑陋，衣裳弊坏，多诸垢腻，皮肤皴裂，其色艾白。见已问言："汝字何等，系属谁家？"女人答言："我字黑暗。"复问："何故名为黑暗？"女人答言："我所行处，能令其家所有财宝一切衰耗。"主人闻已，即持利刀，作如是言："汝若不去，当断汝命。"

女人答言："汝甚愚痴，无有智慧。"主人问言："何故名我痴无智慧？"女人答言："汝家中者即是我姊。我常与姊进止共俱。汝若驱我，亦当驱彼。"主人还入问功德天："外有一女，云是汝妹，实为是不？"功德天言："实是我妹。我与此妹行住共俱，未曾相离。随所住处，我常作好，彼常作恶。我作利益，彼作

---

① ［汉］刘向集录：《战国策》，上海古籍出版社 1998 年版，第 1003—1004 页。

衰损。若爱我者，亦应爱彼。若见恭敬，亦应敬彼。”主人即言：“若有如是好恶事者，我俱不用，各随意去。”①

［8］钱锺书勾沉抉微，反复论述祸福相倚，也正表达他对人生中完全不可控境遇的无奈之情，这种困境，也是人的共同困境。

［9］《晋书》卷七五“王湛等传”之“论”曰：

史臣曰：王湛门资台铉，地处膏腴，识表邻机，才惟王佐。叶宣尼之远契，玩道韦编；遵伯阳之幽旨，含虚牝谷。所谓天质不雕，合于大朴者也。安期英姿挺秀，籍甚一时。朝野挹其风流，人伦推其表烛。虽崇勋懋绩有阙于旂常，素德清规足传于汗简矣。怀祖鉴局夷远，冲衿玉粹。坦之墙宇疑旷，逸操金贞。腾讽庾之良笺，情嗤语怪；演《废庄》之宏论，道焕崇儒。或寄重文昌，允釐于衮职；或任华纶阁，密勿于王言。咸能克著徽音，保其荣秩，美矣！国宝检行无闻，坐升彼相，混暗识于心镜，开险路于情田。于时疆埸多虞，宪章罕备，天子居缀旒之运，人臣微覆餗之忧。于是窃势拥权，黩明王之彝典；穷奢纵侈，假凶竖之余威。绣桷雕楹，陵跨于宸极；骊珍冶质，充牣于帷房。亦犹犬彘腴肥，不知祸之将及。告尽私室，固其宜哉！荀景猷履孝居忠，无惭往烈。范玄平陈谋献策，有会时机。崧则思业该通，缉遗经于已紊。汪则风飚直亮，抗高节于将颠。扬榷而言，俱为雅士。刘韩俊爽，标置轶群，胜气笼霄，飞谈卷雾，并兰芬菊耀，无绝于终古矣。②

［10］孙之騄，字子骏，又字晴川，雍正时人，博学好古，尤精经学。有《二申野录》、《晴川蟹录》、《松源集》等。

卷四“诗录”有徐渭题蟹诗十多首，中有“某子旧以大蟹十个来索画，久之答墨蟹一脐松根醉眠道士一幅”诗：

十脐缚芦大如箕，送与酒人可百卮。答一墨脐苦无诗，欲拈俗语恐伤时：西施秋水盼南威，樊哙十万匈奴师，陆羽茶锹三五枝。（篇末三名是隐语，看

---

① ［南朝·宋］道生等撰，于德隆点校：《大般涅槃经集解》（下），线装书局 2016 年版，第 455—456 页。

② ［唐］房玄龄等撰：《晋书》，中华书局 1999 年版，第 1326—1327 页。

汝横行到几时！)①

[11]《逸周书》周祝解第六十七有曰：

曰：维哉其时，告汝□□道，恐为身灾。欢哉民乎，朕则生汝，朕则刑汝，朕则经汝，朕则亡汝，朕则寿汝，朕则名汝。故曰文之美而以身剥，自谓智也者故不足。角之美杀其牛，荣华之言后有茅。凡彼济者必不怠，观彼圣人必趣时。石有玉而伤其山，万民之患在□言。时之行也勤以徙，不知道者福为祸。时之从也勤以行，不知道者以福亡。故曰费豕必烹，甘泉必竭，直木必伐。地出物而圣人是时，鸡鸣而人为时，观彼万物，且何为求。②

[12]齐己（公元 863 年—公元 937 年），晚唐诗僧，《全唐诗》收录其诗作800 余首，数量仅次于白居易、杜甫、李白、元稹而居第五，有《白莲集》十卷、诗论《风骚指格》一卷传世。《四库总目提要》言：

唐代缁流能诗者众。其有集传于今者，惟皎然、贯休及齐己。皎然清而弱。贯休豪而粗。齐己七言律诗不出当时之习。五七言古诗以卢仝、马异之体缩为短章，佶屈聱牙，尤不足取。惟五言律诗居全集十分之六。虽颇沿武功一派，而风格独遒。如《剑客》、《听琴》、《祝融峰》诸篇，犹有大历以还遗意。其绝句中《庚午年十五夜对月》诗曰："海澄空碧正团圞，吟想玄宗此夜寒。玉兔有情应记得，西边不见旧长安。"惓惓故君，尤非他释子所及。宜其与司空图相契矣。③

《全唐诗》卷八四二"齐己五"载"野鸭"诗：

野鸭殊家鸭，离群忽远飞。长生缘甚瘦，近死为伤肥。江海游空阔，池塘啄细微。红兰白蘋渚，春暖刷毛衣。④

[13]《全汉文》卷二十三载录董仲舒《士不遇赋》，其文曰：

---

① ［清］孙之𫘤辑，《续修四库全书》编纂委员会编：《续修四库全书·子部·谱录类·晴川蟹录》（第 1120 册），上海古籍出版社 2002 年版，第 455 页。

② ［晋］皇甫谧等撰，陆吉等点校：《帝王世纪 世本 逸周书 古本竹书纪年》，齐鲁书社2010 年版，第 100—101 页。

③ ［唐］释齐己：《影印文渊阁四库全书·集部·别集类·白莲集》（第 1084 册），台湾商务印书馆 1983 年版，第 327—328 页。

④ 中华书局编辑部点校：《全唐诗》，中华书局 1999 年版，第 9576 页。

呜呼嗟乎，遐哉邈矣。时来曷迟，去之速矣。屈意从人，悲吾徒矣。正身俟时，将就木矣。悠悠偕时，岂能觉矣！心之忧兮，不期禄矣。遑遑匪宁，秖增辱矣。努力触藩，徒摧角矣。不出户庭，庶无过矣。重曰：

生不丁三代之盛隆兮，而丁三季之末俗。末俗以辩诈而期通兮，贞士以耿介而自束，虽日三省于吾身兮，繇怀进退之惟谷。彼实繁之有徒兮，指其白以为黑。目信嫭而言眇兮，口信辩而言讷。鬼神不能正人事之变戾兮，圣贤亦不能开愚夫之违惑。出门则不可与偕往兮，藏器又蚩其不容。退洗心而内讼兮，亦未知其所从也。观上古之清晖兮，廉士亦荧荧而靡归。殷汤有卞随与务光兮，周武有伯夷与叔齐。卞随务光遁迹于深渊兮，伯夷、叔齐登山而采薇。使彼圣贤其繇周邅兮，矧举世而同迷。若伍员与屈原兮，固亦无所复顾。亦不能同彼数子兮，将远游而终慕。于吾侪之云远兮，疑荒涂而难践。惮君子之于行兮，诚三日而不饭。嗟天下之偕违兮，怅无与之偕返。孰若反身于素业兮，莫随世而轮转。虽矫情而获百利兮，复不如正心而归一善。纷既迫而后动兮，岂云禀性之惟褊。昭同人而大有兮，明谦光而务展。遵幽昧于默足兮，岂舒采而薪显。苟肝胆之可同兮，奚须发之足辨也。[①]

《管锥编·全上古三代秦汉三国六朝文》第20则"全汉文卷二三"论及董仲舒《士不遇赋》：

董仲舒《士不遇赋》："孰若返身于素业兮，莫随世而轮转。"按"轮转"喻圆滑，即《楚辞·卜居》："将突梯滑稽，如脂如韦，以系榐乎？"王逸注："转随俗也，柔弱曲也，润滑泽也。"以圆转形容天运、道心之周流灵活，如《易·系辞》上："蓍之德，圆而神"，或《文子·自然》："天道默默，轮转无端。……惟道无胜，轮转无穷"，是为赞词；以之品目处世为人之变幻便佞，如董赋此句，是为贬词。《鬼谷子·本经阴符七篇》论"转圆"曰："或转而吉，或转而凶"；圆之事或"吉"或"凶"，"圆"之词亦有美有刺，不可以不圆览者也。喻天拟道，略见《老子》卷论第四〇章。《关尹子·一宇》设譬最巧："以盆为沼，以石为岛，鱼环游之，不知几千万里不穷乎，夫何故，水无源无归。圣人之道，本无首，末

无尾,所以应物不穷。"黄庭坚撷取入诗,鱼藻遂成词藻。周敦颐《太极图》迳以圆圈中空为"无极而太极"之象,理学家如庄(上日下永)者,赋诗几每一首有"乾坤",每三首有"太极";《定山先生集》卷二喀《题画》:"太极吾焉妙,圈来亦偶夸",卷四《游茆山》:"山教太极圈中阔,天放先生帽顶高",又《孤鹤翁过访》:"老怀太极一圈子",卷五《雪中和赵地官》:"许谁太极圈中妙,不向梅花雪裹求"等,皆藉圆为抒怀写景之资。《五灯会元》卷一僧璨《信心铭》:"至道无难,唯嫌拣择。……圆同太虚,无欠无余";司空图《诗品·流动》:"若纳水绾,若转丸珠";张英《聪训斋语》卷上:"天体至圆,万物做到极精妙者,无有不圆。圣人之至德、古今之至文、法帖,以至一艺一术,必极圆而后登峰造极。"然立身则又尚方,《荀子·礼论》:"法礼足礼,谓之有方之士",郝懿行注谓"有棱角";《文子·微明》及《淮南子·主术》并言:"智欲圆而行欲方","方者、直立而不挠,素白而不污。"兹略陈以圆讥弹人品者。

巧宦曲学,媚世苟合;事不究是非,从之若流,言无论当否,应之如响;阿旨取容,希风承窍,此董仲舒赋所斥"随世而轮转"也。以转为用,必以圆为体,惟圆斯转矣。应劭《风俗通》:"延熹中,中常侍单超、左悺、徐璜、具瑗、唐衡在帝左右,纵其巧愿。时人为之语曰:'左迴天,徐转日,具独坐,唐应声';言其信用甚于转圆也"(《全后汉文》卷三七)。则自转乃所以转人,犹轮转之使车行,故权变可以致权势焉。……①

兹文甚长,不可全引,钱锺书多角度论述"圆"之"喻义",且时时针砭世俗。

---

① 钱锺书:《管锥编》,三联书店 2007 年版,第 1469—1470 页。

一八 七二章

"不厌"

[原文]

　　"夫唯不厌,是以不厌。"按此又一字双关两意,上"厌"乃厌(餍)足之"厌",与"狎"字对,下"厌"乃厌恶之"厌"。[1]正如七一章:"夫唯病病,是以不病";第一"病"即"吾有何患"之"患"、"绝学无忧"之"忧",第二、三"病"即"无瑕谪"之"瑕"、"能无疵乎"之"疵"。[2]患有瑕疵,则可以去瑕除疵以至于无;故《潜夫论·思贤》引"夫唯"二句而说之曰:"是故养寿之士,先病服药。"[3]《全唐文》卷三八二元结《痦疒臾铭》:"目所厌者,远山清川;耳所厌者,水声松吹;霜朝厌者寒日,方暑厌者清风。于戏! 厌、不厌也,厌犹爱也";[4]"厌犹爱也"即餍饫,而"不厌"之"厌"犹憎也,即厌訾,用字之法正同《老子》七二章。涉笔成趣,以文为戏,词人之所惯为,如陶潜《止酒》诗以"止"字之归止、流连不去("居止"、"闲止")与制止、拒绝不亲("朝止"、"暮止")二义拈弄。[5]哲人说理,亦每作双关语,如黑格尔之"意见者,己见也"(Eine Meinung ist mein),毕熙纳(L. Büchner)及费尔巴哈之"人嗜何,即是何"(Der Mensch ist, was er ist)(Hegel, Geschichte der Philosophie, "Berliner Einleitung", Felix Meiner, I, 27; Feuerbach: "Das Geheimnis des Opfers", Sämtliche Werke, hrsg. W. Bolin und F. Jodl, X, 41.)。

　　【增订四】费尔巴哈语疑即点化十九世纪初法国食谱中名言:"汝告我汝食何物,我即言汝何如人"(Dis-moi ce que tu manges, je te dirai ce que to es.–J.-A.Brillat-Savarin，Physiologie du goût，"Aphorismes"，iv，Lib.Gustave Ad-am，1948，p.13）。

狡犹可喜，脍炙众口，犹夫《老子》之"道可道"、"不厌不厌"、"病病不病"也。[6]

【增订三】《大智度论》卷五三《释无生三观品》第二六："'远离'者是'空'之别名。……故'阿罗蜜'、秦言'远离'，'波罗蜜'、秦言'度彼岸'。此二音相近，义相会，故以'阿罗蜜'释'波罗蜜'。"[7]亦释典中用双关语说理也。吾国禅宗机锋拈弄，尤以双关语为提撕惯技，如《五灯会元》卷四赵州从谂章次："问：'如何是道？'师曰：'墙外底。'曰：'不问这个。'师曰：'你问那个？'曰：'大道。'师曰：'大道通长安'"；卷七德山宣鉴章次："治《金刚经》，……路上见一贫婆子卖饼，因息肩买饼点心"，婆曰："我有一问，你若答得，施与点心。……《金刚经》道：'过去心不可得，现在心不可得，未来心不可得'，未审上坐点那个心？"[8]杨景贤《西游记》第二一折孙行者与卖饼贫婆打诨，来历出此。[9]

【增订五】故西人说禅，亦叹其双关语之应接不暇云（M.C.Hyers，Zen and the Comic Spirit，1974，p.144，the Profu-sion of Puns）。

经、子中此类往往而有。《礼记·文王世子》武王"梦帝"，以为天锡以"铃"，而文王释为天锡以"龄"，孔《正义》引皇侃说甚当。[10]《左传》襄公二十七年伯州犁曰："令尹将死矣！不及三年。……信以立志，参以定之；信亡，何以及三？"《正义》："'参'即'三'也"；[11]《文选》袁宏《三国名臣序赞》："三光参分，宇宙暂隔"，是其遗意[12]。

【增订二】《论语·卫灵公》记孔子曰："不曰'如之何？如之何？'者，吾末如之何也已矣！"承两"如之何"而三焉，词气却迥异，亦文词之拈弄也。[13]《国语·晋语》九："董叔娶于范氏，叔向曰：'盍已乎！'曰：'欲为系援焉［韦昭注：自系缀以为援助］。'他日，……范献子执而纺［韦注：悬也］于庭之槐，叔向过，曰：'子盍为我请乎！'叔向曰：'求系既系矣，求援既援矣；欲而得之，又何请焉！'""系"连、"援"助双关为捆缚之"系"、钩吊之"援"，真邹诞解"滑稽"所谓"能乱同异"者[14]（详见《史记》卷论《樗里子、甘茂传》）[15]，而"系援"

之兼联合与悬挂两义又酷肖富兰克林之双关名言（All hang together or all hang separately）也。《庄子·则阳》："灵公之为灵"，则郭象注已明言："'灵'有二义"矣。[16]《公孙龙子·指物论》："物莫非指，而指非指"，[17]下句犹僧肇《宝藏论·离微体静品》第二："指非月也"；"指"兼指（sign）与旨（significatum）二义焉。[18]《淮南子·精神训》："能知一，则无一之不知也；不能知一，则无一之能知也"；高诱注："上'一'、道也，下'一'、物也。"[19]《春秋繁露·五行对》："故五行者，五行也"；[20]合观《五行五事》篇，则上"行"、金水木火土，而下"行"、貌言视听思尔。[21]聊举词章数例，一以贯之。王维《戏赠张五弟諲》之二："宛是野人也，时从渔父渔"；[22]韩偓《八月六日作》之二："图霸未能知盗道，饰非唯欲害仁人"；[23]《清波杂志》载张元题诗僧寺："夏竦何曾耸，韩琦未必奇"；[24]元好问《出都》："官柳青青莫回首，短长亭是断肠亭"；此《礼记》"龄"、"铃"与《左传》"参"、"三"之类也。[25]庾信《拟咏怀》："平生何谓平"；[26]刘叉《修养》："世人逢一不逢一"；[27]陆龟蒙《和袭美新秋》："辩伏南华论指指，才非玄晏借书书"；[28]袁宏道《徐文长传》："无之而不奇，斯无之而不奇也"；[29]此《老子》"道可道"、《公孙龙子》"指非指"、《淮南子》"知一无一"之类也。《庄子》"灵公之为灵"，厥类更伙，如陈琳《为曹洪与魏文帝书》："怪乃轻其家邱，……犹恐未信邱言"[30]（《文选》李善注："孟康《汉书》注曰：'邱、空也'；此虽假孔子名而实以空为戏也"；[31]参观《汉书·儒林传》："疑者邱盖不言"，如淳注："齐俗以不知为'邱'"，师古注："非也，……效孔子自称'邱'耳"[32]）；《梁书·朱异传》武帝曰："朱异实异"，[33]又《太平广记》卷二四六引《谈薮》梁武曰："吴均不均，何逊不逊，宜付廷尉"[34]（《南史》卷三三《何逊传》作"帝曰：'吴均不均，何逊不逊，未若吾有朱异，信则异矣！'"[35]）；卢仝《与马异结交诗》："是谓大同而小异"；[36]陈继儒《眉公诗录》卷二《香雨楼》："川光白贲，蕙草碧滋；马远不远，大痴非痴"；[37]谈迁《枣林杂俎》仁集载联："自成不成，福王无福"；[38]王霖《弇山诗钞》卷三《客有评余诗者，云在"西江派"中，作数语谢之》："敢道后山今有后，须知双井古无双。"[39]盖修词机趣，是处皆有；说者见经、子古籍，便端肃庄敬，鞠躬屏息，浑不省其亦有文字游戏三昧耳。[40]

【增订三】袁文《瓮牖闲评》卷一："萱草岂能忘忧也！《诗》言'焉得谖草，言树之背'者，'谖'训'忘'，如'终不可谖兮'之'谖'；盖言：'焉得忘忧之草而树之北堂乎？'……'谖'字适与'萱'字同音，故当时戏谓萱草为'忘忧'，而注诗者适又解云：'谖草令人忘忧。'后人遂以为诚然也。"[41]则亦经籍中双关之例矣。

【增订四】兹复益古籍中双关数事。《吕氏春秋·异宝》："楚越之间有寝之丘者，此其地不利而名甚恶"；高诱注："恶谓丘名也。"[42]其地即寝丘也；"名"指"丘"耶？指"寝"耶？抑二"名"均非美称，合而为"甚恶"耶？或可申原引陈琳《为曹洪与魏文帝书》李善注。《晋书·王济传》："武帝尝会公卿藩牧于式干殿，顾[王]济、[杨]济、[王]恂、[孔]恂而谓诸公曰：'朕左右可谓洵洵济济矣！'"[43]《金楼子·立言》："更觉[魏]长高之为高，虞存之为愚也。"[44]曾季狸《艇斋诗话》："东湖[徐俯]江行见雁，出一对云：'沙边真见雁'，有真赝之意。久之，公自对'云外醉观星'；以'醒醉'对'真赝'，极工！"[45]李元度《天岳山房文钞》卷一七《游金焦北固山记》："椒山祠壁锲杨忠愍诗，有'扬子江行入扬子，椒山今日游焦山'，句字奇伟。"[46]朱竹垞《风怀二百韵》："皂散千条荬，红飘一丈蔷；重关于盼盼，虚牖李当当"；[47]杨谦《曝书亭诗注》卷六仅引《花南老屋岁钞》及《辍耕录》载于、李两妓名，历来说者于此联皆不得其解。[48]窃谓乃双关语，谓男女内外有坊，意中人相隔不得见也；"盼"双关盼望，"当"双关阻当，借元时名妓小字示意，而"于"亦谐"予"耳。《五灯会元》载双关语公案尚有如卷四赵州从谂章次："僧问：'学人有疑时如何？'师曰：'大宜小宜[大便小便]？'曰：'大疑。'师曰：'大宜东北角，小宜僧堂后。'"[49]又卷一九保福殊章次："问：'如何是禅？'师曰：'秋风临古渡，落日不堪闻。'曰：'不问这个蝉。'师曰：'你问那个禅？'曰：'祖师禅。'师曰：'南华塔外松阴里，吹露吟风又更多。'"[50]

［涉典考释与评注］

[1]《老子》第72章王弼注的全部内容如下。

其一,王注"民不畏威,则大威至。无狎其所居,无厌其所生"为:

清静无为谓之居,谦后不盈谓之生,离其清净,行其躁欲,弃其谦后,任其威权,则物扰而民僻,威不能复制民,民不能堪其威,则上下大溃矣,天诛将至,故曰:民不畏威,则大威至。无狎其所居,无厌其所生,言威力不可任也。

其二,王注"夫唯不厌"为:

不自厌也。

其三,王注"是以不厌"为:

不自厌,是以天下莫之厌。

其四,王注"是以圣人自知不自见"为:

不自见其所知,以光耀行威也。

其五,王注"自爱不自贵":

自贵则物狎厌居生。①

钱锺书对两个"厌"字的解释,认为第一个"厌"字为"满足"之意,与"狎"字对应,则上文"无狎其所居"似要理解为"无厌其所居","不满足所居"、"不满足所生"之译,置于第 72 章的整体中,也能做融通的理解。陈鼓应认为,"狎"与"狭"通,有"使狭窄"之意,而"厌",与"压"通,即"压迫"之意,"无狎其所居,无厌其所生。夫唯不厌,是以不厌"可理解为:"不要逼迫人民的居处,不要压榨人民的生活。只有不压榨人民,人民才不厌恶统治者。"②此译较为流畅。

[2]《老子》第 71 章:

知不知,尚矣;不知知,病也。圣人不病,以其病病。夫唯病病,是以不病。③

"夫唯病病,是以不病",正是因为担心自己有瑕疵,所以才没有瑕疵,这一理解,是通顺的。陈鼓应译此句为:"正因为他把缺点当做缺点,所以他是

---

① [魏]王弼:《影印文渊阁四库全书·子部·道家类·老子道德经》(第 1055 册),台湾商务印书馆 1983 年版,第 180—181 页。

② 陈鼓应:《老子注译及评介》,中华书局 1984 年版,第 319—320 页。

③ 陈鼓应:《老子注译及评介》,中华书局 1984 年版,第 316 页。

没有缺点的。"①将"病"训成"缺点"、"以之为缺点",可备一说。

[3]东汉王符《潜夫论》,十卷三十六篇,之中多有的论,如《潜夫论·赞学》曰:"夫道成于学而藏于书,学进于振而废于穷。是故董仲舒终身不问家事,景君明经年不出户庭,得锐精其学而显昭其业者,家富也;富佚若彼,而能勤精若此者,材子也。倪宽卖力于都巷,匡衡自鬻于保徒者,身贫也;贫厄若彼,而能进学若此者,秀士也。当世学士恒以万计,而究涂者无数十焉,其故何也?其富者则以贿玷精,贫者则以乏易计,或以丧乱萚其年岁,此其所以逮初丧功而及其童蒙者也。是故无董、景之才,倪、匡之志,而欲强捐家出身旷日师门者,必无几矣。夫此四子者,耳目聪明,忠信廉勇,未必无俦也,而及其成名立绩,德音令问不已,而有所以然,夫何故哉?徒以其能自托于先圣之典经,结心于夫子之遗训也。"②"材子"、"秀士",均是好学饱读之人,身不役于物,潜心向学,善莫大焉。

《潜夫论·思贤》曰:

夫与死人同病者,不可生也;与亡国同行者,不可存也。岂虚言哉!何以知人且病也?以其不嗜食也。何以知国之将乱也?以其不嗜贤也。是故病家之厨,非无嘉馔也,乃其人弗之能食,故遂于死也。乱国之官,非无贤人也,其君弗之能任,故遂于亡也。夫生饍稻粱,旨酒甘醴,所以养生也,而病人恶之,以为不若菽麦糠糟欲清者,此其将死之候也。尊贤任能,信忠纳谏,所以为安也,而暗君恶之,以为不若奸佞闟茸谗谀言者,此其将亡之微也。老子曰:"夫唯病病,是以不病。"《易》称"其亡其亡,系于苞桑。"是故养寿之士,先病服药;养世之君,先乱任贤,是以身常安而国永永也。③

尊贤任能,信忠纳谏,这些中国"忠"、"贤"观念,是需要"养世之君"来实现的,养生与养世,又成精妙之论。

---

① 陈鼓应:《老子注译及评介》,中华书局1984年版,第317页。

② [汉]王符著,[清]汪继培笺,彭铎校正:《潜夫论笺校正》,中华书局1985年版,第6—7页。

③ [汉]王符著,[清]汪继培笺,彭铎校正:《潜夫论笺校正》,中华书局1985年版,第76页。

[4]《全唐文》卷三八二元结《痦廎铭》(并序):

浯溪之口,有异石焉,高六十余丈,周迴四十余步。西面在江口,东望峿台,北临大渊,南枕浯溪。痦廎当乎石上,异木夹户,疏竹傍檐。瀛洲言无,由此可信。若在廎上,目所厌者,远山清川;耳所厌者,水声松吹;霜朝厌者寒日,方暑厌者清风。於戏!厌不厌也,厌犹爱也,命曰痦廎,旌独有也。铭曰:

功名之伍,贵得茅土。林野之客,所耽水石。年将五十,始有痦廎。惬心自适,与世忘情。廎傍石上,篆刻此铭。①

[5]钱锺书释经典,最终大体指向两个层面:文人谈艺、哲人致思。此处将对"厌"字的训释,借助元结"厌犹爱也",而引向了对陶渊明等人作品的解释。

陶潜《止酒》诗:

居止次城邑,逍遥自闲止。坐止高荫下,步止荜门里。好味止园葵,大懽止稚子。平生不止酒,止酒情无喜。暮止不安寝,晨止不能起。日日欲止之,营卫止不理。徒知止不乐,未知止利己。始觉止为善,今朝真止矣。从此一止去,将止扶桑涘。清颜止宿容,奚止千万祀。

钱锺书认为,"止酒"其实兼含相反两义,即"停止"与"不停止"之意,所谓"拒绝不亲"与"流连不去","厌"即"爱"。对陶诗诗境的理解,后人也倾向于作这种处理,如袁行霈认为:"'止'字涵义不尽相同,有停、至、静止等义,以及作语末助词之止。诗题《止酒》,意谓停止饮酒。渊明或曾一时戒酒,或从未戒酒,无须考究。但此'止'字,颇可玩味,人之祸患或因不知'止'所致也。"②"静止"与"不知'止'",即兼含此两意。

宋梅尧臣有《拟陶潜止酒》诗:

多病愿止酒,不止病不已。止之惧无欢,虽病未宜止。且欲止人事,事止不经耳。次诵止足言,行当止田里。田里止谁亲,止乐山水美。既止何所助,唯酒与止喜。以言止不止,未必止为是。止酒傥不瘳,枉止徒可耻。止亦随化

---

① [清]董浩等编:《全唐文》,中华书局1983年版,第3882—3883页。

② 袁行霈:《陶渊明集笺注》,中华书局2003年版,第287页。

迁,不止等亦死。慎勿道止酒,止酒乃君子。

"以言止不止,未必止为是","止"不一定正确,则"不止"不一定错误,"止"正又含"止"与"不止"两意。

[6]上引黑格尔之"意见者,己见也",毕熙纳及费尔巴哈之"人嗜何,即是何",19世纪初法国食谱中名言"汝告我汝食何物,我即言汝何如人",诸例中,意见即己见,都是钱锺书在《管锥编·周易正义》中所说"一字虚涵数意"、两义相反相仇之显著义例,这样的机警之语,具有"狡犹可喜"的特征。

[7]《大智度论》卷五三"释无生三观品第二六"曰:

复次,佛此中自说因缘,是人为佛道故修行,知一切诸法相亦不著。诸法相者,可以知诸法门,是色、是声等。略说菩萨义:先知诸法各各相,如地坚相,然后知毕竟空相,于是二种智慧中亦不著,但欲度众生故。菩萨得如是智慧,一切别相法中皆得远离。如色中离色,离色即是自相空;远离者是空之别名。菩萨得般若波罗蜜,于一切法心皆远离。所以者何? 见一切诸法罪过故。阿罗蜜,秦言远离。波罗蜜,秦言度彼岸。此二音相近,义相会,故以阿罗蜜释波罗蜜。远离何等法? 所谓众、界、入,乃至一切智。以远离是诸法故,名般若波罗蜜。如禅波罗蜜能调伏人心,般若波罗蜜能令人远离诸法。观者,不观诸法常无常等,如先说。①

[8]《五灯会元》卷四"赵州从谂禅师":

问:"如何是祖师西来意?"师曰:"庭前柏树子。"曰:"和尚莫将境示

人?"师曰:"我不将境示人。"曰:"如何是祖师西来意?"师曰:"庭前柏树子。"问:"僧发足甚处?"曰:"雪峰。"师曰:"雪峰有何言句示人?"曰:"寻常道尽十方世界,是沙门一只眼。你等诸人,向甚处屙?"师曰:"阇黎若回,寄个锹子去。"师谓众曰:"我向行脚到南方,火炉头有个无宾主话,直至如今无人举著。"上堂:"至道无难,唯嫌拣择。才有语言是拣择,是明白。老僧不在明白里,是汝还护惜也无?"时有僧问:"既不在明白里,护惜个甚么?"师曰:"我亦

---

① (印)龙树菩萨著,[晋]鸠摩罗什译,弘学校勘:《大智度论校勘》,社会科学文献出版社2014年版,第684页。

不知。"僧曰:"和尚既不知,为甚道不在明白里?"师曰:"问事即得,礼拜了退。"别僧问:"至道无难,唯嫌拣择。是时人窠窟否?"师曰:"曾有人问我,老僧直得五年分疏不下。"又问:"至道无难,唯嫌拣择。如何是不拣择?"师曰:"天上天下,唯我独尊。"曰:"此犹是拣择。"师曰:"田库奴甚处是拣择?"僧无语。问:"至道无难,唯嫌拣择。才有语言是拣择。和尚如何为人?"师曰:"何不引尽此语。"僧曰:"某甲秖念得到这里。"师曰:"至道无难,唯嫌拣择。"问:"如何是道?"师曰:"墙外底。"曰:"不问这个。"师曰:"你问那个?"曰:"大道。"师曰:"大道透长安。"问:"道人相见时如何?"师曰:"呈漆器。"上堂:"兄弟若从南方来者,即与下载;若从北方来者,即与上载。所以道,近上人问道即失道,近下人问道即得道。"师因与文远行,乃指一片地曰:"这里好造个巡铺。"文远便去路傍立曰:"把将公验来。"师遂与一掴。远曰:"公验分明过。"①

《五灯会元》卷七"德山宣鉴禅师":

鼎州德山宣鉴禅师,简州周氏子,丱岁出家,依年受具。精究律藏,于性相诸经,贯通旨趣。常讲金刚般若,时谓之周金刚,尝谓同学曰:"一毛吞海,海性无亏。纤芥投锋,锋利不动。学与无学,唯我知焉。"后闻南方禅席颇盛,师气不平,乃曰:"出家儿千劫学佛威仪,万劫学佛细行,不得成佛。南方魔子敢言直指人心,见性成佛,我当搂其窟穴,灭其种类,以报佛恩。"遂担青龙疏钞出蜀,至澧阳路上,见一婆子卖饼,因息肩买饼点心。婆指担曰:"这个是甚么文字?"师曰:"青龙疏钞。"婆曰:"讲何经?"师曰:"《金刚经》。"婆曰:"我有一问,你若答得,施与点心。若答不得,且别处去。《金刚经》道:过去心不可得,现在心不可得,未来心不可得。未审上座点那个心?"师无语,遂往龙潭。至法堂曰:"久向龙潭,及乎到来,潭又不见,龙又不现。"潭引身曰:"子亲到龙潭。"师无语,遂栖止焉。②

[9]杨景贤,元末明初剧作家,《西游记》杂剧为其代表作,六本二十四折,

① [宋]普济著,苏渊雷点校:《五灯会元》,中华书局1984年版,第202—203页。
② [宋]普济著,苏渊雷点校:《五灯会元》,中华书局1984年版,第371—372页。

敷写唐僧西天取经故事,这一故事,为后来吴承恩长篇小说《西游记》借鉴。

杨景贤《西游记》第二一折"贫婆心印",其起首即言及孙行者与卖饼贫婆打诨之事:

> 脱离了红孩儿,过了火焰山,于路亏杀龙天三宝。今日到得中天竺国,皆是诸佛罗汉之地。孙悟空,我与龙君、沙、猪慢行,你先去寻个打火做宿处,吃了饭,到灵鹫山参佛世尊。你到前面,不要妄开口说话。此处是佛国了,参禅问道的极多,不要输了。不比你相杀到容易,禅机却怕人。(行者云)小行知道。我先行,师父慢来。(下)(唐僧云)孙行者去了,我们慢慢行。待他斋熟,我们扫到,吃了便入寺去。未临佛土身偏秒,方到西天骨也轻。(下)(贫婆上,云)老身中印土人,卖胡饼为业。但来佛会,下的不参得,老身不敢入佛国去。自童时亲受摩诃伽叶所教,传得真如正觉之性,能回三毒为三净界,回六贼为六神通,回烦恼作菩提,回无明作大智。此非外道所及也。

[10]《礼记正义》卷二十"文王世子第八"曰:

> 文王谓武王曰:"女何梦矣?"武王对曰:"梦帝与我九龄。"文王曰:"女以为何也?"武王曰:"西方有九国焉,君王其终抚诸?"文王曰:"非也。古者谓年龄,齿亦龄也。我百尔九十,吾与尔三焉。"文王九十七乃终,武王九十三而终。①

> 《正义》曰:文王疾瘳,武王得安睡,文王问:"尔其何梦?"武王对曰:"梦见天帝与我九龄之言,而与我也。"文王语武王云:"天既与女九龄之言,女以九龄为何事也。"武王曰:"龄,善也,是福善之事,西方有九国未宾,既梦得九种龄善,君王其终抚诸。抚,有也。诸,之也。言王终久有之。"文王曰:"女之所言非也。古者谓年龄,谓称年为龄。古者称齿亦为龄。天既与女九龄,女得九十年之祥。是我为百岁,尔为九十,吾与尔三焉,言我于百年中,与尔以三年焉。皇氏云:'以九龄谓铃铎,谓天以九个铃铎而与武王。遍验书本,龄皆从齿,解为铃铎,于理有疑,亦得为一义。今谓天直以九龄之言而与武王,不知龄

① [清]阮元校刻:《十三经注疏·礼记正义》(清嘉庆刊本),中华书局 2009 年版,第 3040—3041 页。

是何事,故文王不审,云女以为何'"。①

从所引可以见出,文王正将天锡以"龄"解为"年龄"。

"经、子中此类往往而有",经、子互证,也是钱锺书训释的一贯方法。

[11]《左传》襄公二十七年:

辛巳,将盟于宋西门之外。楚人衷甲。伯州犁曰:"合诸侯之师,以为不信,无乃不可乎?夫诸侯望信于楚,是以来服。若不信,是弃其所以服诸侯也。"固请释甲。子木曰:"晋、楚无信久矣!事利而已。苟得志焉,焉用有信?"大宰退,告人曰:"令尹将死矣,不及三年。求逞志而弃信,志将逞乎?志以发言,言以出信,信以立志,参以定之。信亡,何以及三?"②

《正义》曰:"志将逞乎?"言其不得逞也。在心为志,出口为言,志有所之,言乃出口,故志以发言也。与人为信,必言以告之,故言以出信也。于人有信,志乃得立,故信以立志也。人之处身于世,常恐不得安定。参即三也,言也,信也,志也。三者俱备,然后身得安定。欲安其身,用此三者以定之。信亡则志不立,失志必死不久,何以得及三年?③

[12]据清人严可均辑《全上古三代秦汉三国六朝文·全晋文》卷五十七所载:"袁宏字彦伯,小字虎,瑰弟猷之孙。永和初为谢尚安西参军,累迁桓温大司马记室,入为吏部郎,除东阳太守。有《后汉纪》三十卷……"④

其《三国名臣序赞》是一篇值得当代人反复阅读的名文,之中的"贤人"、"名臣"观念,对当代人为官理政颇具借鉴之用。特别是之中对历代论贤臣的文献梳理,鲜有如此集中者。《三国名臣序赞》有曰:

公瑾英达,朗心独见。披草求君,定交一面。桓桓魏武,外托霸迹。志掩

---

① [清]阮元校刻:《十三经注疏·礼记正义》(清嘉庆刊本),中华书局 2009 年版,第3041 页。

② [清]阮元校刻:《十三经注疏·春秋左传正义》(清嘉庆刊本),中华书局 2009 年版,第4333 页。

③ [清]阮元校刻:《十三经注疏·春秋左传正义》(清嘉庆刊本),中华书局 2009 年版,第4333—4334 页。

④ [清]严可均辑,何宛屏等审订:《全晋文》,商务印书馆 1999 年版,第 590 页。

衡霍,恃战忘敌。卓卓若人,曜奇赤壁。三光参分,宇宙暂隔。①

[13]《论语·卫灵公》第16则曰:

子曰:"不曰'如之何,如之何'者,吾末如之何也已矣。"

杨伯峻《论语译注》译此为:

孔子说:"【一个人】不想想'怎么办,怎么办'的,对这种人,我也不知道怎么办了。"②

此处,钱锺书并未一直站在经师训诂的角度来看待《论语》,而是从"文词之拈弄"这种谈艺的角度来解释,这也是钱锺书的高明处。

[14]《国语·晋语》九"董叔欲为系援"曰:

董叔将娶于范氏,叔向曰:"范氏富,盍已乎!"曰:"欲为系援焉。"他日,董祁于范献子曰:"不吾敬也。"献子执而纺于庭之槐,叔向过之,曰:"子盍为我请乎!"叔向曰:"求系,既系矣;求援,既援矣。欲而得之,又何请焉?"③

[15]《史记》卷七十"樗里子甘茂列传第十一"载:

樗里子者,名疾,秦惠王之弟也,与惠王异母。母,韩女也。樗里子滑稽多智,秦人号曰"智囊"。

《索隐》:滑音骨。稽音鸡。邹诞解云"滑,乱也。稽,同也。谓辨捷之人,言非若是,言是若非,谓能乱同异也"。一云滑稽,酒器,可转注吐酒不已。以言俳优之人出口成章,词不穷竭,如滑稽之吐酒不已也。《正义》:滑读为淈,水流自出。稽,计也。言其智计宣吐如泉,流出无尽,故杨雄《酒赋》云"鸱夷滑稽,腹大如壶"是也。颜师古云:"滑稽,转利之称也。滑,乱也。稽,碍也。其变无留也。"一说稽,考也,言其滑乱不可考较。④

钱锺书言"详见《史记》卷论《樗里子、甘茂传》",即《管锥编·史记会注考证》第二十七则"樗里子甘茂列传"论"滑稽":

---

① [清]严可均辑,何宛屏等审订:《全晋文》,商务印书馆1999年版,第596页。
② 杨伯峻译注:《论语译注》,中华书局2006年版,第186页。
③ 陈桐生译注:《国语》,中华书局2013年版,第543页。
④ [汉]司马迁撰:《史记》,[宋]裴骃集解,[唐]司马贞索隐,[唐]张守节正义,中华书局1999年版,第1815页。

"樗里子滑稽多智,秦人号曰'智囊'";《索隐》:"邹诞解云:'滑、乱也,稽、同也。……谓能乱同异也'";《考证》谓邹解是,引《孟、荀列传》及屈原《卜居》为证,又曰:"自史公录《滑稽传》,遂转为俳谐义"。按《滑稽列传》题下《索隐》与此同而较略,不言其解之出邹诞;《正义》于此传及《滑稽列传》题下皆引颜师古说,则出《汉书·公孙弘、卜式、兒宽传》"滑稽则东方朔、枚皋"句注。颜之第一义:"滑、乱也,稽、碍也,言其变乱无留碍也",颇符邹诞之解。"滑稽"二字双声,邹诞望文生义,未必有当于"滑稽"之名称,然而中肯入扣,殊能有见于滑稽之事理。夫异而不同,则区而有隔,碍而不通;淆而乱之,则界泯障除,为无町畦矣。庄子辩才无碍,物论能齐,厉施莛楹,胡越肝胆,《逍遥游》曰:"将磅礴万物以为一",司马彪注:"犹混同也";故《孟子、荀卿列传》以"滑稽乱俗"目之。《孔子世家》晏婴曰:"夫儒者滑稽而不可轨法",泷川漏引;"轨法"即"碍","滑稽"即"变乱"轨法也。《三国志·魏书·应璩传》裴注引《文章叙录》:"为诗以讽焉,其言虽颇谐合";"合"即"同"也,"谐合"者、"俳谐"出以"乱同异",即"滑稽"也。"滑稽"训"多智",复训"俳谐",虽"义"之"转"乎,亦理之通耳。观西语"wit"与"esprit"之兼二义,"spiritoso"与"spirituale"及"Witz"与"Wissen"之出一根,返而求之,不中不远。盖即异见同,以支离归于易简,非智力高卓不能,而融会贯通之终事每发自混淆变乱之始事(the power of fusing ideas depends on the power of confusing them)。论创造心理者谓之"两事相连"(bisociation)。俳谐之设譬为謔,机杼莫二。譬如唱噱之最凡近者为双关语(pun),混异义于同音,乱两字为一谈,非直"稽"而"滑"之,有类谜语之"解铃系铃"格欤? 墨憨斋定本《酒家佣》第二六折取古语打诨云:"但闻道可盗,须知姑不孤";以"盗"、"姑"、"孤"字混于"道"、"觚"字,复以"道可盗"、"姑不孤"句混于"道可道"、"觚不觚"句,且以道经《老子》俪儒典《论语》,即"滑稽"、"谐合"之例焉。康德尝言,解颐趣语能撮合茫无联系之观念,使千里来相会,得成配偶(Der Witz paart [assimiliert] heterogene Vorstellungen, die oftweit auseinander liegen);让·保罗至喻之为肯作周方、成人好事而乔装神父之主婚者(der Witz im engsten Sinn, der verklei-dete Priester, der jedes Paar kopuliert)。皆明其"乱同异"、"无留碍"。然则邹诞之释"滑稽",

义蕴精深,一名之训于心要已具圣解矣。别见《楚辞》卷论《卜居》。①

[16]《庄子·则阳》有曰:

仲尼问于大史大弢、伯常骞、狶韦曰:"夫卫灵公饮酒湛乐,不听国家之政;田猎毕弋,不应诸侯之际;其所以为灵公者何邪?"

大弢曰:"是因是也。"

伯常骞曰:"夫灵公有妻三人,同滥而浴。史鰌奉御而进所,搏币而扶翼。其慢若彼之甚也,见贤人若此其肃也,是其所以为灵公也。"

狶韦曰:"夫灵公也死,卜葬于故墓不吉,卜葬于沙丘而吉。掘之数仞,得石椁焉,洗而视之,有铭焉,曰:'不冯其子,灵公夺而里之。'夫灵公之为灵也久矣,之二人何足以识之!"②

郭象注曰:

欲以肃贤补其私慢。"灵"有二义,(不)【亦】可谓善,故仲尼问焉。③

[17]《公孙龙子·指物论》有曰:

物莫非指。而指非指。天下无指,物无可以谓物。非指者,天下无物,可谓指乎? 指也者,天下之所无也;物也者,天下之所有也。以天下之所有为天下之所无,未可。天下无指而物不可谓指者,非有非指也。非有非指者,物莫非指也。物莫非指者而指非指也。④

[18]后秦僧肇所撰《宝藏论》,一卷,又作《晋僧肇法师宝藏论》,分为三个部分:"广照空有品"、"离微体净品"、"本际虚玄品"《乾隆大藏经》有录,"离微体净品第二"曰:

夫色法如影、声法如响、但以影响指陈、未足封为真实。故指非月也、言非道也。会道亡言、见月亡指。是以迷离者、即为诸魔、爱取诸尘、乐著生死。夫迷微者、即为外道、非分推求、横生诸见。夫诸见根本者、莫越有无。何谓为有。

---

① 钱锺书:《管锥编》,三联书店 2007 年版,第 510—511 页。

② [清]郭庆藩撰,王孝鱼点校:《庄子集释》,中华书局 1961 年版,第 906—908 页。

③ [清]郭庆藩撰,王孝鱼点校:《庄子集释》,中华书局 1961 年版,第 908 页。

④ 王琯撰:《公孙龙子悬解》,中华书局 1992 年版,第 49—50 页。

谓妄有所作。何谓为无。为观察无所得也。

[19]《淮南子·精神训》有曰：

夫人之所以不能终其寿命而中道夭于刑戮者何也？以其生生之厚。夫惟能无以生为者，则所以修得生也。夫天地运而相通，万物总而为一。能知一，则无一之不知也；不能知一，则无一之能知也。譬吾处于天下也，亦为一物矣。不识天下之以我备其物与？且惟无我而物无不备者乎？然则我亦物也，物亦物也。物之与物也，又何以相物也？虽然，其生我也，将以何益？其杀我也。将以何损？夫造化者既以我为坏矣，将无所违之矣。吾安知夫刺灸而欲生者之非惑也？又安知夫绞经而求死者之非福也？或者生乃徭役也，而死乃休息也？天下茫茫，孰知之哉！其生我也不强求已，其杀我也不强求止。①

[20]《春秋繁露》"五行对第三十八"曰：

河间献王问温城董君曰："《孝经》曰：'夫孝，天之经，地之义。'何谓也？"对曰："天有五行：木、火、土、金、水是也。木生火，火生土，土生金，金生水。水为冬，金为秋，土为季夏，火为夏，木为春。春主生，夏主长，季夏主养，秋主收，冬主藏。藏，冬之所成也。是故父之所生，其子长之；父之所长，其子养之；父之所养，其子成之。诸父所为，其子皆奉承而续行之，不敢不致如父之意，尽为人之道也。故五行者，五行也。由此观之，父授之，子受之，乃天之道也。故曰：夫孝者，天之经也。此之谓也。"王曰："善哉！天经既得闻之矣，愿闻地之义。"对曰："地出云为雨，起气为风，风雨者，地之所为，地不敢有其功名，必上之于天，命若从天气者，故曰天风天雨也，莫曰地风地雨也。勤劳在地，名一归于天，非至有义，其孰能行此。故下事上，如地事天也，可谓大忠矣。土者，火之子也，五行莫贵于土。土之于四时无所命者，不与火分功名。木名春，火名夏，金名秋，水名冬。忠臣之义，孝子之行，取之土。土者，五行最贵者也，其义不可以加矣。五声莫贵于宫，五味莫美于甘，五色莫盛于黄，此谓孝者地之义也。"王曰："善哉！"②

---

① 刘文典撰，冯逸、乔华点校：《淮南鸿烈集解》，中华书局1989年版，第223—224页。

② 苏舆撰，钟哲点校：《春秋繁露义证》，中华书局1992年版，第314—317页。

[21]《春秋繁露》"五行五事第六十四"曰:

五事:一曰貌,二曰言,三曰视,四曰听,五曰思,何谓也? 夫五事者,人之所受命于天也,而王者所修而治民也。故王者为民,治则不可以不明,准绳不可以不正。王者貌曰恭,恭者敬也。言曰从,从者可从。视曰明,明者,知贤不肖,分明黑白也。听曰聪,聪者能闻事而审其意也。思曰容,容者言无不容。恭作肃,从作义,明作哲,聪作谋,容作圣。何谓也? 恭作肃,言王者诚能内有恭敬之姿,而天下莫不肃矣。从作义,言王者言可从,明正从行而天下治矣。明作哲,哲者知也,王者明则贤者进,不肖者退,天下知善而劝之,知恶而耻之矣。聪作谋,谋者谋事也,王者聪则闻事与臣下谋之,故事无失谋矣。容作圣,圣者设也,王者心宽大无不容,则圣能施设,事各得其宜也。①

[22]《全唐诗》卷一百二十五载王维《戏赠张五弟諲三首》(时在常乐东园,走笔成):

吾弟东山时,心尚一何远。日高犹自卧,钟动始能饭。领上发未梳,妆头书不卷。清川兴悠悠,空林对偃蹇。青苔石上净,细草松下软。窗外鸟声闲,阶前虎心善。徒然万象多,澹尔太虚缅。一知与物平,自顾为人浅。对君忽自得,浮念不烦遣。

张弟五车书,读书仍隐居。染翰过草圣,赋诗轻子虚。闭门二室下,隐居十年馀。宛是野人野,时从渔父渔。秋风自萧索,五柳高且疏。望此去人世,渡水向吾庐。岁晏同携手,只应君与予。

设置守獯兔,垂钓伺游鳞。此是安口腹,非关慕隐沦。吾生好清净,蔬食去情尘。今子方豪荡,思为鼎食人。我家南山下,动息自遗身。入鸟不相乱,见兽皆相亲。云霞成伴侣,虚白侍衣巾。何事须夫子,邀予谷口真。②

[23]《全唐诗》卷六九二载韩偓《八月六日作四首》:

日离黄道十年昏,敏手重开造化门。火帝动炉销剑戟,风师吹雨洗乾坤。左牵犬马诚难测,右袒簪缨最负恩。丹笔不知谁定罪,莫留遗迹怨神孙。

---

① 苏舆撰,钟哲点校:《春秋繁露义证》,中华书局1992年版,第389—391页。
② 中华书局编辑部点校:《全唐诗》,中华书局1999年版,第1239页。

金虎挺灾不复论，构成狂猘犯车尘。御衣空惜侍中血，国玺几危皇后身。图霸未能知盗道，饰非唯欲害仁人。黄旗紫气今仍旧，免使老臣攀画轮。

簪裾皆是汉公卿，尽作锋铓剑血醒。显负旧恩归乱主，难教新国用轻刑。穴中狡兔终须尽，井上婴儿岂自宁。底事亦疑惩未了，更应书罪在泉扃。

坐看包藏负国恩，无才不得预经纶。袁安堕睫寻忧汉，贾谊濡毫但过秦。威凤鬼应遮矢射，灵犀天与隔埃尘。堤防瓜李能终始，免愧于心负此身。①

[24] 周煇（公元 1126 年—公元 1198 年），字昭礼。《清波杂志校注》指出：" '名位千秋处士卑'，作者一生不仕，也不素隐行怪，立异鸣高。宋代各种史籍均不见其名，《宋史》当然无传。"②然其《清波杂志》极著名。周煇在"自序"中言："煇早侍先生长者，与聆前言往行，有可传者。岁晚遗忘，十不二三，暇日因笔之。非曰著述，长夏无所用心，贤于博弈云尔。时居都下清波门，目为《清波杂志》。"③

《清波杂志》"韩魏公遇刺"载：

韩魏公领四路招讨，驻延安。忽夜有携匕首至卧内者，乃夏人所遣也。公语之："汝取我首去。"其人曰："不忍，得谏议金带足矣。"明日，公不治此事。俄有守障者以元带来纳，留之。或曰："初不治此事为得体，卒受其带，则堕奸人计中矣。"公叹非所及。元丰间，亦有守边者一夕失城门锁，亦不究治，但巫令易而大之。继有得元锁来归者，乃曰："初不失也。"使持往合关键，蹉跌不相入。较以纳带，似得之。岂大贤千虑，未免一失乎？延安刺客，乃张元所遣。元本华阴布衣，使气自负，尝再以诗干魏公，公不纳，遂投西夏而用事。迨王师失律于好水川，元题诗于界上僧寺云："夏竦何曾耸，韩琦未是奇。满川龙虎举，犹自说兵机！"其不逊如此。熊子复著《九朝通略》，于康定元年书："华州进士张源逃入元昊界，诏赐其家钱米以反间之。"却用此"源"字。④

[25]《元遗山集》卷第十二"七言绝句"之"出都"云：

---

① 中华书局编辑部点校：《全唐诗》，中华书局 1999 年版，第 7874 页。
② [宋] 周煇撰，刘永翔校注：《清波杂志校注·前言》，中华书局 1994 年版。
③ [宋] 周煇撰，刘永翔校注：《清波杂志校注》，中华书局 1994 年版，第 1 页。
④ [宋] 周煇撰，刘永翔校注：《清波杂志校注》，中华书局 1994 年版，第 71 页。

春闺斜月晓闻莺,信马都门半醉醒。官柳青青莫回首,短长亭是断肠亭。①

[26]《拟咏怀二十七首》是庾信仿阮籍《咏怀八十二首》之作。阮籍五言诗《咏怀八十二首》,写他生当改朝换代之际的内心痛苦,庾信的拟作,虽然寄寓的身世之感有所不同,但抒发内心的痛苦是相似的。

《拟咏怀二十七首》之九为:

北临玄菟郡,南戍朱鸢城。共此无期别,俱知万里情。昔尝游令尹,今时事客卿。不特贫谢富,安知死美生。怀秋独悲此,平生何谓平。②

[27]据《全唐诗》卷三九五载:"刘叉,元和时人。少任侠,因酒杀人,亡命,会赦出,更折节读书,能为歌诗。闻韩愈接天下士,步归之,作《冰柱》、《雪车》二诗。"③刘叉为任侠之人,其"修养"诗曰:

损神终日谈虚空,不必归命于胎中。我神不西亦不东,烟收云散何濛濛。尝令体如微微风,绵绵不断道自冲。世人逢一不逢一,一回存想一回出。只知一切望一切,不觉一日损一日。劝君修真复识真,世上道人多忤人,披图醮录益乱神。此法那能坚此身,心田自有灵地珍。惜哉自有不自亲,明真汩没随埃尘。④

[28]《全唐诗》卷六二六载陆龟蒙《和袭美新秋即事次韵三首》:

心似孤云任所之,世尘中更有谁知。愁寻冷落惊双鬓,病得清凉减四支。怀旧药溪终独往,宿枯杉寺已频期。兼须为月求高处,即是霜轮杀满时。

帆樯衣裳尽钓徒,往来踪迹遍三吴。闲中展卷兴亡小,醉后题诗点画粗。松岛伴谭多道气,竹窗孤梦岂良图。还须待致升平了,即往扁舟放五湖。

声利从来解破除,秋滩唯忆下桐庐。鸬鹚阵合残阳少,蜻蜓吟高冷雨疏。辩伏南华论指指,才非玄晏借书书。当时任使真堪笑,波上三年学炙鱼。⑤

---

① 施国祁注,麦朝枢校:《元遗山诗集笺注》,人民文学出版社 1958 年版,第 567 页。

② [北周]庾信撰,[清]倪璠注,许逸民校点:《庾子山集注》,中华书局 1980 年版,第 235 页。

③ 中华书局编辑部点校:《全唐诗》,中华书局 1999 年版,第 4456 页。

④ 中华书局编辑部点校:《全唐诗》,中华书局 1999 年版,第 4457—4458 页。

⑤ 中华书局编辑部点校:《全唐诗》,中华书局 1999 年版,第 7234—7235 页。

[29]袁宏道《徐文长传》为奇文,有曰:

晚年愤益深,佯狂益甚。显者至门,皆拒不纳。时携钱至酒肆,呼下隶与饮。或自持斧击破其头,血流被面,头骨皆折,揉之有声。或以利锥锥其两耳,深入寸余,竟不得死。周望言:"晚岁诗文益奇,无刻本,集藏于家。"余同年有官越者,托以钞录,今未至。予所见者,《徐文长集》、《阙编》二种而已。然文长竟以不得志于时,抱愤而卒。

石公曰:先生数奇不已,遂为狂疾;狂疾不已,遂为囹圄。古今文人牢骚困苦,未有若先生者也。虽然,胡公间世豪杰,永陵英主,幕中礼数异等,是胡公知有先生矣;表上,人主悦,是人主知有先生矣。独身未贵耳。先生诗文崛起,一扫近代芜秽之习,百世而下,自有定论,胡为不遇哉?梅客生尝寄余书曰:"文长吾老友,病奇于人,人奇于诗。"余谓文长无之而不奇者也。无之而不奇,斯无之而不奇也哉! 悲夫!①

[30]《昭明文选》录陈琳《为曹洪与魏文帝书一首》,有曰:

盖闻过高唐者,劝王豹之讴;游睢涣者,学藻缋之彩。间自入益部,仰司马、杨、王遗风,有子胜斐然之志,故颇奋文辞,异于他日。怪乃轻其家丘,谓为倩人,是何言欤? 夫缘骥垂耳于林垌,鸿雀戢翼于污池,衰之者固以为园圄之凡鸟,外厩之下乘也。及整兰筋,挥劲翮,陵厉清浮,顾盼千里,岂可谓其借翰于晨风,假足于六驳哉! 恐犹未信丘言,必大噱也。②

[31]《文选》李善注:

孟康《汉书注》曰:丘,空也。此虽假孔子名,而实以空为戏也。或无丘言二字。《汉书》曰:赵李诸侍中皆谈笑大噱。《说文》曰:噱,大笑也。③

[32]《汉书》卷八十八"儒林传第五十八"曰:

王式字翁思,东平新桃人也。事免中徐公及许生。式为昌邑王师。昭帝崩,昌邑王嗣立,以行淫乱废,昌邑群臣皆下狱诛,唯中尉王吉、郎中令龚遂以数谏减死论。式系狱当死,治事使者责问曰:"师何以无谏书?"式对曰:"臣以

---

① [明]袁宏道著:《袁宏道集笺校》,上海古籍出版社2018年版,第716—717页。
② [梁]萧统编,[唐]李善注:《文选》,岳麓书社2002年版,第1292页。
③ [梁]萧统编,[唐]李善注:《文选》,岳麓书社2002年版,第1295页。

《诗》三百五篇朝夕授王,至于忠臣孝子之篇,未尝不为王反复诵之也;至于危亡失道之君,未尝不流涕为王深陈之也。臣以三百五篇谏,是以亡谏书。"使者以闻,亦得减死论,归家不教授。山阳张长安幼君先事式,后东平唐长宾、沛褚少孙亦来事式,问经数篇,式谢曰:"闻之于师具是矣,自润色之。"不肯复授。唐生、褚生应博士弟子选,诣博士,抠衣登堂,颂礼甚严,试诵说,有法,<u>疑者丘盖不言</u>。诸博士惊问何师,对曰事式。皆素闻其贤,共荐式。诏除下为博士。式征来,衣博士衣而不冠,曰:"刑余之人,何宜复充礼官?"既至,止舍中,会诸大夫博士,共持酒肉劳式,皆注意高仰之,博士江公世为《鲁诗》宗,至江公著《孝经说》,心嫉式,谓歌吹诸生曰:"歌《骊驹》。"式曰:"闻之于师:客歌《骊驹》,主人歌《客毋庸归》。今日诸君为主人,日尚早,未可也。"江翁曰:"经何以言之?"式曰:"在《曲礼》。"江翁曰:"何狗曲也!"式耻之,阳醉逼地。式客罢,让诸生曰:"我本不欲来,诸生强劝我,竟为竖子所辱!"遂谢病免归,终于家。①

如淳、师古注为:

如淳曰:"齐俗以不知为丘。"师古曰:"<u>二说皆非也。《论语》载孔子曰:'盖有不知而作之者,我无是也。'欲遵此意,故效孔子自称丘耳。盖者,发语之辞。</u>"②

[33]《梁书》卷三十八列传第三十三"朱异传":

朱异字彦和,吴郡钱唐人也。父巽,以义烈知名,官至齐江夏王参军、吴平令。

异年数岁,外祖顾欢抚之,谓异祖昭之曰:"此儿非常器,当成卿门户。"年十余岁,好群聚蒲博,颇为乡党所患。既长,乃折节从师,遍治《五经》,尤明《礼》、《易》,涉猎文史,兼通杂艺,博弈书算,皆其所长。年二十,诣都,尚书令沈约面试之,因戏异曰:"卿年少,何乃不廉?"异逡巡未达其旨。约乃曰:"天下唯有文义棋书,卿一时将去,可谓不廉也。"其年,上书言建康宜置狱司,比

---

① [汉]班固撰,[唐]颜师古注:《汉书》,中华书局 1999 年版,第 2677—2678 页。
② [汉]班固撰,[唐]颜师古注:《汉书》,中华书局 1999 年版,第 2678 页。

廷尉,敕付尚书详议,从之。

旧制,年二十五方得释褐。时异适二十一,特敕擢为扬州议曹从事史。寻有诏求异能之士,《五经》博士明山宾表荐异曰:"窃见钱唐朱异,年时尚少,德备老成。在独无散逸之想,处暗有对宾之色,器宇弘深,神表峰峻。金山万丈,缘陟未登;玉海千寻,窥映不测。加以珪璋新琢,锦组初构,触响铿锵,值采便发。观其信行,非惟十室所稀,若使负重遥途,必有千里之用。"高祖召见,使说《孝经》、《周易》义,甚悦之,谓左右曰:"朱异实异。"后见明山宾,谓曰:"卿所举殊得其人。"仍召异直西省,俄兼太学博士。其年,高祖自讲《孝经》,使异执读。迁尚书仪曹郎,入兼中书通事舍人,累迁鸿胪卿,太子右卫率,寻加员外常侍。①

[34]《太平广记》卷二四六"梁武"条:

梁高祖尝作五字垒韵曰:"后牖有榴柳。"命朝士并作。刘孝绰曰:"梁王长康强。"沈约曰:"偏眠船舷边。"庾肩吾曰:"载七每碍埭。"徐摛曰:"臣昨祭禹庙,残六斛熟鹿肉。"何逊用曹瞒故事曰:"暯苏姑枯卢。"吴均沈思良久,竟无所言。高祖愀然不悦,俄有诏曰:"吴均不均,何逊不逊,宜付廷尉。"(出《谈薮》)②

[35]《南史》卷三三列传第三十二何逊传:

逊字仲言,八岁能赋诗,弱冠,州举秀才。南乡范云见其对策,大相称赏,因结忘年交。谓所亲曰:"顷观文人,质则过儒,丽则伤俗,其能含清浊,中今古,见之何生矣。"沈约尝谓逊曰:"吾每读卿诗,一日三复,犹不能已。"其为名流所称如此。

梁天监中,兼尚书水部郎,南平王引为宾客,掌记室事,后荐之武帝,与吴均俱进幸。后稍失意,帝曰:"吴均不均,何逊不逊。未若吾有朱异,信则异矣。"自是疏隔,希复得见。卒于仁威庐陵王记室。

初,逊为南平王所知,深被恩礼,及闻逊卒,命迎其柩而殡藏焉,并饩其妻

① [唐]姚思廉撰:《梁书》,中华书局第 1999 年版,第 373 页。
② [宋]李昉等编:《太平广记》,中华书局 1961 年版,第 1906 页。(注:引用时,引者据文意断句)

子。东海王僧孺集其文为八卷。

初,逊文章与刘孝绰并见重,时谓之何、刘。梁元帝著论论之云:"诗多而能者沈约,少而能者谢朓、何逊。"①

[36]《全唐诗》卷三八八载卢仝"与马异结交诗":

天地日月如等闲,卢仝四十无往还。唯有一片心脾骨,巉岩崒硉兀郁律。刀剑为峰崿,平地放着高如昆仑山。天不容,地不受,日月不敢偷照耀。神农画八卦,凿破天心胸。女娲本是伏羲妇,恐天怒,捣炼五色石,引日月之针,五星之缕把天补。补了三日不肯归婿家,走向日中放老鸦。月里栽桂养虾蟆,天公发怒化龙蛇。此龙此蛇得死病,神农合药救死命。天怪神农党龙蛇,罚神农为牛头,令载元气车。不知药中有毒药,药杀元气天不觉。尔来天地不神圣,日月之光无正定。不知元气元不死,忽闻空中唤马异。马异若不是祥瑞,空中敢道不容易。昨日仝不仝,异自异,是谓大仝而小异。今日仝自仝,异不异,是谓仝不往分异不至,直当中分动天地。白玉璞里斫出相思心,黄金矿里铸出相思泪。忽闻空中崩崖倒谷声,绝胜明珠千万斛,买得西施南威一双婢。此婢娇饶恼杀人,凝脂为肤翡翠裙,唯解画眉朱点唇。自从获得君,敲金撼玉凌浮云。却返顾,一双婢子何足云。平生结交若少人,忆君眼前如见君。青云欲开白日没,天眼不见此奇骨。此骨纵横奇又奇,千岁万岁枯松枝。半折半残压山谷,盘根瘿节成蛟螭。忽雷霹雳辛风暴雨撼不动,欲动不动千变万化总是鳞皴皮。此奇怪物不可欺。卢仝见马异文章,酌得马异胸中事。风姿骨本恰如此,是不是,寄一字。②

[37]陈继儒《眉公诗录》卷二《香雨楼》之诗,文献检索殊难,故暂缺。

[38]谈迁(公元1594年—公元1657年),字孺木,号观若,明清之际著名史学家。因其定居海宁(今海宁市)枣林村,"书从地,不忘本",故其著作多冠以"枣林"二字。《枣林杂俎》全书分智、仁、圣、义、中、和六集十八门,其中土司一门有目无文,实有十七门。书中逸典、先正流闻等门对南明弘光朝的记

---

① [唐]李延寿撰:《南史》,中华书局第1999年版,第578页。
② 中华书局编辑部点校:《全唐诗》,中华书局1999年版,第4396—4397页。

载、明代典章制度及户帖式的真实记录,具有较高的史料价值。科牍、名胜、营建、器用、荣植等门对明代科举、民俗、物产、植物、山川等人文自然景观等也有详细的描述。本书对于了解明代历史,尤其是研究明末清初的历史具有一定的参考价值。

《枣林杂俎》287 则"民谣":

弘光年,要做官,非骑马(士英),即种田(太监田成)。

职方贱如狗,都督满街走,宰相只要钱,天子但呷酒。

射人先射马(士英),擒贼须擒王(铎)。

满街都督府,一部职方司。

自成不成,福王无福,两下皆非真主;北人用牛,南人相马,一般俱是畜生。

红花开,天子来,不办衣衫只办鞋。

朱家面,李家磨,做得一个大模模,送与对巷赵大哥。①

[39]王霖《弇山诗钞》卷三(客有评余诗者,云在"西江派"中,不减陈后山、黄山谷。又谓直是后山后,身不知何所见而云然,恐为闻者窃笑,故作数语谢之。"双井无双",杨诚斋诗中语也):

诗家原派本淙淙,耳食纷纭语自哤。敢道后山今有后,须知双井古无双。触蛮何物犹称国,曹邻终然不是邦。知子前言应戏耳,教人一口吸西江。②

[40]此处,钱锺书夫子自道,钱氏在《管锥编》中,每有精警之语,妥帖圆融,深得文字三昧。

[41]北宋袁文(公元 1119 年—公元 1190 年),字质甫,鄞州(今浙江鄞县)人,据《四库库提要》载:"幼喜读书,不汲汲于科名,而惟务勤学,有杂著一篇,曰《瓮牖闲评》。"《瓮牖闲评》一书:"专以考订为主,于经、史皆有辩论,条析同异,多所发明,而音韵之学尤多精审。"③《瓮牖闲评》有曰:

① [清]谈迁:《枣林杂俎》,中华书局 2006 年版,第 129 页。
② [清]王霖撰:《弇山诗钞二十二卷首二卷末二卷》(《清代诗文集汇编》第 254 册),第 60 页。
③ [宋]袁文:《影印文渊阁四库全书·子部·瓮牖闲评》(第 852 册),台湾商务印书馆 1983 年版,第 411 页。

397

萱草岂能忘忧也！《诗》云"焉得谖草，言树之背"者，谖训忘，如"终不可谖兮"之谖，盖言焉得忘忧之草而树之北堂乎。背，北堂耳。其谖字适与萱字同音，故当时戏谓萱草为忘忧，而注诗者适又解云："谖草令人忘忧。"后人遂以为诚然也。如嵇康谓"合欢蠲忿，萱草忘忧"，此二者止与千载之下作对，若谓其实，则无是理矣。①

[42]《吕氏春秋》孟冬纪第十"异宝"曰：

古之人非无宝也，其所宝者异也。孙叔敖疾，将死，戒其子曰："王数封我矣，吾不受也。为我死，王则封汝，必无受利地。楚、越之间有寝之丘者，此其地不利，而名甚恶。荆人畏鬼，而越人信机。可长有者，其唯此也。"孙叔敖死，王果以美地封其子而子辞，请寝之丘，故至今不失。孙叔敖之知，知不以利为利矣。知以人之所恶为己之所喜，此有道者之所以异乎俗也。

五员亡，荆急求之，登太行而望郑曰："盖是国也，地险而民多知。其主，俗主也，不足与举。"去郑而之许，见许公而问所之。许公不应，东南向而唾。五员载拜受赐，曰："知所之矣。"因如吴。过于荆，至江上，欲涉，见一丈人，刺小船，方将渔，从而请焉。丈人度之，绝江。问其名族，则不肯告，解其剑以予丈人，曰："此千金之剑也，愿献之丈人。"丈人不肯受，曰："荆国之法，得五员者，爵执圭，禄万檐，金千镒。昔者子胥过，吾犹不取，今我何以子之千金剑为乎？"五员过于吴，使人求之江上则不能得也，每食必祭之，祝曰："江上之丈人！天地至大矣，至众矣，将奚不有为也而无以为，为矣而无以为之。名不可得而闻，身不可得而见，其惟江上之丈人乎！"

宋之野人，耕而得玉，献之司城子罕，子罕不受。野人请曰："此野人之宝也，愿相国为之赐而受之也。"子罕曰："子以玉为宝，我以不受为宝。"故宋国之长者曰："子罕非无宝也，所宝者异也。"

今以百金与抟黍以示儿子，儿子必取抟黍矣；以和氏之璧与百金以示鄙人，鄙人必取百金矣。以和氏之璧、道德之至言以示贤者，贤者必取至言矣。

---

① ［宋］袁文：《瓮牖闲评》，上海古籍出版社1985年版，第2—3页。

其知弥精,其所取弥精。其知弥粗,其所取弥粗。①

高诱注:

"恶,谓丘名也。"②

[43]《晋书》卷四十二列传第十二"王济传":

济字武子。少有逸才,风姿英爽,气盖一时。好弓马,勇力绝人,善《易》及《庄》《老》,文词俊茂,伎艺过人,有名当世,与姊夫和峤及裴楷齐名。尚常山公主。年二十,起家拜中书郎,以母忧去官。起为骁骑将军,累迁侍中,与侍中孔恂、王恂、杨济同列,为一时秀彦。武帝尝会公卿藩牧于式乾殿,顾济、恂而谓诸公曰:"朕左右可谓恂恂济济矣!"每侍见,未尝不谘论人物及万机得失。济善于清言,修饰辞令,讽议将顺,朝臣莫能尚焉。帝益亲贵之。仕进虽速,论者不以主婿之故,咸谓才能致之。然外虽弘雅,而内多忌刻,好以言伤物,侪类以此少之。以其父之故,每排王濬,时议讥焉。③

[44]梁元帝萧绎(508—554),字世诚,自号金楼子。据《四库总目提要》:

《金楼子》六卷,梁孝元皇帝撰。《梁书·本纪》称"帝博览群书,著述词章,多行于世。其在藩时,尝自号金楼子,因以名书"。《隋书·经籍志》《唐书》《宋史·艺文志》俱载其目,为二十卷。晁公武《读书志》谓其书十五篇,是宋代尚无阙佚。至宋濂《诸子辨》、胡应麟《九流绪论》所列子部,皆不及是书。知明初渐巳湮没,明季遂竟散亡。故马骕撰《绎史》,徵采最博,亦自谓未见传本,仅从他书摭录数条也。今检《永乐大典》各韵,尚颇载其遗文。核其所据,乃元至正间刊本。勘验序目,均为完备。惟所列仅十四篇,与晁公武十五篇之数不合,其"二南五霸"一篇与"说蕃"篇,文多复见。或传刻者淆乱其目,而反佚其本篇欤?又《永乐大典》诠次无法,割裂破碎,有非一篇而误合者,有割缀别卷而本篇反遗之者。其篇端序述,亦惟戒子、后妃、捷对、志怪四篇尚存,余皆脱逸。然中间兴王、戒子、聚书、说蕃、立言、著书、捷对、志怪八篇,皆首尾完整,其他文虽搀乱,而幸其条目分明,尚可排比成帙。谨详加裒

---

① 许维通:《吕氏春秋集释》(上、下),中华书局2009年版,第229—234页。
② 许维通:《吕氏春秋集释》(上、下),中华书局2009年版,第230页。
③ [唐]房玄龄等撰:《晋书》,中华书局1999年版,第793—794页。

缀，参考互订，厘为六卷。其书于古今闻见事迹，治忽贞邪，咸为苞载。附以议论，劝戒兼资，盖亦杂家之流。而当时周、秦异书未尽亡佚，具有徵引。如许由之父名耳，兄弟七人，十九而隐，成汤凡有七号之类，皆史外轶闻，他书未见。又立言、聚书、著书诸篇，自表其撰述之勤，所纪典籍源流，亦可补诸书所未备。惟永明以后，艳语盛行，此书亦文格绮靡，不出彼时风气。其故为古奥，如纪始安王遥光一节，句读难施，又成变体。至于自称五百年运余何敢让，俨然上比孔子，尤为不经。是则瑕瑜不掩，亦不必曲为讳尔。①

《金楼子》"立言篇九上"言：

魏长高有雅体，而才学非所经。初官出，虞存嘲之曰："与卿约法三章，谈死、文笔刑、商略底罪。"魏怡然而笑，无忤于色。更觉长高之为高，虞存之为愚也。②

《金楼子》"立言篇"多有嘉言，深省于人，如"立言篇九上"曰：

与人善言，暖于布帛；伤人以言，深于矛戟。赠人以言，重于金石珠玉；观人以言，美于黼黻文章；听人以言，乐于钟鼓琴瑟。俭约之德，其义大哉。齐之迁卫于楚丘也，卫文公大布之衣，大帛之冠，务材训农，敬教劝学，元年有车三十乘，季年三百乘也。岂不宏之在人。③

[45]宋曾季狸《艇斋诗话》一卷，有云：

东湖江行见雁，出一对云："沙边真见雁"，有真赝之意。久之，公自对"云外醉观星"；以"醒醉"对"真赝"，极工！④

[46]李元度《天岳山房文钞》卷一七《游金焦北固山记》：

御题殿舍旁，精舍环列，曰枯木堂，曰石肯堂，藏经阁碑碣如林，古瘗鹤铭

① ［梁］孝元帝撰：《影印文渊阁四库全书·子部·杂家类·杂学之属·老子道德经》（第848册），台湾商务印书馆1983年版，第791—792页。
② ［梁］孝元帝撰：《影印文渊阁四库全书·子部·杂家类·杂学之属·老子道德经》（第848册），台湾商务印书馆1983年版，第845页。
③ ［梁］孝元帝撰：《影印文渊阁四库全书·子部·杂家类·杂学之属·老子道德经》（第848册），台湾商务印书馆1983年版，第837页。
④ ［宋］曾季狸撰：《续修四库全书》编纂委员会编：《续修四库全书·集部·诗文评类·艇斋诗话》（集部第1694册），上海古籍出版社2002年版，第493页。

移嵌于此,临本凡四家,其上方则高宗御临本也。观周鼎,古光黝然,铜鼓二,为诸葛遗制。右为焦山祠壁,锲杨忠愍诗,有"扬子江行入扬子,椒山今日游焦山"之句,字奇伟。①

[47]《曝书亭集》第七卷《风怀二百韵》:

乐府传西曲,佳人自北方。问年愁豕误,降日叶蛇祥。巧笑元名寿,妍娥合唤嫦。次三蒋侯妹,第一汉宫嫱。铁拨娴诸调,云璈按八琅。琴能师贺若,字解辨凡将。弱絮吟偏敏,蛮笺挈最强。居连朱雀巷,里是碧鸡坊。偶作新巢燕,何心敝笱魴。连江驰羽檄,尽室隐村艭。绾髻辞高阁,推篷倚峭樯。蛾眉新出茧,莺舌渐抽簧。慧比冯双礼,娇同左蕙芳。欢惊翻震荡,密坐益彷徨。板屋丛丛树,溪田稜稜姜。垂帘遮雁户,下榻碍蜂房。疟鬼同时逐,祆神各自禳。乱离无乐土,漂转又横塘。皂散千条荚,红飘一丈蔷。重关于盼盼,虚牖李当当。凤子裙纤褶,鸦头袜浅帮。倦犹停午睡,暇便踏春阳。雨湿秋千索,泥融碌碡场。冒丝捎蟏蟏,拒斧折螳螂。侧径循莎荇,微行避麦黄。浣纱宜在石,挑菜每登畖。萝茑情方狃,萑苻势忽猖。探丸搜保社,结侣窜茅篁。庞改梁鸿赁,机仍织女襄。疏棂安镜槛,斜桷顿书仓。路岂三桥阻?屏还六扇僮。弓弓听点屐,了了见缝裳。凤拟韩童配,新来卓女孀。缟衣添绰约,星靥婉清扬。芸帙恒留箧,兰膏惯射芒。长筵分泼散,复帐捉迷藏。查贮芙蓉粉,萁煎豆蔻汤。洧盘潜浴宓,邻壁暗窥匡。苑里艰由鹿,藩边喻触羊。末因通叩叩,只自觉怅怅。盂里经三徙,樊楼又一厢。渐于牙尺近,莫避灶觚炀。题笔银钩在,当窗绣袂飏。有时还邂逅,何苦太周防?令节矜元夕,珍亭溢看场。闹蛾争入市,响屧独循廊。枨触钗先溜,檐昏烛未将。径思乘窘步,梯已上初桄。莫绾同心结,停斟冰齿浆。月难中夜堕,罗枉北山张。冰下人能语,云中雀待翔。青绫催制被,黄竹唤成箱。玉诧何年种,珠看满斛量。彩幡摇婀娜,漆管韵清锵。白鹄来箫史,斑骓驾陆郎。徒然随画舸,不分上华堂。紫葛牵驼架,青泥湿马杭。枇杷攒琐琐,榉柳荫牂牂。金屋深如此,璇宫思未央。朝霞凝远

---

① [清]李元度撰,《续修四库全书》编纂委员会编:《续修四库全书·集部·别集类·天岳山馆文钞》(集部第1549册),上海古籍出版社2002年版,第277页。

岫，春渚得归艖。古渡迎桃叶，长堤送宦娘。翠微晴历历，绿涨远汪汪。日影中峰塔，潮音大士洋。寻幽虽约伴，过涉乃须昂。澹墨衫何薄，轻纨扇屡障。心怜明艳绝，目奈冶游狂。缆解青丝筏，茵铺白篾篷。回波吟栲栳，鸣橹入菰蒋。竹笋重重箨，茶牙段段枪。甘蔗翻旧谱，活火试头纲。榼易倾鹦鹉，裘折典鹔鹴。晓醒消芳蔗，寒具析饧餭。已共吴船凭，兼邀汉佩缥。瘦应怜骨出，嫌勿避形相。楼下兜袅卧，阑边拭泪妆。便思蚕负蠚，窃拟凤求凰。两美诚难合，单情不可详。计程冲瘴疠，回首限城隍。红豆凭谁寄？瑶华暗自伤。家人卜归妹，行子梦高唐。杜宇催归数，乌尼送喜忙。同移三亩宅，并载五湖航。院落虬檐月，阶流兔杵霜。池清洞菡萏，垣古缭篔筜。乍执掺掺手，弥回寸寸肠。背人来冉冉，唤坐走伴伴。啮臂盟言覆，摇情漏刻长。已教除宝扣，亲为解明珰。领爱蠕蛴滑，肌嫌蜥蜴妨。梅阴虽结子，瓜字尚含瓤。捉搦非无曲，温柔信有乡。真成惊蛱蝶，甘作野鸳鸯。暂别犹凝睇，兼旬遽病尪。历头逢腊尽，野外祝年穰。忽柱椒花颂，来浮柏子觞。亮因微触会，肯负好时光？炉巫薰兔葵，卮须引鹤吭。象梳收鬓堕，犀角镇心恇。灭焰余残炧，更衣挂短桁。簪挑金了鸟，白转木苍根。纳履毺㲢底，寒帱篦敕旁。绮衾容并覆，皓腕或先攘。暮暮山行雨，朝朝日照梁。含娇由半醉，唤起或三商。连理缘枝叶，于飞任颉颃。烧灯看傀儡，出队舞跳踉。但致千金笑，何妨百戏偿。偶然闲院落，随意发缣缃。竹叶符教佩，留藤酱与尝。砚明鸲鹆眼，香颤鹧鸪肪。日以娑拖永，时乘燕婉良。本来通碧汉，原不限红墙。天定从人欲，兵传迫海疆。为园依锦里，相宅夹清漳。夺织机中素，看春石上梁。茗炉寒说饼，芋火夜然糠。唐突邀行酒，勾留信裹粮。比肩吴下陆，偷嫁汝南王。画舫连晨夕，歌台杂雨旸。旋娟能妙舞，骞姐本名倡。记曲由来擅，催归且未遑。风占花信改，暑待露华瀼。蓄意教丸药，含辛为吮疮。赋情怜宋玉，经义问毛苌。芍药将离草，蘼芜赠远香。潮平江截苇，亭古岸多樟。镜水明于镜，湘湖曲似湘。加餐稠叠语，浓墨十三行。约指连环脱，苧绵袷腹长。急如虫近火，躁甚蟹将糖。理棹回青翰，骖驹骤玉镶。宁期共命鸟，遽化递毛鹲。寄恨遗卷发，题缄属小臧。愤娄殊蔡琰，嫁悔失王昌。作事逢张角，无成种董葑。流年憎禄命，美疢中膀胱。手自调羹臛，衣还借裲裆。口脂匀面罍，眉语背人刚。力弱横陈易，行迟小胆慌。留仙裙尽皱,堕马鬓交鬤。不寐扉重闭,巡檐户暗搪。风微翻蝙蝠,烛至歇蚩螀。雾渐迷三里,星仍隔五潢。轻帆先下雪,歧路误投杭。九日登高阁,崇朝舍上庠。者回成逼侧,此去太仓惶。乱水逾浮玉,连峰度栝苍。恶溪憎诎屈,盘屿苦低昂。地轴何能缩,天台讵易望? 重过花贴胜,相见纺停軒。射雉须登陇,求鱼别有枋。苞篱六枳近,练浦一舟荡。乌桕遮村堠,青苹冒野湟。洛灵潜拾翠,蚕妾未登桑。骤喜佳期定,宁愁下女当? 繁英经夜合,珍木入宵炕。启牖冰纱绿,开奁粉拂黄。话才分款曲,见乃道胜常。即事怜聪慧,那教别慨慷。揭来要汉艾,块独泛沙棠。送远歌三叠,销魂赋一章。兜鞋投暗室,卷箔指昏宄。命续同功缕,杯余九节菖。截筒包益智,消食饷槟榔。胶合粘鸾鸟,丸坚抱蚶蜣。欢难今夜足,忧且暂时忘。本拟成翁姬,无端失比沆。睫边惟有泪,心上岂无盂? 针管徐抽线,阑灰浅涷巟。毫尖渲画笔,肘后付香囊。诀决分沟水,缠绵解佩璜。但思篙橹折,莫系马聂骢缰。帏帐辞秦淑,音尘感谢庄。岂无同宿雁? 终类失群獐。卫颙频开匲,秦衣忍用样? 炕蒸乡梦短,雪卷朔风雾。绝塞缘螭螖,丛祠吊好蚄。刀环归未得,轨革兆难彰。客乍来金凤,书犹报白狼。百忧成结轖,一病在膏肓。峡里瑶姬远,风前少女奊。款冬殊紫蔓,厄闰等黄杨。定苦遭谣诼,凭谁解迭遏。樉先为檀斫,李果代桃僵。口似衔碑阙,肠同割剑铓。返魂无术士,团土少娲皇。翦纸招南国,输钱葬北邙。春秋鹓蝉换,来往鸯鸠抢。油壁香车路,红心宿草冈。崔徽风貌在,苏小墓门荒。侧想营斋奠,无聊检筍筐。方花余莞蒻,文瓦失香姜。扇憾芳姿遣,环悲柰女亡。玉箫迷处所,锦瑟最凄凉。束竹攒心曲,栖尘眯眼眶。转添词怅怅,莫制泪浪浪。慢卷紬空叠,铃淋雨正铗。情深繁主簿,痴绝顾长康。永逝文凄庚,冥通事渺茫。感甄遗故物,怕见合欢床。①

[48]此处,钱锺书指出,"窃谓乃双关语,谓男女内外有坊,意中人相隔不得见也",角度新异,有见发。

[49]《五灯会元》卷四赵州从谂章次:

僧问:"如何是古佛心?"师曰:"三个婆子排班拜。"问:"如何是不迁义?"

---

① [清]朱彝尊:《曝书亭集》,世界书局1984年版,第92—94页。

师曰："一个野雀儿从东飞过西。"问："学人有疑时如何?"师曰："大宜小宜。"曰："大疑。"师曰："大宜东北角,小宜僧堂后。"①

[50]《五灯会元》卷一九"保福殊禅师":

英州保福殊禅师,僧问："诸佛未出世时如何?"师曰："山河大地。"曰："出世后如何?"师曰："大地山河。"曰："恁么则一般也。"师曰："敲砖打瓦。"问："如何是和尚家风?"师曰："碗大碗小。"曰："客来将何祗待?"师曰："一杓两杓。"曰："未饱者,作么生?"师曰："少吃少吃。"问："如何是大道?"师曰："闹市里。"曰："如何是道中人?"师曰："一任人看。"问："如何是禅?"师曰："秋风临古渡,落日不堪闻。"曰："不问这个蝉。"师曰："你问那个禅?"曰："祖师禅。"师曰："南华塔外松阴里,饮露吟风又更多?"问："如何是真正路?"师曰："出门看猴子。"乃曰："释迦何处灭俱尸? 弥勒几曾在兜率? 西觅普贤好惭愧,北讨文殊生受屈。坐压毗卢额汗流,行筑观音鼻血出。回头摸着个扁担,却道好个木牙笏。"喝一喝,下座。②

---

① [宋]普济著,苏渊雷点校:《五灯会元》,中华书局1984年版,第206页。

② [宋]普济著,苏渊雷点校:《五灯会元》,中华书局1984年版,第1248页。

一九　七八章

"正言若反"

[原文]

　　"圣人云：受国之垢，是谓社稷主；受国之不祥，是谓天下王。正言若反。"[1] 按苏辙《老子解》云："正言合道而反俗，俗以受垢为辱、受不祥为殃故也。"[2] 他家之说，无以大过，皆局于本章。夫"正言若反"，乃老子立言之方，《五千言》中触处弥望，即修词所谓"翻案语"（paradox）与"冤亲词"（oxymoron），固神秘家言之句势语式耳[3]（Jonas Cohn，Theorie der Dialektik，219："Die beliebteste Ausdruckform dieser Geisteshaltung，die man 'intuitionistisch' nennen kann，ist das Oxymoron"；cf.110.）。

[涉典考释与评注]

　　[1]《老子》第78章王弼注，只注"天下莫柔弱于水，而攻坚强者莫之能胜，其无以易之"一句，内容如下：

　　以，用也。其谓水也，言用水之柔弱，无物可以易之也。①

　　[2] 苏辙《老子解》"天下柔弱章第七十八"仅一句，即钱锺书所引：

---

　　①　[魏]王弼：《影印文渊阁四库全书·子部·道家类·老子道德经》（第1055册），台湾商务印书馆1983年版，第183页。

正言合道而反俗,俗以受垢为辱、受不祥为殃故也。①

[3]"paradox"在英语中的意思为"悖论"、"隽语","oxymoron"为"矛盾修辞法",使用两种不相调和甚至截然相反的词语来形容一件事物,造成"出人意外的,引人入胜"修辞效果。

钱锺书此处从修辞角度立论,发掘《老子》文本中大量使用的"矛盾修辞法",这种书写方式,使《老子》文本充满着哲理与韵味,是《老子》智慧表达的象征。

[原文]

有两言于此,世人皆以为其意相同相合,例如"音"之与"声"或"形"之与"象";翻案语中则同者异而合者背矣,故四一章云:"大音希声,大象无形。"又有两言于此,世人皆以为其意相违相反,例如"成"之与"缺"或"直"之与"屈";翻案语中则违者谐而反者合矣,故四五章云:"大成若缺,大直若屈。"复有两言于此,一正一负,世人皆以为相仇相克,例如"上"与"下",冤亲词乃和解而无间焉,故三八章云:"上德不德。"此皆苏辙所谓"合道而反俗也"。犹皮相其文词也,若抉髓而究其理,则否定之否定尔。反正为反,反反复正(**Duplex negatio affirmat**);"正言若反"之"正",乃反反以成正之正,即六五章之"与物反矣,然后乃至大顺"。如七章云:"以其不自生,故能长生。……非以其无私耶? 故能成其私。"夫"自生"、正也,"不自生"、反也,"故长生"、反之反而得正也;"私"、正也,"无私"、反也,"故成其私"、反之反而得正也。他若曲全枉直、善行无辙、祸兮福倚、欲歙固张等等,莫非反乃至顺之理,发为冤亲翻案之词。[1]《金刚仙论》卷三:"我谓为有,如来说无;我适谓无,如来复为我说有,此明中道之理"[2];

【增订二】参观前论第二章引《坛经·付嘱品》[3]。《大般涅槃经·狮子

① [宋]苏辙:《影印文渊阁四库全书·子部·道家类·老子解》(第 1055 册),台湾商务印书馆 1983 年版,第 234 页。

吼菩萨品》第一一之一亦言："无常、无断,乃名中道";[4]《梵行品》第八之二:
"世尊有大方便:无常说常,常说无常;我说无我,无我说我;非道说道,道说非
道"云云都二十余句。[5]《付嘱品》有"五对"、"十二对"、"三十六对"之目,
谓:"问'有'将'无'对,问'无'将'有'对,问'凡'以'圣'对,问'圣'以'凡'
对。""二道相因,生中道义";亦"大方便"之属也。[6]神会《语录》第一残卷:
"今言中道者,要因边义;若不因边义,中道亦不立";[7]施彦执《北窗炙輠》卷
上记一僧曰:"佛法岂有他哉? 见人倒从东边去,则为他东边扶起;见人倒从
西边去,则为他西边扶起;见渠在中间立,则为他推一推"[8](参观方回《桐江
集》卷一《名僧诗话序》、《独深居点定〈玉茗堂集〉》文卷三《〈五灯会元〉序》、
尤侗《艮斋杂说》卷六论禅语得"翻案法")[9]。与"正言若反",可相说以
解也。

[涉典考释与评注]

[1]钱锺书此处以一长段文字,来解释"翻案语"与"冤亲词"。"翻案语"
是指一般以为两言"其意相同相合",但同变成异、合变成背,如"音"与"声"、
"形"与"象"本应相同,但在"大音希声,大象无形"一语中,则同者成异、合者
相背了;而另一种情况,则是一般以为两言"其意相违相反",但相违者变得和
谐、相反者变得相合,即所举"大成若缺,大直若屈"之例,"成"与"缺"相谐
类,"直"与"屈"成姻亲。而"冤亲词"则是两词的和解并且融为一体,虽然
"反俗",即违反俗常的理解,但是"合道",即合规律,只是这种规律,在大多数
情况下不易被发现。

这种"正言若反"的修辞,被不断总结与提升,如唐钺《修辞格》一书中所
列"反言格",就是指"一句话之中,表面上好像合着两个互相矛盾的意思,但
是却有深意在内"的辞格,作者认为:"老子说,'正言若反'大概也是指这种语
法",并指出:"反言格是《老子》特色"。陈望道先生的《修辞学发凡》一书,将
此种法式归入警策修辞格之中,指出这是"话面矛盾反常而意思还是连贯通
顺,可以称之'奇说''妙语'的一种警策格",并认为:"这是警策格中最为奇

特,却又最为精彩的一种形式"。①

[2]《金刚仙论》卷三有曰:

何以故者,此是第三何以故也。疑者闻前法空中第三第四句释,疑云:证法虽无名相,非不可依言辞而说,故言亦非无相,便执言若前证法可以名句诠说,此能诠名句则是证智中有,若尔证法便是有相,那得上言真如证法体无名相?然如来言自不定,我谓为有,如来说无;我适谓无,如来复为我说有,何以故?不为我定说,故言何以故也。

[3]即《管锥编·老子王弼注》第三则论《老子》第二章"正反依待"这一主题。

[4]《大般涅槃经集解》卷第五十四"狮子吼品"第二十三言:

复次,善男子!众生起见凡有二种:一者常见,二者断见。如是二见不名中道。无常、无断乃名中道。无常、无断即是观照十二因缘智。如是观智,是名佛性。②

[5]《大般涅槃经集解》卷第三十六"梵行品"第二十言:

善男子!如来世尊有大方便,无常说常、常说无常,说乐为苦、说苦为乐,不净说净、净说不净,我说无我、无我说我,于非众生说为众生、于实众生说非众生,非物说物、物说非物,非实说实、实说非实,非境说境、境说非境,非生说生、生说非生,乃至无明说明、明说无明,色说非色、非色说色,非道说道、道说非道。善男子!如来以是无量方便,为调众生,岂虚妄耶?③

[6]《六祖坛经》"付嘱品第十"言:

师一日唤门人法海、志诚、法达、神会、智常、智通、志彻、志道、法珍、法如等,曰:"汝等不同余人,吾灭度后,各为一方师。吾今教汝说法,不失本宗。"

"先须举三科法门,动用三十六对,出没即离两边。说一切法,莫离自性。

① 参阅魏永贵:《老子》书中"冤亲词"与"翻案语"论析,《汉字文化》2008年第1期。
② [南朝·宋]道生等撰,于德隆点校:《大般涅槃经集解》(下),线装书局2016年版,第304—305页。
③ [南朝·宋]道生等撰,于德隆点校:《大般涅槃经集解》(下),线装书局2016年版,第10页。

忽有人问汝法，出语尽双，皆取对法，来去相因。究竟二法尽除，更无去处。

"三科法门者，阴界入也。阴是五阴，色、受、想、行、识是也。入是十二入，外六尘，色、声、香、味、触、法；内六门，眼、耳、鼻、舌、身、意是也。界是十八界，六尘、六门、六识是也。自性能含万法，名含藏识。若起思量，即是转识。生六识，出六门，见六尘，如是一十八界，皆从自性起用。

"自性若邪，起十八邪；自性若正，走十八正。若恶用即众生用，善用即佛用；用由何等，由自性有。

"对法外境，无情五对：天与地对，日与月对，明与暗对，阴与阳对，水与火对，此是五对也。

"法相语言十二对：语与法对，有与无对，有色与无色对，有相与无相对，有漏与无漏对，色与空对，动与静对，清与浊对，凡与圣对，僧与俗对，老与少对，大与小对，此是十二对也。

"自性起用十九对：长与短对，邪与正对，痴与慧对，愚与智对，乱与定对，慈与毒对，戒与非对，直与曲对，实与虚对，险与平对，烦恼与菩提对，常与无常对，悲与害对，喜与嗔对，舍与悭对，进与退对，生与灭对，法身与色身对，化身与报身对，此是十九对也。"

师言："此三十六对法，若解用，即道贯一切经法，出入即离两边。"

"自性动用，共人言语，外于相离相，内于空离空。若全著相，即长邪见。若全执空，即长无明。执空之人有谤经，直言不用文字。既云不用文字，人亦不合语言；只此语言，便是文字之相。又云，直道不立文字，即此不立两字，亦是文字。见人所说，便即谤他言著文字，汝等须知自迷犹可，又谤佛经；不要谤经。罪障无数。

"若著相于外，而作法求真；或广立道场，说有无之过患，如是之人，累劫不得见性。但听依法修行，又莫百物不思，而于道性窒碍。若听说不修，令人反生邪念。但依法修行无住相法施。汝等若悟，依此说，依此用，依此行，依此作，即不失本宗。

"若有人问汝义，问有将无对，问无将有对；问凡以圣对，问圣以凡对。二道相因，生中道义。

"如一问一对,余问一依此作,即不失理也。设有人问:何名为暗?答云:明是因,暗是缘,明没即暗。以明显暗,以暗显明,来去相因,成中道义。余问悉皆如此。汝等于后传法,依此转相教授,勿失宗旨。"①

[7]神会(公元684年—公元758年),唐代名僧,荷泽宗的创始者,六祖惠能晚期弟子,幼学五经、老庄、诸史,后倾心于佛教。《神会语录》(东方出版社2016年版)载:

庐山法师问:何者是中道义?答曰:边义即是。问:今问中道义,何故答边义是?答曰:今问中道义,何故答边义是?答曰:今言中道者,要因边义立;若其不立边,中道亦不立。

[8]施德操,字彦执,南宋人,生卒年均不详,撰《孟子发题》《北窗炙輠录》,均有刻本存世。《北窗炙輠录》为史料笔记,对研究宋代学术思想与社会历史颇有参考价值。"'炙輠'之名,盖取义于淳于髡事,然所记多当时前辈盛德,可为士大夫观法者,实不以滑稽嘲弄为主,未审何以命此名也。"

诸葛孔明每见庞德公辄拜床下,庞公初不令止,子韶曰:"拜床下者,以为诸葛孔明,而受拜于床上者,其人何如哉?"诚哉是言!然则诸葛孔明观庞德公,则其人物为何如?然其平生所有,乃付之灰埃草莽,自鹿门一隐之后,遂不见踪迹。呜呼!非其德盛,何以至此!又安得使孔明不为之屡拜乎?孔明视德公,固为晚进矣。然孔明在妙龄时,才气如何?当下视一世乃肯拜德公于床下,此所以为诸葛孔明也,没量之人只为此一点摩拂不下。德先言:"一僧曰:'吾佛法岂有他哉?见人倒从东边去,则为他东边扶起;见人倒从西边去,则为他西边扶起;见渠在中间立,则为他推一推。'中间之说煞好。"德先名与仁,德昭弟也。②

《北窗炙輠录》中颇有精警之笔,如:

---

① 尚荣译注:《坛经》,中华书局2010年版,第171—176页。
② [宋]施德操:《影印文渊阁四库全书·子部·小说家类·北窗炙輠录》(第1039册),台湾商务印书馆1983年版,第373—374页。

范文正公云:"凡为官者,私罪不可有,公罪不可无。"天下名言也。①

温公初官凤翔府,年尚少,家人每见其卧斋中,忽蹶起著公服,执手板,坐久之,人莫测其意。范纯甫尝从容问其说,公乃曰:"吾念天下安危事,不敢不敬。"范蜀公言储嗣事,章十九上,待罪百余日,须发尽白。呜呼,君子于天下国家事,其精诚至于如此,古所无有也,真使人敬仰。温公与蜀公平生友善,温公自谓吾与景仁实兄弟,但姓异耳。观二君子此事,良哉,朋友!②

[9]方回《桐江集》卷一《名僧诗话序》曰:

古圣人作民,有康衢之谣,君有歌,臣有赓,皆所以言其志而天机之不能自已者也。上之朝廷公卿,下之闾巷子女,皆有诗。至周有三千余篇,孔子删三百篇,垂于后世,盖取其喜、怒、哀、乐、爱、恶、欲之七情,发为风、雅、颂、赋、比、兴之六体,曰"思无邪",曰"止乎礼义",以达政教,以移风俗,此诗之大纲然也。彼西域之人,世守其旁行之书,以习乎释迦氏之说,意者中国伏羲之画,仓颉之字,虽帝王盛时未尝化行于葱岭流沙之外,故其口之所传,笔之所授,惟死生为一大事,而于吾道危微精一之旨无闻焉。然以华言译其所谓伽陁波蔗祇夜,则与吾中国四言、五言、六言、七言诗有暗合者,岂亦先得我心之所同然者乎。且中国之人其知有佛也,自后汉永平始,其许为僧也;自曹魏皇初始,其变于禅也;自萧梁普通始,佛也,僧也,禅也,此三字中国本无之,佛仔之佛(音弼),借是字为符勿之切,而训为觉禅让之禅(音缮),借是字为时连之切,……③

方回《名僧诗话序》,将中国传统之诗与异域之佛在表达方式上进行汇通,这是一个新异的角度,能启发后学。但是,《名僧诗话序》中并无与钱锺书所引内容相同的表述。

沈际飞《独深居点定〈玉茗堂集〉》难于检索,故暂缺。

① [宋]施德操:《影印文渊阁四库全书·子部·小说家类·北窗炙輠录》(第1039册),台湾商务印书馆1983年版,第367页。
② [宋]施德操:《影印文渊阁四库全书·子部·小说家类·北窗炙輠录》(第1039册),台湾商务印书馆1983年版,第371页。
③ [元]方回撰,《续修四库全书》编纂委员会编:《续修四库全书·集部·别集类·桐江集八卷》(集部第1322册),上海古籍出版社2002年版,第363—364页。

尤侗《艮斋杂说》卷六有言：

神秀偈云：身是菩提树，心如明镜台。时时勤拂拭，莫使惹尘埃。六祖和云：菩提本无心，明镜亦非台。佛性常清净，何处有尘埃。卧轮偈云：卧轮有伎俩，能断百思想。对境心不起，菩提日日长。六祖和云：惠能没伎俩，不断百思想。对境心数起，菩提作么长。二偈俱是翻一层法，以意推之，似乎相反，然救病则同，辟如医家用药，饱滞之后，宜以查积消之，尫怯之余，宜以参术补之也。①

[原文]

德国神秘宗一诗人（Daniel von Czepko）尝作小诗，题曰《因彼故此》（Jedes durch Andere）（Max Wehrli, Deutsche Barocklyrik, 3. Auf. 170.），足为翻案语、冤亲词、正言若反之式样。故如"黑暗之光"（rayo di tiniebla; du dunkel-helles Licht; au rayon ténébreux; a deep but dazzling dark-ness）（San Juan de la Cruz, Noche Escura del Alma, II. 5（E. A. Peers, Spanish Mysticism, 223）; Catharina Regina von Greiffenberg: "Ueber das unaussprechliche heilige Geistes-Eingeben"（Wehrli, 183）; J. Rousset, Anthologie di la Poésie baroque française, I, Introduction, 20; Henry Vaughan: "The Nihgt"（Works, ed. L. C. Martin, 523）.）、"死亡之生"（We need death to live that life which we cannot outlive; to liue but that he thus may neuer leaue to dy; du tötest den Tod, durchlebst ihn ewigtief）（John Donne, Devotions, XV（Complete Poetry and Selected Prose, ed. J. Hay-ward, 534）; Richard Crashaw: "A Hymne to Sainte Teresa"（Poetical Works, ed., L. C. Martin, 2nd ed., 319）; Quirinus Kuhlmann: "Unio Mystica"（Wehrli, 189）.）、"苦痛之甘美"（O Süssigkeit in Schmerzen! O Schmerz in Süssigkeit!）（Fr. von

---

① ［清］尤侗撰，《续修四库全书》编纂委员会编：《续修四库全书·子部·杂家类·艮斋杂说》（子部第1136册），上海古籍出版社2002年版，第408页。

Spee：“**Die Gespons Jesu klaget ihrem Hertzen Brand**”（**F.J.Warnke**，**Euro-pean Metaphysical Poetry**，**164**）.）等语，不可胜稽，皆神奇而化臭腐矣。

【增订四】圣·奥古斯丁赞颂上帝，皆出以“冤亲词”，如云：“至隐而至显”，“长动而长止”，“赫怒而宁静”，“言说而缄默”（**Secretissime et praesenti-ssime；semper agens，semper qui-etus；irasceris et tranquillus；loquens muti.－Confessions，I，iv，Loeb，Vol.I，p.8**）；又自省云：“人居世间，乃死亡之生欤？抑生存之死欤？”（**dico vitam mortalem，an mortem vitalem？－ib.I.vi，p.12**）

[涉典考释与评注]

[1]此处长段文字，所举诸例，如“黑暗之光”、“死亡之生”、“至隐而至显”等，能更好地帮助读者理解冤亲词。

[原文]

尝试论之。道不可言，言满天下而仍无言；道常无为，无所不为而仍无为；乃至“废心而用形”（《列子·仲尼》）[1]，“迹每同人，心常异俗”（《全唐文》卷九二四司马承祯《坐忘论》），[2]“虽妻非娶，虽飧非取”（《五灯会元》卷二元珪章次）。[3]神秘宗所以破解身心之连环、弥缝言行之矛盾者，莫非正言若反也，岂特一章一句之词旨而已哉！

[涉典考释与评注]

[1]《列子·仲尼》有曰：

陈大夫聘鲁，私见叔孙氏。叔孙氏曰：“吾国有圣人。”曰：“非孔丘邪？”曰：“是也。”何以知其圣乎？”叔孙氏曰：“吾常闻之颜回曰：‘孔丘能废心而用形。’”陈大夫曰：“吾国亦有圣人，子弗知乎？”曰：“圣人孰谓？”曰：“老聃之弟子有亢仓子者,得聃之道,能以耳视而目听。"鲁侯闻之大惊,使上卿厚礼而致之。亢仓子应聘而至。鲁侯卑辞请问之。亢仓子曰:"传之者妄。我能视听不用耳目,不能易耳目之用。"鲁侯曰:"此增异矣。其道奈何?寡人终愿闻之。"亢仓子曰:"我体合于心,心合于气,气合于神,神合于无。其有介然之有,唯然之音,虽远在八荒之外,近在眉睫之内,来干我者,我必知之。乃不知是我七孔四支之所觉,心腹六藏之所知,其自知而已矣。"鲁侯大悦。他日以告仲尼,仲尼笑而不答。①

[2]《全唐文》卷九百二十四"司马承祯"卷前有司马承祯小传,文曰:"承祯,字子微,河内温人。为道士,事潘师正,传其符箓及辟谷导引服饵之术,止天台山。武后闻其名,召至都,降手敕赞美之。景云二年,睿宗复召之,固辞还山。开元九年、十五年,元宗两召之,敕于王屋山,建阳台观以居。卒年八十九,赠银青光禄大夫,谥'贞一先生'。"②

司马承祯《坐忘论》"真观"曰:

夫观者,智士之先鉴,能人之善察,究倪来之祸福,详动静之吉凶。得见机前,因之造适深祈卫定,功务全生。自始之末,行无遗累,理不违此,故谓之真观。然则一餐一寝,居为损益之源;一言一行,堪成祸福之本。虽则巧持其末,不如拙戒其本,观本知末,又非躁竞之情。是故收心简事,日损有为。体静心闲,方能观见真理。故经云:"常无,欲以观其妙。"然于修道之身,必资衣食,事有不可废,物有不可弃者,当须虚襟而受之,明目而当之,勿以为妨,心生烦躁。若见事为事而烦燥者,心病已动,何名安心?夫人事衣食者,我之船舫。我欲渡海,事资船舫。渡海若讫,理自不留。何因未渡,先欲废船?衣食虚幻,实不足营。为欲出离尘幻,故求衣食。虽有营求之事,莫生得失之心,则有事无事,心常安泰。与物同求,而不同贪;与物同得,而不同积。不贪,故无忧,不积,故无失。迹每同人,心常异俗。此实行之宗要,可力为之。③

[3]《五灯会元》卷二"嵩岳元圭禅师":

① 叶蓓卿译注:《列子》,中华书局2011年版,第92—93页。
② [清]董浩等编:《全唐文》,中华书局1983年版,第9625页。
③ [清]董浩等编:《全唐文》,中华书局1983年版,第9629页。

嵩岳元圭禅师,伊阙人也。姓李氏。幼岁出家,唐永淳二年,受具戒,隶闲居寺,习毗尼无懈。后谒安国师,顿悟玄旨,遂卜庐于岳之庬坞。一日,有异人峨冠裤褶〔徒颊反〕而至,从者极多。轻步舒徐,称谒大师。师睹其形貌,奇伟非常,乃谕之曰:"善来仁者胡为而至?"彼曰:"师宁识我邪?"师曰:"吾观佛与众生等,吾一目之,岂分别邪?"彼曰:"我此岳神也。能生死于人,师安得一目我哉!"师曰:"吾本不生,汝焉能死?吾视身与空等,视吾与汝等,汝能坏空与汝乎?苟能坏空及汝,吾则不生不灭也。汝尚不能如是,又焉能生死吾邪?"神稽首曰:"我亦聪明正直于余神,讵知师有广大之智辩乎?愿授以正戒,令我度世。"师曰:"汝既乞戒,即既戒也。所以者何?戒外无戒,又何戒哉!"神曰:"此理也我闻茫昧,止求师戒我身为门弟子。"师即为张座,秉炉正几曰:"付汝五戒,若能奉持,即应曰能,不能,即曰否。"曰:"谨受教。"师曰:"汝能不淫乎?"曰:"我亦娶也。"师曰:"非谓此也,谓无罗欲也。"曰:"能。"师曰:"汝能不盗乎?"曰:"何乏我也,焉有盗取哉?"师曰:"非谓此也,谓飨而福淫,不供而祸善也。"曰:"能。"师曰:"汝能不杀乎?"曰:"实司其柄,焉曰不杀?"师曰:"非谓此也,谓有滥误疑混也。"曰:"能。"师曰:"汝能不妄乎?"曰:"我正直,焉有妄乎?"师曰:"非谓此也,谓先后不合天心也。"曰:"能。"师曰:"汝不遭酒败乎?"曰:"能。"师曰:"如上是为佛戒也。"又言:"以有心奉持而无心拘执,以有心为物而无心想身。能如是,则先天地生不为精,后天地死不为老,终日变化而不为动,毕尽寂默而不为休。信此则虽娶非妻也,虽飨非取也,虽柄非权也,虽作非故也,虽醉非惛也。若能无心于万物,则罗欲不为淫,福淫祸善不为盗,滥误疑混不为杀,先后违天不为妄,惛荒颠倒不为醉,是谓无心也。无心则无戒,无戒则无心。无佛无众生,无汝及无我,孰为戒哉?"①

[原文]

《荀子·荣辱篇》曰:"陋也者,天下之公患也。"[1]患之而求尽免于陋,终

---

① [宋]普济著,苏渊雷点校:《五灯会元》,中华书局1984年版,第77—78页。

不得也;能不自安于陋,斯亦可矣。苏辙之解《老子》,旁通竺乾,严复之评《老子》,远征欧罗;虽于二西之书,皆如卖花担头之看桃李,要欲登楼四望,出门一笑。后贤论释,经眼无多,似于二子,尚难为役。聊举契同,以明流别,匹似辨识草木鸟兽之群分而类聚尔。非为调停,亦异攀附。何则?玄虚、空无、神秘三者同出而异名、异植而同种;倾盖如故,天涯比邻,初勿须强为撮合。即撮合乎,亦如宋玉所谓"因媒而嫁,不因媒而亲"也。[2]

[涉典考释与评注]

[1]《荀子·荣辱篇》有曰:

人之生,固小人,无师、无法,则唯利之见耳。人之生,固小人,又以遇乱世、得乱俗,是以小重小也,以乱得乱也。君子非得势以临之,则无由得开内焉。今是人之口腹,安知礼义?安知辞让?安知廉耻、隅积?亦呥呥而噍、乡乡而饱已矣。人无师、无法,则其心正其口腹也。今使人生而未尝睹刍豢稻粱也,惟菽藿糟糠之为睹,则以至足为在此也;俄而粲然有秉刍豢稻粱而至者,则瞗然视之曰:"此何怪也?"彼臭之而嗛于鼻,尝之而甘于口,食之而安于体,则莫不弃此而取彼矣。今以夫先王之道、仁义之统,以相群居,以相持养,以相藩饰,以相安固邪?以夫桀、跖之道?是其为相县也,几直夫刍豢稻粱之县糟糠尔哉!然而人力为此而寡为彼,何也?曰:陋也。<u>陋也者天下之公患也,人之大殃大害也</u>。故曰:仁者好告示人。告之示之,靡之儇之,钶之重之,则夫塞者俄且通也,陋者俄且僩也,愚者俄且知也。是若不行,则汤、武在上曷益?桀、纣在上曷损?汤、武存,则天下从而治,桀、纣存,则天下从而乱。如是者,岂非人之情固可与如此、可与如彼也哉?①

[2]晋·习凿齿《襄阳耆旧记》:

宋玉者,楚之鄢人也,故宜城有宋玉冢。始事屈原,原既放逐,求事楚友景差。景差惧其胜己,言之于王,王以为小臣。玉让其友,友曰:"夫姜桂因地而

---

① 张觉撰:《荀子译注》,上海古籍出版社2012年版,第36—37页。

生,不因地而辛,美女因媒而嫁,不因媒而亲。言子而得官者我也,官而不得意者子也。"玉曰:"若东狻者,天下之狡兔也,日行九百里而卒不免韩卢之口,然在猎者耳。夫遥见而指踪,虽韩卢必不及狡兔也;若蹑迹而放,虽东郭狻必不免也。今子之言我于王,为遥指踪而不属耶? 蹑迹而纵泄耶?"友谢之,复言于王。①

严复评点《老子》第四四章曰:

纯是民主主义。读法儒孟德斯鸠《法意》一书,有以征吾意之不妄也。(此批在"天下有道,却走马以粪;天下无道,戎马生于郊"一句上。)②

---

① ［晋］习凿齿撰,《续修四库全书》编纂委员会编:《续修四库全书·史部·传记类·襄阳耆旧记》(史部第 548 册),上海古籍出版社 2002 年版,第 349 页。

② 王栻:《严复集》(四),中华书局 1986 年版,第 1095 页。

责任编辑：洪　琼

图书在版编目（CIP）数据

《管锥编·老子王弼注》涉典考释与评注／何山石　著. —北京：人民出版社，
　2019.12
ISBN 978－7－01－021318－7

Ⅰ.①管…　Ⅱ.①何…　Ⅲ.①道家②《道德经》-研究　Ⅳ.①B223.15

中国版本图书馆 CIP 数据核字（2019）第 207785 号

《管锥编·老子王弼注》涉典考释与评注
GUANZHUIBIAN LAOZI WANGBIZHU SHEDIAN KAOSHI YU PINGZHU

何山石　著

人民出版社 出版发行
（100706　北京市东城区隆福寺街 99 号）

北京汇林印务有限公司印刷　新华书店经销

2019 年 12 月第 1 版　2019 年 12 月北京第 1 次印刷
开本：710 毫米×1000 毫米 1/16　印张：26.5
字数：410 千字

ISBN 978－7－01－021318－7　定价：79.00 元

邮购地址 100706　北京市东城区隆福寺街 99 号
人民东方图书销售中心　电话（010）65250042　65289539